Manual de Iniciação & Conceitos em Perícias Médicas

RUBENS CENCI MOTTA. *Médico — Especialista pela Associação Médica Brasileira e pelo Conselho Federal de Medicina em Medicina Legal e Perícia Médica, Clínica Médica, Hemoterapia e Medicina do Tráfego. Certificado pelo Conselho Federal de Medicina na Área de Atuação de Medicina de Urgência. Certificado pela Associação Médica Brasileira e SBPM na Área de Atuação Categoria Especial em Perícias Médicas. Pós-Graduado em Direito Médico e Hospitalar pela Escola Paulista de Direito. Professor e Supervisor de Práticas Profissionais do Curso de Pós-Graduação em Perícias Médicas e Medicina do Trabalho da Universidade Brasil. Professor do Curso de Pós-Graduação em Medicina do Trabalho da Universidade São Francisco — USF — Bragança Paulista, SP. Coordenador do Curso de Pós-Graduação em Perícia Médica com ênfase em Atuação e Métodos — Universidade Brasil. Perito Oficial Prefeitura do Município de Piracicaba — Perito Judicial junto ao TRT 15ª Região — Campinas, SP — Perito Judicial junto ao TRF — Perito Judicial TJ-SP. Assistente Técnico de várias bancas advocatícias e empresas públicas e privadas. Palestrante e Consultor Técnico de diversas empresas e instituições, públicas e privadas, na área de Gestão Médica — Administrativa de RH, Médico Legal, Perícia Médica, Qualidade de Vida, Reabilitação Profissional, Hospitalar, Saúde e Segurança. Autor do livro: Crônicas em Perícias Médicas, DORT & Reabilitação Profissional — LTr, 1. ed., 2011 — 2. ed., 2012 — 3. ed., 2014. Autor do livro: Conceitos Básicos de Perícia Médica. Editora Átomo, 2012. Articulista da Editora LTr — Revista de Previdência Social e Suplemento Trabalhista. Prêmio Nacional de Reabilitação Profissional — CBSSI-OISS — 1º Lugar — 2009. Autor do Trabalho Científico "Ergonomia Cognitiva: promovendo qualidade de vida no trabalho a partir de método diagnóstico participativo", aprovado e apresentado no 4º Congresso Brasileiro de Perícia Médica Previdenciária, 2013 — Recife, PE — aprovado e apresentado no 2º Congresso Brasileiro de Medicina Legal e Perícias Médicas, 2014 — Florianópolis, SC. Secretário Municipal de Saúde da Prefeitura do Município de Piracicaba. Disciplinou Setor de Vigilância Sanitária e criou Equipe de Vigilância em Atividade de Trabalho, definindo suas competências — Lei n. 069/96 — Decreto n. 7.401/96 — 1996. Disciplinou as atividades do Ambulatório de Saúde do Trabalhador com equipe multidisciplinar — Decreto n. 7.509 — 1997.*

RUBENS CENCI MOTTA

Manual de Iniciação & Conceitos em Perícias Médicas

EDITORA LTDA.

© Todos os direitos reservados

Rua Jaguaribe, 571
CEP 01224-003
São Paulo, SP — Brasil
Fone (11) 2167-1101
www.ltr.com.br
Outubro, 2019

Produção Gráfica e Editoração Eletrônica: RLUX
Projeto de capa: FABIO GIGLIO
Impressão: PSP DIGITAL

Versão impressa — LTr 6202.8 — ISBN 978-85-301-0048-3
Versão digital — LTr 9603.5 — ISBN 978-85-301-0110-7

Dados Internacionais de Catalogação na Publicação (CIP)
(Câmara Brasileira do Livro, SP, Brasil)

Motta, Rubens Cenci
  Manual de iniciação & conceitos em perícias médicas / Rubens Cenci Motta. — São Paulo : LTr, 2019.

  Bibliografia.
  ISBN 978-85-301-0048-3

  1. Justiça do trabalho — Brasil 2. Medicina do trabalho 3. Perícia médica I. Título.

19-27543 CDU-347.948:331

Índice para catálogo sistemático:

1. Perícia médica : Justiça do trabalho   347.948:331

Cibele Maria Dias — Bibliotecária — CRB-8/9427

Esta publicação é dedicada àqueles que, diante de uma matéria controvertida, corajosamente expressam sua forma de entendimento, mesmo quando vencida majoritariamente a sua tese.

A valoração das doutrinas, mesmo quando minoritárias, é muito importante, pois no campo da técnica as unanimidades são perigosas.

A ciência requer a livre expressão.
Boa leitura!

Agradeço a paciência e apoio da minha querida esposa e companheira de trabalho, Selma, pelo incentivo diário, assim como o esforço dos meus filhos Gustavo, Guilherme e Gabriel, para os quais dedico o meu sincero obrigado com um beijo carinhoso.

Dedico esta publicação também àqueles que me ensinaram que diante de uma matéria controvertida, mais de uma forma de entendimento existe, e se faz necessário respeitá-las, mesmo quando vencida a sua tese.

Feliz com o feedback dos leitores de minhas outras publicações, seria injusto deixar de registrar o meu muito obrigado a toda equipe da LTr. Nesta obra, como nas outras, busquei não perder o sentido ideal da minha proposta quando da publicação da primeira obra: provocações!

Boa leitura!

SUMÁRIO

Introdução 11

Capítulo 1 — Concepções de Perícia Médica e Campo de Atuação 13

Capítulo 2 — Como Realizar uma Perícia Médica Direta 25

Capítulo 3 — Habilidade do Perito Médico e Áreas de Atuação 29

Capítulo 4 — História da Perícia Médica e Atuação Profissional 37

Capítulo 5 — Deveres dos médicos 41

Capítulo 6 — Formação Técnica Exigida para Atuação do Perito Médico 53

Capítulo 7 — Formação Jurídico-Administrativa-Ética do Perito Médico 85

Capítulo 8 — Relação entre Medicina e Direito 103

Capítulo 9 — Relação entre Medicina e Direito Trabalhista Desvendando a causa e concausalidade — enfoque trabalhista 113

Capítulo 10 — Considerações Diversas para o Estabelecimento do Nexo, Dano e *Quantum* Indenizatório 133

Capítulo 11 — Perícia Médica Judicial 149

Capítulo 12 — Avaliar o Dano 163

Capítulo 13 — Atos do Perito I 177

Capítulo 14 — Atos do Perito II — Prática Pericial Médica Judicial — Um roteiro prático 181

Capítulo 15 — Perícias Médicas "Em Diversas Áreas" 187

Capítulo 16 — Perícias Médicas nos DORT 225

Capítulo 17 — Responsabilidade Médica Civil ou Criminal 233

Capítulo 18 — Capacidade Laboral — controle do Absenteísmo de Curto e Médio Prazo 239

Capítulo 19 — Referências Técnicas para Aplicação do Baremo Brasileiro — Baseado com ênfase nas indicações da Sociedade Brasileira de Cardiologia; Serviço Municipal de Perícias Médicas da Prefeitura de Piracicaba; Manual de Perícias Médicas no Serviço Federal e outras 255

Capítulo 20 — Readaptação e/ou Reabilitação 293

Capítulo 21 — Conclusão 309

Nota do Autor 311

Referências Bibliográficas 313

INTRODUÇÃO

Diferente do ambiente em que tudo aprendeu, o médico que pretende atuar como Perito Médico passará a conviver com outros profissionais cuja formação filosófica tem outras bases. Sua atuação diária se fará na relação com Magistrados, Juízes e Juízas, alguns pouco experientes e outros muito experientes (Desembargadores e Desembargadoras — Ministros e Ministras dos Tribunais Superiores), com Delegados, Agentes Públicos, Advogados, Administradores de Pessoas, Administradores de Seguros etc., num universo imenso que costumamos chamar de "leigos".

Muitos de nós, vendo no Cinema ou na Televisão, estamos mais acostumados com o Sistema Jurídico Anglo-Americano (*Common Law* — Lei Comum), praticado no Reino Unido (Grã-Bretanha [Inglaterra, País de Gales e Escócia] e Irlanda do Norte); Austrália; Nova Zelândia; Índia; Estados Unidos, onde o Direito é declarado pelo juiz (*judge made law*), sendo o precedente judicial (*case law*) a principal fonte jurídica. No Reino Unido, Grã-Bretanha e Irlanda do Norte, sempre que possível, ao invés de se citar o texto de uma lei, no sistema jurídico são mencionados fatos de uma espécie concreta (precedentes) que tenham sido decididos mediante a aplicação desta lei. Fundamentam esta indicação implicando que somente diante dessas decisões o Juiz saberá o verdadeiro significado da lei, para então, diante do caso concreto, encontrar a norma legal sob o aspecto que lhes é familiar: o da regra jurisprudencial.

Menos conhecido para nós médicos brasileiros, visto que nossa grade curricular de ensino não nos contempla para este aprendizado — no geral somos leigos no Direito — e também porque a mídia nem sempre reproduz o nosso sistema judiciário, o ordenamento jurídico brasileiro está estruturado na forma de atender à obediência aos ditames da Constituição Federal. Todo o nosso direito, dito positivo, para ter validade, deriva-se dos princípios constitucionais que têm sua origem no chamado Direito Romano. No nosso caso, quando a lei não fala, o juiz avalia, pondera, pensa, fundamenta e DECIDE!

Nosso sistema jurídico garante ao Juiz ampla liberdade e este, por exemplo, não está "preso" ao nexo técnico indicado por Peritos Médicos, pois pode utilizar outros meios de prova.

CPC — Art. 332. Todos os meios legais, bem como os moralmente legítimos, ainda que não especificados neste Código, são hábeis para provar a verdade dos fatos, em que se funda a ação ou a defesa.

Novo CPC — Art. 369. As partes têm o direito de empregar todos os meios legais, bem como os moralmente legítimos, ainda que não especificados neste Código, para provar a verdade dos fatos em que se funda o pedido ou a defesa e influir eficazmente na convicção do juiz.

Os meios de prova podem ser classificados em **diretos** (ex. inspeção judicial, fatos notórios) ou **indiretos** (ex. documentos, perícia, testemunhas), e ainda as provas podem ser classificadas em **impertinentes** (não se referem àquilo que se acha em questão; descabidas, despropositadas, estranhas ao assunto), **desnecessárias** (inúteis, supérfluas, dispensáveis) e **protelatórias** (protelam, procrastinam, prorrogam), inexistindo hierarquia dos meios de prova.

CPC — Art. 131. O juiz apreciará livremente a prova, atendendo aos fatos e circunstâncias constantes dos autos, ainda que não alegados pelas partes; mas deverá indicar, na sentença, os motivos que lhe formaram o convencimento.

Novo CPC:

Art. 371. O juiz apreciará a prova constante dos autos, independentemente do sujeito que a tiver promovido, e indicará na decisão as razões da formação de seu convencimento.

Art. 479. O juiz apreciará a prova pericial de acordo com o disposto no art. 371, indicando na sentença os motivos que o levaram a considerar ou a deixar de considerar as conclusões do laudo, levando em conta o método utilizado pelo perito.

As provas em espécie são os Documentos; a Inspeção Judicial; a Confissão; as Testemunhas; a Perícia.

"Advogar é persuadir; é argumentar a favor das partes. As palavras da lei são inalteráveis, porém, não as significações que comunicam. Estas variam de acordo com as trocas que se operam na valorização ambiental predominante, entre as distintas correntes existentes". Dr. Luis Alberto Warat — Professor de Direito pela Universidade de Buenos Aires e pós-doutor em Direito pela UNB.

No Brasil, o perito judicial é considerado Auxiliar da Justiça, juntamente com o Escrivão ou Diretor de Secretaria da Vara e o Oficial de Justiça. O Auxiliar da Justiça goza de fé pública. Estes têm como atribuição prestar auxílio para que o Juiz brasileiro possa decidir com base na **PERSUASÃO RACIONAL**!

Novo CPC:

Art. 149. **São auxiliares da Justiça**, além de outros cujas atribuições sejam determinadas pelas normas de organização judiciária, o escrivão, o chefe de secretaria, o oficial de justiça, **o perito**, o depositário, o administrador, o intérprete, o tradutor, o mediador, o conciliador judicial, o partidor, o distribuidor, o contabilista e o regulador de avarias.

Art. 156. O juiz será assistido por **perito** quando a prova do fato depender de conhecimento técnico ou científico.

§ 1º Os **peritos** serão nomeados entre os profissionais legalmente habilitados e os órgãos técnicos ou científicos devidamente inscritos em cadastro mantido pelo tribunal ao qual o juiz está vinculado.

§ 2º Para formação do cadastro, os tribunais devem realizar consulta pública, por meio de divulgação na rede mundial de computadores ou em jornais de grande circulação, além de consulta direta a universidades, a conselhos de classe, ao Ministério Público, à Defensoria Pública e à Ordem dos Advogados do Brasil, para a indicação de profissionais ou de órgãos técnicos interessados.

§ 3º Os tribunais realizarão avaliações e reavaliações periódicas para manutenção do cadastro, considerando a formação profissional, a atualização do conhecimento e a experiência dos peritos interessados.

§ 4º Para verificação de eventual impedimento ou motivo de suspeição, nos termos dos arts. 148 e 467, o órgão técnico ou científico nomeado para realização da perícia informará ao juiz os nomes e os dados de qualificação dos profissionais que participarão da atividade.

§ 5º **Na localidade onde não houver inscrito no cadastro disponibilizado pelo tribunal, a nomeação do perito é de livre escolha pelo juiz e deverá recair sobre profissional ou órgão técnico ou científico comprovadamente detentor do conhecimento necessário à realização da perícia.**

Art. 157. O **perito** tem o dever de cumprir o ofício no prazo que lhe designar o juiz, empregando toda sua diligência, podendo escusar-se do encargo alegando motivo legítimo.

[...]

§ 2º Será organizada lista de **peritos** na vara ou na secretaria, com disponibilização dos documentos exigidos para habilitação à consulta de interessados, para que a nomeação seja distribuída de modo equitativo, observadas a capacidade técnica e a área de conhecimento.

Art. 158. O **perito** que, por dolo ou culpa, prestar informações inverídicas responderá pelos prejuízos que causar à parte e ficará inabilitado para atuar em outras perícias no prazo de 2 (dois) a 5 (cinco) anos, independentemente das demais sanções previstas em lei, devendo o juiz comunicar o fato ao respectivo órgão de classe para adoção das medidas que entender cabíveis.

CAPÍTULO 1

CONCEPÇÕES DE PERÍCIA MÉDICA E CAMPO DE ATUAÇÃO

A Perícia Médica poderá ser singular (avaliação realizada por um único Perito Médico) ou desempenhada por Junta Médica (dois ou mais Peritos Médicos) e realizada com diversas finalidades. No desenvolver desta atividade, o médico atuará nas áreas de Consultoria e Assessoria, Parecerista Técnico — Assistente Técnico — Auditoria ou Fiscalização de atividades relacionadas a medicina, hospitais, serviços de saúde etc., Gerenciamento e Controle de Empresas, Sistemas ou Departamentos que envolvam medicina, por exemplo, Instituto Médico Legal, enfim, em diversos campos que abranjam atividades ligadas à saúde, seja no auxílio ou parceria com autoridades — Juiz, Desembargador, Prefeito etc. — como Perito Oficial (concursado) ou Louvado (indicação de ofício). Ou seja, o campo de atuação é muito vasto, porém, em todas as áreas da sua atuação sabe-se que é de alta responsabilidade técnica, condição que requer capacitação profissional específica, pois, o Perito Médico estará envolvido na regulação de direitos e benefícios das mais variadas ordens.

Diferente do Juiz e/ou do Agente que lhe designou a tarefa de avaliação, o Perito Médico está adstrito ao conhecimento técnico e sempre deve segui-lo, contudo, deve ser ressalvada sua independência pessoal e profissional diante das suas convicções técnicas.

> Es indispensable — se ha dicho — establecer relaciones formales a nivel de facultades de Medicina y Derecho para organizar adecuadamente la investigación y estudio de los problemas médico penales, más allá de los ámbitos puntuales de las cátedras de Medicina-Legal. Las nuevas generaciones de médicos y abogados deben formarse en un contexto integrado de estos problemas. CRUZ-COKE, Ricardo. "Responsabilidade penal del médico y ética médica" — *Revista Médica de Chile*, n. 108 (Santiago, 1980), p. 1147 ss.

O melhor entendimento da moderna Perícia Médica, há mais de 30 anos, provocou e vem provocando a necessidade de uma melhor integração entre a Medicina e o Direito, contudo, no Brasil ainda se encontram algumas resistências e dúvidas já totalmente saneadas em outros países, condição que nos estimula a avançar sobre o tema.

1.1. FORMAS DE ATUAÇÃO DO PERITO MÉDICO E DO ASSISTENTE TÉCNICO

A Perícia Médica, como se verá nos próximos capítulos, poderá receber a classificação de Perícia Direta ou Perícia Indireta:

> A perícia poderá ser direta ou indireta; naquela, o exame pericial é feito (diretamente) na pessoa, na coisa, ou no objeto, a fim de que seja identificada a verdade do que foi alegado; nesta, o exame pericial é realizado (indiretamente) nos elementos, ou documentos, ou peças que possam existir, para a apuração sobre a exatidão do que foi afirmado (PEDROTTI, 2006, p. 293).

CREMESP Parecer Consulta n. 150.138/10

Assunto: Sobre realização de **perícia indireta**.

Ementa: A perícia médica indireta, a exemplo da perícia médica direta, mostra-se perfeitamente factível de realização, constituindo importante elemento de prova à elucidação dos pontos controvertidos com a consequente formação de convicção do solicitante. Entendemos que tal procedimento não afronta o art. 92 do Código de Ética Médica, que reza ser vedado ao médico assinar laudos periciais, auditoriais ou de verificação médico-legal quando não tenha realizado pessoalmente o exame, já que na perícia médica indireta, o exame clínico e eventuais exames complementares inexistem, e a prova pericial médica há de ser realizada com base exclusivamente nos documentos médicos do falecido, sendo que tal situação deve ser referida no laudo que deve ser assinado pelo próprio médico que procedeu a análise documental na presença dos interessados, legalmente habilitados. Conselheiro Renato Françoso Filho. APROVADO NA REUNIÃO DA CÂMARA TÉCNICA DE MEDICINA DO TRABALHO E PERÍCIAS MÉDICAS, REALIZADA EM 13.12.2011. APROVADO NA REUNIÃO DA CÂMARA DE CONSULTAS, REALIZADA EM 23.3.2012. HOMOLOGADO NA 4.474ª REUNIÃO PLENÁRIA, REALIZADA EM 27.3.2012.

A Resolução CFM 2.056/13, no art. 56, que se sobrepõe ao Parecer* CREMESP supracitado, faz referência à licitude da perícia **indireta**, não fazendo menção que seja aplicável somente em indivíduos mortos, tornando qualquer parecer noutro sentido, mera impressão pessoal, sem força regulatória de exigência a ser cumprida. Vale ressaltar que essa mesma resolução, indica que as perícias "poderão variar em função da natureza e das peculiaridades da perícia", ou seja, indica com clareza que prevalecem as peculiaridades da demanda solicitada e do seu respectivo órgão/instituição demandante.

* Parecer = Opinião, pessoal ou colegiada, resultante de análise técnica sobre assuntos de interesse.

"Art. 56. Os relatórios periciais (laudos) poderão variar em função da natureza e das **peculiaridades da perícia** (cível, criminal, administrativa, trabalhista ou previdenciária; transversal, retrospectiva ou prospectiva; direta ou **indireta**); entretanto, sempre que possível, deverá ser observado o roteiro abaixo indicado."

"Sucede, no entanto, que às vezes o que se demanda do perito, é que **descubra e reavive**, com seus conhecimentos especializados, **os traços de um fato já ocorrido**, o que não constitui tarefa para quem não possua habilitações de ordem técnica. Claro está que se o juiz não estiver em condições de dizer se o perito pode ou não obter essa restauração do fato que não deixou vestígios captáveis pelo senso comum, **a perícia não pode ser indeferida**". Fonte: *Instituições de direito processual civil*. 4. ed. Rio de Janeiro: Forense, 1972. v. III, p. 362-363. (**grifei**)

Portanto, se em função da natureza e das peculiaridades se requer uma avaliação pericial médica, havendo perda dos meios para se atingir o devido entendimento do que se busca comprovar por avaliação direta, por exemplo, pela morte do trabalhador ou pela superação do quadro clínico (periciando recuperado pelo tempo decorrido entre o atestamento e a auditoria/perícia etc.), se possibilita a aplicação da chamada perícia indireta.

Notemos que o Parecer do CREMESP, que valida como ética a perícia indireta, se fundamenta exemplificando o caso extremo do morto, pela inexistência da **expressão clínica** (ausência de sinais clínicos objetivos que se possa constatar), o que ocorre em situações não menos peculiares, é modo aplicável no vivo, se assim forem as condições. Por conseguinte, é fácil perceber que a **perícia indireta** não é cabível somente em caso de morte, mas **sempre que as expressões clínicas**, que são o meio para se revelar dados para análise do Objeto em questão, lembrando que em conformidade com as peculiaridades da demanda (por exemplo, para se constatar se havia incapacidade laborativa por doença), **não estejam presentes**.

Lembremos a questão dos meios de prova, pois, o Direito rechaça a busca de provas **desnecessárias** — as inúteis, as supérfluas ou **as dispensáveis**. Assim sendo, poder-se-ia até dizer que, em alguns casos a perícia direta seria dispensável, prevalecendo como mais bem indicada à perícia indireta.

Perícias e Atestados Médicos.

Em todas as práticas administrativas, consagradas pelo Direito, cabe entender que não há somente uma competência de soberania, até mesmo se diante de um Atestado Médico. Uma segunda opinião técnica se aplica quando se requer uma perícia direta ou indireta com a finalidade de se ponderar ao que consta tecnicamente num Atestado Médico, por exemplo, pois, essa ordenação é necessária para que terceiros possam demandar sobre efeitos desse documento médico. Tal avaliação pericial médica direta ou indireta, como no exemplo dado, não torna o Atestado Médico inválido, porém, o efeito do que nele consta, que não é ordem absoluta apesar da presunção de veracidade (se documento médico lícito), uma vez que, tecnicamente os dados devem vir consubstanciados, pode não surgir à efeito. Ora, todo documento lícito, até prova em contrário, se presume com veracidade, não só o Atestado Médico, todavia, mesmo sendo documento válido, pode ser revisto tecnicamente, revisado etc. Então, é pertinente que, se usando também os meios lícitos e adequados — auditoria/perícia médica indireta ou direta, aplicados por equipe técnica de médicos, se possa buscar os elementos do contraditório, para que o demandante possa dar ou não efeito ao que se requer justificar, por exemplo, através do Atestado Médico.

RESOLUÇÃO CFM N. 2.164/2017 — (Publicada no D.O.U. em 03 ago. 2017, Seção I, p. 216).

Regulamenta o procedimento administrativo para apuração de doença incapacitante, parcial ou total, para o exercício da medicina e revoga a Resolução CFM n. 1.990/2012, publicada no D.O.U. de 11 de junho de 2012, seção I, p. 103.

Art. 2º — § 8º. **Não comparecendo o periciando ao ato pericial**, o conselheiro instrutor poderá designar a realização de **perícia indireta**.

Art. 3º Realizada a perícia médica, direta ou **indireta**, o conselheiro instrutor avaliará as provas constantes dos autos, podendo determinar outras diligências eventualmente necessárias para a completa averiguação quanto à possível doença incapacitante ao exercício da medicina.

Código de Ética Médica — Capítulo XI

AUDITORIA E PERÍCIA MÉDICA

É vedado ao médico:

Art. 92. Assinar laudos periciais, auditoriais ou de verificação médico-legal, quando não tenha realizado pessoalmente o **exame**.

NOTA: Não consta que a expressão "exame" se restrinja somente ao entendimento de exame clínico, pois, se assim fosse estaria explicitado o limite, especialmente designando a necessidade da inspeção física ou mental direta; não consta que a expressão aponte unicamente para exame direto, pois, se assim fosse, também estaria explicitado. A palavra exame, cujo significado é "Observação cuidadosa, investigação, pesquisa atenta e minuciosa", tem como sinônimos estudo, revisão, investigação etc., e, como consta no presente artigo, remete ao entendimento que se refere a "estudo do caso" e não inspeção direta ou indireta.

Art. 98. Deixar de atuar com absoluta isenção quando designado para servir como perito ou como auditor, bem como ultrapassar os limites de suas atribuições e de sua competência.

NOTA: Não atua sem isenção, tampouco com imparcialidade, aquele que, **pela peculiaridade do ato pericial médico**, realizar à perícia indireta, especialmente se fundamentar sua forma de convicção técnica, já que o perito médico expressa parecer (Opinião técnica pessoal resultante da sua análise personalista sobre assuntos de interesse do Objeto da demanda) para terceiros, que darão ou não os efeitos ao que motivou tal estudo pericial médico.

Acórdão da 10ª Câmara de Direito Público do Tribunal de Justiça do Estado de São Paulo — Apelação 0014045-10-2006: "O perito municipal responsável pelo indeferimento da licença-médica não age em nome próprio, mas como representante do ente político"; "O indeferimento do benefício se alinha ao princípio da estrita legalidade que rege os atos administrativos, **não havendo abuso de poder ou arbítrio por parte do Município**".

Assim sendo, Perícia Médica, seja por atuação Direta ou Indireta, é ato médico e o Perito Médico deve ser:

— imparcial, apesar de, as vezes, ter de manter relacionamento cordial com as partes, sem obter tal entendimento — cordialidade — de pleno sucesso para as partes;

— claro ao demonstrar suas convicções (Técnicas e Científicas, e apenas estas);

— especializado em técnicas periciais;

— tecnicamente atualizado e ter conhecimento suficiente da atividade médica em geral, para auxiliar a autoridade designadora da sua atividade a criar convicções de direito.

Neste sentido, temos o Parecer do Conselho Federal de Medicina n. 09/2006 — "Ementa: O exame médico-pericial é um ato médico" e agora a Lei.

LEI N. 12.842, DE 10 DE JULHO DE 2013.

Art. 4º **São atividades privativas do médico**:

XII — **realização de perícia médica** e exames médico-legais, excetuados os exames laboratoriais de análises clínicas, toxicológicas, genéticas e de biologia molecular;

O Assistente Técnico chamado de Perito Médico Assistente também faz sua atividade por Ato Médico e nesta função auxiliará a parte que lhe nomeou, e, assim, devemos considerar o que afirmou o Dr. Pedrotti (2006):

> Pode-se sustentar que, sendo os assistentes técnicos de confiança das partes, não sujeitos a impedimento ou suspeição, como o perito judicial, não estão, exceção do elemento subjetivo de cada um pela formação cultural e pela dignidade, sujeitos aos mesmos ônus. Em face disto, torna-se evidente que eles podem, sempre, ser parciais às suas partes contratantes, o que não se pode admitir do perito judicial.

Contudo, e mesmo diante da indicação comum de que assistente não faz laudo, faz parecer, convém considerar que, se o Assistente Técnico também não se dedicar ao Juízo da causa, é quase certo seu insucesso, pois, na verdade, tudo o que se deve fazer nos autos pelas partes, se faz no sentido de se persuadir racionalmente o Magistrado, como veremos nos vários capítulos e no que, a seguir, apresentamos:

Em resposta aos questionamentos do MM. Juízo de primeiro grau, o i. Expert afirmou que: "... O RECLAMANTE apresenta quadro compatível com DORT por afetação do Ombro direito, Coluna Cervical e Lombar — Bursite e Espondilose — que não foram originadas pelo labor, todavia, agravadas por este como concausa ocupacional. (...) Há incapacidade permanente para o exercício da profissão de Pintor, devendo ser submetido a processo de Reabilitação Profissional/". (fl. 251 — g.n.). Essas conclusões não restaram invalidadas por qualquer prova nos presentes autos. Aliás, apesar de ter indicado Assistente Técnico à fl. 230, a ré não carreou aos autos o trabalho técnico desse profissional, sendo que as contestações lançadas por esse profissional às fls. 284/288 dos autos não podem ser aceitas. Com efeito. — Regiane Cecília Lizi — Juíza Relatora — Processo 0156900-21.2009.5.15.0012 — (meus grifos).

1.2. AUTONOMIA E PARTICIPANTES DO ATO TÉCNICO

Para que ambos possam bem desenvolver o seu trabalho — Perito e Assistente Técnico, deve o Perito Médico agir com plena autonomia jurisdicional e em comum acordo com o Assistente Técnico, decidir, inclusive, pela presença ou não de pessoas estranhas ao atendimento médico que será efetuado. Entretanto, já que ambos são médicos, sabem e devem observar que é obrigatória a preservação da intimidade do periciando e a garantia do sigilo profissional, reitero que por ambos, Perito Médico e Assistente Técnico, não só pelo que diz a ética médica, mas pela Lei.

Código Penal — Art. 154 — Revelar alguém, sem justa causa, segredo, de que tem ciência em razão de função, ministério, ofício ou profissão, **e cuja revelação possa produzir dano a outrem**:

Pena — detenção, de três meses a um ano, ou multa**. (meu grifo)**

Nota: Além da *revelação* **propriamente dita, há que se considerar a possibilidade-efeito de produzir** *dano* **para ser classificado como ilícito penal!**

Reforçando o conceito de **total autonomia para os atos médicos**, temos a Resolução CREMESP n. 126, de 31 de outubro de 2005, alterada pela Resolução CREMESP n. 167, de 25 de setembro de 2007, art. 5º:

O médico na função de perito não deve aceitar qualquer tipo de constrangimento, coação, pressão, imposição ou restrição que possam influir no desempenho de sua atividade, que deve ser realizada com absoluta isenção, imparcialidade e autonomia, podendo recusar-se a prosseguir no exame e fazendo constar no laudo o motivo de sua decisão.

Destarte, a presença de Advogado ou qualquer agente estranho ao Ato Médico, durante a Perícia Médica, poderá gerar constrangimentos ao Perito Médico e ao Assistente Técnico, com óbvios prejuízos no desenvolvimento dos seus afazeres e, consequentemente, à própria matéria — causa —, pelo que adiante vamos melhor considerar, além do que limita o que se poderia e/ou necessitaria abordar tecnicamente.

Mostra-se com elevado padrão ético, o Perito Médico, Oficial ou Louvado, que observa atenção para evitar constrangimentos ao Assistente Técnico Médico.

Código de Ética Médica — Capítulo I — PRINCÍPIOS FUNDAMENTAIS

XVIII — **O médico terá, para com os colegas, respeito, consideração e solidariedade**, sem se eximir de denunciar atos que contrariem os postulados éticos.

RESOLUÇÃO CFM 2183/2018 (DOU: 21.09.2018)

Art. 13. São atribuições e deveres do médico perito judicial e assistentes técnicos:

[...]

III — estabelecer o nexo causal, considerando o exposto no art. 2º e incisos (redação aprovada pela Resolução CFM n. 1.940/2010) e tal como determina a Lei n. 12.842/2013, **ato privativo do médico**.

Art. 14. A perícia com fins de determinação de nexo causal, avaliação de capacidade laborativa/aptidão, avaliação de sequela/valoração do dano corporal, requer atestação de saúde, definição do prognóstico referente ao diagnóstico nosológico, o que é, legalmente, ato privativo do médico.

Parágrafo único. *É vedado ao médico perito permitir a presença de assistente técnico não médico durante o ato médico pericial.*

É importante considerarmos que a perícia em processo penal — crime — segue a Lei n. 12.030/2009, onde está assegurada a autonomia técnica do perito:

Lei n. 12.030, de 17 de setembro de 2.009:

Art. 2º no exercício da atividade de perícia oficial de natureza criminal, é assegurado autonomia técnica, científica e funcional, exigido **concurso público**, com formação acadêmica específica, para o **provimento do cargo de perito oficial**.

Art. 5º observado o disposto na legislação específica de cada ente a que o perito se encontra vinculado, **são peritos de natureza criminal os *peritos criminais, peritos médico-legistas* e *peritos odontolegistas*** com formação superior específica detalhada em regulamento, de acordo com a necessidade de cada órgão e por área de atuação profissional.

Art. 155. O juiz formará sua convicção pela livre apreciação da prova produzida em contraditório judicial, não podendo fundamentar sua decisão exclusivamente nos elementos informativos colhidos na investigação, ressalvadas as provas cautelares, não repetíveis e antecipadas. *(Redação dada pela Lei n. 11.690, de 2008)*

Parágrafo único. Somente quanto ao estado das pessoas serão observadas as restrições estabelecidas na lei civil.

IMPORTANTE: Sem a perícia há nulidade insanável do processo[1] conforme o art. 564, inciso III, alínea *b* do CPP: *"**A nulidade ocorrerá nos seguintes casos**: III — **por falta** das fórmulas ou dos **seguintes termos**: b) **o exame de corpo de delito nos crimes que deixam vestígios**, ressalvado o disposto no art. 167".*

CPP — **Art. 167:** Não sendo possível o exame de corpo de delito, por haverem desaparecido os vestígios, a prova testemunhal poderá suprir-lhe a falta.

Vestígios podem ser observados, por exemplo e de forma indireta, nos Prontuários Médicos.

Ainda, quanto a presença de Advogado ou qualquer agente estranho ao Ato Médico em processo penal, temos:

> "A nomeação dos peritos é ato exclusivo da autoridade policial ou judiciária, não sendo permitida a intervenção da parte. Como não intervir na nomeação, a parte também não tem o direito de intervir na realização da perícia e nem de assisti-la, ou e presenciar a elaboração do laudo" — Mirabette, p. 707.

No mesmo sentido citado por Mirabette, já se pronunciou o Supremo Tribunal Federal:

> "O defensor não tem o direito de presenciar a elaboração do laudo pericial, pois o certo é não estar presente a tal ato. O princípio da contraditoriedade, no que respeita à perícia, não passa da faculdade, conferida ao acusado, e discuti-lo nos autos e não intervir nela" — STF: RTJ 59/266.

Superada a questão das condições em que se realizará uma perícia médica, é certo que o Perito Médico não pode basear-se na sua "própria epidemiologia". Deverá seguir os conceitos da ciência médica, podendo utilizar os da Medicina Baseada em Evidências — **MBA** (Professor Archie Cochrane, pesquisador britânico autor do livro *Effectiveness and Efficiency: Random Reflections on Health Services* [1972] — Conclusões fundamentadas diante de dados obtidos por estatísticas pelos métodos da Meta-Revisões da literatura existente [meta-análises], Análise de Risco-Benefício, Experimentos Clínicos Aleatorizados e Controlados, Estudos Naturalísticos Populacionais), dentre outros conceitos como os de Sensibilidade, Especificidade, Valor Preditivo, Razão de verossimilhança etc. Segundo a Medicina Baseada em Evidências, é apenas após a aplicação de um método estatístico adequado aos resultados de incidências e/ou prevalência é que se poderá chegar à conclusão do que se propõem como conclusão. Qualquer médico que realize qualquer avaliação sobre a saúde de uma pessoa sem embasá-la em estudos científicos está fazendo medicina baseada em autoridade e não medicina baseada em evidências científicas.

1.2.1. Perito médico, assistente técnico e prazos

Afirma o doutrinador Wellington Santos, Perito Médico, que "A elaboração de um laudo é tarefa para dias, às vezes semanas, fazendo e refazendo. É uma fase de introspecção e paz". Continua indicando sobre prazos que "Nada impede que o perito e os assistentes técnicos se reúnam para discutir o assunto.", suge-

---

(1) Revista dos Tribunais 561/329 — Revista dos Tribunais 672/388.

rindo como boa prática que "[...] antes de entregar o laudo, o perito deve informar aos assistentes técnicos das partes, direta ou indiretamente, o dia em que, através da petição, o fará, para que os assistentes técnicos igualmente o façam com os seus pareceres", conceito corroborado pela Resolução do Conselho Regional De Medicina do Estado de São Paulo — Resolução CREMESP n. 126, 17 de outubro de 2005, de onde se extrai "[...] CONSIDERANDO que o médico é dito perito oficial quando é investido em cargo ou função pública e realiza perícia médica, por dever legal, **agindo de acordo com a lei e as normas da instituição a que pertença**; resolve: ...

Art. 6º O médico, na função de perito ou assistente técnico, tem o direito de examinar e copiar a documentação médica do municiando, necessária para o seu mister, obrigando-se a manter sigilo profissional absoluto com relação aos dados não relacionados com o objeto da perícia médico legal.

§ 1º Poderá o médico investido nestas funções solicitar ao médico assistente, as informações e os esclarecimentos necessários ao exercício de suas atividades.

Art. 7º O assistente técnico tem o direito de estar presente e participar de todos os atos periciais.

§ 1º É dever do perito judicial e dos assistentes técnicos conferenciarem e discutirem o caso *sub judice*, disponibilizando, um ao outro, todos os documentos sobre a matéria em discussão após o término dos procedimentos periciais e antes de protocolizarem os respectivos laudos ou pareceres.

§ 2º É dever do perito comunicar aos assistentes técnicos, oficialmente, e com a antecedência mínima de 10 (dez) dias, a data, a hora e o local da realização de todos os procedimentos periciais.

[...]

Art. 10. Esta Resolução entrará em vigor na data de sua publicação, e revoga a Resolução CREMESP n. 122/2005. São Paulo, 17 de outubro de 2005 — Dr. Isac Jorge Filho — Presidente — APROVADA NA 3389ª SESSÃO PLENÁRIA REALIZADA EM 31.10.2005". (**grifos do autor**)

RESOLUÇÃO CFM 2183/2018 (DOU: 21.09.2018)

Art. 11. O médico de empresa, o médico responsável por qualquer programa de controle de saúde ocupacional de empresa e o médico participante do Serviço Especializado em Engenharia de Segurança e Medicina do Trabalho podem atuar como assistente técnico nos casos envolvendo a empresa contratante e/ou seus assistidos desde que observem os preceitos éticos.

§ 1º No desempenho dessa função no Tribunal, **o médico deverá agir de acordo com sua livre consciência**, nos exatos termos dos princípios, direitos e vedações previstas no Código de Ética Médica.

§ 2º Existindo relação médico–paciente, permanecerá a vedação estabelecida no Código de Ética Médica vigente, sem prejuízo do contido no § 1º.

Art. 12. Ao médico do trabalho responsável pelo PCMSO da empresa e ao médico participante do Serviço Especializado em Segurança e Medicina do Trabalho (SESMT) é vedado atuar como peritos judiciais, securitários ou previdenciários nos casos que envolvam a firma contratante e/ou seus assistidos, atuais ou passados.

Art. 13. São atribuições e deveres do médico perito judicial e assistentes técnicos:

I — examinar clinicamente o trabalhador e solicitar os exames complementares, se necessários;

II — o médico perito judicial e assistentes técnicos, ao vistoriarem o local de trabalho, devem fazer-se acompanhar, se possível, pelo próprio trabalhador que está sendo objeto da perícia, para melhor conhecimento do seu ambiente de trabalho e função;

III — estabelecer o nexo causal, considerando o exposto no art. 2º e incisos (redação aprovada pela Resolução CFM n. 1.940/2010) e tal como determina a Lei n. 12.842/2013, ato privativo do médico.

Art. 14. A perícia com fins de determinação de nexo causal, avaliação de capacidade laborativa/aptidão, avaliação de sequela/valoração do dano corporal, requer atestação de saúde, definição do prognóstico referente ao diagnóstico nosológico, o que é, legalmente, **ato privativo do médico.**

Parágrafo único. É vedado ao médico perito permitir a presença de assistente técnico não médico durante o ato médico pericial.

Art. 15. Em ações judiciais, o médico perito poderá peticionar ao Juízo que oficie o estabelecimento de saúde ou o médico assistente para anexar cópia do prontuário do periciado, em envelope lacrado e em caráter confidencial.

De forma especial, sabemos que no rito processual trabalhista é facultado a cada uma das partes apresentar um perito ou técnico (Assistente Técnico) e a Lei n. 5.584, de 1970 — no art. 3º diz "Os exames periciais serão realizados por perito único designado pelo Juiz, que fixará o prazo para entrega do laudo. Parágrafo único. Permitir-se-á a cada parte a indicação de um assistente, cujo laudo terá que ser apresentado no mesmo prazo assinado para o perito, sob pena de ser desentranhado dos autos".

Quanto ao prazo de entrega a Lei nos parece clara, porém, não obstante o que se possa bem interpretar, já vimos casos em que o perito louvado entregou antes e a interpretação do Magistrado indicou que este passou a ser o prazo limite. Também já vimos casos em que o perito louvado entregou seu laudo depois da data indicada como limite — 30 dias (entregou com 45 dias assim como fez o Assistente Técnico), contudo, o Magistrado determinou o desentranhamento somente do trabalho do Assistente Técnico, pois entendeu que o prazo do Assistente Técnico havia expirado ao ter sido decorrido os 30 dias.

Nós consideramos que transformar a data na qual o Perito Judicial protocolou o seu Laudo, se antes da data limite previamente definida como novo prazo judicial, pode ser ataque ao princípio de isonomia e ao direito à ampla defesa. Protocolo posterior ao do Perito Louvado de Parecer do Assistente Técnico, porém, dentro do prazo estabelecido, não afronta a regra legal e nos parece razoável que se aceite. Contudo, por prudência e zelo, recomendo que os Assistentes Técnicos procurem trabalhar em tempo suficiente para, sempre, incluir o seu parecer/laudo dentro do prazo limite, antes ou na mesma data em que o Perito faz a protocolização do seu Laudo, mesmo que realizada antes do prazo concedido pelo juízo, para que se evitem "inadequações" aos olhos de alguns Magistrados.

Para os Assistentes Técnicos, muitas das ponderações de pugnação e/ou impugnação serão baseadas na sua manifestação, como elemento contraditório técnico, e não somente no que trouxe o Laudo Oficial. Utilizará sua própria avaliação técnica para que estes dados possam vir a ser confrontados com os do Perito Médico **Louvado** (no caso da Justiça Trabalhista) ou **Oficial** (IML; IMESC etc.), não devendo correr riscos de tê-los desentranhados dos autos ou que sejam inexistentes.

Tal parecer técnico, por certo, quando da análise de pugnação ou impugnação do Assistente Técnico, poderá ofertar a apresentação de uma manifestação técnica objetiva como comparativo, se de simples formatação e leitura, tornando prático o ato de leitura pelo Magistrado, apontando coerências e discrepâncias a tese que se quer demonstrar, possibilitando melhor êxito de sucesso no que se sustenta. Destarte, não tenho como necessária a espera da protocolização do laudo do Perito Oficial/Louvado, para que o Assistente Técnico se manifeste como melhor estratégia, pois, se estamos diante de uma avaliação técnica em Assistência Técnica correta, em nada a apresentação do Perito Oficial/Louvado, irá alterar a tese contraditória. Se assim variar a tese contraditória, pouca credibilidade adquiriu e o tangenciamento de uma falsa perícia fica muito próximo.

O Assistente Técnico deve buscar ser reconhecido pelo Magistrado, no processo, como técnico idôneo, coerente, mesmo quando utiliza o parecer de tese favorável à parte, porquanto é assim que faz o procurador da parte visando persuadir racionalmente o Magistrado.

1.3. PERÍCIA MÉDICA — ASSISTÊNCIA TÉCNICA — COMO ATO PRIVATIVO DO MÉDICO

LEI N. 12.842, DE 10 DE JULHO DE 2013.

Art. 4º **São atividades privativas do médico:**

XII — **realização de perícia médica** e exames médico-legais, excetuados os exames laboratoriais de análises clínicas, toxicológicas, genéticas e de biologia molecular;

RESOLUÇÃO CFM 2183/2018 (DOU: 21.09.2018)

Art. 13. São atribuições e deveres do médico perito judicial e assistentes técnicos:

[...]

III — estabelecer o nexo causal, considerando o exposto no art. 2º e incisos (redação aprovada pela Resolução CFM n. 1.940/2010) e tal como determina a Lei n. 12.842/2013, ato privativo do médico.

Art. 14. A perícia com fins de determinação de nexo causal, avaliação de capacidade laborativa/aptidão, avaliação de sequela/valoração do dano corporal, requer atestação de saúde, definição do prognóstico referente ao diagnóstico nosológico, o que é, legalmente, **ato privativo do médico.**

Temos que a Perícia Médica e a Assistência Técnica Médica, por Ato Médico, guardam dois aspectos de inalienável importância que sempre devem ser observados:

1º — O sigilo e segredo a favor do examinado;

2º — A liberdade técnica de atuação profissional dos examinadores — Perito Médico e Assistente Técnico.

RESOLUÇÃO CFM 2183/2018 (DOU: 21.09.2018)

Art. 14. Parágrafo único. É vedado ao médico perito permitir a presença de assistente técnico não médico durante o ato médico pericial.

Esclarecendo a segunda consideração, a interferência de NÃO-MÉDICOS em atos médicos vai além da questão do sigilo, pois sabemos que sob condições de constrangimento (quase censura) para o desenvolvimento do seu trabalho, nenhum profissional o faz adequadamente. O constrangimento e a interferência podem até mesmo se dar apenas pelo aspecto da presença, e existirão tanto para o Periciando, quanto para o Perito Médico, bem como para o Assistente Técnico Médico.

RESOLUÇÃO CFM 2183/2018 (D.O.U.: 21.09.2018)

Art. 11. § 1º No desempenho dessa função no Tribunal, **o médico deverá agir de acordo com sua livre consciência**, nos exatos termos dos princípios, direitos e vedações previstas no Código de Ética Médica.

Quanto ao segredo, imaginar que o sigilo se restringe apenas à visualização do corpo é minimizar o valor dos conceitos e pensamentos individuais que caracterizam a personalidade de cada ser humano. Assim sendo, tudo o que se revela ao profissional médico está relacionado ao âmago do ser. Destarte, não cabe a participação de não-médicos, desde a entrevista e até o final do exame clínico (anamnese). Por certo, outros poderão participar em outras diligências que não demandam rigor de sigilo e atos técnicos profissionais específicos (investigação médica). Vale ressaltar que, pensando em garantir às partes participação em todos os atos, sabiamente a lei faculta a apresentação de Assistentes Técnicos.

1.4. PERÍCIA MÉDICA EM MATÉRIA MÉDICA E OS "NÃO-MÉDICOS"

Embora pareça óbvio, como ocorrem equívocos práticos até mesmo na esfera judicial, reitero que a Perícia Médica deve ser feita por médicos (Peritos Médicos) e os Assistentes Técnicos também devem ser médicos, pois se fosse vontade da lei autorizar a presença do Advogado ou de qualquer outro profissional não-médico durante a avaliação pericial, não se justificaria a determinação em facultar na forma da lei a presença de Assistentes Técnicos, diga-se, frise-se e ressalve-se como técnicos da matéria em questão — Medicina = Médicos. Ademais, embora os Assistentes Técnicos não estejam sujeitos a impedimentos ou suspeição pelo CPC (Código de Processo Civil), existem os impedimentos ético-profissionais, como veremos à frente. Portanto, recomenda-se que o conhecimento técnico de ambos (Perito e Assistente), obviamente, se faça necessário ao mesmo nível de formação profissional para o que se pretende esclarecer, notadamente em juízo, em caso de ser a matéria técnica controvertida, a médica.

A participação de "não-médicos" durante a Perícia Médica foi sopesada e reconhecida pelo TRT da 15ª Região como Ato Médico exclusivo[2]. Também a expressão correta para o adequado desempenho do trabalho médico, quer seja como Perito Oficial ou Louvado, quer seja como Assistente Técnico de parte, temos no reconhecimento expresso na Recomendação 03/2010 da Secretaria da Corregedoria (SECOR) do TRT da 23ª Região (MT). Tal recomendação revelou a real importância da liberdade profissional para o bom encaminhamento da lide. Sua relevância foi confirmada em ato administrativo conferido pelo presidente do TRT/MT Desembargador Osmair Couto, determinando aos juízes, entre outros atos, que o acompanhamento das perícias deve ser conduzido unicamente pelo Perito Médico, sendo facultada a participação de Assistentes Técnicos Médicos, desde que indicados a tempo no processo.

Em resumo, no TRT/MT não se permite a presença de qualquer parte estranha ou de Advogados no ato da Perícia Médica. Esta recomendação foi resultado de um estudo da Juíza Adenir Carruesco, após a Semana Jurídica de maio de 2010, em que o tema foi discutido.

Com estas ressalvas, por conseguinte, entendo que nas perícias trabalhistas devemos seguir o que diz a Lei n. 5.584, de 26 de junho de 1970 — Normas de Direito Processual do Trabalho, no art. 3º:

Os exames periciais serão realizados por perito único designado pelo Juiz, que fixará o prazo para entrega do laudo. Parágrafo único. Permitir-se-á a cada parte a indicação de um assistente, cujo laudo terá que ser apresentado no mesmo prazo assinado para o perito, sob pena de ser desentranhado dos autos.

Friso e destaco que esta lei trabalhista faculta apenas um assistente!

---

(2) Processo 141700.98.2000.5.15.008; Acórdão 010551/10.

1.5. PERÍCIA MÉDICA — QUALIFICAÇÃO DO PERITO E DO ASSISTENTE TÉCNICO

A CLT, no art. 769, ao determinar que "Nos casos omissos, o direito processual comum será fonte subsidiária do direito processual do trabalho, exceto naquilo em que for incompatível com as normas deste Título", remete a questão, hierarquicamente, ao Código de Processo Civil. No anterior, lá temos especificamente no art. 145 que:

Quando a prova do fato depender de conhecimento técnico ou científico, o juiz será assistido por perito, segundo o disposto no art. 421. § 1º Os peritos serão escolhidos entre profissionais de nível universitário, devidamente inscritos no órgão de classe competente, respeitado o disposto no Capítulo VI, seção VII, deste Código. § 2º Os peritos comprovarão sua especialidade na matéria sobre que deverão opinar, mediante certidão do órgão profissional em que estiverem inscritos.

Também o art. 421 diz:

O juiz nomeará o perito, fixando de imediato o prazo para a entrega do laudo — § 1º Incumbe às partes, dentro em 5 (cinco) dias, contados da intimação do despacho de nomeação do perito: I — indicar o assistente técnico; II — apresentar quesitos [...]

No novo CPC temos:

Art. 156. O juiz será assistido por **perito** quando a prova do fato depender de conhecimento técnico ou científico.

[...]

§ 5º Na localidade onde não houver inscrito no cadastro disponibilizado pelo tribunal, a nomeação do perito é de livre escolha pelo juiz e deverá recair sobre profissional ou órgão técnico ou científico comprovadamente detentor do conhecimento necessário à realização da perícia.

Art. 465. O juiz nomeará **perito especializado no objeto da perícia** e fixará de imediato o prazo para a entrega do laudo.

Nada então muda (ou deveria mudar), pois, sendo o Objeto a matéria médica, a especialização que se exige é ser médico, sendo claro que muito melhor se for especialista em Medicina Legal e Perícias Médicas.

Nota: Recomendo leitura da Lei n. 12.842/13, observando os seus arts. 4º, item XII, e 5º, item II — e também ao que consta em diversos Capítulos desse Manual, para mais bem se entender a questão de como era e como deve ser atualmente.

Portanto, não há dúvidas, o perito especializado em matéria médica — Objeto é tema médico ou da Medicina — é o médico!

Logo, se fosse vontade da lei — Civil ou Trabalhista — autorizar a presença do Advogado ou de qualquer outro profissional não-médico (Fisioterapeuta, Técnico de Segurança etc.) durante a avaliação pericial, não se justificaria a determinação como Perícia **Médica**, e tampouco em facultar a presença de Assistentes Técnicos, repito enfatizando para memorizar que, diga-se e frise-se técnicos da matéria em questão — **Medicina** —, portanto cabíveis somente aos **médicos — Peritos ou Assistentes**. Ademais, não bastasse tais considerações, alegando-se que os Assistentes Técnicos não estão sujeitos a impedimentos ou suspeição pelo CPC, reitero com redundância que estas se anulam, pois existem restrições ético-profissionais, e também para ser útil do ponto de vista técnico a manifestação (contraditório técnico com fundamentação de mesmo nível de formação técnica), recomenda-se que o conhecimento técnico de ambos (Perito e Assistente), se faça necessariamente ao mesmo nível de formação profissional para o que se pretende esclarecer em juízo ou administrativamente — matéria médica por médicos — ou seja, em Perícia Médica ou Assistência Técnica em matéria médica, o técnico é o médico!

Assim, tenho como certo que está vedada a atuação do procurador ou qualquer outro profissional não-médico no ato pericial, trabalhista ou cível, pois se assim não fosse, não se justificaria o art. 826 da CLT, "É facultado a cada uma das partes apresentar um perito ou técnico" e o art. 421 do CPC supracitado. Pela associação destas normas legais, se faz a vedação da participação de procurador ou outro, pois foi determinado na legislação, de forma ponderada quanto a questão técnica, facultar a indicação de técnicos da área específica do caso a se elucidar — medicina.

Também vale ressaltar que a Perícia Médica só se torna elemento processual quando o resultado desta avaliação — Laudo Pericial Médico (prova técnica) — passar a integrar formalmente os autos, tornando-se parte integrante do processo, quando então pode ser, na forma da lei, impugnada ou pugnada, mediante apresentação do contraditório técnico ofertado pelos procuradores, assistidos ou não por técnicos da área em questão — medicina.

MANUAL DE INICIAÇÃO & CONCEITOS EM PERÍCIAS MÉDICAS ◀ **21**

Como já dito, porém, não custa reforçar, no TRT/MT, o Desembargador Osmair Couto determinou aos juízes, entre outros atos, que o acompanhamento das Perícias Médicas deve ser conduzido unicamente pelo Perito Médico, sendo facultada a participação de Assistentes Técnicos, desde que indicados a tempo no processo, não sendo permitida a presença de outra parte ou de advogados no ato da perícia, face à necessidade de se resguardar o sigilo médico, inclusive a ampla liberdade de atuação técnica pelos Assistentes Técnicos.

Neste sentido de entendimento, vejamos duas manifestações saneadoras, uma na Justiça Trabalhista e outra na Justiça Cível.

Trabalhista

TRT da 15ª Região — Meritíssimo Juiz Dr. André Luiz Menezes Azevedo Sette:

Certa razão assiste ao *expert*. Não se mostra razoável que as partes, procuradores e advogados acompanhem perícia médica em pessoa, uma vez que nesses casos, muitas vezes, se com a dignidade da pessoa e com questões de ética profissional. Por outro lado, por se tratar de meio de prova, não há como se proibir que as partes tenham acesso à forma de sua realização, sob pena de ofensa aos princípios do contraditório e da ampla defesa. Sopesando, então, tais parâmetros, reputo por bem rever os termos da realização da perícia para PERMITIR que a perícia seja acompanhada somente por eventuais assistentes técnicos indicados pelas partes, que, necessariamente deverão ser médicos e, portanto, submetem-se a mesma regra de ética profissional. Excluo da possibilidade de acompanhamento da perícia os procuradores das partes, os estagiários e qualquer outra pessoa que tenha interesse, que não os assistentes em número máximo de 01 por parte.

Cível

TJ SP 3ª Vara Cível Piracicaba SP — Meritíssimo Juiz Dr. Lourenço Carmelo Torres

A perícia médica determinada nos autos será realizada sem a presença dos advogados das partes ou de terceiros por estes indicados durante a realização do exame médico-pericial, salvo se o perito judicial entender pertinente e conveniente no caso concreto, à luz de atos normativos e/ou preceitos éticos emanados do Conselho Federal de Medicina ou Conselho Regional de Medicina a que vinculado o perito. Com efeito, a perícia judicial é um trabalho técnico e o juiz, não sendo técnico, não participa do referido ato, e sim o profissional habilitado nomeado por aquele. Da mesma maneira, o advogado da parte, não tendo habilitação técnica na área da perícia, possui a faculdade de ser representado na perícia médica por assistente técnico, sem que isto represente violação à garantia constitucional do contraditório e da ampla defesa assegurada na espécie pela presença facultativa do profissional médico habilitado a acompanhar tal ato e pela possibilidade da posterior oportunidade do patrono da parte se manifestar sobre o conteúdo da perícia encetada de forma jurídica, por meio de petição nos autos do respectivo processo. Ademais, se fosse obrigatória a presença de advogado e/ou terceiro durante a realização da perícia médica (ato que, via de regra, envolve aspectos relacionados à intimidade, repita-se), ficaria sem sentido a previsão legal do art. 435 do CPC, pois em tal hipótese bastaria ao advogado solicitar esclarecimentos diretamente ao perito ou ao assistente técnico, sem necessidade de designação de audiência para tal fim. Neste sentido já se decidiu, como a seguir: "De acordo com o ordenamento processual pátrio, cabe à parte indicar assistente técnico para acompanhar a realização da prova pericial O auxiliar poderá participar dos atos periciais, bem como apresentar parecer, se entender necessário A ausência de indicação de assistente técnico pelo interessado, a fim de acompanhar o trabalho do *expert*, não pode ser suprida pela participação do advogado durante a realização do exame pericial, por ausência de previsão legal" (TRF- 3ª R. — 200903000227871 — AGRAVO DE INSTRUMENTO 376972 — OITAVA TURMA — rel. Marianina Galante — DJF3 CJ1 12.01.2010, p. 1102). Assim, diante da proximidade da data da perícia, comunique-se o jurisperito acerca desta decisão via fax ou, na impossibilidade, via fone, o mesmo ocorrendo com o patrono da corré que postulou sua presença.

CPC — Art. 435. "É lícito às partes, **em qualquer tempo**, juntar aos autos documentos novos, quando destinados a **fazer prova de fatos ocorridos depois dos articulados ou para contrapô-los aos que foram produzidos nos autos.**

Parágrafo único. Admite-se também a juntada posterior de documentos formados após a petição inicial ou a contestação, bem como dos que se tornaram conhecidos, acessíveis ou disponíveis após esses atos, cabendo à parte que os produzir comprovar o motivo que a impediu de juntá-los anteriormente e incumbindo ao juiz, em qualquer caso, avaliar a conduta da parte de acordo com o art. 5º.

Desse modo, da mesma forma que um médico não pode criticar e adentrar nos atos processuais do Advogado e no campo do Direito, o Advogado também não pode, diretamente, fazê-lo contra atos e pareceres técnicos dos médicos.

Código de Processo Civil — Art. 335. Em falta de normas jurídicas particulares, o juiz aplicará as regras de experiência comum subministradas pela observação do que ordinariamente acontece e ainda as regras da experiência técnica, ressalvado, quanto a esta, o exame pericial.

Crítica bem-posta como alerta dada pelo Prof. Wladimir Novaes Martinez, na sua obra "Perícia Médica — Aspectos Práticos e Jurídicos, LTr, 2016", na p. 26, ao que constou na 2ª e 3ª edição desse Manual, exige considerar que o Advogado, não sendo técnico, deve se socorrer de Assistente Técnico médico para às criticas técnicas ao trabalho do perito, já que é nesse sentido o que foi expresso nas edições anteriores, ora corrigidas — [...] pareceres *técnicos* dos médicos. — cabendo, claro, ao Advogado interpor impugnações jurídicas, a qualquer tempo, sob os aspectos legais do ato pericial, já que se garante às partes o amplo direito de manifestação dos Procuradores.

Isto também vale considerar quando da propriedade na pretensão de indicar Assistentes Técnicos com formação em Fisioterapia e/ou Psicologia para casos de Perícia Médica, visto que estes, por formação, não detêm competências técnicas médicas suficientes para atuar com máxima *expertise* diante de parecer médico, não auxiliando o deslinde da causa em juízo ou mesmo na área administrativa.

Repito: — Para trazer a verdade técnica médica, os procuradores, do autor ou réu, devem, se for o caso, se socorrer de Assistentes Técnicos médicos para fazê-lo, inclusive, nos processos judiciais e extrajudiciais.

Assim sendo, recomendamos ao iniciante e até mesmo àquele que já atua em Perícia Médica, que aqui veio para reciclar e aperfeiçoar sua atuação, incluir e reforçar tais exigências para bem valorizar esta especialidade médica — Medicina Legal e Perícia Médica — que, além da complexidade biológica, envolve aspectos filosóficos e sociológicos que a cada tempo podem se modificar, contudo o conteúdo necessário para a habilitação é específico para se atuar em **Perícia Médica — ser médico**!

Como resultado desta postura de valorização dos atos médicos, vejamos a vedação determinada pelo Presidente do TRT da 15ª Região:

TRT 15ª Região — Gabinete da Presidência — Ofício n. 131/2012 — GP-Circular

Campinas, 07 de dezembro de 2012.

A Sua Excelência o(a) Senhor(a)

Juiz(a) do Trabalho do

Tribunal Regional do Trabalho da 15ª Região

Assunto: Salas para a realização de perícias médicas

Senhor(a) Juiz(a),

A Sociedade Paulista de Perícias Médicas — Regional Interior de São Paulo, na figura do seu Delegado Superintendente, apresentou crítica construtiva relacionada com a adequação das instalações oferecidas pelas Unidades de 1ª Instância para a realização de perícias médicas.

Consultando os normativos relacionados (Resolução — RDC n. 50/2002 — Anvisa e Resolução CFM n. 1.886/2008), **observam-se normas inafastáveis para a dignidade do atendimento ao periciado**:

— ambiente de atendimento individualizado com metragem mínima de — 9 m² e pia funcional;

— instrumental para exame clínico e procedimentos de diagnóstico, incluindo mesa/maca/cadeira adequadas;

— iluminação adequada para a atividade;

— materiais específicos para a especialidade médica periciada (de acuidade visual, auditiva, biombo para troca de vestimenta, aventais etc.);

— material de consumo adequadamente esterilizado, de acordo com as normas em vigor e material para a coleta de resíduos, conforme norma da ABNT.

Além dos quesitos elencados, **o ambiente de atividade médica** deve possuir alvará específico do poder público municipal e licença da vigilância sanitária, com **indicação do profissional responsável técnico**.

Diante das dificuldades logística e orçamentária para a promoção das adaptações necessárias, bem como das restrições de espaço físico que já são verificadas em muitas das unidades de 1º grau, afigura-se inadequada a utilização precária dos ambientes destinados à prestação jurisdicional para a realização de perícias médicas, ficando, portanto, vedada.

A fim de minimizar as dificuldades pontuais da região, V. Exas. poderão buscar cooperação com órgãos externos, que pratiquem saúde pública.

Atenciosamente,

Renato Buratto
Desembargador Presidente do Tribunal (**grifos do autor**)

Capítulo 2

COMO REALIZAR UMA PERÍCIA MÉDICA DIRETA

Considerando atos da perícia direta, sem pretender soberba, com humildade, gostaria de apresentar minha metodologia e algumas providências pragmáticas que adoto no meu dia a dia de trabalho como perito médico, já há muitos anos. Essa apresentação, já no Capítulo 2, pode parecer precoce, porém, poderá ser útil para desde logo dar ao médico que buscou esse manual, alguns dados da prática pericial diária que, certamente, ficará reforçada ao final dos diversos capítulos. Embora focando a perícia médica direta, no que couber, o roteiro também se aplica para os casos das perícias indiretas.

Todos os itens e considerações que trago, sem dúvidas, são os principais que me auxiliaram e auxiliam muito, justificando aqui a exposição de "como realizar uma perícia médica":

1 — Ao receber na sala de anamnese o periciando, seu assistente técnico e o da outra parte, busco pôr em prática a habilidade de apresentar claramente a todos qual será minha função — presidir e coordenar a avaliação —, quais são os meus limites de atuação, assim como os dos assistentes técnicos — assistir e observar —, informando sobre as diferenças entre as obrigações, raciocínios e conclusões do médico assistente (aquele que cuida da pessoa), dos assistentes técnicos que se apresentaram e as do médico na função de Perito Médico, explicitando especificamente como cada um desses técnicos podem reagir diante dos relatos que serão apresentados e/ou às respostas dadas quando dos questionamentos, examinação direta etc., o que se fará vinculado ao Objeto da avaliação designada; quanto ao Objeto, é de suma importância que seja efetivamente esclarecido ao Periciando o que se está buscando por meio dessa avaliação técnica; uma vez tudo esclarecido, convém obter termo de consentimento escrito;

2 — Iniciando a avaliação, como de praxe nas anamneses médicas, se fará a busca dos dados de identificação, registrando nome, idade e tudo que for de interesse, com especial atenção para o registro de documentos de identificação apresentados, e, muito importante, certificando-se de que o periciando que se apresenta, de fato, é aquele que deverá ser o examinado; todos os dados de uma anamnese devem ser ponderados, por exemplo, verificando os antecedentes pessoais, os antecedentes mórbidos, as condições de moradia etc., devendo se ponderar tudo sobre e dentro da oportunidade de mais bem qualificar, necessidade desse detalhamento quanto a oportunidade de informação que se possa associar ao Objeto da avaliação técnica que se está realizando;

3 — Nesse momento inicial de avaliação, já se deve proceder com algumas técnicas especiais, por exemplo, procurando emanar com perguntas abertas, que são aquelas que possibilitam várias respostas, perguntas focadas, cuja delimitação de respostas é limitada, e perguntas fechadas, que são aquelas que admitem uma única resposta; muito cuidado se deve ter com as perguntas compostas e/ou associativas no ato pericial médico, todavia, podem ser utilizadas se dentro da experiência adquirida por cada avaliação pericial médica ao longo dos tempos, sendo que essas podem ser muito úteis para verificar contradições, simulações etc.;

4 — Devemos colher dados para itens como Queixa e Duração, além de formularmos a História Clínica dos Eventos, lembrando que o perito médico não é escrivão para simplesmente anotar o que se relata, mas deverá inferir o que se apresenta dentro do contexto do Objeto designado com cronologia imparcial, mas que possa auxiliar na prospecção dos eventos passados com verossimilhança técnica, associando ao que se apresenta de momento; a habilidade de explorar bem os sintomas alegados dentro do contexto dos eventos, é muito importante, pois auxiliará na técnica semiótica que se aplicará, por exemplo, se

MANUAL DE INICIAÇÃO & CONCEITOS EM PERÍCIAS MÉDICAS ◀ 25

nas perícias trabalhistas, contextualizando os sintomas com os conhecimentos da profissiografia classicamente conhecida e esperada, considerando o que é verossímil ao que lhe foi relatado, rechaçando o que é inverossímil, e isso deve ser realizado de forma independe dos elementos apresentados na exordial; é importante considerar que nos relatos, se poderá obter informes técnicos médicos que contradigam o documento jurídico (exordial) etc.; durante os questionamentos e, às vezes, durante a própria examinação, devemos usar argumento de confronto, claro que sempre de forma adequada para verificar *insight* desejado e cabível, ou, indesejado e incabível, ou, o possível e impossível etc., diante do que se apresenta tecnicamente; muitas vezes, manter um grau de "silêncio confortável" para si, pode trazer à tona informes e/ou posturas que o periciando não pretendia externar etc.;

5 — Seja qual for o Objeto, a avaliação pericial direta (inspeção física e mental) em pessoas vivas, exige do perito habilidade para explorar o perfil psicológico do periciando, seja para observar apenas os exageros verbais, posturais ou de alegação, e, da mesma forma, para aqueles de atenuação, simulação e/ou de rótulos diagnósticos, por exemplo, "Portador de LER/DORT", "Estresse dos Bancários", buscando saber diferenciar muito bem o que é um grau de ansiedade comum de Ansiedade doença, o que é Depressão doença de depressão sintoma etc.; nesse momento, a perspicácia e astúcia, se impõe para diferenciar e explorar o que "Parece Ser" do "Ser" e, mesmo que o foco principal não seja uma questão mental, sempre devemos fazer e descrever um "mini exame mental";

6 — No exame físico, devemos mensurar, qualificar e quantificar o que é e o que não é sinal propedêutico, dentro do tecnicamente aceitável, evidenciando somente o que é relevante e reprodutível, ou o que é indutivo, ou foi propositadamente omitido; importante salientar que testes e sinais anamnésicos, incluindo os clássicos da medicina, se são e/ou envolvem manifestação do periciando na sua feitura ou interpretação, esses são sem valor médico legal e não devem ser anotados, pois, efetivamente, a positividade ou negatividade, sofrem interferências de interesse do examinado (uso de dinamômetros etc.), e, aqui, podemos incluir alerta para alguns testes dependentes de sinais (Finkelstain; Yergson etc.) e exames subsidiários que são técnicos dependentes também, por exemplo, a ultrassonografia e a eletroneuromiografia entre outros. Sobre a ultrassonografia temos em Cecil Medicina, 24. ed, p. 1905: "[...] não fornecem a anatomia detalhada, necessitando, nesses casos, de aparelhos de maior definição". São ótimos parâmetros em perícias médicas os exames de Raio-X, Tomografia Computadorizada, Ressonância Nuclear Magnética, ou seja, aqueles em que se pode efetivamente aplicar o *visum et repertum*. Ao examinar o periciando, deve-se ter como foco o segmento ou sistema corporal (ou mental) afetado que se relaciona com o Objeto da demanda sob sua análise técnica, sempre sem deixar de considerar segmentos corporais que possam indiretamente ser afetados. Devemos sempre medir e anotar sobre sinais vitais, indicar sobre estado geral etc.; não é preciso descrever como se faz as manobras de examinação (é falha, que se percebe na pratica de muitos peritos inexperientes e, muitas vezes, isso supera em laudas o próprio conteúdo de interesse que se deve trazer para a lide); o exame físico deve ser detalhado, quando couber, com os quatro elementos básicos da propedêutica médica — inspeção, palpação, percussão e ausculta. Nesse momento iremos constatar se presente os danos físicos, sensoriais e mentais, quantificando-os com base em baremas científicos e/ou em tabelas que, por força legal, devemos utilizar — e.g. barema SUSEP;

Nota: Recomendo ver Capítulo 19, p. 256, "Como eu faço".

Observação: Em alguns casos e/ou situações, se impõem valorar o que se denomina como **Dano Futuro** e, para esses casos, deve ser atribuído %, com o *quantum* variando de 0% — 100%, para os seguintes tipos de fundamentações:

1 — Evolução para artrose;

2 — Agravamento da dor;

3 — Agravamento da impotência funcional;

4 — Necessidade de intervenções cirúrgicas;

5 — Probabilidade de aparecimento de lesões neurológicas;

6 — Necessidade de tratamentos médicos, fisioterapia, assistência de terceira pessoa e ajudas medicamentosas;

7 — Outros;

8 — Quanto à necessidade da solicitação de novos exames subsidiários, devemos ponderar quanto a suficiência dos que foram apresentados; as vezes isso não é possível considerar ao final da avaliação, mas somente na fase de estudos dos dados apurados, e então, mesmo diante dessa dificuldade, não devemos deixar de requisitá-los, ainda que devamos recorrer ao juízo; devemos nesse momento decidir todos os que são necessários, fundamentando os motivos e requerendo-os;

9 — Encerrada a apuração técnica, devemos ofertar a todos a oportunidade de manifestação, facultando o estudo dos autos e/ou de outros documentos de nossa posse e que se apresentam relacionados ao caso, e, devemos ofertar, especialmente ao periciando, objetivamente, perguntando se há alguma informação e/ou examinação que ele, leigo, entende que seria necessário ter sido realizada etc., sendo muito importante obter entendimento de que esse tenha se sentido "efetivamente examinado", esclarecendo o que for necessário, respondendo às indagações se pertinentes ou não etc. Se tudo em conformidade, informamos quais os próximos procedimentos e forma com a qual dará ciência das necessidades que se apresentam, comunicando o encerramento da avaliação.

É importante considerar que, uma vez concluída a apuração dos dados técnicos, o perito médico deverá então, mentalmente, formular a sua Hipótese Diagnóstica (se for anotar, anote na forma do CID) que posteriormente irá confirmar pelos seus estudos e, a seguir, no contexto do Objeto, definir se é necessário a vistoria *in loco*, ou o estudo de outros documentos etc., pois somente com todos esses dados é que comprovará que prospectou para obter sua convicção técnica, quando formulará o laudo para expressar ao juízo quanto ao dano, ao nexo, de causa ou concausa, etc.

Tudo isso realizado, se inicia o momento mais importante para aquele que quer ser um bom Perito Médico: introspecção com estudo para formatar o laudo; rever, rever e só aí concluir!

Capítulo 3

HABILIDADE DO PERITO MÉDICO E ÁREAS DE ATUAÇÃO

Como em toda atividade médica, o Perito Médico deverá desenvolver e aperfeiçoar habilidades para diferenciar o que é do que parece ser!

Portanto, o Perito Médico tem como disciplina mestre na sua formação aquela aprendida nos primeiros anos da escola médica, a Epidemiologia Médica, com todos os seus conceitos matemáticos, de probabilidades, que devem ser rememorados, visto que nem sempre tais conceitos são diretamente exigíveis e observados com rigor no exercício prático da medicina do dia a dia. Atualmente, a esses somam-se os conhecimentos aceitos pela comunidade científica médica, comumente denominados pelos conceitos da Medicina Baseada em Evidência — MBE.

Tais conceitos serão especialmente úteis, pois entre muitas das demonstrações que deveremos fazer nos nossos laudos, a manifestação do NEXO TÉCNICO é imperiosa. Para tal, devemos diferenciá-lo do chamado NEXO JURÍDICO, pois este consiste na caracterização da imputação do fato ou ocorrência ao agente, o que não cabe ao Perito Médico.

Nexo Técnico é consideração de ligação feita com base nos conceitos da Epidemiologia Médica (que nada tem a ver com o chamado Nexo Técnico Epidemiológico do nosso sistema previdenciário [NTEP] — Brasil — INSS) e dos conhecimentos da fisiopatologia, que tem caráter universal, valendo-se das bases científicas e bibliografias dos diversos estudos médicos reconhecidos e válidos em todo o mundo — medicina baseada em evidências científicas. Igualmente, no Nexo Técnico os aspectos da relação "Parecer e Ser[3]" devem ser aplicados, considerando-se os conceitos da Sensibilidade, Especificidade, Valor Preditivo, Razão de Verossimilhança, Critérios de Hill[4] etc.

Sobre NTEP — Conselho Federal de Estatística — CONFE

PARECER TÉCNICO CONFE/N. 001/2007 — RIO DE JANEIRO 30 DE MAIO DE 2007.

RESUMO:

CONCLUSÃO

A metodologia do indicador RC da Lei n. 11.430, **apresenta graves impropriedades**, tanto no aspecto **conceitual** quanto no aspecto da **aplicação**. Primeiramente é um indicador pouco rigoroso para acenar com relação causal, especialmente quando as populações expostas e não-expostas são absolutamente heterogêneas em relação as variáveis relevantes, que, aliás, no caso específico não são conhecidos. Quanto à aplicação, a impropriedade se deve a não utilização do erro de estimativa no critério de decisão, o critério puro e simples de (RC) > 1 é inaceitável como vimos no exemplo N.1. Pode-se observar no Decreto N. 6042 **que a aplicação de tal critério acarretou grande número de situações onde o nexo epidemiológico indicado pelo procedimento não condiz com a experiência médica, que já as classificou como sendo absurda, sendo que em muitos casos basta usar o bom senso para verificar que a existência do nexo não se sustenta.** Finalizando, julgamos imprescindível a reformulação da metodologia estatística aplicada na Lei 11.430 para a caracterização do Nexo Epidemiológico Atuarial.

Luiz Carlos da Rocha — Presidente do CONFE — Arnaldo Soares de Araújo Filho — Conselheiro do CONFE

Nota: Para não dizermos que o parecer está desatualizado, convém leitura ao site <http://www.confe.org.br/fap.pdf>.

---

(3) AS APARÊNCIAS SÃO DE QUATRO TIPOS: 1 — As coisas são o que parecem ser: 2 — ou são e não parecem ser; 3 — ou não são, mas parecem ser; 4 — ou não são, nem parecem ser. Epictetus (Epiteto), séc. II D.C.

(4) Austin Bradford Hill (Londres, 8 de julho de 1897 — 18 de abril de 1991) foi um epidemiologista e estatístico inglês, pioneiro no estudo do **acaso do ensaio clínico** [base de fundamentação inicial da Medicina Baseada em Evidências — MBE] — juntamente com Richard Doll, foi o primeiro a demonstrar a ligação entre o uso do cigarro e o câncer de pulmão.

Apenas como lembrança para embasar estas considerações preliminares, vejamos que o conceito de Valor Preditivo Positivo (VPP) expressa a probabilidade de um paciente com o teste positivo ter a doença.

$$VPP = a/a+b$$

"a" = verdadeiro positivo; "b" = falso positivo.

Já o Valor Preditivo Negativo (VPN) expressa a probabilidade de um paciente com o teste negativo não ter a doença.

$$VPN = d/c+d$$

"c" = falso negativo; "d" = verdadeiro negativo.

Desse modo, o **Perito Médico nunca deve se envolver com juízos de valor**; deve, sim, fazer um balanço do que tecnicamente apurou e concluir sobre a existência de NEXO (de causa ou concausa) ou NÃO, apenas com sua convicção técnica, sem adentrar a caracterização jurídica da Causa ou Concausa.

É muito importante ao Perito Médico considerar, descrever e analisar os fatos e condições ao seu tempo de ocorrência, o que nem sempre coincide com a época em que está realizando sua avaliação, visto que os fatos ocorreram sob condições diferentes do momento atual. Ou seja, geralmente a Perícia Médica é ato técnico **retrospectivo**. Um exemplo de quase excepcionalidade desta caracterização, em nosso meio, seriam as perícias previdenciárias e de controle de absenteísmo, porém, de rigor estas também analisam eventos passados.

Ao mesmo tempo, é de relevante importância enfatizar que a atuação do Perito Médico se dá dentro dos limites da liberdade de atuação profissional, incluindo a dos médicos.

Constituição Federal

Art. 5º: Todos são iguais perante a lei, sem distinção de qualquer natureza, garantindo-se aos brasileiros e aos estrangeiros residentes no País a inviolabilidade do direito à vida, à liberdade, à igualdade, à segurança e à propriedade, nos termos seguintes:

(...)

XIII — é livre o exercício de qualquer trabalho, ofício ou profissão, atendidas as qualificações profissionais que a lei estabelecer; (...)

CPC — Lei n. 5.869 de 11 de janeiro de 1973 — Código de Processo Civil.

Art. 335. Em falta de normas jurídicas particulares, o juiz aplicará as regras de experiência comum subministradas pela observação do que ordinariamente acontece e ainda as regras da experiência técnica, ressalvado, quanto a esta, o exame pericial.

Código de Ética Médica

Capítulo I

PRINCÍPIOS FUNDAMENTAIS

VII — O médico exercerá sua profissão com autonomia, não sendo obrigado a prestar serviços que contrariem os ditames de sua consciência ou a quem não deseje, excetuadas as situações de ausência de outro médico, em caso de urgência ou emergência, ou quando sua recusa possa trazer danos à saúde do paciente.

VIII — O médico não pode, em nenhuma circunstância ou sob nenhum pretexto, renunciar à sua liberdade profissional, nem permitir quaisquer restrições ou imposições que possam prejudicar a eficiência e a correção de seu trabalho.

Do exposto, depreende-se que para ser Perito Médico não basta aprender, de fato deverá desenvolver e ter habilidades para desempenhar bem o seu trabalho. É indispensável que conquiste o direito de exercer tais atividades através da formação acadêmica. Em outras palavras, temos que atender às qualificações profissionais que a lei específica estabelecer, sem abrir mão da liberdade profissional, e muito mais, por exemplo, obtendo certificação de especialistas em Medicina Legal e Perícia Médica.

A habilidade técnica, por astúcia e perspicácia, se fará no dia a dia ao desenvolver a capacidade de bem perceber se o Periciando guarda boa, regular ou má capacidade física ou mental, observando aspectos de:

— compreensão e comunicação nas atividades do cotidiano;

— compreensão do que está apresentando — sintomas;

— capacidade de deambular livremente;

— capacidade de realizar direção veicular ou andar de bicicleta (atos complexos);

— capacidade de memória e de juízo de valor e de auto cuidado preservadas etc.

O Perito Médico também deverá demonstrar habilidades para perceber sobre:

— disfunção de órgãos ou sistemas — se está estabilizado o quadro funcional ou se há instabilidade funcional notada por sinais **OBJETIVOS** (demonstráveis!);

— vigência de quadro agudo — processo inflamatório com comemorativos de sinais;

— quadro crônico agudizado — agravado — estabilizado ou não;

— procedimentos invasivos realizados, considerar se há risco de sangramento ou rupturas. Se o risco é pequeno, médio, grande;

— quadro clínico em regressão, progressão estabilização ou se em fase incipiente;

— condutas e procedimentos que podem melhorar ou agravar o quadro;

— considerar sobre doença contagiosa e se está na fase infectante, riscos de agravos ao portador e terceiros;

— se apresentou boa resposta terapêutica etc.

Nota: O eminente Professor de Medicina Legal da Academia de Polícia Civil do Estado de São Paulo, com mais de 40 anos de atuação profissional, frise-se que perito atuante no âmbito do TRT da 15ª Região, Dr. Leonardo Levin, CRM 15.353, que em suas aulas apresenta e nos ensina:

> "A característica das doenças ocupacionais, ou pelo labor agravadas (labor como causa e/ou concausa) é que cessado o rol de atividades a dor desaparece ou, no máximo, resta por igual; nunca piora. Tal piora é característica de doença degenerativa."

Por conseguinte, se percebe que o Perito Médico apura os fatos técnicos e, diferente do médico assistente da parte, por exemplo do trabalhador se na Justiça Especializada (incluindo aquele que cuida das doenças dessa pessoa, mesmo que não o represente nos autos), do médico do trabalho, do médico do CEREST (Centro de Referência de Saúde do Trabalhador) e médico auditor do Ministério do Trabalho — incluindo os da FUNDACENTRO, NÃO PODE PRESUMIR!

Perito médico não presume!

O perito, por essência, deve ser imparcial, condição que é incompatível com presunção.

Deve só apurar! Deve constatar e anotar se presente o dano!

Professor Levin nos alerta: "O dano médico legal é Objetivo, pautado no que se vê — *visum et repertum* — **e não no que se relata ao perito médico**".

A caracterização do elemento dito "direto" para se considerar a concausalidade, deve ser fática, demonstrável, ou seja, deve existir muito bem apresentado pelo *expert* no seu laudo, onde, além do agente (fator específico), deve explicitar sem parcialidade o "quando" e o "como" se estabeleceu tal relação direta. Presunções, intuições, empirismos, em questões técnicas, ademais dentro da prova técnica no judiciário, nem em tese podem ser uteis e considerados no estabelecimento do nexo, quiçá nem mesmo na sua forma indireta, com o que então, não pode subsidiar afirmação para relação de participação direta concorrente ao nexo de concausa.

Lei n. 8.213/91 — Art. 21 — "[...] embora não tenha sido a causa única, haja **contribuído diretamente** para a morte do segurado, para redução ou perda da sua capacidade para o trabalho, ou produzido lesão [...]. **(n.g.)**

Ensina o Prof. Sérgio Cavalieri Filho sobre concausa que é "outra causa que, juntando-se à principal, concorre para o resultado" e que essa "não inicia nem interrompe o processo causal, **apenas o reforça**, tal como um rio menor que deságua em outro maior, aumentando-lhe o caudal".

Deve o *expert* demonstrar o "quando" se inicia o evento causal ou concausal, informando a data e/ou tempo especificado, que não pode ser apanhado aleatório. Se de evento episódico do agente, a data precisa deve ser apresentada; se de evento continuado do agente, o quando começou e quando terminou. Também deve demonstrar o "como" (mecanismo de ação — fisiopatologia etc.) o agente atuou na lesão já presente, e, o mais importante, deverá esclarecer o *quantum* era presente de dano e o *quantum* é de dano decorrente exclusivamente da concausa, esclarecendo, no mínimo, se a concausa foi fator majoritário ou minoritário de determinado dano, esclarecendo como assim pode concluir.

Portanto, o bom perito demonstrará:

➢ o *quando*;

➢ o *como*;

➢ a *contribuição direta;* e

➢ o *reforço da lesão*!

Sem isso, estamos apenas considerando no campo das especulações, teses etc. e não fundados na ciência forense. A ciência forense exige a necessária demonstração de fatos e verdades médico legais. Nesse sentido, diz bem o Desembargador Sebastião Geraldo de Oliveira:

> "Por tudo que foi exposto, impõe-se a conclusão de que **o juiz deverá reduzir equitativamente o valor da condenação na hipótese de concausa**, ou seja, quando as provas dos autos indicarem que na etiologia da doença ocupacional houve contribuição de fatores laborais e extralaborais.
>
> **Para oferecer ao julgador informações a respeito da intensidade da concausa, é recomendável que o laudo pericial informe, com detalhes e fundamentos técnicos, o grau da contribuição do trabalho para o adoecimento.**
>
> Uma vez decidido o grau da concausa laboral, **automaticamente decidiu-se também o grau da concausa extralaboral correspondente**, ou seja, se a contribuição do trabalho foi baixa, a contribuição extralaboral foi intensa e assim sucessivamente". (**n.g.**)

<**http://www.trtsp.jus.br/geral/tribunal2/Revistas/revista_eletronica/14_2013.pdf**>

3.1. HABILIDADE TÉCNICA — ANAMNESE

Para aprimorar sua habilidade de apurar, além de examinar como todo médico faz, o perito médico deve exaustivamente incluir a examinação de segmento corporal ou órgão envolvido no Objeto da designação de avaliação determinada utilizando a clássica propedêutica médica de inspeção (focar na capacidade de movimentação e amplitude de movimentos do segmento corporal ou de todo o corpo), palpação (verificar resposta exacerbada ao simples toque), percussão (notar se a resposta é incompatível com o estímulo) e a ausculta armada, além da escuta da história apresentada pelo examinado (Periciando), ponderando pela verossimilhança do que se apresenta. Quanto aos aspectos da história apresentada, muita atenção se requer do Perito Médico, pois o Periciando (relator da história) tem interesse na avaliação ao seu favor, e pode tendenciar, exagerar etc. Também deve ter em mente e usar os conceitos clássicos para formulação das Hipóteses Diagnósticas.

> "É axiomático em medicina que, quando possível, sempre se deveria identificar uma única causa para todos os sintomas do paciente." — KWITKO, Airton — 2004.

Nota do autor:

1 — Exames subsidiários de *pouca (baixa) especificidade* e *muita (alta) sensibilidade*, trazem consigo altos índices de falso positivo — como é o caso das Eletroneuromiografias e Ultrassonografias — ou seja, exame em si não é reprodutível na sua integralidade. São chamados de exames executores dependentes; por esse motivo, somente se justificam para uso dentro dos critérios médico legais os exames de Raio-X, Tomografia Computadorizada e Ressonância Nuclear Magnética, já que *não são executores dependentes e as imagens não se alteram*;

2 — Do mesmo modo são sem valor médico legal as técnicas propedêuticas dependentes da manifestação do próprio examinado, seja na manifestação de dor, capacidade de mobilidade e/ou na amplitude de movimentos, ou do exe-

cutor da manobra, pois são intervenções subjetivas, frise-se que algumas influenciadas pelo próprio interessado em positivá-las ou negativá-las.

3 — Descabe à prática médico legal, apresentar ou pautar suas conclusões em informes e/ou em dados em que cada técnico poderá interpretar de forma diversa. *A intervenção subjetiva desqualifica a prova. O dado deve ser reprodutível!*

3.1. O Perito Médico, respeitadas a lei e a ética, tem de ser independente e responder apenas perante sua consciência, sendo certo que deverá ter conhecimento técnico médico e também, em seu nível, das bases legais que regulam sua atividade, especificamente em relação à avaliação que realizará quando devidamente designado por autoridade. Deve ter firmeza para transmitir sua conclusão, serenidade para não se deixar envolver por pressões externas ou fatores extra doença como problemas sociais, desemprego, apelos etc. Deverá ter isenção de ânimo para bem ponderar, explicitando com clareza suas decisões, com boa didática, visto que suas considerações serão frequentemente objeto de análise por leigos — administradores, advogados, juízes etc. — todavia, deve expressar sua conclusão de maneira precisa e clara (Citados em pareceres do CFM).

3.2. Recomendações do *National Institute for Occupational Safety and Health — NIOSH —* Agência Federal dos Estados Unidos que faz parte do *Centers for Disease Control and Prevention* (*CDC*) — "Julgar a validade das informações do paciente".

No Chile[5] se adota muito bem o que Nerio Rojas[6] apresentou sobre os vários aspectos relevantes para as técnicas periciais médicas, contudo dois deles merecem maior destaque que são a necessidade de se ***desconfiar dos sinais patognomônicos*** e de ***não se admitir como verdade o que assim não se apresentar de forma evidente***, ou seja, deve o Perito Médico ponderar sobre "as verdades" apresentadas ou ditas pelas partes.

Ainda, quanto à evidência clínica objetiva, retomando a experiência do Professor Levin, sobre dano ele nos ensina: "**O dano médico legal é Objetivo, pautado no que se vê — *visum et repertum* — e nada se vê na ultrassonografia que não seja técnico dependente e/ou se ouve do examinado que não seja do seu interesse, inclusive para induzi-lo ao erro técnico**."; lembro que isso pode ser manifesto se diante de manobras propedêuticas "examinado dependente" e/ou "examinador dependente"; então, ao bom Perito Médico todo cuidado e atenção é pouco para apenas se importar com o que é **OBJETIVO**, ou seja, **DEVE PAUTAR-SE NA APRESENTAÇÃO DA MATERIALIDADE.**

Se observássemos *Descartes*[7], para se obter uma boa perícia, saberíamos que "para examinar a verdade", como é o caso de uma avaliação pericial médica, confiaríamos que "é necessário duvidar, o mais possível de todas as coisas".

Então, quem está habilitado para falar sobre medicina?

Assim, como já dissemos nos capítulos anteriores, com o rigor da habilitação profissional para ser médico, por óbvio, esta também traz a efeito que Perícia Médica e a assistência técnica médica só pode ser feita por médicos. Perícia Fisioterápica, só por fisioterapeutas, Perícia de Engenharia, só por engenheiros, porém, muitas vezes encontramos, até mesmo no sistema judiciário, inovações surpreendentes.

Lei n. 5.869/73

Art. 145. Quando a prova do fato depender de conhecimento técnico ou científico, o juiz será assistido por perito, segundo o disposto no art. 421. § 1º Os peritos serão escolhidos entre profissionais de nível universitário, devidamente inscritos no órgão de classe competente, respeitado o disposto no Capítulo VI, seção VII, deste Código. *(Incluído pela Lei n. 7.270, de 1984)* § 2º Os peritos comprovarão sua especialidade na matéria sobre que deverão opinar, mediante certidão do órgão profissional em que estiverem inscritos. *(Incluído pela Lei n. 7.270, de 1984)*

LEI N. 12.842, DE 10 DE JULHO DE 2013 — Dispõe sobre o exercício da Medicina.

A PRESIDENTA DA REPÚBLICA

Faço saber que o Congresso Nacional decreta e eu sanciono a seguinte Lei:

Art. 1º O exercício da Medicina é regido pelas disposições desta Lei.

Art. 2º O objeto da atuação do médico é a saúde do ser humano e das coletividades humanas, em benefício da qual deverá agir com o máximo de zelo, com o melhor de sua capacidade profissional e sem discriminação de qualquer natureza.

---

(5) CARRASCO, Baltazar Guajardo. *Aspectos de la responsabilidad civil médica*, p. 262.
(6) ROJAS, Nerio. *Medicina Legal* (Buenos Aires, 1942), 2. ed., tomo I.
(7) René Descartes — Filósofo.

Parágrafo único. O médico desenvolverá suas ações profissionais no campo da atenção à saúde para:

I — a promoção, a proteção e a recuperação da saúde;

II — a prevenção, o diagnóstico e o tratamento das doenças;

III — a reabilitação dos enfermos e portadores de deficiências.

Art. 3º O médico integrante da equipe de saúde que assiste o indivíduo ou a coletividade atuará em mútua colaboração com os demais profissionais de saúde que a compõem.

Art. 4º São atividades privativas do médico:

I — (VETADO);

II — indicação e execução da intervenção cirúrgica e prescrição dos cuidados médicos pré e pós-operatórios;

III — indicação da execução e execução de procedimentos invasivos, sejam diagnósticos, terapêuticos ou estéticos, incluindo os acessos vasculares profundos, as biópsias e as endoscopias;

IV — intubação traqueal;

V — coordenação da estratégia ventilatória inicial para a ventilação mecânica invasiva, bem como das mudanças necessárias diante das intercorrências clínicas, e do programa de interrupção da ventilação mecânica invasiva, incluindo a desintubação traqueal;

VI — execução de sedação profunda, bloqueios anestésicos e anestesia geral;

VII — emissão de laudo dos exames endoscópicos e de imagem, dos procedimentos diagnósticos invasivos e dos exames anatomopatológicos;

VIII — (VETADO);

IX — (VETADO);

X — determinação do prognóstico relativo ao diagnóstico nosológico;

XI — indicação de internação e alta médica nos serviços de atenção à saúde;

XII — realização de perícia médica e exames médico-legais, excetuados os exames laboratoriais de análises clínicas, toxicológicas, genéticas e de biologia molecular;

XIII — atestação médica de condições de saúde, doenças e possíveis sequelas;

XIV — atestação do óbito, exceto em casos de morte natural em localidade em que não haja médico.

§ 1º Diagnóstico nosológico é a determinação da doença que acomete o ser humano, aqui definida como interrupção, cessação ou distúrbio da função do corpo, sistema ou órgão, caracterizada por, no mínimo, 2 (dois) dos seguintes critérios:

I — agente etiológico reconhecido;

II — grupo identificável de sinais ou sintomas;

III — alterações anatômicas ou psicopatológicas.

§ 2º (VETADO).

§ 3º As doenças, para os efeitos desta Lei, encontram-se referenciadas na versão atualizada da Classificação Estatística Internacional de Doenças e Problemas Relacionados à Saúde.

§ 4º Procedimentos invasivos, para os efeitos desta Lei, são os caracterizados por quaisquer das seguintes situações:

I — (VETADO);

II — (VETADO);

III — invasão dos orifícios naturais do corpo, atingindo órgãos internos.

§ 5º Excetuam-se do rol de atividades privativas do médico:

I — (VETADO);

II — (VETADO);

III — aspiração nasofaríngea ou orotraqueal;

IV — (VETADO);

V — realização de curativo com desbridamento até o limite do tecido subcutâneo, sem a necessidade de tratamento cirúrgico;

VI — atendimento à pessoa sob risco de morte iminente;

VII — realização de exames citopatológicos e seus respectivos laudos;

VIII — coleta de material biológico para realização de análises clínico-laboratoriais;

IX — procedimentos realizados através de orifícios naturais em estruturas anatômicas visando à recuperação físico-funcional e comprometendo a estrutura celular e tecidual.

§ 6º O disposto neste artigo não se aplica ao exercício da Odontologia, no âmbito de sua área de atuação.

§ 7º O disposto neste artigo será aplicado de forma que sejam resguardadas as competências próprias das profissões de assistente social, biólogo, biomédico, enfermeiro, farmacêutico, fisioterapeuta, fonoaudiólogo, nutricionista, profissional de educação física, psicólogo, terapeuta ocupacional e técnico e tecnólogo de radiologia.

Art. 5º São privativos de médico:

I — (VETADO);

II — perícia e auditoria médicas; coordenação e supervisão vinculadas, de forma imediata e direta, às atividades privativas de médico;

III — ensino de disciplinas especificamente médicas;

IV — coordenação dos cursos de graduação em Medicina, dos programas de residência médica e dos cursos de pós--graduação específicos para médicos.

Parágrafo único. A direção administrativa de serviços de saúde não constitui função privativa de médico.

Art. 6º A denominação de "médico" é privativa dos graduados em cursos superiores de Medicina, e o exercício da profissão, dos inscritos no Conselho Regional de Medicina com jurisdição na respectiva unidade da Federação.

Art. 7º Compreende-se entre as competências do Conselho Federal de Medicina editar normas para definir o caráter experimental de procedimentos em Medicina, autorizando ou vedando a sua prática pelos médicos.

Parágrafo único. A competência fiscalizadora dos Conselhos Regionais de Medicina abrange a fiscalização e o controle dos procedimentos especificados no *caput*, bem como a aplicação das sanções pertinentes em caso de inobservância das normas determinadas pelo Conselho Federal.

Art. 8º Esta Lei entra em vigor 60 (sessenta) dias após a data de sua publicação.

Brasília, 10 de julho de 2013; 192° da Independência e 125° da República.

DILMA ROUSSEFF
Guido Mantega
Manoel Dias
Alexandre Rocha Santos Padilha
Miriam Belchior
Gilberto Carvalho

Diante da vigência da norma legal, patente é o conceito de que Perícia Médica é Ato Médico, por isso é importante que aqueles que estão se iniciando na atividade pericial, visando a aquisição de confiança, façam prevalecer as boas condições para o exercício da medicina. Vejamos uma manifestação jurídica sobre o caso:

RECURSO ORDINÁRIO PROCESSO TRT — 15ª REGIÃO — 0001417-25.2000.5.15.0008 RO — Perícia Médica realizada por Fisioterapeuta — "Inegável, portanto, que somente a perícia médica pode dirimir, com precisão, as questões relacionadas ao acidente de trabalho e/ou doença profissional aduzidos na peça de estreia, fornecendo ao julgador elementos seguros e necessários ao desate da lide". FÁBIO ALLEGRETTI COOPER — Juiz Relator.

Capítulo 4

História da Perícia Médica e Atuação Profissional

A importância da avaliação técnica por Perícia Médica remonta à antiguidade, por exemplo, a Legislação de Moisés, o Código de Hamurabi, as práticas egípcias e os Livros Santos. Neles, aparecem os primeiros traços da Medicina Judiciária, aplicados à virgindade, à violação, ao homicídio, às lesões corporais e aos problemas de ordem moral.

Já no Período Romano, os cadáveres eram examinados por médicos, porém, externamente. As necropsias, por respeito ao cadáver, eram proscritas. O Período Médio e a Idade Média foram marcados pelos capitulares de Carlos Magno, que estabelecia que os julgamentos deviam se apoiar no parecer dos médicos.

No Período Canônico (1200 a 1600 d.C.), houve a promulgação do Código Criminal Carolino (Carlos V), surgindo o primeiro documento organizado da Medicina Judiciária.

Em 1521, por suspeita de envenenamento, ocorreu a necropsia do cadáver do Papa Leão X. Em 1575, surgiu o primeiro livro de Medicina Legal de Ambrósio Paré; a França aclama o autor como o pai da Medicina Legal.

Desde então, a Perícia Médica foi evoluindo em todos os países e, como ciência, iniciou-se, em 1602, em Palermo, na Itália, com a publicação de Fortunato Fidélis, até atingir a especialização que hoje apresenta em nosso meio, cuja especialidade médica tem com a denominação de *Medicina Legal e Perícia Médica*[8], apoiando juízes e administradores em geral, sempre que necessário.

Historicamente e não menos importante nos tempos atuais, a Perícia Médica tem como base dois aspectos fundamentais:

1. A reconstituição dos fatos, que é uma garantia do cidadão e da sociedade contra excessos.

2. Liberdade técnica — O médico, em qualquer posto de atuação, é tecnicamente livre.

Enfatizando os aspectos da liberdade técnica, como atividade profissional regida por lei, segundo o Professor Antônio Cândido de Lara Duca, médico do trabalho e perito judicial, temos que:

> A medicina é uma profissão em cujo exercício os médicos possuem liberdade de consciência, não podendo ser compelidos pela lei a formular juízos de natureza técnico-científica contrários às suas convicções, aos princípios e regras do seu saber.

Além de liberdade, por certo, a atividade médica requer conhecimento técnico aprofundado e penso que com formação abrangente, com o que se sugere que o Perito Médico deve ter formação consistente em Clínica Médica (também denominada Clínica Geral) e Medicina Legal (especialidade médica hoje denominada no Brasil como *Medicina Legal e Perícia Médica*), além de manter-se com atualização contemporânea nos conhecimentos do chamado Direito Médico.

---

(8) Resolução CFM n. 1.973, de 14.7.2011 — Dispõe sobre a nova redação do Anexo II da Resolução CFM n. 1.845/08, que celebra o convênio de reconhecimento de especialidades médicas firmado entre o Conselho Federal de Medicina (CFM), a Associação Médica Brasileira (AMB) e a Comissão Nacional de Residência Médica (CNRM) (Fonte de Publicação — Diário Oficial da União; Poder Executivo, Brasília, DF, 1º ago. 2011. Seção I, p. 144-147).

4.1. NO BRASIL

Em nosso país, a Perícia é inicialmente tratada no "Regulamento 737" (Base do Direito português — arbitramento) em 1850.

As primeiras considerações sobre Perícia Médica constavam no Código Civil de 1939, modificado, em 1942, pelo Decreto-lei n. 4.565, quando se determinou que o juiz nomeasse o perito somente na hipótese de as partes não chegarem a um consenso sobre a escolha de um nome comum.

Em 1946, surgiu o perito desempatador, que só era nomeado caso as partes não indicassem um perito comum, ou na hipótese de as conclusões apresentadas pelos peritos escolhidos pelas partes não satisfazerem o juiz, o que invariavelmente ocorria, pois eles transformavam-se em "advogados de defesa" das partes que os haviam indicado.

O Código Civil de 1973, em relação ao previsto no Código de 1939, inovou apenas no que se referia a determinados requisitos exigidos dos Assistentes Técnicos. No tocante à sua imparcialidade, deixaram de ser auxiliares da parte que os indicava, **tornando-se auxiliares do juiz**. Em 1992, com a edição da Lei n. 8.455, retiram-se estes requisitos.

Em 2001, pela Lei n. 10.358, têm-se algumas novidades:

• Nomeação do perito e indicação dos Assistentes Técnicos com a possibilidade de o juiz nomear mais de um perito e as partes indicarem mais de um Assistente Técnico, na mesma categoria profissional;

• A previsão legal obriga a comunicação aos Advogados sobre as datas das perícias, pois são eles que representam as partes, e não os Assistentes Técnicos;

• Referência ao prazo de entrega do parecer pelo Assistente Técnico. Na prática, adota-se uma data anterior ou a mesma da protocolização do laudo oficial.

Nota: Importante considerar que há diferenças entre a justiça cível e a trabalhista.

Em 2002, o novo Código Civil — Lei n. 10.406, de 10 de janeiro, que entrou em vigor em janeiro de 2003 — trouxe outras novidades, dentre elas:

• Perícia Civil para Verificação de Validade de Negócio Jurídico: o diagnóstico de um transtorno mental não é, em si, suficiente para indicar incapacidade. Em vez disso, o transtorno mental deve causar um prejuízo no julgamento relativo às questões específicas envolvidas. A competência também é essencial em contratos, que podem ser declarados inválidos se, quando assinados, uma das partes era incapaz de compreender a natureza de seu ato.

• Perícia Civil para Verificação de Capacidade Testamentária: os Peritos Médicos podem ser solicitados a avaliar a capacidade testamentária do paciente, ou seja, sua competência para fazer testamento.

Nota quanto a **Capacidade Testamentária**: Três capacidades psicológicas são necessárias para demonstrar essa competência. Os pacientes devem conhecer:

1) a natureza e extensão dos seus bens (posses);

2) que estão fazendo um testamento; e

3) quem são seus beneficiários naturais, ou seja, cônjuge, filhos e outros parentes.

O "novo" Código do Processo Civil — Lei n. 13.105 de 16.03.2015, muito pouco altera o contexto geral que direcionava às perícias.

Finalmente, para melhor compreender o contexto da Perícia Médica no nosso meio, vejamos trecho do artigo científico publicado pelo Instituto Oscar Freire da Faculdade de Medicina da Universidade de São Paulo, na *Revista Saúde, Ética & Justiça* — v. 15, n. 2, 2010.

HISTORICAL MOMENT OF A SPECIALTY

Daniel Romero Muñoz (1), Daniele Muñoz-Gianvecchio (2), Victor A. P. Gianvecchio (3).

(1) Professor Titular de Medicina Legal, Universidade de São Paulo, Faculdade de Medicina, Departamento de Medicina Legal, Ética Médica, Medicina Social e do Trabalho, São Paulo, SP, Brasil. (2)

Médica, Especialista em Medicina Legal pela Universidade de São Paulo, Faculdade de Medicina, Departamento de Medicina Legal, Ética Médica, Medicina Social e do Trabalho, São Paulo, SP, Brasil. (3) Médico, Especialista em Medicina Legal pela Universidade de São Paulo, Faculdade de Medicina, Departamento de Medicina Legal, Ética Médica, Medicina Social e do Trabalho, São Paulo, SP, Brasil.

ÁREAS DE ATUAÇÃO DA MEDICINA LEGAL

Mas qual era a disciplina lecionada, ou melhor, o ensino acadêmico da Medicina Legal visava formar profissionais para atuarem em que áreas? Quais eram as áreas de atuação da Medicina Legal?

Na França, o Manual Completo de Medicina Legal, de Briand e Chaudé, editado em 1874, assinalava que a ML tratava, do ponto de vista técnico, de Questões de Direito civil, criminal e administrativo, como ciência auxiliar do Direito[5].

E as perícias Trabalhistas, não faziam parte da Medicina Legal?

A Perícia Médica é decorrência da necessidade de provas para enquadrar determinado caso na legislação específica. Legislação trabalhista é posterior a essa publicação; no Brasil, surgiu na década de 1930. Obviamente não poderia haver perícia trabalhista antes do aparecimento da legislação que regulava essas questões. Entretanto, Flamínio Fávero, em seu livro *Medicina Legal*, editado em 1938, já incluía o capítulo da Infortunística, no qual tratava da perícia nos acidentes do trabalho e moléstias profissionais e, em edições posteriores afirmava: — "Na 3ª edição inclui as modificações da lei de acidentes do trabalho".

Esse mesmo autor define o campo de atuação da Medicina Legal da seguinte forma: — "É inegável que esta disciplina (...) não mais atua, apenas, no esclarecimento de certas questões de processo civil e criminal, nem tampouco, somente em aplicações forenses. Hoje a medicina legal age e deve agir pela 'aplicação dos conhecimentos médico-biológicos na elaboração e execução das leis que deles carecem".

E a Seguridade Social, isto é, as Perícias Previdenciárias?

O Prof. Franchini (Itália) divide a Medicina Legal em *"Medicina Legale in Materia Penale"* e *"Medicina Legale in Materia Civile"* e afirma: — "(...) a Medicina Legal italiana compreende a Medicina da previdência social e do seguro social e privado e desse modo se ocupa, no plano pericial, de todas as questões atinentes aos acidentes de trabalho, às moléstias profissionais, à invalidez e a todas as questões médico-legais da seguridade social"[6].

O periódico *ZACCHIA*, uma das mais antigas revistas de Medicina Legal, destaca entre as questões médico-legais as relativas às perícias previdenciárias[7].

Na França, a *"Medicine Legale Sociale"* trata das perícias da previdência social, dividindo-as (pelo tipo de benefício) em seguro: — Doença, Maternidade, Invalidez, Velhice, Acidente de trabalho e Outros[8].

Na Argentina, as perícias trabalhistas e previdenciárias são englobadas como Medicina Legal do Trabalho e da Seguridade Social[9].

No Brasil, o Prof. Hermes de Alcântara, da Universidade de Brasília, afirma em seu livro *Perícia Médica Judicial*: — Os objetivos da Medicina Legal são "(...) realizar, com arte e base científica, qualquer exame pericial"[10].

Em outras palavras, o campo de atuação da Medicina Legal abrange todas as perícias médicas, sejam elas judiciais ou extrajudiciais (administrativas *lato sensu*, estando bem estabelecido do ponto de vista acadêmico).

Além disso, a própria evolução do Direito, com o surgimento de novas legislações, cria a necessidade de novos tipos de perícia, fazendo evoluir a Medicina Legal.

REFERÊNCIAS

5. BRIAND, J.; CHAUDÉ, E. *Manuel complet de medicine legale*. Paris: Baullière et Fils, 1874.

6. FRANCHINI, A. *Medicina legale in matéria penale*. Padova: Cedam, 1972.

7. MORIANI, G.; GERIN, C. Zacchia — *Riv Med Legale Assicurazioni*. 1937; 1(15).

8. ROCHE, L.; COTTE, L.; DAVID, J. J.; SAURY, A. *La medicine legale sociale*. Paris: Masson, 1966.

9. BASILE, A. Ã.; NOVOA, E. C. A. D.; GONZÁLES, O. S. *Medicina legal dei trabajo y seguridad social*. Buenos Aires: Ábaco, 1983.

10. ALCÂNTARA, H. R. *Perícia médica judicial*. Rio de Janeiro: Guanabara Koogan, 2006.

Capítulo 5

DEVERES DOS MÉDICOS

São deveres dos médicos em geral, incluindo o Perito Médico:

1. avaliar sua própria capacidade;

2. atualizar seus conhecimentos;

3. utilizar todos os meios técnicos e outros profissionais em seu auxílio;

4. confrontar opiniões;

5. se necessário, transferir o paciente para outros profissionais;

6. manter o paciente e/ou seus familiares informados;

7. registrar adequadamente: elaborar Prontuário Médico.

Enfim lhes cabem **CONDUTAS DE CUIDADO**!

Ao analisar a prática médica, sempre se deve considerar a ocorrência das chamadas REAÇÕES ADVER-SAS, pois estas não estão sob o controle dos médicos. Ver item 5.3. § 2º.

Nota: o Prontuário Médico é um documento muito relevante, incluindo o chamado Prontuário Médico Funcional do Trabalho, Prontuário Médico de Consultório, Prontuário Médico Hospitalar, todos mantidos sob vigilância médica e respectivamente guardados pelo empregador, pelo médico, pelo hospital etc.; é reconhecido como imparcial e isento, pois trata-se de documento elaborado de forma desconectada dos interesses pessoais, quando o caso de análise diante de uma lide; é frio, concreto, incontestável. O que o Perito Médico deve observar num prontuário médico é a tempestividade, adequação, moderação, precisão e acurácia que nele consta, elementos estes que também deverão ser observados em seu próprio laudo.

Interessante também considerar o estudo realizado por *Malcolm Gladwell*[9], no seu livro *Blink — A Decisão Num Piscar de Olhos*[10], apresenta o padrão das causas de motivações dos processos contra médicos nos EUA, que são:

1. Os pacientes não processam os médicos que eles gostam;

2. Na maioria das vezes o processo médico não ocorre por um erro médico real, e sim pela forma como o paciente é(foi) tratado pelo médico;

3. Os pacientes dificilmente processam os médicos que os trataram com humildade, respeito e dignidade;

4. Muitas vezes, os especialistas mais qualificados e os mais arrogantes, que tratam pacientes como se fossem seres inferiores, são os médicos mais processados;

5. Quanto maior o tempo do atendimento médico, menores são as chances do médico ser processado;

6. Os médicos menos processados são aqueles que orientam pacientemente, explicam até o paciente entender bem, verificam se restou alguma dúvida, e fazem escuta ativa (demonstram interesse real em ouvir o que o paciente deseja falar);

7. Utilizar tom de voz dominante (autoritário) aumenta a chance do médico ser processado;

---

(9) Jornalista britânico, que vive em Nova Iorque, colunista da The New Yorker desde 1996.
(10) Brasil, Ed. Sextante, 2016.

Então, nosso colega e brilhante perito médico paulista, *Dr. Luis Carlos El-Kadre*[11], que se dedicou à leitura da publicação, nos lembra que "o processo contra médicos está mais relacionado ao modo como o médico se relaciona com o paciente (acolhimento) e não com a questão técnica propriamente dita", conclusão que corroboramos integralmente.

No nosso meio, interessante destacar por ser muito frequente essa ocorrência na nossa experiência como assistentes técnicos, a identificação de que comentários de outros médicos, geralmente os sucessores do atendimento, algumas vezes por descuido, servem como fator decisório para ação de se processar o médico.

5.1. REGISTROS MÉDICOS

Considerando que **Deontologia Médica** é a disciplina que estuda e trata de forma contemporânea as questões dos **direitos e obrigações dos médicos**, por conseguinte, é disciplina que deve ser constantemente estudada pelo médico, de forma especial pelo Perito Médico, notadamente por aqueles que irão atuar nos chamados casos de "erros médicos". Depreende-se desta disciplina que é dever do médico o registro das suas práticas. Surge então a necessidade de elaboração dos chamados Prontuários Médicos.

Quanto ao Prontuário Médico, temos que:

"Seu preenchimento adequado possibilitará a demonstração do retrato do fato, através de lente cujas cores e acuidade são fornecidas pelo Perito Médico". FROES, Oswaldo — EPD, 2009.

"Por outro lado, para a Justiça, nos casos *sub judice*, se os fatos não forem constantes das anotações de prontuário, eles não aconteceram" — Cadernos CREMESP — Ética em Ginecologia e Obstetrícia, 4. ed. 2011. p. 53.

1. O Manual de Ética em Ginecologia e Obstetrícia do CREMESP[12] apresenta que são itens obrigatórios de um Prontuário Médico, os seguintes:

1. Identificação do paciente;

2. Anamnese;

3. Exame Físico;

4. Hipóteses Diagnósticas;

5. Diagnóstico(s) definitivo(s);

6. Tratamento(s) efetuado(s).

No livro do CREMESP também se encontra o que não deve ser feito no Prontuário:

1. Escrever à lápis;

2. Usar líquido corretor, conhecido como "branquinho";

3. Deixar folhas em branco;

4. Fazer anotações que não se referem ao paciente;

5. Rasuras.

Nota: Não custa lembrar que as anotações devem ser legíveis pela "pessoa média".

C.E.M.

É vedado ao médico:

Art. 87. Deixar de elaborar prontuário legível para cada paciente.

§ 1º O prontuário **deve conter os dados clínicos necessários para a boa condução do caso**, sendo preenchido, em cada avaliação, em ordem cronológica com data, hora, assinatura e número de registro do médico no Conselho Regional de Medicina.

§ 2º O prontuário estará sob a guarda do médico ou da instituição que assiste o paciente.

---

(11) Perito Médico, especialista em Ginecologia e Obstetrícia e titular do Colégio Brasileiro de Cirurgiões — CRM 48.327.
(12) Disponível em: <http://www.cremesp.org.br/?siteAcao=Publicacoes&acao=detalhes_capitulos&cod_capitulo=57> — ver também: Cadernos CREMESP — Ética em Ginecologia e Obstetrícia. 4. ed. 2011.

Pela Resolução CFM n. 1.331/1989, o Prontuário Médico é um documento de manutenção permanente pelos médicos e estabelecimentos de saúde. Como pode ser utilizado como meio de prova, vale lembrar que em alguns casos o prazo prescricional é de 20 (vinte) anos para efeitos de ações na Justiça. Então, uma boa recomendação a ser seguida é a de que todos os documentos originais que compõem o prontuário devem ser guardados pelo prazo mínimo de 10 (dez) anos, considerando a data do último registro de atendimento do paciente. Ao final desse tempo, o prontuário pode ser substituído por métodos de registro capazes de assegurar a restauração plena das informações nele contidas, por exemplo, microfilmagem, digitalização etc. Na impossibilidade, os originais não devem ser destruídos antes dos 20 anos, da data do último registro!

Importante: Compete ao médico, em seu consultório, e aos diretores clínicos e/ou diretores técnicos, nos estabelecimentos de saúde, a responsabilidade pela guarda dos documentos.

São documentos padronizados do Prontuário Médico as chamadas *Fichas de:*

1. Atendimento de Consultório ou Ambulatorial;

2. Atendimento de Urgência;

3. Evolução Médica;

4. Evolução de Enfermagem e de outros profissionais assistentes;

5. Partograma (em obstetrícia);

6. Prescrição Médica;

7. Prescrição de Enfermagem e de outros profissionais assistentes;

8. Exames Complementares (laboratoriais, radiológicos, ultrassonográficos e outros) e seus respectivos resultados;

9. Descrição Cirúrgica;

10. Anestesia;

11. Resumo de Alta;

12. Boletins Médicos.

Obs.: o nome completo do paciente deve constar em todas as folhas do prontuário.

Resolução do CFM (Conselho Federal de Medicina) n. 1.658/2002:

"[...]

Art. 2º Ao fornecer atestado, **deverá o médico registrar em ficha própria e/ou prontuário médico os dados dos exames e tratamentos realizados, de maneira que possa atender às pesquisas de informações** dos médicos peritos das empresas ou dos órgãos públicos da Previdência Social e da Justiça." **(meu grifo)**

"Um cuidado especial deve se tomar com a data, pois não se recomenda documentos retroativos ou prospectivos." — *Atestado Médico Prática e Ética* — CREMESP, 1. ed. 2013. p. 66.

Além do que bem indica o Conselho de Classe dos Médicos, outros aspectos são de grande relevância e devem ser observados atentamente. A legitimidade dos documentos quanto aos aspectos jurídicos-administrativos é imperiosa! Estes devem indicar claramente que foram elaborados na ocasião do atendimento prestado, inserido numa sequência lógica de conformidade cabível para o caso, por exemplo, se no consultório o Prontuário Médico deve se compatibilizar com dados da Agenda de Atendimentos, dados de Caixa ou Fatura de Convênio etc., ou seja, tais documentos devem conter e expressar um conjunto de dados de regularidade de registros que se mostrem inequivocamente confiáveis, além dos dados técnicos como bem orientou o CREMESP a fazê-lo. Se assim não se apresentarem estes documentos, poder-se-á até considerá-los válidos, afinal foram elaborados, porém, poderá não surtir efeito o que se deseja comprovar com sua apresentação, haja vista que se expressarem fragilidade de controle, as "evidências" que deveriam ser suficientes, fidedignas, relevantes e úteis, de modo a fornecerem base sólida para as conclusões e recomendações, se perdem totalmente.

O termo "fraude" aplica-se a atos voluntários de omissão e manipulação de transações e operações, adulteração de documentos, registros, relatórios e demonstrações técnicas, tanto em termos físicos quanto de conteúdo.

O termo "erro" aplica-se a atos involuntários de omissão, desatenção, desconhecimento ou má interpretação de fatos na elaboração de registros e demonstrações técnicas, tanto em termos físicos quanto de conteúdo. Isso se aplica na observação dos documentos médicos.

Portanto, os documentos médicos para se mostrarem válidos e surtirem efeito ao que se destinam, não podem suscitar qualquer possibilidade (nem mesmo mínimas) de "fraude" ou "erro". Se se mostrarem idôneos, serão ótimos documentos para os estudos retrospectivos dos Peritos Médicos, reforçando a validade da Perícia Indireta — Auditoria.

Sobre documentos médicos, uma breve consideração poderá estimulá-los à melhor busca de entendimento, então de forma resumida, vale considerar que o Informe Técnico, de rigor, seria todo documento elaborado por um técnico, visando essencialmente esclarecer outro técnico. Entre estes podemos considerar:

1 — O Fichário de Consultório e aqui cabe uma ressalva, pois existem os Fichários de Consultório Administrativos (Agenda) e as Fichas Clínicas (anotações médicas). Quando o Fichário não é utilizado exclusivamente pelo médico, não pode ser considerado um Informe Técnico, contudo, mesmo sendo documento administrativo pode trazer informações que, em alguns casos, podem ser importantes, por exemplo, data do agendamento da consulta, do retorno, comparecimento, ausência, orientações dadas etc. Como na prática alguns denominam o Prontuário de Registro de Consultas, como Fichário de Consultório ou Ficha Clínica, é importante considerar que se estes são manuseados no seu conteúdo e se só constam dados inclusos pelo médico, poder-se-á considerá-lo como Informe Técnico.

2 — O Atestado Médico, mesmo que muitos o utilizem de forma administrativa, é um Informe Técnico, de rigor deve ser elaborado, pois é tratado inclusive no Código Penal.

3 — O Relatório Médico Pericial, mesmo que destinado para leigos, deve conter informações técnicas para fundamentar a conclusão apresentada, de rigor deve ser elaborado, sendo também tratado no Código Penal.

4 — A Ficha de Evolução de Internação Hospitalar (FEIH), que contém o item Prontuário Médico, cujo campo somente deve ser elaborado e preenchido por médicos, não restam dúvidas que lá estão, ou deveriam estar, os melhores Informes Técnicos do ato médico praticado. A FEIH terá outros registros e Informes Técnicos, como os da Enfermagem, Fisioterapeutas etc., que também devem ser tratados com o devido rigor, inclusive de segredo e sigilo.

5 — O Boletim Médico, diferente dos outros, é relato feito por técnico para simplesmente noticiar fato relevante destinado para leigos, considerando que será divulgado amplamente, deve ser elaborado de forma simples e não deve conter informes técnicos, nem mesmo de forma mínima ou suficiente que possa permitir esboço na quebra do segredo e sigilo. Deve ser feito de forma genérica e sem maior rigor de registros técnicos.

Em decisão do CFM, visando a regulamentação da Lei Federal n. 12.842/2013, se estabeleceu a Resolução 2.056, 20.09.2013, que trouxe uma série de Normas e criou o Manual de Vistoria e Fiscalização da Medicina no Brasil, que passou a vigorar decorridos 180 dias a partir de 12.11.2013, ou seja, desde 11.05.2014. Tal resolução trouxe, de efeito no campo da Perícia Médica, medidas importantes:

CAPÍTULO X — DA ORGANIZAÇÃO DOS PRONTUÁRIOS DOS PACIENTES

Art. 45. Qualquer tratamento administrado a paciente deve ser justificado pela observação clínica e registrado no prontuário, o qual deve ser organizado de modo a:

a) permitir fácil leitura e interpretação por médicos e outros profissionais que o manuseiem;

b) possibilitar fácil manuseio e interpretação por auditores e autoridades relacionadas ao controle da medicina;

c) contemplar a seguinte ordem: anamnese, folhas de prescrição e de evolução exclusiva para médicos e enfermeiros, folhas de assentamento evolutivo comum para os demais profissionais que intervenham na assistência.

Art. 46. As evoluções e prescrições de rotina devem ser feitas pelo médico assistente pelo menos uma vez ao dia.

§ 1º Nos estabelecimentos geriátricos, psiquiátricos e de cuidados paliativos, quando se tratar de pacientes agudos ou em observação clínica, as evoluções e prescrições devem ser também diárias.

§ 2º Nesses mesmos estabelecimentos, tratando-se de pacientes estabilizados, devem ser de, no mínimo, três vezes por semana.

Art. 47. A folha de prescrição deve ter três colunas: a da esquerda conterá data e hora da prescrição; a do meio, o que foi prescrito; e a da direita será reservada à enfermagem, para registro e checagem da hora do procedimento.

Art. 48. A folha de evolução deve ter duas colunas: a da esquerda conterá a data e hora da evolução; a da direita, a evolução do médico assistente, a intervenção de médicos consultores chamados a apoiar a assistência, de médico plantonista nas intercorrências e de médico residente e internistas nas intervenções supervisionadas.

§ 1º A folha de assentamentos de enfermagem também terá duas colunas: a da esquerda, para data e hora; a da direita, para o registro evolutivo de enfermagem e prescrições dos cuidados de enfermagem.

§ 2º A folha de assentamentos da equipe multidisciplinar deve seguir o mesmo modelo da folha de assentamentos da enfermagem.

§ 3º As folhas de evolução médica, de assentamentos de enfermagem e de assentamentos da equipe multidisciplinar devem ser de cores diferentes.

§ 4º A papelaria ou prontuário eletrônico utilizado, quer se trate de estabelecimento público, quer privado, deve obedecer ao disposto na Resolução n. 1.974/11, que disciplina a propaganda e a publicidade médicas.

CAPÍTULO XII — DAS PERÍCIAS MÉDICAS E MÉDICO-LEGAIS

Art. 52. Os médicos peritos estão submetidos aos princípios éticos da imparcialidade, do respeito à pessoa, da veracidade, da objetividade e da qualificação profissional.

Parágrafo único. O ato pericial em Medicina é privativo de médico, nos termos da *Lei n. 12.842/13*.

Art. 53. Os médicos assistentes técnicos estão submetidos aos mesmos princípios, com ênfase ao da veracidade. Como são profissionais a serviço de uma das partes, não são imparciais.

Art. 54. Peritos e médicos assistentes técnicos devem se tratar com respeito e consideração, cabendo ao perito informar aos assistentes técnicos, previamente, todos os passos de sua investigação e franquear-lhes o acesso a todas as etapas do procedimento.

Art. 55. É fundamental, nos procedimentos periciais, a observância do princípio do *visum et repertum* (ver e registrar), de forma que o laudo pericial possa ser objeto de análise futura sempre que necessário.

Art. 56. Os relatórios periciais (laudos) poderão variar em função da natureza e das peculiaridades da perícia (cível, criminal, administrativa, trabalhista ou previdenciária; transversal, retrospectiva ou prospectiva; direta ou indireta); entretanto, **sempre que possível**, deverá ser observado o roteiro abaixo indicado.

Art. 57. Os pareceres dos assistentes técnicos terão forma livre, podendo seguir o mesmo modelo adotado pelo perito ou limitar-se a enfatizar ou refutar pontos específicos de seu relatório.

Art. 58. Fica definido como ROTEIRO BÁSICO DO RELATÓRIO PERICIAL o que segue abaixo:

a) Preâmbulo. Autoapresentação do perito, na qual informa sobre sua qualificação profissional na matéria em discussão;

b) Individualização da perícia. Detalhes objetivos sobre o processo e as partes envolvidas;

c) Circunstâncias do exame pericial. Descrição objetiva dos procedimentos realizados (entrevistados, número de entrevistas, tempo dispendido, documentos examinados, exames complementares etc.);

d) Identificação do examinando. Nome e qualificação completa da pessoa que foi alvo dos procedimentos periciais;

e) História da doença atual. Relato do adoecimento, início, principais sinais e sintomas, tempo de duração, forma de evolução, consequências, tratamentos realizados, internações, outras informações relevantes;

f) História pessoal. Síntese da história de vida do examinando, com ênfase na sua relação com o objeto da perícia, se houver;

g) História psiquiátrica prévia (em perícias psiquiátricas). Relato dos contatos psiquiátricos prévios; em especial, tratamentos e hospitalizações;

h) História médica. Relato das doenças clínicas e cirúrgicas atuais e prévias, incluindo tratamentos e hospitalizações;

i) História familiar. Registro das doenças prevalentes nos familiares próximos;

j) Exame físico. Descrição da condição clínica geral do examinando;

k) Exame do estado mental (em perícias psiquiátricas e neurológicas). Descrição das funções psíquicas do examinando;

l) Exames e avaliações complementares. Descrição de achados laboratoriais e de resultados de exames e testes aplicados;

m) Diagnóstico positivo. Segundo a nosografia preconizada pela Organização Mundial da Saúde, oficialmente adotada pelo Brasil;

n) Comentários médico-legais. Esclarecimento sobre a relação entre a conclusão médica e as normas legais que disciplinam o assunto em debate;

o) Conclusão. Frase curta e direta que sintetiza todo o pensamento do perito;

p) Resposta aos quesitos. Respostas claras, concisas e objetivas.

Parágrafo único. Nas perícias de responsabilidade penal devem constar também do relatório pericial os seguintes itens, nas posições 6 e 7:

a) Elementos colhidos nos autos do processo. Descrição do fato criminoso de acordo com o relato da vítima, testemunhas ou de outras peças processuais;

b) História do crime segundo o examinando. Descrição do fato criminoso de acordo com o relato do examinando ao perito.

Art. 59. Excetuam-se dessa exigência os exames efetuados nos institutos médico-legais, de medicina do tráfego, aeroespacial, **do trabalho**, do esporte e **previdenciária**, por terem modelos próprios e oficiais relacionados no Manual de Vistoria e Fiscalização da Medicina no Brasil.

Art. 60. Os consultórios, ambulatórios, institutos previdenciários e médico-legais devem estar dotados das condições mínimas definidas no Manual de Vistoria e Fiscalização da Medicina no Brasil, para que os exames periciais sejam realizados com a segurança necessária ao seu objetivo.

Art. 61. Os serviços públicos que praticam a medicina pericial estão obrigados a fornecer aos médicos peritos acesso aos exames complementares necessários à elucidação diagnóstica e prognóstica, com o objetivo de garantir conclusões baseadas na ciência médica.

Parágrafo único. É vedado aos médicos peritos desempenhar suas funções sem a garantia de meios de apoio diagnóstico que entender necessários.

Art. 62. É dever dos médicos peritos proceder de acordo com o preconizado nestas normas e no Manual de Vistoria e Fiscalização da Medicina no Brasil.

5.2. RIGOR E AÇÃO POSITIVA

Dos médicos, notadamente por lidar com o bem maior das pessoas — vida e saúde, assim como de todos os profissionais, embora humanos e passíveis de erros —, não se admite ação culposa, ou seja, que atuem com negligência, imprudência e imperícia. Tampouco dos Peritos Médicos, pois dos seus laudos se possibilitarão ou não algum atingimento quanto a benefício ou direito.

> "Entende-se perfeitamente a dificuldade do médico réu desde logo estabelecer o diagnóstico de doença rara. O que não se perdoa é a sua inércia, deixando de valer de todos os cuidados e da atenção exigíveis naquelas circunstâncias". *Hamid Charaf Bdine Júnior* — Responsabilidade pelo Diagnóstico, *in Responsabilidade Civil na Área de Saúde,* diversos autores coordenados por Regina Beatriz Tavares da Silva, Série Direito GV, p. 94

Código de Ética Médica — Capítulo I

PRINCÍPIOS FUNDAMENTAIS

[...]

II — O alvo de toda a atenção do médico é a saúde do ser humano, em benefício da qual deverá agir com o máximo de zelo e o melhor de sua capacidade profissional.

Da mesma forma, é exigido do Perito Médico, por óbvio, que não atue por imperícia (deixar de observar técnicas periciais Diretas ou Indiretas clássicas), que não atue de forma imprudente (concluir sem o devido estudo retrospectivo e sem a devida fundamentação) ou que atue de forma negligente (deixe de observar variáveis com a máxima atenção), devendo sempre agir dentro dos ditames dos chamados Princípios de Precaução.

Assim como qualquer médico que está sujeito à análise do seu ato praticado, que, no caso de erro, ou praticou ação por culpa (aquela em que não se queria o resultado prejudicial, mas assumiu-se o risco) ou por dolo (tencionou-se o resultado prejudicial alcançado), como aqueles, o Perito Médico também responderá por sua prática.

5.3. PERÍCIA DO ATO MÉDICO E PERÍCIA DA PERÍCIA

No caso de Perícia Médica realizada para se verificar o erro médico, cujos atos técnicos possam ter contribuído com risco de morte ou mutilação grave que são motivadores da apuração, sabendo que o tipo culposo é resultado da imperícia, negligência ou imprudência, com ou sem reflexos graves sobre a saúde da pessoa, são estes os fatos que devem ser detalhados pelo Perito Médico no seu laudo, **sem adentrar a manifestação da imputação deste fato**. O mesmo poderá ocorrer em apurações por erro do Perito Médico se da forma culposa, contudo esta pode ser dolosa e classificada como Falsa Perícia.

Falsa Perícia

CP — Art. 342: Fazer afirmação falsa, ou negar ou calar a verdade, como testemunha, perito, tradutor ou intérprete em processo judicial, policial ou administrativo, ou em juízo arbitral: Pena — reclusão, de um a três anos, e multa. § 1º Se o crime é cometido com o fim de obter prova destinada a produzir efeito em processo penal: Pena — reclusão, de dois a seis anos, e multa. § 2º As penas aumentam-se de um terço, se o crime é praticado mediante suborno. § 3º O fato deixa de ser punível, se, antes da sentença, o agente se retrata ou declara a verdade.

Importante considerar que, se no delito culposo não há intenção de dano, o que se verificará é a conduta de cuidado adotada pelo médico e/ou pelo Perito Médico, conforme os parâmetros do caso, e se esta foi ou não adequadamente observada. Ou seja, verificar-se-á se o médico (inclusive o Perito Médico quando atuou!) agiu com a máxima prudência e zelo. Portanto, o Perito Médico atuando em casos de erro médico deve, através dos dados de seu laudo, auxiliar o juízo na ponderação dos elementos de culpa ou dolo, e friso que é neste sentido que também será avaliada a sua prática profissional. Destarte, deverá bem avaliar, e consequentemente também será bem avaliado (bons honorários periciais), dentro dos parâmetros do "Comportamento realizado x Comportamento devido", sendo a opinião técnica pericial muito importante nestes casos.

Notemos o que diz o Código de Processo Penal:

DECRETO-LEI N. 3.689, DE 3 DE OUTUBRO DE 1941.

Art. 159. O exame de corpo de delito e **outras perícias serão realizados por *perito oficial***, portador de diploma de curso superior. *(Redação dada pela Lei n. 11.690, de 2008)*

§ 1º Na falta de perito oficial, o exame será realizado por 2 (duas) pessoas idôneas, portadoras de diploma de curso superior preferencialmente na área específica, dentre as que tiverem habilitação técnica relacionada com a natureza do exame. *(Redação dada pela Lei n. 11.690, de 2008)*

§ 2º **Os peritos não oficiais prestarão o compromisso de bem e fielmente desempenhar o encargo**. *(Redação dada pela Lei n. 11.690, de 2008)*

§ 3º Serão facultadas ao Ministério Público, ao assistente de acusação, ao ofendido, ao querelante e ao acusado a formulação de quesitos e indicação de assistente técnico. *(Incluído pela Lei n. 11.690, de 2008)*

§ 4º O assistente técnico atuará a partir de sua admissão pelo juiz e após a conclusão dos exames e elaboração do laudo pelos peritos oficiais, sendo as partes intimadas desta decisão. *(Incluído pela Lei n. 11.690, de 2008)*

§ 5º Durante o curso do processo judicial, é permitido às partes, quanto à perícia: *(Incluído pela Lei n. 11.690, de 2008)*

I — requerer a oitiva dos peritos para esclarecerem a prova ou para responderem a quesitos, desde que o mandado de intimação e os quesitos ou questões a serem esclarecidas sejam encaminhados com antecedência mínima de 10 (dez) dias, podendo apresentar as respostas em laudo complementar; *(Incluído pela Lei n. 11.690, de 2008)*

II — indicar assistentes técnicos que poderão apresentar pareceres em prazo a ser fixado pelo juiz ou ser inquiridos em audiência. *(Incluído pela Lei n. 11.690, de 2008)*

§ 6º Havendo requerimento das partes, o material probatório que serviu de base à perícia será disponibilizado no ambiente do órgão oficial, que manterá sempre sua guarda, e na presença de perito oficial, para exame pelos assistentes, salvo se for impossível a sua conservação. *(Incluído pela Lei n. 11.690, de 2008)*

§ 7º Tratando-se de perícia complexa que abranja mais de uma área de conhecimento especializado, poder-se-á designar a atuação de mais de um perito oficial, e a parte indicar mais de um assistente técnico. *(Incluído pela Lei n. 11.690, de 2008)*

Art. 184. Salvo o caso de exame de corpo de delito, **o juiz ou a autoridade** policial **negará a perícia requerida pelas partes, quando não for necessária ao esclarecimento da verdade**.

Comumente, nestes casos, o que se verificará é a **conduta de cuidados** conforme os **parâmetros exigidos para cada caso**!

Não menos importante, devemos ponderar que a obrigação do médico é de meios, nunca de resultado, e não poderia ser diferente para o Perito Médico, visto que tem obrigatoriedade de ser imparcial e não de trazer resultado relacionado aos interesses das partes que demandam o Objeto da lide determinante da Perícia Médica.

Todavia, nos atos médicos há situações em que a obrigação pode ser entendida como de resultado:

> Consideram-se obrigações de resultado as de vacinação, de transfusão de sangue, de exames biológicos de execução corrente e simples[13], a de executar pessoalmente e em hora determinada certo ato médico (visitas etc.), a de segurança dos instrumentos que usa na prática do ato médico, etc. — Ruy Rosado Aguiar Júnior.

Portanto, os meios utilizados pelos médicos (incluindo o Perito Médico) para bem exercer as tarefas devem sempre estar adequados ao resultado pretendido. No caso do ato médico para o paciente é que todas as suas condutas devem ser feitas para beneficiá-lo como tratamento, contudo o Perito Médico deve fazê-lo para o esclarecimento da verdade, e não ao interesse do Objeto pretendido pelo Periciado.

Quando se avalia erro médico, o laudo do Perito Médico deve expressar e incluir o balanço do risco/benefício, ajustando-se à idoneidade terapêutica, aos deveres de cuidado ou da boa técnica médica — repito, sem medo de ser prolixo, devido à importância conceitual — valendo o mesmo no que couber para os seus próprios atos.

Ainda no campo do "erro médico", sabemos que a responsabilidade do Estado é dita Objetiva, consequentemente a dos Hospitais Públicos, também, porém, o entendimento jurídico inclina-se para:

> Assim, o Estado se exonera do dever de indenizar por danos decorrentes do exercício de sua atividade médico-hospitalar sempre que demonstrar que o médico a seu serviço não lhes deu causa, mas que esta adveio das condições próprias do paciente. (Ruy Rosado Aguiar Júnior — Universitas/Jus, n. 5, p. 149-192, jan./jun. 2000).

Desse modo, a prova de prevenção de riscos é fundamental para o médico, o que se busca esclarecer por perícia médica. Vale lembrar que como para o especialista em determinada área médica, e aqui friso que o Perito Médico é considerado *expert*, ocorre um maior dever de precisão e, como consequência, geralmente haverá maior rigor do juízo ao apreciar demandas que o envolva.

5.4. RISCO PERMITIDO E REAÇÃO ADVERSA

A avaliação do "Risco Permitido[14]" consiste em verificar se a conduta adotada pelo médico criou ou não um risco além do aprovado pela arte médica. Risco permitido é fruto do próprio progresso da tecnologia. O risco permitido não elimina o perigo, mas torna toleráveis alguns atos, disponibilizações e, consequentemente, determinados danos decorrentes destas ações. Por exemplo, risco de amputar um dedo para salvar uma mão, risco de hemorragia numa laparotomia exploradora etc.

A Reação Adversa é aquela que ocorre quando o médico "empregou os recursos adequados obtendo resultados diferentes do pretendido" — CREMESP 2001[15]. Entende-se por adversidade em medicina a situação decorrente de um evento incontrolável, próprio da evolução do caso clínico ou "quando não é possível para a ciência Médica prever quais pessoas, em que situações, terão esse resultado indesejado" — CREMESP 2001. Se deve entender que o Resultado Adverso, mesmo que incontrolável, pode ser tangenciado e contornável pelo conhecimento científico indireto (genérico) e pela habilidade do médico.

Os médicos, no exercício profissional, deverão ter sempre em mente os conceitos da *Perda de uma chance — Perte d'une chance;* isso se aplica quando se afirma que a atuação do médico diminuiu a possibilidade de cura desejável. Em síntese, admite-se que a culpa do médico comprometeu as chances de vida e a integralidade

---

(13) PENNEAU, J. La reforme..., p. 528. — Responsabilidade Civil do Médico — Ruy Rosado de Aguiar Jr.
(14) Risco aprovado pela arte médica.
(15) Guia da Relação Médico Paciente — CREMESP (Conselho Regional de Medicina do Estado de São Paulo) 2001, p. 19.

do paciente, segundo Miguel Kfouri Neto[16] (2003, p. 149), e se aplica, segundo a Corte de Cassação francesa (1965), onde se supõe que o prejuízo consiste na perda de uma possibilidade de cura ou de recompor a verdade (incluindo impossibilidades para se definir com clareza o nexo) e, em consequência, se condena o médico à obrigação de indenização por esta perda. Desse modo, a tarefa do Perito Médico é evidenciar tal situação; contudo, isso não se aplica à sua atuação propriamente dita, visto que não deve se deixar influenciar na concessão de direitos ou chances de obtenção do que se pleiteia. Sua apresentação no laudo deve ser apenas a de informar sobre as possibilidades existentes, mas nunca imputando fato às partes. Para os advogados, é importante relembrar que a *Perda de uma chance* não se obtém de ofício, há que ser pedida! Pode ser usada na causa a pedir, mas não exclusivamente, já que pode ser invocada como uma boa linha de defesa.

Tese do autor sobre a possibilidade para aplicação do conceito na Justiça Especializada (Trabalhista): Perda de Chances pode ser conceito que complemente e/ou suprima lacunas de entremeios da responsabilidade subjetiva com a objetiva.

5.5. BOA E MÁ PRÁTICA PROFISSIONAL

A promoção da "Boa Prática" e Prevenção da "Má Prática" no dia a dia do Perito Médico, assim como a de todo médico, requer observar:

- Falta de competência **VS** Aquisição de competência contemporânea;

- Falta de experiência **VS** Aquisição de novas experiências;

- Falta de habilidade **VS** Desenvolvimento de novas habilidades e práticas;

- Falta de atenção **VS** Diligente vigilância;

- Descuido **VS** Atenção especial e adoção dos Princípios de Precaução.

Prevenindo processos:

1 — procure manter socialmente o conceito geral de respeitabilidade, porém, sempre mostre-se atencioso; estabeleça boa relação médico-paciente e/ou médico-familiares mantendo conversação atenciosa e calma, sem ser prolixo; evite manifestações como "dorzinhas", "sorinho"; "remedinho" etc.;

2 — não obstante ter consentimento, mesmo que escrito feito pela instituição onde trabalha, esclareça e informe o paciente e/ou seus familiares sempre que solicitado, pedindo autorização para os procedimentos que realizará, não assumindo deliberadamente postura de "autoridade"; não abandone o paciente e/ou seus familiares;

3 — preencha com detalhes o Prontuário Médico, de modo enfático sobre dados de exame físico e, sempre que possível, pondere sobre a desnecessidade de alguns exames subsidiários.

5.5.1. Uma questão específica de má prática — JEF

Tenho como certo, nem tanto pelo valor pecuniário envolvido em algumas causas, embora sendo este significativo para aquele que os desembolsa, especialmente se for gasto público, mas pelo valor do desprestígio que traz aos médicos, notadamente aos Peritos Médicos, que a forma com que se pratica o ato pericial nos Juizados Especiais Federais (JEF's) merece denunciação e desagravo. Denuncia por ser ato contrário a Lei e desagravo, pois aqueles Peritos Médicos que lá estão, sem as devidas disponibilizações e sujeitos a honorários vis, temos que tecnicamente alguns superam as expectativas.

A popularização de sua execução em desconformidade com a lei tem trazido graves consequências ao exercício pericial médico correto, a ponto de ser desprestigiado o ato praticado por manifestações jocosas de Advogados, Magistrados e até mesmo pelo próprio cidadão avaliado, repercutindo em outras esferas do judiciário, especialmente na trabalhista e previdenciária, e até mesmo na sociedade.

---

(16) Autor das obras jurídicas *Responsabilidade civil do médico* (2006) e *Culpa médica e ônus da prova* (2003).

Não existe, ou é muito raro, ato médico pericial sem complexidade, visto que é ato técnico retrospectivo e prospectivo. Sabemos que a prova técnica é admissível no Juizado Especial, quando o exame do fato controvertido exigir, porém, o exame não deve assumir a forma de perícias nos moldes habituais do Código de Processo Civil. E mais, o Perito Médico escolhido pelo juiz deverá ser convocado para a audiência, onde prestará as informações solicitadas pelo instrutor da causa de forma oral. Isso mesmo, oral e não escrita.

Portanto, se não for possível solucionar a lide à base de simples esclarecimentos do técnico, **em audiência**, a causa deverá ser considerada complexa, o feito deverá ser encerrado no âmbito do juizado especial, sem julgamento do mérito. Assim sendo, as partes serão remetidas à justiça comum, visto que a complexidade técnica pericial não pode ser suplantada pelos argumentos da celeridade e economia processual, aceitação que faz incorrer em imperfeição técnica de alta probabilidade, por melhor que sejam os técnicos.

Perícia e celeridade não são boas combinações!

Não convém à Justiça que os Magistrados deixem de requerer estudo aprofundado do caso clínico e dos elementos de interesse técnico contidos nos autos, se estão buscando a verdade técnica.

Em tempo:

CPC anterior — Dos Juizados Especiais Cíveis — Seção XI — Das Provas

Art. 32. Todos os meios de prova moralmente legítimos, ainda que não especificados em lei, são hábeis para provar a veracidade dos fatos alegados pelas partes.

Art. 33. **Todas as provas serão produzidas na audiência** de instrução e julgamento, ainda que não requeridas previamente, podendo o Juiz limitar ou excluir as que considerar excessivas, impertinentes ou protelatórias.

Art. 35. Quando a prova do fato exigir, o Juiz poderá inquirir técnicos de sua confiança, permitida às partes a apresentação de parecer técnico.

Parágrafo único. No curso da audiência, poderá o Juiz, de ofício ou a requerimento das partes, realizar inspeção em pessoas ou coisas, ou determinar que o faça pessoa de sua confiança, **que lhe relatará informalmente o verificado**.

Art. 36. **A prova oral não será reduzida a escrito**, devendo a sentença referir, no essencial, os informes trazidos nos depoimentos. **(meus grifos)**

Admite-se a prova técnica nos Juizados Especiais, **através de simples esclarecimentos do experto, em audiência** (JEC, Apelação n. 100/1996, 1ª Turma Recursal, Belo Horizonte, rel. Marine da Costa — *in* Informa Jurídico 25). **(grifo meu)**

O art. 35, *caput*, e seu parágrafo único, da Lei Federal n. 9.099, de 26.09.1995, em consonância com o princípio geral da oralidade do art. 2º do mesmo estatuto, conduzem à conclusão de que no sistema dos juizados especiais, a **prova técnica poderá ser produzida, desde que o seja apenas oralmente** (TJSC — CC 97.000813-9 — 2ª CC — rel. Des. Nelson Schaefer Martins — julg. 10.04.1997). **(grifo meu)**

CPC 2015:

Art. 464. A prova pericial consiste em exame, vistoria ou avaliação.

§ 1º O juiz indeferirá a perícia quando:

I — a prova do fato não depender de conhecimento especial de técnico;

II — for desnecessária em vista de outras provas produzidas;

III — a verificação for impraticável.

§ 2º De ofício ou a requerimento das partes, **o juiz poderá, em substituição à perícia, determinar a produção de prova técnica simplificada, quando o ponto controvertido for de menor complexidade.**

§ 3º **A prova técnica simplificada consistirá apenas na inquirição de especialista, pelo juiz, sobre ponto controvertido da causa que demande especial conhecimento científico ou técnico.**

§ 4º Durante a arguição, o especialista, que deverá ter formação acadêmica específica na área objeto de seu depoimento, poderá valer-se de qualquer recurso tecnológico de transmissão de sons e imagens com o fim de esclarecer os pontos controvertidos da causa.

Ainda, considerando que o art. 2º da Lei n. 9.099/1995 é claro ao indicar que o processo orientar-se-á pelos critérios da oralidade, simplicidade, informalidade, economia processual e celeridade. Assim, refoge à competência do Juizado Especial Cível ou Federal, matéria que exige a produção de perícia técnica.

Ação Redibitória — Vícios — Demonstração — Prova Técnica — Requisitos para Demonstrar o Vício Oculto — Necessidade de Prova Técnica — Incompetência do Juizado Especial Cível

Comentários e esclarecimentos:

1 — O vício redibitório, de acordo com o art. 441 do CC, é aquele defeito oculto que tem força de tornar a coisa imprópria ao uso a que é destinada.

2 — Havendo necessidade de realização de perícia técnica para aferir o grau de inaptidão do bem para uso, ou expressiva diminuição em seu valor econômico, é incompetente o Juizado Especial Cível para dirimir demanda a esse respeito (1ª Turma Recursal/ Divinópolis — Rec. 0223.06.200.806-3 — Rel. José Maria dos Reis).

3 — Necessidade de Prova Técnica Pericial com Obediência ao Devido Processo Legal — Prova Complexa — Incompetência Absoluta do JEC — Extinção do Procedimento sem Resolução de Mérito com Base nos Arts. 3º e 51, II, da Lei n. 9.099/1995 — Sentença Confirmada. Se a demanda reclama exame pericial para apurar a natureza e o valor do dano em discussão, é inadequado o procedimento previsto na Lei n. 9.099/1995 que é norteado pela celeridade, informalidade e simplicidade. Quando a causa está a exigir exame pericial, cujo rito está previsto nos arts. 420 e seguintes do CPC, a incompetência do JEC é absoluta e deve ser declarada de ofício pelo juiz, com base nos arts. 3º e 51, II, da Lei n. 9.099/1995. Sentença confirmada (1ª Turma Recursal/ Divinópolis — Rec. 0223.06.200.842-8 — Rel. José Maria dos Reis).

Complexidade do caso:

CÓDIGO DE CONDUTA DO MÉDICO DO TRABALHO ADOTADO PELA ASSOCIAÇÃO NACIONAL DE MEDICINA DO TRABALHO — ANAMT Brasil.

São deveres do Médico do Trabalho:

1. Atuar visando, essencialmente, a promoção da saúde dos trabalhadores.

2. Buscar, com meios que dispõem, a melhor adaptação do trabalho ao homem e a eliminação ou controle dos riscos existentes no trabalho.

3. Exercer suas atividades com total independência profissional e moral, com relação ao empregador e ao empregado.

4. Conhecer os ambientes e condições de trabalho dos trabalhadores sob seus cuidados, para o adequado desempenho de suas funções nos exames ocupacionais e demais atribuições profissionais.

5. No exame admissional, compatibilizar a aptidão do candidato do ponto de vista médico, ao posto de trabalho.

6. Não marginalizar, nos exames admissionais, portadores de afecções ou deficiências físicas, desde que estas não sejam agravadas pela atividade a ser desempenhada e não exponham o trabalhador ou a comunidade a riscos.

7. Não considerar a gestação como fator de inaptidão ao trabalho, desde que não haja risco para a gestante e para o feto na atividade a ser desempenhada.

8. Ao constatar inaptidão por motivos médicos para determinado posto de trabalho, informar o interessado dos motivos.

9. Ao constatar enfermidade ou deficiência que incapacite o trabalhador para a função que vinha exercendo, informá-lo e orientá-lo para a mudança de função.

10. Informar empregados e empregadores sobre riscos existentes no ambiente de trabalho, bem como as medidas necessárias para seu controle.

11. Não permitir que seus serviços sejam utilizados no sentido de propiciar direta ou indiretamente o desligamento do empregado.

12. Orientar o empregador e o empregado no tocante à assistência médica, visando melhor atendimento à população sob seus cuidados.

13. Manter sigilo das informações confidenciais da empresa, técnicas e administrativas, de que tiver conhecimento no exercício de suas funções, exceto nos casos em que este sigilo cause dano à saúde do trabalhador ou da comunidade.

Capítulo 6

FORMAÇÃO TÉCNICA EXIGIDA PARA ATUAÇÃO DO PERITO MÉDICO

Para ser Perito Médico, além de requisitos técnicos, como conhecimentos teóricos consistentes, experiência clínica, se exige idoneidade, tempo para examinar adequadamente, responsabilidade e conhecimento dos critérios jurídicos ou administrativos que utilizará na sua área de atuação. Deve-se somar a estas características uma cota de astúcia e perspicácia, para corroborar sua atitude da boa-fé.

A boa-fé, nem sempre presente nas manifestações das partes, insta o Perito Médico ao exercício da astúcia (inteligência, sagacidade etc.) e perspicácia (sutilezas etc.) com máxima atenção quanto à simulação e omissão em suas diversas formas. Vejamos:

Recomendações do National Institute for Occupational Safety and Health — NIOSH — Agência Federal dos Estados Unidos que faz parte do Centers for Disease Control and Prevention (CDC) — "Julgar a validade das informações do paciente". **Nota: paciente = periciando.**

"El simulador no coopera para realizar exámenes de laboratório o de gabinete..." — SILVA, Hernán Silva — Psiquiatria forense. 1. ed. Editorial Jurídica de Chile, p. 248.

A falta de cooperação durante a examinação clínica é fática, muitas vezes alegando dores insuportáveis, incapacidades impossíveis e inconsistentes com o estádio músculo esquelético etc., com o que o perito médico deve ficar muito atento. Citados do Autor em aulas nos cursos de pós-graduação para médicos.

Juntado a tudo isso, acrescente-se grande dose de honestidade, firmeza e desapego, sem o que, será impossível exercer esta função.

O que o Perito Médico não pode deixar de ter é experiência e parceria com o juízo ou autoridade designadora da sua atuação!

6.1. EXPERIÊNCIA E *EXPERTISE* PARA PERICIAR

A experiência médica, segundo dados do CFM (Conselho Federal de Medicina), apresentados no 13º Congresso da Associação Nacional de Medicina do Trabalho, em Vitória, ES, assim deve ser observada:

- Médico com Residência Médica ou Titulação Oficial com exercício profissional de até 10 anos = Inexperiente!

- Médico com Residência Médica ou Titulação Oficial com exercício profissional entre 10 anos e 15 anos = Experiente!

- **Médico com Residência Médica ou Titulação Oficial com exercício profissional com mais de 15 anos e com 5 anos de experiência na área de Perícia Médica = Experiente com BOA *EXPERTISE*!**

Somando-se a isso, no meu entendimento, o limite da atuação dos médicos brasileiros, por óbvio aqui estão inclusos os Peritos Médicos, se dá na associação da Lei Federal n. 3.268, de 30.09.57, com a Resolução do CFM n. 1.246, de 08.01.1988 e RESOLUÇÃO CFM n. 1.931/2009 — Códigos de Ética Médica, que conferem direito ao Médico (todo médico!) para:

1. Diagnosticar;

2. Tratar;

3. Acompanhar e emitir laudos, independentemente da especialidade.

Diz a Lei n. 3.268/1957:

"**Art. 17** Os médicos só poderão exercer legalmente a medicina, em qualquer de seus ramos ou especialidades, após o prévio registro de seus títulos, diplomas, certificados ou cartas no Ministério da Educação e Cultura e de sua inscrição no Conselho Regional de Medicina, sob cuja jurisdição se achar o local de sua atividade. **Art. 20** Todo aquele que mediante anúncios, placas, cartões ou outros meios quaisquer, se propuser ao exercício da medicina, em qualquer dos ramos ou especialidades, fica sujeito às penalidades aplicáveis ao exercício ilegal da profissão, se não estiver devidamente registrado". Rio de Janeiro, 30 de setembro de 1957 — Presidente Juscelino Kubitschek.

Já o CFM, assim concluiu no Parecer n. 19/1998:

Com base em toda a legislação vigente, qual seja, a Constituição Federal, o Decreto n. 20.931/32 e a Lei n. 3.268/57, o exercício da medicina é amplo e ilimitado na prática de todos os atos concernentes à promoção, preservação e recuperação da saúde. Toda a sistemática de especialização regula o título de especialista como uma qualificação, sem atribuir ao especialista titulado a exclusividade do respectivo exercício profissional, concluindo, pelo acima exposto, que o médico habilitado para o exercício da medicina possa atuar em qualquer área médica.

Portanto, entendo que o médico brasileiro tem habilitação legal para exercer sua atividade em qualquer ramo da medicina, e sua *expertise* pode advir da experiência pessoal adquirida por anos de trabalho na atividade, tornando-se especializado, inclusive por esforço e por ser autodidata. Assim, poderá ser especializado de forma suficiente para ser chamado a dirimir dúvidas, inclusive como Perito Médico.

Então, na forma estritamente legal prescinde a necessidade de titulação oficial, pois tal condição, na nossa legislação, só se aplica no sentido da divulgação de possuir ou não a titulação específica, como indica a Resolução CFM n. 1.785/2006 (Publicada no DOU 26 maio 2006, Seção I, p. 135ss — Retificação publicada no DOU de 22 jun. 2006, Seção I, p. 127) no Anexo II — item 1, letra *o* —, o que remete ao entendimento de que o médico só poderá fazer divulgação e anúncio se de fato possuir e for registrado no conselho da classe (CRM — Conselho Regional de Medicina), de até duas especialidades e duas áreas de atuação.

Dessa forma, o fato de não possuir a titulação oficial não exclui o direito legal de o médico atuar em qualquer área, pois provará sua competência e capacitação, ou seja, demonstrará que é especializado e tem suficiente conhecimento para ser chamado a dirimir dúvidas, por seus atos médicos legítimos realizados ao longo da sua carreira.

O Médico está Legalmente Habilitado a ser Perito e Auditor

EMENTA — O médico está legalmente habilitado a realizar perícias e auditorias independentemente de ser especialista na área considerada para a perícia. Palavras-chave: legalidade, auditor, perito, especialidade. *A PHYSICIAN IS LEGALLY QUALIFIED TO BE AN EXPERT AND AUDITOR. Key-words: legality, auditor, expert, specialty* — CONSULTA: Em e-mail encaminhado ao Conselho Regional de Medicina do Paraná, o consulente Dr. J. G., **advogado, questiona** a posição do Conselho sobre a validade de laudo médico pericial emitido por **médico não especialista na área**.

FUNDAMENTAÇÃO E PARECER: Sobre esta questão já se manifestou o CREMESP em sua Resolução n. 126/2005, cujo artigo primeiro prevê que: "Perito médico é a designação genérica de quem atua na área médica legal, realizando exame de natureza médica em procedimentos administrativos, e processos judiciais, securitários ou previdenciários; atribuindo-se esta designação ao médico investido por força de cargo/função pública, ou nomeação judicial ou administrativa, ou ainda por contratação como assistente técnico das partes". A mesma resolução determina no artigo 4º que: "O exame médico pericial deve ser pautado pelos ditames éticos da profissão, levando-se em conta que a relação perito/periciando não se estabelece nos mesmos termos da relação médico/paciente". O código de ética médica por sua vez, no art. 118 diz ser vedado ao médico: "Deixar de atuar com absoluta isenção quando designado para servir como perito ou auditor, assim como ultrapassar os limites de suas atribuições e competência".

PARECER: A Lei n. 3.268 de 30 de setembro de 1957, no art. 17 prevê: "Os médicos só poderão exercer legalmente a Medicina, em qualquer de seus ramos ou especialidades, após o prévio registro de seus títulos, diplomas, certificados ou cartas no Ministério da Educação e Cultura e de sua inscrição no Conselho Regional de Medicina, sob cuja jurisdição se achar o local de sua atividade". Este Conselho, através do ilustre conselheiro Wadir Rúpulo já se manifestou sobre esta questão no Parecer n. 161/2001 de onde se extrai ser considerado perito aquele que é sabedor ou especialista em determinado assunto e que é nomeado por uma autoridade para realizar exame ou vistoria. Continua dizendo ser o profissional a ser designado, no caso em questão, primeiramente médico e secundariamente especialista na área, tendo a função de avaliar o homem no seu todo. Acrescenta ainda o nobre Conselheiro que por exercer o cargo de médico perito entende-se preencher os deveres, as funções ou obrigações inerentes a ele. Salienta ainda que embora a especialidade na Medicina pretenda determinar um maior conhecimento na área designada, isto não impede que o médico que não detenha a especialidade não possua os mesmos conhecimentos técnicos.

Do exposto podemos responder ao consulente que **o médico está legalmente habilitado a realizar perícias e auditorias independentemente de ser especialista na área considerada para a perícia.** É o parecer. Curitiba, 5 de dezembro de 2008.

José Clemente Linhares — Cons. Parecerista Processo-Consulta CRMPR n. 158/2008 — Protocolo CRMPR n. 17862/2008 — Parecer CRMPR n. 2027/2008 — Parecer Aprovado Reunião Plenária n. 2.132, de 15.12.2008 — Câmara II.

Todavia, embora legalmente habilitado, é recomendável provar aos seus pares (outros médicos) que tem conhecimentos especializados, e o fará obtendo por meio da Associação Médica Brasileira, a titulação específica, e, no caso do Perito Médico, pela Associação Brasileira de Medicina Legal e Perícias Médicas, cujas titulações fortalecem e dignificam a categoria médica como um todo, sem excluir todas as outras formas de qualificação e aperfeiçoamento técnico.

Legitima este entendimento parecer expresso, específico sobre o Título de Especialista, pelo CRM do Estado do Ceará — Parecer CREMEC n. 25/2002, ao indicar:

O conhecimento médico é usufruto da sociedade, podendo dele fazer uso o médico que estiver devidamente habilitado e/ou capacitado. Um título de especialista é apenas uma presunção desta capacitação, posto que a habilitação já está contida no próprio diploma médico. Nenhum especialista possui exclusividade na realização de qualquer ato médico. O título de especialista é apenas presuntivo de um plus de conhecimento em uma determinada área da ciência médica.

O Parecer do CREMEC ganha relevância em Sentença Judicial proferida no ano de 2016, pois, a decisão sentencial dada pela Juíza Dra. Andreia Fernandes Ono, da Vara Federal Subseção Judiciária de Piracicaba/SP, diz que o médico pode ser diretor técnico do SESMT mesmo sem o título de especialista, contrariando a Resolução CFM n. 2007/2013. Em decisão liminar, posteriormente confirmada, sentenciou que qualquer médico inscrito regularmente em seu CRM, ainda que não tenha o título de especialista em Medicina do Trabalho, pode ser Diretor Técnico de um SESMT (Serviço Especializado em Engenharia de Segurança e Medicina do Trabalho). Sabe-se de outro processo — 40206-85.2014.4.01.3400 — via mandado de segurança, possibilidade de um médico assumir a direção técnica de uma clínica especializada, mesmo não tendo o título de especialista.

Processo n. 0000004-62.2016.4.03.6109

[...]

O inciso XII do art. 5º da Constituição Federal assegura o livre exercício de qualquer trabalho, ofício ou profissão, desde que atendidas as qualificações profissionais exigidas por lei.

Depreende-se do texto constitucional que as limitações ao exercício da medicina devem ser estabelecidas por lei, não existindo possibilidade de delegação direta à autoridade administrativa.

Dispõe o art. 17 da Lei n. 3.268/57 que: " Os médicos só poderão exercer legalmente a medicina, em qualquer de seus ramos ou especialidades após o prévio registro de seus títulos, diplomas, certificados ou cartas no Ministério da Educação e Cultura e de sua inscrição no Conselho Regional de Medicina, sob cuja jurisdição se achar o local de sua atividade."

Por sua vez, o art. 18 da referida lei prevê que: "Aos profissionais registrados de acordo com esta lei será entregue uma carteira profissional que os habilitará ao exercício da medicina em todo País."

Infere-se que a titulação de especialista não é condição para o exercício da atividade médica nos termos da lei e, portanto, à resolução do Conselho Federal de Medicina, por se tratar de norma inferior, incumbe apenas explicitá-la e complementá-la.

Nessa linha intelectiva, conclui-se que o administrador não pode criar regras e inovar no ordenamento, devendo cingir-se ao tratado na legislação ordinária vigente.

Posto isto, DEFIRO O PEDIDO LIMINAR a fim de determinar às autoridades impetradas que autorizem que o cargo de Chefe/Coordenador/Diretor Técnico/Clínico do Serviço Especializado em Engenharia de Segurança e Medicina do Trabalho-SESMT ou de qualquer outra Unidade de Saúde do Poder Público Municipal possa ser exercido por um dos médicos regularmente inscritos junto ao Conselho Regional de Medicina, pertencentes à Municipalidade impetrante.

Notifiquem-se as autoridades impetradas para que prestem as informações no prazo legal.

Dê-se ciência ao Conselho Regional de Medicina e Conselho Federal de Medicina.

Publique-se. Registre-se. Intimem-se.

Piracicaba, 03.02.2016.

ANDREIA FERNANDES ONO
Juíza Federal Substituta

(n.g.)

EMBARGOS DE DECLARAÇÃO: O Conselho Federal de Medicina opôs embargos de declaração em face da sentença de fls. 122/125, alegando ser ela omissa ao não apreciar a alegação de decadência feita nas informações prestadas pela autoridade coatora. Vieram os autos conclusos. Decido. Recebo os embargos, posto que tempestivos. Consoante art. 1.022 do CPC, cabem embargos de declaração para esclarecer obscuridade ou eliminar contradição, suprir omissão de ponto ou questão sobre o qual devia se pronunciar o juiz de ofício ou a requerimento e para corrigir erro material. O parágrafo único do dispositivo, por sua vez, esclarece ser considerada omissa a decisão que deixe de se manifestar sobre tese firmada em julgamento de casos repetitivos ou em incidente de assunção de competência aplicável ao caso sob julgamento, incorra em qualquer das condutas descritas no art. 489, § 1º, do CPC. Tem razão o embargante. A sentença não se manifestou acerca da diferença da decadência. Assim, à fundamentação da sentença deve ser acrescentado o seguinte trecho: "A autoridade coatora alega, ainda, a ocorrência de decadência ante o decurso de prazo superior a 120 (cento e vinte) dias entre 08.02.2013 (data da publicação da Resolução CFM 2.007/2013) e a data da impetração desta ação (07.01.2016 — fl. 02). **Rejeito, porém, a alegação, uma vez que o ato coator é contínuo, renovando-se diariamente com a negativa das autoridades coatoras em permitir que o cargo de Chefe/Coordenador/Diretor Técnico/Clínico do Serviço Especializado em Engenharia de Segurança e Medicina do Trabalho — SESMT possa ser exercido por um dos médicos regularmente inscritos no CRM.**" O dispositivo da sentença, por sua vez, deve ostentar a seguinte redação: "Diante do exposto, rejeito as preliminares e prejudicial arguida e, com fundamento no art. 487, inciso I, do Código de Processo Civil, JULGO PROCEDENTE o pedido e concedo a segurança para determinar às autoridades impetradas que autorizem que o cargo de Chefe/Coordenador/Diretor Técnico/Clínico do Serviço Especializado em Engenharia de Segurança e Medicina do Trabalho — SESMT ou de qualquer outra Unidade de Saúde do Poder Público Municipal possa ser exercido por um dos médicos regularmente inscritos junto ao Conselho Regional de Medicina, pertencentes à Municipalidade impetrante.". No mais, a sentença permanece tal como lançada. Do exposto, dou provimento aos embargos de declaração nos termos da fundamentação exposta. Publique-se. Registre-se. Intime-se. Retifique-se. Disponibilizado D. Eletrônico de sentença em 17.10.2016, p.1.

(n.g.)

Sabemos que o médico passa a ser considerado experiente somente depois de, no mínimo, 10 anos[17] de exercício profissional. Sendo assim, o cuidado para designar um médico para a atividade de perito não se prende essencialmente na apresentação ou não da titulação oficial. Todavia, é recomendável que a apresente quando possuir, ou mesmo deve buscar tê-las, demonstrando cuidado e zelo quanto a sua experiência profissional.

1ª Vara da Subseção Judiciária de Uberlândia "em relação às perícias judiciais, a jurisprudência consolidou-se no sentido de que não é necessário que o exame seja realizado por médico especialista na área médica da patologia que acomete a parte. Esse mesmo entendimento deve ser aplicado em relação às perícias realizadas no âmbito do INSS".

O médico com menos tempo de atuação clínica, para sua própria segurança, deve evitar o exercício da atividade pericial, contudo, deve dedicar-se ao aprendizado e/ou aperfeiçoamento por meio de participação em curso de pós-graduação na área de Perícias Médicas ou afins, e, quando inadvertidamente indicado, recomenda-se que decline o mister. Aventurar-se a atuar como Perito Médico Louvado ou Oficial (Judicial, Autarquias, União, Estado, Município etc.) é um grande risco, pois, nestes casos, geralmente, o que se pretende como ponderação na conclusão do Perito Médico é que sua definição revele que foi feita por profissional experiente, especialmente para dirimir dúvidas de leigos. Como paralelo, ressalta-se que como ao Juiz é requerido um mínimo de tempo de dedicação à advocacia, o médico atuando como Perito Médico com menor tempo de dedicação ao exercício pleno da medicina (< 10 anos), mesmo que com boa formação técnica, não terá maturidade e experiência sociocultural suficiente, itens imprescindíveis para uma boa prática pericial — *expertise*.

Neste sentido, devemos destacar os ensinamentos de Gagli (1997) e pareceres do CFM, quando definem:

Perito, de fato, é aquele que, por capacidade técnica especial, é chamado a dar o seu parecer sobre a avaliação de uma prova. Tratando-se de um juízo científico, não pode ele variar conforme a finalidade ou o interesse da parte que oferece a perícia (La Perizia Civile, p. 10, nota 2).

Além disso, dentre as obrigações e deveres do Perito Médico, no exercício da atividade da Perícia Médica, está a de manter a boa técnica e respeitar a disciplina legal e administrativa que norteia o objeto da sua avaliação. Deve rejeitar pressões de qualquer natureza ou origem, que procuram interferir em seu ofício. Para tal condição, é necessário, além de bom conhecimento técnico, autoconfiança profissional. Não se nega que é certo e importante o seu saber científico, a sua proficiência ou os seus conhecimentos técnicos especializados, bem como a condição de ser médico, que são obrigatórios como determina o art. 145, *caput* e parágrafos primeiro e segundo, do Código de Processo Civil, *in verbis*: Junge-se a necessidade de o Perito Médico deter domínio técnico, bem

---

(17) Dados apresentados no 13º Congresso da Associação Nacional de Medicina do Trabalho — Vitória, ES — abril/maio de 2007.

como possuir noções da legislação pertinente à matéria examinada, visto que a perícia não deve se ater apenas à descrição da inspeção técnica, mas deve consistir num raciocínio do Perito Médico em função daquilo que está em análise (Citados em pareceres do CFM).

Por ser verdadeiro, ninguém pode determinar ao Perito Médico como efetuar esta ou aquela perícia, pois sua garantia de atuação técnica é semelhante à liberdade que tem o Juiz, a quem ninguém pode indicar o que dizer ou concluir em sua sentença. Deve o Perito Médico obedecer às regras técnicas indicadas para o caso e utilizar toda a sua faculdade intelectual para comparar, analisar, ponderar e concluir. Vejamos:

Ademais, de se **ressaltar que, da mesma forma que, quando o INSS declara que o trabalhador não possui direito ao auxílio-doença e, posteriormente, este consegue reverter essa decisão em juízo, a empregadora também possui a faculdade de questionar a decisão dessa Autarquia Federal, perante o Judiciário.** Nunca é demais ressaltar: **a decisão do INSS possui natureza meramente administrativa e jamais poderia ser considerada definitiva e inquestionável.** No caso vertente, **o INSS concedeu auxílio-doença acidentário, mas o Perito nomeado nos autos, profissional habilitado e de confiança do Juízo, após exame detalhado do caso, concluiu pela ausência do nexo de causalidade.** Perfeito e adequado o laudo pericial, não havendo reparos a fazer ao mesmo. A peça técnica foi precisa, incisiva e minuciosa, analisando devidamente todos os aspectos atinentes ao caso em comento. Processo Trabalhista n. 0100500-98.2008.5.15.0051 — TRT 15ª Região.

Como Greco Filho, entendo que a Perícia Médica, sendo Ato Médico (procedimento de meio e não de fim), é meio de prova que traz o Laudo Pericial Médico, que é a prova técnica (prova direta) jurídica ou administrativa. No entanto, há indicações diferentes:

"Meios de prova são os instrumentos pessoais ou materiais aptos a trazer ao processo a convicção da existência ou inexistência de um fato". (GRECO FILHO, Vicente. *Manual de Processo Penal*. 5. ed. São Paulo: Saraiva, 1998. p. 199).

"Perícia é a prova destinada a levar ao Juiz elementos instrutórios sobre algum fato que depende de conhecimentos especiais de ordem técnica. Ela pode consistir numa declaração de ciência, na "afirmação de um juízo", ou em ambas as operações, simultaneamente. É declaração de ciência, quando "relata as percepções colhidas" e afirmação de juízo quando "constitui parecer que auxilie o Juiz na interpretação ou apreciação dos fatos da causa" (MARQUES, 2003, p. 225).

6.2. HIPÓTESES DIAGNÓSTICAS E CLÍNICA MÉDICA

Além dos requisitos e atribuições que foram apresentados, vale ressaltar que quem define a Hipótese Diagnóstica, em qualquer ramo da medicina, é o médico, e na avaliação pericial, não seria outro senão o Perito Médico que realizou a avaliação a fazê-lo, e não atestados ou exames subsidiários que lhe foram apresentados, às vezes chamados ou indicados como "provas dos autos", que melhor seriam ditas como indícios técnicos — "prova circunstancial".

A Hipótese Diagnóstica surge da avaliação clínica (histórico + exame corporal mental direto ou indireto) e da percepção pessoal (conhecimento técnico) do médico, nunca exclusivamente do exame subsidiário, mesmo dos mais sofisticados. Ainda, sabemos que a história clínica, incluindo a do aspecto ocupacional, é decisiva em qualquer diagnóstico e/ou investigação médica e prevalece sobre qualquer exame subsidiário, pois ela é consequência da *expertise* médica. Exame apenas sugere e/ou confirma, pelos indícios que traz, as Hipóteses Diagnósticas previamente estabelecidas. Ademais, a disciplina Epidemiologia Médica ensina que os exames subsidiários devem ser ponderados quanto a Sensibilidade e Especificidade, que também, com outros critérios técnicos epidemiológicos, influenciam na conclusão quanto ao nexo. Portanto, quanto mais experiente e conhecedor de Clínica Médica e da Medicina Legal e Perícia Médica for o Perito Médico, melhor adaptado estará para aplicar os conhecimentos da Epidemiologia Médica em conjunto com as demais disciplinas médicas nos casos concretos e mais adequadas serão as suas hipóteses diagnósticas!

Não se pode negar que ganhou espaço a prática da "examinação subsidiária" preventiva em detrimento da examinação clínica, por justificativa do "temor jurídico" (excluída a alegação por incompetência) do profissional ao cuidar do paciente, comportamento que pode sugerir ao leigo que este caminho é obrigatório para se estabelecer a Hipótese Diagnóstica, o que dificulta a melhor relação entre ambos e acaba criando o senso comum de que é o exame (subsídio), e não o médico que a estabelece.

Vale frisar que o "temor jurídico" não é condição exclusiva da atuação do médico brasileiro, mas em todo o mundo e também na América Latina:

"Si bien es injustificable desde el punto de vista ético y deontológico, sin embargo es comprensible la tendencia lógica del médico a agotar todas as pruebas complementarias posibles antes de establecer un diagnóstico y un tratamiento. La hipótesis de una posible demanda genera esta actitud de autodefensa que persigue evitar argumentos para la acusación disminuyendo, simultáneamente, elementos negativos en los peritajes técnicos" — Fornes Ruiz, *op. cit.* (n. 4), p.139

"Es lo que se conoce como el nacimiento de la 'medicina defensiva", práctica en virtud de la cual se aumenta el tipo y número de análisis y pruebas..." CARRASCO, Baltazar Guajardo. Aspectos de lá responsabilidad civil médica, p. 24.

Muitos exames não estão ao alcance do poder econômico do paciente, e/ou são autorizados por convênios etc., tornando mais crítica a relação médico-paciente. Este até os "exige" e alguns médicos (muitos!) acabam cedendo para não serem alvo de desconfianças ou críticas. Repito: — Esta prática levou a uma opinião comum equivocada de que quem dá o diagnóstico é o exame, e não o médico!

Superada esta questão, em relação ao conteúdo do conhecimento técnico necessário à boa prática em Perícia Médica, é de suma importância a sólida formação em Clínica Médica, pois nas perícias médicas o estabelecimento das hipóteses diagnósticas é imperativo, por sempre vir antes de qualquer outra análise. Seja apresentado como Sindrômico, Anatômico, Topográfico, Fisiológico, este deve ser feito sem nenhuma vinculação com o que foi ou foram estabelecidos por outros médicos e na forma clássica do raciocínio hipocrático, ou seja, o médico deverá usar a Semiologia e Propedêutica clássica, pois sem hipóteses diagnósticas sólidas, não há raciocínio médico para avaliar nexo!

No entendimento da relevância da Clínica Médica para a medicina em geral, temos a determinação da Comissão Nacional de Residência Médica[18]: Para se pretender a Residência Médica em várias áreas da medicina, é obrigatório pelo menos um ou dois anos de residência em Clínica Médica!

Ou seja, em tese, se o médico pretende se tornar especialista, primeiro tem que se tornar especialista em Clínica Médica. Esta visão contemporânea remete a constatar a tamanha relevância que tem a Clínica Médica para a medicina. Portanto, assim também deverá ser para aquele que pretende se tornar especialista em Perícia Médica.

6.2.1. Clínica médica — Médico clínico

A medicina tecnocrata e sua superespecialização inconscientemente assumiram rumos valorizando mais a doença que o doente e perdendo a noção da "obrigatoriedade de tratar o homem que está doente, e não a doença que ele possui" (Sociedade Brasileira de Clínica Médica).

No Brasil, a especialidade Clínica Médica resgata aos médicos clínicos (assim são denominados os médicos que nela atuam), popularmente conhecidos como "Generalistas" e/ou os que "rotineiramente não realizam cirurgias", o propósito da ideal relação médico-paciente e o humanismo na prática médica. Tal relação visa contemplar os pacientes com os efeitos da formação generalista do médico, dentro de uma visão

---

(18) Os PRM (Programas de Residência Médica) que exigem pré-requisito em Clínica Médica são: Alergia e Imunologia, Cancerologia Clínica, Cardiologia, Endocrinologia, Gastroenterologia, Hematologia e Hemoterapia, Medicina Intensiva, Nefrologia, Nutrologia, Pneumologia e Reumatologia. Os PRM com acesso direto para médicos graduados são: Anestesiologia, Cirurgia Geral, Clínica Médica, Dermatologia, Genética Médica, Infectologia, Medicina da Família e Comunidade, Medicina do Trabalho, Medicina Física e Reabilitação, Medicina Nuclear, Neurocirurgia, Neurologia, Obstetrícia e Ginecologia, Oftalmologia, Ortopedia e Traumatologia, Otorrinolaringologia, Patologia, Pediatria, Psiquiatria, Radiologia e Diagnóstico por Imagem e Radioterapia. Os PRM que exigem pré-requisito em Cirurgia Geral são: Cancerologia Cirúrgica, Cirurgia Cardiovascular, Cirurgia do Aparelho Digestivo, Cirurgia Pediátrica, Cirurgia Plástica, Cirurgia Torácica, Cirurgia Vascular, Coloproctologia, Mastologia, Medicina Intensiva, Nutrologia e Urologia. Os PRM que exigem pré-requisito em Ginecologia e Obstetrícia e Cirurgia Geral: Mastologia. Os PRM que exigem pré-requisito em Anestesiologia, Clínica Médica e Cirurgia Geral: Medicina Intensiva. Os PRM que exigem pré-requisito em Pediatria são: Oncologia Pediátrica e as áreas de atuação em Pediatria.

humanista relacionada à Saúde da Família e Comunidade (incluindo às relações de trabalho do indivíduo), como verdadeiros elos integradores de toda a prática médica.

Tão importante é esta especialidade na prática médica, que hoje são obrigatórios dois anos de residência em Clínica Médica para o médico poder ingressar em outras especialidades, por exemplo, na Cardiologia, na Endocrinologia etc., e penso que não deve ser diferente para aqueles que desejam atuar em Medicina Legal e Perícia Médica, antes até da obtenção de algum conhecimento da especialidade Medicina do Trabalho.

Isso adquirido pelo Perito Médico, por certo será exigido além do conhecimento por formação aprofundada em Clínica Médica a *expertise* no conhecimento dos conceitos da Medicina Legal e Perícia Médica, básico conhecimento em Medicina do Trabalho, além de manter-se com atualização contemporânea nos conhecimentos do chamado Direito Médico, conhecimentos que o médico irá adquirir e deverá manter ao longo da sua carreira por meio de cursos de pós-graduação, extensão universitária, congressos etc. Assim, aquele médico que pretende atuar na área de Perícia Médica, sem dúvida, deverá almejar ser reconhecido com a titulação em Medicina Legal e Perícia Médica, para apresentar-se ao judiciário cível, trabalhista e previdenciário e/ou no campo administrativo, com o devido aval dos seus pares, visando a suprir a lacuna de entendimento, deixando inequívoco qual é a especialidade médica com *expertise* suficiente a realizar as Perícias Médicas, quer seja no campo da Justiça Cível ou Justiça Trabalhista, Securitário, Previdenciário, Administrativo, Médico Legal, Direção Veicular e do Tráfego — Medicina Legal e Perícia Médica.

6.2.2. Perito médico generalista

Da mesma forma, a visão que envolve medicina e direito no momento contemporâneo, de tantas tecnologias médicas, requer um ponto de partida seguro e consciente como norteador da avaliação pericial, ou seja, devemos iniciar com a atuação do Perito Médico "generalista" devidamente especializado — titulado.

Na Perícia Médica, como todo e qualquer outro ramo da medicina, devemos obedecer ao conceito de que "a Clínica é soberana". Vejamos:

> "A clínica é soberana e cada vez é mais importante olhar o paciente como um todo", diz o Dr. Irineu Tadeu Velasco, Professor Titular da Disciplina de Emergências Clínicas da FMUSP e Diretor Clínico do Hospital das Clínicas.

> "A Clínica é sempre soberana" — Revista Brasileira de Medicina — Como raciocinam os clínicos? Uma reflexão sobre o método clínico no ensino da Clínica Médica — *How do internists think? A reflection on the clinical method in the teaching of internal medicine* — Auro Del Giglio — Professor Titular de Hematologia e Oncologia da Faculdade de Medicina da Fundação ABC.

Em medicina, a história clínica dos eventos e a percepção pessoal e técnica do profissional que realiza a avaliação é sempre o elemento de maior importância para revelar diagnósticos, nexos e condutas e jamais será substituído por máquinas ou equipamentos da mais alta resolução que se avente. É clássico, e todos os médicos sabem que é rotina de ensino nas melhores escolas médicas os dizeres: **"A clínica é soberana!"**. Isto quer dizer que, sobre todos os outros dados, ainda que seja nos exames subsidiários etc., o elemento decisivo para o fechamento do diagnóstico, nexo e conduta, é o parecer do médico, e neste caso de uma Perícia Médica, o do Perito Médico. Ou seja, e este que está diante da dinâmica de um evento, que sem nenhuma dúvida, trará o fator decisivo, pois, muitas vezes, na medicina, apesar das evidências contidas em um exame subsidiário, até dos mais sofisticados, o médico deve descartar este elemento e concluir, não pelo que o exame revelou, mas pelo que observou com sua experiência. Aqui está o elemento crucial que torna a ciência médica diferenciada de outras e por vezes de difícil compreensão de como se dá o exercício profissional desta quase arte.

Reforçando o conceito da soberania clínica, vejamos como se expressou em palestra realizada no CREMERJ (Conselho Regional de Medicina do Estado do Rio de Janeiro) o Mestre em Radiologia, especialidade que lida com imagem da mais alta resolução — Ressonâncias nucleares magnéticas de última geração — o Professor Marcelo Souto Nacif, que enfatizou "Só não se pode esquecer que a clínica permanece soberana". Também em apresentação no I Congresso da Federação de Medicina Pericial do Estado de São Paulo, realizado em novembro de 2009, o Dr. Jonas Bonacini, Mestre em Ortopedia e Traumatologia, em sua apresentação concluiu: "A clínica é soberana!".

Tais conceitos se reforçam na Resolução CFM n. 1.488, de 11 de fevereiro de 1998, embora voltada ao campo das doenças ocupacionais, no art. 2º, item I, "a história clínica e ocupacional, decisiva em qualquer diagnóstico e/ou investigação de nexo causal;", revela a *lex artis* médica.

Nota: Ver atualização pela **RESOLUÇÃO CFM 2183/2018.**

Um adendo:

• *DESTARTE, SE O PERITO MÉDICO DECIDE COM BASE NA AVALIAÇÃO CLÍNICA, NÃO CABE ALEGAR CERCEAMENTO DE DEFESA AO PERITO MÉDICO SE ASSIM PROCEDEU!*

• ***O PERITO MÉDICO NÃO PRESIDE O PROCESSO. PRESIDE SOMENTE A PERÍCIA!***

• *TAL ALEGAÇÃO, CERCEAMENTO DE DEFESA, CABE SOMENTE A ATOS DO JUIZ (OU AGENTE DESIGNADOR), POIS O PERITO MÉDICO NÃO DEFENDE INTERESSE OU TESE DAS PARTES. CABE AO PERITO MÉDICO UNICAMENTE OFERTAR AO JUÍZO (OU AGENTE) O SEU ESTUDO TÉCNICO SOBRE UM FATO.*

• *CONSEQUENTEMENTE, DO PONTO DE VISTA PROCESSUAL NA JUSTIÇA TRABALHISTA, POR EXEMPLO, A VISTORIA* in loco *PODE NÃO SER NECESSÁRIA PARA O PERITO MÉDICO, E POR CERTO SE FOR O CASO, FUNDAMENTANDO, IRÁ DISPENSÁ-LA. SE A PARTE ENTENDER QUE SE FAZ NECESSÁRIA, DEVE FORMALMENTE PEDI-LA NOS AUTOS NA FORMA DE PERÍCIA AMBIENTAL (GERALMENTE REALIZADA PELO ENGENHEIRO DE SEGURANÇA, MAS PODERÁ SER PELO MÉDICO DO TRABALHO — ART. 195, CLT), E NÃO PODE SER SUBENTENDIDA QUE SERÁ FEITA PELO PERITO MÉDICO.*

• *QUEM DECIDE PELA NECESSIDADE OU NÃO DE ATOS COMPLEMENTARES AO DO PERITO MÉDICO NO PROCESSO, HAJA VISTA QUE NO CASO CONCRETO ESTE FUNDAMENTOU A DISPENSA EM REALIZAR VISTORIA* in loco, *É SOMENTE O JUIZ.*

O indeferimento de prova desnecessária é legalmente permitido (CPC, art. 130) em decorrência dos princípios do livre convencimento do Juiz (CPC, art. 131) e da celeridade processual (CPC, art. 125, II), com ampla liberdade do Magistrado trabalhista na direção do processo (CLT, art. 765) **devendo apenas indicar os elementos nos quais se fundou, para decidir**, sob pena de, não o fazendo, perpetrar cerceio de defesa. PROCESSO: 0027101-64.2008.5.01.0006 — AI — Acórdão 5ª Turma. **(meu grifo)**

Novo CPC:

Art. 371. "O juiz apreciará a prova constante dos autos, independentemente do sujeito que a tiver promovido, e indicará na decisão as razões da formação de seu convencimento";

Art. 473. "O laudo pericial deverá conter ... II — a análise técnica ou científica realizada pelo perito; III — a indicação do método utilizado, esclarecendo-o e demonstrando ser predominantemente aceito pelos especialistas da área* do conhecimento da qual se originou.

§ 1º No laudo, o perito deve apresentar sua fundamentação em linguagem simples e com coerência lógica, indicando como alcançou suas conclusões";

Art. 479. "O juiz apreciará a prova pericial de acordo com o disposto no art. 371, indicando na sentença os motivos que o levaram a considerar ou a deixar de considerar as conclusões do laudo, levando em conta o método utilizado pelo perito".

A Perícia Médica na Justiça Trabalhista guarda relação com a celeridade processual e pode supor um falso dilema. Vejamos:

A Perícia Médica na Justiça do Trabalho, muitas vezes traz a questão da vistoria *in loco* e os atos técnicos dos peritos médicos quando as dispensam. Para esclarecer, chamo a atenção, no sentido de que tal decisão técnica tem amparo no que diz o nosso Código de Processo Civil (CPC), Lei n. 5.869 de 11 de janeiro de 1973 que "Institui o Código de Processo Civil", no seu art. 335, ***"Em falta de normas jurídicas particulares, o juiz aplicará as regras de experiência comum subministradas pela observação do que ordinariamente acontece e ainda as regras da experiência técnica, ressalvado, quanto a esta, o exame pericial"***.

Ora, não obstante parecer óbvio, para melhor demonstrar esta tese, não custa ser redundante, e então trago a expressão explícita que não se pode admitir, se são *experts* os nomeados pelos Magistrados, que não tenham "experiência técnica". Sendo verdade que são experientes, pois o juízo foi diligente ao nomeá-los, e se estes ao realizarem seu mister — Perícia Médica (Avaliação Clínica), concluem que a vistoria *in loco* não é pertinente e/ou necessária para servir de base prospectiva para bem concluir, a lei vigente supra torna claro o amparo para que este assim venha a proceder.

Diante disso, descabe suscitar considerações de nulidade do Laudo e/ou das conclusões nele apostas na fase processual, tampouco se pode indicar que por tal decisão técnica, houve cerceamento de defesa.

Ao leigo na matéria técnica controvertida, há que se diferenciar quando das solicitações e/ou designações da busca das provas relacionadas ao campo da Saúde e Segurança Ocupacional, que Perícia Médica difere de Perícia de Insalubridade, que também difere de Perícia Ambiental e da Perícia Ergonômica. A primeira é necessariamente retrospectiva e feita com base na propedêutica e semiótica médica; a segunda deverá comparar o que observa no momento contemporâneo com os dados da retrospecção com base numa Norma Regulamentar; as últimas (Ambiental e Ergonômica) são apenas ponderações contemporâneas de entendimento individual — são pareceres. Ou seja, de modo geral são quatro as modalidades de perícias que envolvem a Saúde Ocupacional e elas podem ser solicitadas, porém de forma específica, sempre ao tempo certo pelas partes, nas demandas judiciais trabalhista.

Não se pode supor que a requisição de apenas uma, inclua os interesses de demonstração técnica de todas, haja vista que são eventos de bases científicas muito distintas. Supor que a Perícia Médica inclui obrigatoriamente a vistoria *in loco*, de ambiente laboral ou ergonômica e que equivale a estas, é o mesmo que supor a obrigatoriedade do Perito Médico de solicitar para se realizar, por exemplo, um exame de ressonância magnética e que é este que define a conclusão médica. Tais decisões técnicas são exclusivas dos técnicos e não dos Magistrados.

O erro de técnica é apreciado com prudente reserva pelos tribunais. Com efeito, o julgador não deve nem pode entrar em apreciações de ordem técnica quanto aos métodos científicos que, por sua natureza, sejam passíveis de dúvidas e discussões. (Aguiar Dias — Ministro do STJ).

Assim sendo, processualmente não cabe supor que se realizará uma prova técnica, tampouco qual; desejando as partes devem fazê-lo formalmente indicando qual prova deseja, inclusive apresentando a fundamentação para o que quer, para só aí ter pelo Juiz, a consideração de deferimento ou não. Se pedida a Perícia Ambiental com fundamentação suficiente para manifestação pelo deferimento pelo Magistrado, contudo obtendo negativa, cabe à parte protestos e ação processual cabível, ressaltando que o Superior Tribunal Federal, em Jurisprudência Acidentária, não indicou quem faz a Perícia Ambiental, se médico, engenheiro ou outro profissional, mas tão somente que se pedida, de fato é importante instrumento processual e deve ser feita.

a vistoria no local de trabalho afigura-se pertinente e necessária para a caracterização ou não do nexo causal, que o indeferimento de sua realização configura cerceamento de defesa (...) — STF (grifo meu)

Portanto, não se coaduna com os objetivos da Justiça Especializada, do âmago dos procedimentos da Justiça Trabalhista, optar-se pelo retardamento processual e por desbarato processual, com a indicação de nulidades processuais diante de perícias conclusas e/ou da designação de retorno à Primeira Instância, quando a parte alega sem ter pedido Perícia Ambiental, que a falta da vistoria *in loco* pela Perícia Médica, se caracterizou cerceamento de defesa. Descabida é a alegação, pois se a solicitação foi somente pela prova pericial médica — Perícia Médica, e não se fez no tempo processual correto a solicitação da Perícia Ambiental, no máximo cabe a parte lamentar diante da não solicitação na exordial ou na contestação o remédio certo.

"O direito de especificar provas extingue-se para o réu que, na contestação, deixou de fazê-lo". TFR-1ª Turma, Ag. 55.215 SP.

Acórdão Processo 0138400-38.2008.5.15.0012

Da existência de doença ocupacional.

Ressalte-se, em primeiro lugar, não padecer de nulidade o laudo pericial de fls. 259/295, ao contrário do que sustenta a recorrente. Pelo contrário, no minucioso trabalho apresentado, o Sr. Perito, após exame e análise de documentos, detalhou todos os aspectos relativos à saúde do reclamante, à sua incapacidade, às funções por esse exercidas e às medidas que deveriam ter sido tomadas pela empresa. Considerando, ainda, não haver dúvidas de que a origem da moléstia não é o labor, não havia necessidade de vistoria no local do trabalho. É impertinente, assim, o pedido de realização de outra perícia, até porque a produção de prova desnecessária não se coaduna com os princípios da celeridade e utilidade processual. Nega-se provimento ao recurso, no particular, mantendo as conclusões emanadas pelo MM. Juízo a *quo*. *JOSÉ PEDRO DE CAMARGO RODRIGUES DE SOUZA — Juiz Relator.*

Visando o entendimento da célere atuação do Médico, o Conselho Federal de Medicina, conforme publicado no Diário Oficial da União, expressou sua indicação na RESOLUÇÃO CFM N. 1.488, DE 11 DE FEVEREIRO DE 1998.

Diário Oficial União — Poder Executivo, Brasília, DF, n. 44, 6 mar. 1998. Seção 1, p. 150 — "CONSIDERANDO que todo médico, ao atender seu paciente, deve avaliar a possibilidade de que a causa de determinada doença, alteração clínica ou laboratorial possa estar relacionada com suas atividades profissionais, investigando-a da forma adequada e, *caso necessário, verificando o ambiente de trabalho*; ..."

Nota: Ver atualização pela **RESOLUÇÃO CFM 2183/2018**.

Deste modo, de uma justiça que se exige ser célere e econômica, mais do que deve só pretender, para ser justa não pode vulnerar às simples alegações se diante da decisão técnica de um experiente Auxiliar da Justiça — *expert*. Se o Magistrado não encontrou outros elementos suficientes para desconsiderar o Laudo Técnico apresentado, aos quais sequer estão adstritos (dos Magistrados da Justiça Especializada, para não manter equívocos d'outrora ou mesmo inovar em desfavor do que deve ter de melhor), se requer firmeza para manter-se a linha da celeridade e economia processual.

6.2.2.1. Apostila — Perícia Médica e vistoria in loco

Autor: Prof. Rubens Cenci Motta — Reescrita e revisada na reimpressão

ESCOLA JUDICIAL

TRT - 15ª Região

10ª SEMANA TEMÁTICA DA FORMAÇÃO INICIAL DOS JUÍZES DO TRABALHO SUBSTITUTOS "MEIO AMBIENTE NO TRABALHO — PROPOSTA PARA MUDANÇAS" — 2013.

DIRETOR Desembargador **SAMUEL HUGO LIMA**

VICE-DIRETORA Desembargadora TEREZA APARECIDA ASTA GEMIGNANI

CONSELHO CONSULTIVO E DE PROGRAMAS

Desembargador MANOEL CARLOS TOLEDO FILHO

Representante dos Desembargadores do Tribunal

Juíza ALZENI APARECIDA DE OLIVEIRA FURLAN

Representante dos Juízes Titulares de Vara do Trabalho

Juíza PATRÍCIA MAEDA

Representante dos Juízes do Trabalho Substitutos

Associação dos Magistrados da Justiça do Trabalho da 15ª Região (voz e assento)

REPRESENTANTES DA ESCOLA JUDICIAL NAS CIRCUNSCRIÇÕES

Juiz SIDNEY XAVIER ROVIDA — Araçatuba

Juíza ANA CLÁUDIA PIRES FERREIRA DE LIMA — Bauru

Juiz SAINT-CLAIR LIMA E SILVA — Campinas

Juiz JOSÉ ROBERTO DANTAS OLIVA — Presidente Prudente

Juiz **FÁBIO NATALI COSTA** — Ribeirão Preto

Juíza SCYNTHIA MARIA SISTI TRISTÃO — São José do Rio Preto

Juiz **MARCELO GARCIA NUNES** — São José dos Campos

Juiz MAURO CÉSAR LUNA ROSSI — Sorocaba

Metodologia prática para estabelecimento do nexo CAUSAL OU CONCAUSAL — paradigma trabalhista.

INTRODUÇÃO

Para o estabelecimento do nexo técnico, de causa ou concausa, o Perito Médico deverá sempre que entender necessário realizar a vistoria do ambiente laboral — vistoria *in loco*.

Independentemente de que tenham se passado vários anos e, também, mesmo que tenham ocorrido mudanças de áreas físicas e/ou de maquinários, se necessário poderá ser feita por analogia em outro local, aliás, como é aceito pelo STF, surgindo então o conceito de que pode ser feito de forma direta ou indireta.

Se for assim, ocorre uma primeira dúvida: Tecnicamente é válida a Perícia Indireta?

Para melhor entendermos a questão, no campo médico, temos que considerar que o *expert* será um experiente[19] perito se, além de contar com seu conhecimento técnico, utilizar sua astúcia e perspicácia, para a reconstituição da condição e organização do trabalho, fazendo-a por ação técnica **prospectiva** e **retrospectiva**.

Em muitas perícias médicas trabalhistas, se não na maioria, é até desnecessária tal vistoria. Isso é relevante, haja vista ser oportuna tal constatação para referendar atos processuais céleres de maneira especial nesta Justiça Especializada. Para o Perito Médico, resta fazê-la apenas se ainda houver dúvidas, mesmo diante do exame clínico, dos elementos documentais (PCMSO, PPRA, LTCAT, Prontuário Médico etc.) e das provas circunstanciais trazidas aos autos, ou mesmo do seu conhecimento técnico-cultural adquirido em avaliações anteriores. Parece-nos adequado e oportuno que o Perito Médico utilize nos procedimentos da chamada Perícia Indireta (metodologia científica de avaliação) ou avaliação por analogia, aliás, como recomenda a boa prática médico-pericial, a conformidade do que consta do Código de Processo Civil (CPC) vigente, que determina no art. 429:

Para o desempenho de sua função, podem o perito e os assistentes técnicos **utilizar-se de todos os meios necessários**, ouvindo testemunhas, obtendo informações, solicitando documentos que estejam em poder da parte ou em repartições públicas bem como instruir o Laudo com plantas, desenhos, fotografias e outras quaisquer peças (Código de Processo Civil, 1973).

Tomando por socorro o que já expressou o judiciário, em longa data, para revelar a importância da História Clínica sobre a Avaliação *in loco*, vale relembrar o que disse Aguiar Dias (Ex-Ministro do STJ) e a Lei:

O erro de técnica é apreciado com prudente reserva pelos tribunais. Com efeito, **o julgador não deve nem pode entrar em apreciações de ordem técnica quanto aos métodos científicos** que, por sua natureza, sejam passíveis de dúvidas e discussões.

Código de Processo Civil — Art. 335 **"Em falta de normas jurídicas particulares, o juiz aplicará as regras de experiência comum subministradas pela observação do que ordinariamente acontece e ainda as regras da experiência técnica, ressalvado, quanto a esta, o exame pericial"**.

Assim, ajustando os conceitos, não se pode confundir **Perícia Médica** com **Perícia Ambiental**, que melhor seria dita como Perícia de Engenharia.

Na Perícia Médica o entendimento da obtenção destes dados na chamada forma direta — Perícia Direta é fácil por impressão lógica, uma vez que o Perito Médico o fará diretamente no Periciando, examinando-o, ou estando presente em determinado local. Já na forma indireta — Perícia Indireta, embora legítima, infelizmente, nem sempre é bem entendida, podendo sugestionar sustentação contrária por impressão ilógica, fato que se lamenta, pois está afetando a celeridade processual nos tribunais.

Como paradigma podemos verificar os aspectos da atuação — de décadas e no mundo todo — do Perito Médico no campo cível, onde, na imensa maioria das vezes, não precisa "vistoriar" o Centro Cirúrgico onde se deu uma cirurgia para bem dizer se houve ou não "erro médico". Nesses casos, para expressar seu parecer, o Perito Médico utilizará dados diretos, incluindo o exame do Periciando, se este estiver vivo. Porém, se este estiver morto, para bem concluir utilizará todos os procedimentos da chamada Perícia Indireta, por exemplo, consultando prontuários, exames, ouvindo pessoas, ou seja, verificará o que é necessário tecnicamente obter como dado para ter como emitir sua conclusão.

E faz assim por quê?

Faz assim porque em Medicina a história clínica dos eventos é o elemento de maior importância para revelar diagnósticos e nexos: **"A clínica é soberana!"**.

O Perito Médico não deixa de ser médico, pelo contrário, é certo que neste momento foi chamado exatamente para expressar toda a sua qualificação técnica, e é certo também que deverá utilizar todas as nuances desta ciência, como dito, quase arte, para bem concluir.

No caso da Justiça Trabalhista, a Lei Trabalhista, reforçada pelas Normas Regulamentadoras, desde há muito tempo vislumbrou a necessária providência para quando houvesse dever de avaliações retrospectivas, a qualquer tempo, a busca da verificação de dados técnicos, e previu a obrigatória elaboração dos PCMSO e PPRA, documentos técnicos que são sempre renovados e atualizados periodicamente, idôneos e elaborados totalmente desvinculados de lides, diga-se e frise-se que controlados por órgão público fiscalizador, o que os torna muito úteis para fins retrospectivos de apuração pericial. Ao estudá-los no contexto da lide, o Perito Médico facilmente perceberá que ter os programas, não é sinônimo de que foram implantados, como se poderia superestimar na vistoria num determinado dia, condição que não autoriza indicar como de fato os são, quando lá se está observando.

Tais verificações, ponderadas com base no conteúdo destes documentos, tecnicamente espelham melhor, ainda mais se em associação com a avaliação física, mental e documental do estado de saúde do trabalhador por ocasião da examinação médica. Ademais, depois debruçando no estudo da realidade dos eventos passados e que possam se relacionar com o caso de responsabilidade das partes, ressalto que, para o médico, é inegável que tal procedimento se revele mais eficaz — mais eficiente, que uma vistoria *in loco*, possibilitada está à reconstituição correta dos fatos.

---

(19) Médicos com mais de 10 anos de exercício profissional e com 5 anos na área de perícias médicas.

Vistoria *in loco* em local que não ficou isolado, que pode ter sido alterado a qualquer tempo ou sorte, com a agravante de ter revelada previamente a data e hora em que se realizará a diligência, é muito menos eficaz que uma boa avaliação Pericial Médica Indireta — isso é inegável!

É certo que em algumas oportunidades a vistoria *in loco* se possa mostrar necessária, e o procedimento não deve ser excluído do arsenal do bom Perito Médico. Porém, tal prática não é panaceia, mesmo que logicamente sugira eficiência, todo alerta é importante, haja vista que a vistoria *in loco* pode sugerir ação diligente, mas até pode se prestar a encobrir falhas de formação doutrinária deste avaliador. Paradoxalmente ao que comumente se alega pelos leigos em técnica pericial médica, em muitos casos a vistoria *in loco* seria até exceção, e não a regra. Corrobora a constatação de que o próprio sistema produtivo atual e contemporâneo exige mudanças constantes das linhas e rotinas de sistema de produção, com frequência assustadora o que inviabiliza a reprodutibilidade das condições ambientais apenas por se observar *in loco*.

Como dito, mesmo sendo base apenas relativa e não imprescindível, o estudo comparativo dos diversos PPRAs, mantidos pelas empresas ao longo dos anos, será muito mais rico em conteúdo técnico a ser ponderado pelo Perito Médico no contexto da lide e do necessário estudo retrospectivo, notadamente se em associação ao Prontuário Médico Funcional do Trabalhador e outros dados que venham a compor a exordial, a contestação, os autos ou mesmo outros que trazidos à avaliação técnica por atitude de prospecção do Perito Médico, por exemplo, como a verificação dos cadastros que definem as Profissiografias — CBO — Cadastro Brasileiro de Ocupações do Ministério de Trabalho e Emprego, do que uma vistoria *in loco*, cuja viabilidade (realidade dos fatos!) não possibilita ser de hora completa — $\leq$ 60 minutos.

Além disso, notemos que a Perícia Médica sendo retrospectiva, deve ponderar com base no que se conhecia, especialmente ao cientificamente aceito, à época dos eventos controvertidos, e não ao que vê durante a vistoria *in loco*.

Em 1950, quando surgiu a ciência Ergonomia, o conceito largamente aceito era de que O HOMEM É QUE DEVERIA SE ADAPTAR AO TRABALHO, e assim, diante desta verdade técnica, muito se fez ao longo dos anos — 40 anos — neste sentido de entendimento, pois assim determinava esta ciência. No entanto, na década de 1990, constatou-se que aquela verdade técnica deveria ser reformada e substituída por outra, paradoxalmente, diametralmente oposta, ou seja, hoje se sabe que O TRABALHO É QUE DEVE SE ADAPTAR AO HOMEM. Logo, as avaliações devem ser feitas com base nas verdades técnicas de cada tempo, e não nas da atualidade do que se está sendo intencionalmente mostrado, ou mesmo visto de forma perspicaz, ou ainda o que lhe foi permitido ver.

Importante é considerar que a preparação do local para receber uma vistoria *in loco,* onde se verá o hoje, pode servir de base fática para se sustentar tese defensiva para indicar que assim sempre foi a condição ambiental, tornando a questão contraditória. A boa Perícia Médica indireta pode mostrar com fundamentação científica que a evolução clínica do trabalhador é impossível de guardar tal relação como se quer observado *in loco*, devendo prevalecer a clínica sobre as vistorias.

Compreensível o dilema da Justiça Trabalhista, pois pareceu lógico que esta se socorresse de Médicos do Trabalho e não de Peritos Médicos para dirimir suas dúvidas. Lamentavelmente muitos dos Médicos do Trabalho não conhecem bem o campo médico legal de avaliação, e houveram por sugerir suas lógicas de atuação (prognóstica e não retrospectiva como deveria ser), alguns supervalorizando os aspectos das vistorias.

É certo que, para se designar uma atribuição funcional a um trabalhador, o **Médico do Trabalho** somente deve fazê-lo após avaliar *in loco* e na forma de como se dá no dia a dia, de vários dias ponderados, certa atividade na empresa. Esta vistoria tem finalidade de **prognóstico**.

Contudo, em **Perícia Médica**, o conceito não se aplica. E não só pelos vícios e inadequações já apresentados, mas sim por ser a Perícia Médica ciência baseada na evidência médica científica, especialmente do modo extemporâneo que é exigido para se fazê-la, com finalidade **retrospectiva**.

Voltando ao conceito de que **"A Clínica é soberana"**, não custa ver o que diz o experiente Perito Médico, especialista em Otorrinolaringologia, Professor da PUC-RS no curso de especialização em Engenharia de Segurança e no curso de especialização em Medicina do Trabalho da Fundação Faculdade de Ciências Médicas de Porto Alegre, RS, que é autor do livro *Audiologia Forense, CAT por perda auditiva, Quantificação da PAIR, Audiometria Ocupacional, PPP e Ética Médica, PPP e Audiometria e outros tópicos sobre Audiologia Ocupacional*, LTr, 2004, (Coletânea n. 2), Dr. Airton Kwitko:

São muitas as variáveis importantes na gênese e no desenvolvimento de perda auditiva, que ainda podem se constituir como funções inalteráveis de causas passadas. Por isso, **as perícias realizadas nos locais de trabalho** para estabelecer o nexo causal entre perda auditiva e exposição ao ruído ocupacional **não têm nenhum valor**, já que proporcionam apenas informação pontual, pouco útil no universo de fatores que podem originar problemas auditivos. (p. 20) **(grifo meu)**

Se realizamos uma vistoria *in loco* e vimos todos os trabalhadores usando EPIs de proteção auditiva, novos e em bom estado, que são devidamente fiscalizados para uso com o devido rigor, e cujas medições de ruídos realizadas na ocasião se mostraram dentro do padrão genérico esperado e aceitável para 8 horas de exposição, cabe perguntar:

1. Isso quer dizer que não poderá vir a ocorrer Perda Auditiva em trabalhador exposto nesta empresa?

2. Isso quer dizer que não se poderá imputar responsabilidades a esta empresa?

— A resposta correta para a pergunta 1 é: Poderá sim ocorrer Perda Auditiva em condições salubres de trabalho e é esta a razão da necessidade da realização dos Exames de Audiometrias periodicamente, haja vista que os EPIs não eliminam a transmissão do som por via óssea — vibração. Então, o que será mais importante, a vistoria *in loco*, ou o estudo por perícia indireta neste caso? O fato de constar nos autos uma prova indicando *"todos os trabalhadores usando EPIs de proteção auditiva, novos e em bom estado, que são devidamente fiscalizados para uso com o devido rigor, e cujas medições de ruídos realizadas na ocasião se mostraram dentro do padrão genérico esperado e aceitável para 8 horas de exposição"*, ou seja, o ambiente é salubre, não servirá de argumento forte para dizer que a Perda Auditiva indicada pelo Perito Médico (constatação subjetiva pelo conhecimento médico doutrinário) é nula e está em contradição com o que se viu e mediu — prova objetiva fática?

— A resposta correta para a pergunta 2 é: Prejudicada, haja vista que descabe ao Perito Médico manifestações sobre responsabilidades das partes, tampouco sobre negligência, imperícia ou imprudência, ou mesmo de imputação de fatos a terceiros. Contudo, no caso concreto verificamos que o trabalhador há 5 anos começou a apresentar alterações nos Exames Audiométricos indicativa de Perda Auditiva, que progrediu ano a ano até o nível que se encontra no presente momento, sem nunca ter sido afastado da exposição a ruídos quer seja por orientação da equipe de Saúde e Segurança ou de outros responsáveis setoriais da empresa.

Portanto, a História Clínica Ocupacional não pode ser confundida com História Pregressa da Moléstia Atual, que é feita baseada unicamente nos relatos do RECLAMANTE como item componente da anamnese.

O Perito Médico deve ter rigor na aplicação das recomendações do *National Institute for Occupational Safety and Health* — NIOSH — Agência Federal dos Estados Unidos responsável pela realização de pesquisas e de fazer recomendações para a prevenção de lesões relacionadas ao trabalho e a doenças — faz parte do *Centers for Disease Control and Prevention* (CDC).

Critérios **NIOSH** e **ACOEM**[20]:

1. Identificar evidência da doença;

2. Rever e avaliar a evidência epidemiológica da relação;

3. Obter e avaliar a evidência de exposição;

4. Considerar outros fatores relevantes;

5. **Julgar a validade das informações do paciente (o que no nosso meio é muito negligenciado por alguns Peritos Médicos — por exemplo, na justiça trabalhista, e dá-se valor inadequado às alegações dos RECLAMANTES colhidas nas histórias clínicas, muitas inverossímeis);**

6. Concluir.

O Perito Médico deve considerar, além desta, a *história clínica ocupacional* como sendo aquela obtida pela análise do conjunto dos elementos colhidos e ponderados, inclusive com ênfase no contraditório, ou seja, efetivamente deve exprimir um exercício técnico de estudo ponderado do Perito Médico, com base nos seus conhecimentos, ou seja, é a efetiva manifestação do seu raciocínio técnico hipocrático — raciocínio médico.

Vale considerar o que o especialista em Medicina do Trabalho Dr. Carlos Roberto de Campos[21] disse no livro ***Perícia Médica*** (CRM Goiás, 2007. p. 260), publicado pelo **Conselho Regional de Medicina de Goiás**, que para o estabelecimento do nexo causal o médico "(...) deve avaliar a possibilidade de que a causa da doença alegada, alteração clínica ou laboratorial possa estar relacionada com suas atividades profissionais, investigando-a da forma adequada e, **caso necessário**, verificando o ambiente de trabalho (...)". (grifo meu)

Para firmar melhor entendimento à RESOLUÇÃO CFM N. 1.488, DE 11 DE FEVEREIRO DE 1998, Diário Oficial da União (Poder Executivo, Brasília, DF, n. 44, 6 mar. 1998. seção 1, p. 150), temos que ela expressa:

CONSIDERANDO que todo médico, ao atender seu paciente, deve avaliar a possibilidade de que a causa de determinada doença, alteração clínica ou laboratorial possa estar relacionada com suas atividades profissionais, investigando-a da forma adequada e, **caso necessário, verificando o ambiente de trabalho**; (meu grifo)

Desse modo, pelo entendimento do *expert* em Medicina do Trabalho e do Conselho Federal de Medicina, não é obrigatório ao Perito Médico realizar a vistoria *in loco*.

Utiliza-a se quiser!

Quando não a faz, não está cerceando defesa, pois Perito Médico não faz procedimento de interesse das partes e sequer preside o andamento processual.

Diferentemente do juízo, que, ao ter solicitada nos autos a realização formal de **vistoria *in loco*** (que não se pode entender com sinônimo de Perícia Médica), negá-la poderá ser implicado em cerceamento de defesa. Ouso avançar para o bem da discussão, considerando que se além da Perícia Médica as partes desejarem realizar Perícia Ambiental *in loco,* devem solicitá-la formalmente nos autos. Se assim entender necessário, o juiz irá deferi-la, e o fará com melhor propriedade designando-a ao Engenheiro de Segurança.

---

(20) American College of Occupational and Environmental Medicine.
(21) Presidente da Associação Nacional de Medicina do Trabalho (ANAMT), iniciando em maio de 2010 o seu segundo mandato.

LEI TRABALHISTA E ACREDITAÇÃO NOS ATOS DO SEU EFEITO

É de se esperar que na Justiça Trabalhista, se não houver elementos fáticos concretos que os descaracterizem como documentos técnicos, PCMSO e PPRA devem ser considerados como documentos idôneos, haja vista que foram elaborados em desconexão com a lide. Por conseguinte, é justamente na Justiça Trabalhista que não se deve desconsiderar o valor real dos documentos emitidos por Médicos do Trabalho e/ou outros profissionais técnicos devidamente qualificados — PCMSO, PPRA, LTCAT, PPP etc., mesmo que a eles não estejam adstritos os Magistrados ou os Peritos Médicos, ao estudá-los, poderão extrair vários elementos de importância para a composição da prova técnica — Laudo Pericial Médico.

Tais manifestações técnicas contidas nos programas obrigatórios se revestem em documentos da mais alta relevância, que se prestam à consulta como procedimento médico-legal, visto que pela análise conjunta destes dados, a manifestação relatada e a clínica (sintomas e sinais) do trabalhador, considerando-se, além da verossimilhança, os conceitos clássicos da Epidemiologia Médica[22], poderá então se obter, com muita precisão, diversos elementos que permitem ponderações úteis em Higiene Ocupacional, suficientes para esclarecer os pontos de como se pretendia que fosse, ou como de fato foi e como se deu o labor disponibilizado ao trabalhador que está submetido aos estudos, tanto de forma genérica (padrão disponibilizado a todos os trabalhadores) quanto personalizada (padrão disponibilizado individualmente às características psicofísicas individuais).

Também nesse sentido, sabemos que o posto de trabalho é apenas um dos componentes que envolvem a complexa relação da chamada "Condição de Trabalho", em que estão inseridos aspectos evolutivos de exposição ocupacional e as efetivas providências de prevenção, correção em tempo certo eliminando recorrências de exposição etc.

Logo, a seu critério, poderá o Perito Médico determinar o procedimento chamado de PERÍCIA INDIRETA, que é procedimento regular em Medicina Legal, permitindo o reequilíbrio na apuração dos fatos no processo de avaliação, em todos os seus itens de observância, e que se reveste de suma importância. Nesta direção, o Dr. Irineu Pedrotti — Desembargador do Tribunal de Justiça do Estado de São Paulo, com assento na 34ª Câmara da Seção de Direito Privado, diz que "A perícia poderá ser direta ou indireta; naquela, o exame pericial é feito (diretamente) na pessoa, na coisa, ou no objeto, a fim de que seja identificada a **verdade** do que foi alegado; nesta, o exame pericial é realizado (indiretamente) nos elementos, ou documentos, ou peças que possam existir, para a apuração sobre a **exatidão** do que foi afirmado".

A realidade técnica fática enfraquece a tese de que uma vistoria *in loco* tudo revela e/ou possibilita reconstruir da realidade do que ocorria e até mesmo a citação clássica de que "Não há o diagnóstico honesto de DORT sem uma visita ao posto de trabalho e a constatação de condições nocivas geradoras do processo", se desfazendo por completo.

Repito: — Mesmo em ambientes salubres pode ocorrer doença e/ou agravos de doenças!

Sabemos que avaliações realizadas com data e hora marcada, devemos enfatizar que muitas vezes, se prestam mais a esconder do que a revelar a verdade.

Diante disso, não posso deixar de dizer, mesmo sujeito às críticas dos meus pares (os médicos), mas desprendido de corporativismo, no caso da Justiça Trabalhista ainda existem entendimentos até amparados na lei (CLT, art. 195), indicando que o médico poderia fazer vistorias *in loco*, todavia, se não totalmente ultrapassado este conceito, ele deixa muito a desejar à realidade contemporânea da capacitação médica e da complexidade dos preceitos produtivos de máquinas e sistemas de gestão de produção.

Superestimar esta capacitação e os adequados limites do exercício da boa Medicina e do ato médico, consequentemente do Perito Médico, seja por questões da celeridade processual ou qualquer outra, é um grande risco, quase um erro.

PERÍCIA AMBIENTAL

Inequívoco que a Perícia Médica difere da Perícia de Engenharia (Ambiental), contudo, às vezes, esta até poderá ser chamada a complementar a conclusão de uma Perícia Médica. Por óbvio, a Perícia de Engenharia — Ambiental — é a realizada por Engenheiros, este sim, profissional habilitado para, nas suas observações, incluir a inspeção de máquinas, equipamentos, seus sistemas de funcionamento, características do local, sistema de produção etc., inclusive verificará aspectos quanto ao seu funcionamento e operação, ou seja, verificará a dinâmica ambiental.

Contudo, o Perito Engenheiro não tem o Periciando como elemento de avaliação para poder apontar características do ponto de vista diagnóstico e tão pouco poderá estabelecer relação com indicação de nexo entre uma lesão ou dano físico e/ou mental, apenas poderá se manifestar quanto à existência de risco.

Mesmo que indique existência de insalubridade, por exemplo, ruídos excessivos, falta de EPI etc., num determinado local, não poderá indicar se tais inadequações trouxeram efeitos à saúde do trabalhador.

Contudo, pode e deve, sim, ponderar sobre a possibilidade e/ou a necessidade da instalação ou não de outros recursos de segurança no ambiente e maquinários, abrangendo os acessórios, constatando se o que avaliou se encontra montado e em estado de funcionamento conforme os parâmetros de Engenharia Mecânica, Industrial e Segurança, quer sejam os teóricos e/ou os determinados pelo fabricante, e se há ou não necessidade de adaptações, ponderando, desse modo, se tecnologicamente estão adequadas e se estão disponíveis adaptações contemporâneas exequíveis e como estas deveriam ser feitas, indicando com ênfase a possibilidade e grau de risco, grau de salubridade e periculosidade. Ou seja, Perícia Ambiental também é matéria complexa, mas totalmente estranha e diversa da atividade médica.

---

(22) Sensibilidade, Especificidade, Valor Preditivo, Razão de Verossimilhança, Critérios de Hill, entre outros.

Por conseguinte, em algumas oportunidades a Perícia Médica pode necessitar da Perícia de Engenharia (Ambiental) e/ou da vistoria *in loco*, para se obter dados complementares e nestes casos, o Perito Médico poderá requisitá-la.

CONCLUSÃO DO PERITO MÉDICO

O Perito Médico deve ter claro que a decisão de declinar da utilização desta avaliação subsidiária *in loco* somente deverá ser feita se não houver nenhuma possibilidade de alteração da conclusão que será expressa no seu laudo — prova técnica, ou seja, esta não pode ser expressa no condicional (não existe prova condicional!), mas deve ser feita na forma terminativa, pois deverá auxiliar o juízo da causa. Se foi dada conclusão na forma terminativa pelo Perito Médico, é certo que aquele que irá ponderar sobre seu laudo técnico, deve considerar que na avaliação realizada o laudo demonstre e deixe claro que se colheu todos os elementos pertinentes e necessários a seu critério técnico, para que efetivamente subsidiasse e lhe pudesse permitir a conclusão.

Muitos dizem que "os médicos não gostam de realizar avaliação *in loco*", e isso tem lá um fundo de verdade, pois, na maioria das vezes, o que se pretende demonstrar *in loco* ao Perito Médico são elementos totalmente distintos daqueles necessários e inerentes aos da sua atividade para complementar o seu trabalho, fugindo completamente ao seu campo de atuação, o que explica os motivos dessa dispensa.

O médico não tem conhecimentos especializados de Engenharia, e mesmo que tenha noções, isso não basta, pois o que se requer é *expertise* no assunto. Se não as tem, não pode e não deve expressá-las, visto o exercício legal da sua profissão, não ultrapassando os limites técnicos e éticos a que está sujeito nas suas atividades.

Mais uma vez ousando apenas para facilitar a discussão, se a Perícia Médica não foi suficiente para esclarecer ao Magistrado, deve ele determinar a Perícia Ambiental (de Engenharia), e não indicar que o Perito Médico realize a vistoria *in loco*, ocasião que poderá afetar as relações de confiança entre a Vara Judicial e seu Auxiliar Técnico. Talvez cabível determinar que se faça outra Perícia Médica indicando outro Perito Médico a fazê-la.

Se tal ação técnica foi dispensada pelo Perito Médico, ficou caracterizado por um técnico que não se afigurou como pertinente nem necessária, ressalto e repito, foi um técnico que declinou dessa necessidade, e não o Magistrado, não havendo a hipótese da indicação do cerceamento de defesa, desde que, desse modo, tenha fundamentado nos autos o Magistrado — a decisão foi de um técnico e não dele!

Entretanto, se formalmente pedida a Perícia Ambiental, se não determinada, sem pretender ultrapassar meu campo de atuação, penso que poderá se configurar cerceamento de defesa.

SUMARIZANDO

O campo da Saúde Ocupacional, especialmente nas atividades do Perito Médico em demandas trabalhistas, para investigar de forma adequada, poderá e, mais ainda, deverá utilizar-se de todos os meios necessários, e se não houver elementos fáticos concretos que descaracterizem os PCMSO, PPRA, LTCAT, PPP etc., não se deve desconsiderar o valor real desses documentos técnicos da mais alta relevância.

Reforçando o sentido de importância da manifestação técnica livre do Perito Médico, que é soberana e não se quebra por conceitos não técnicos, vejamos o que expressa o Acórdão do TRT/15ª Processo n. 00603-2006-051-15-00-6 — Recurso Ordinário:

A doença profissional foi comprovada por laudo técnico, que atestou sua correlação com as condições de trabalho. Assim, não haveria como por depoimentos testemunhais ser derrubada a conclusão do laudo. Mesmo que a reclamada não tivesse sido omissa quanto à proteção da saúde dos seus "funcionários", como diz, o fato é que isso não foi suficiente para evitar a doença profissional da qual fora acometida a reclamante, e este é o fato sobre o qual deve incidir a norma jurídica. (Jorge Luiz Souto Maior — Juiz Relator)

Ao leigo na matéria técnica controvertida, há que se diferenciar, quando das solicitações e/ou designações da busca das provas relacionadas ao campo da Saúde e Segurança Ocupacional, que a Perícia Médica difere da Perícia de Insalubridade, que também difere da Perícia Ambiental e da Perícia Ergonômica. A primeira é necessariamente retrospectiva e feita com base na propedêutica e semiótica médica; a segunda deverá comparar o que observa no momento contemporâneo com os dados da retrospecção com base numa Norma Regulamentar; as últimas (Ambiental e Ergonômica) são apenas ponderações contemporâneas de entendimento individual — são pareceres. Ou seja, de modo geral são quatro as modalidades de perícias que envolvem a Saúde Ocupacional e elas podem ser solicitadas, porém, de forma específica nos autos, sempre ao tempo certo pelas partes, nas demandas judiciais trabalhistas. Não se pode supor que a requisição de apenas uma inclua os interesses de demonstração técnica de todas, haja vista que são eventos de bases científicas muito distintas.

Supor que a Perícia Médica inclui obrigatoriamente a vistoria *in loco* de ambiente laboral ou ergonômica e que equivale a estas, é grave equívoco, pois seria o mesmo que supor a obrigatoriedade do Perito Médico de solicitar que seja realizado, por exemplo, exame de ressonância magnética e que é este que definirá a conclusão médica. Sem pretender soberba ou indelicadeza, tais decisões técnicas são exclusivas dos técnicos e não dos Magistrados.

Portanto, não se coaduna com os objetivos da Justiça Especializada, do âmago dos procedimentos da Justiça Trabalhista, optar--se pelo retardamento processual e por desbarato processual, com a indicação de nulidades processuais diante de perícias médicas conclusas e/ou da designação de retorno à Primeira Instância, quando a parte alega, sem ter solicitado Perícia Ambiental, que a falta da vistoria *in loco* pela Perícia Médica, caracterizou cerceamento de defesa.

Acórdão Processo 0138400-38.2008.5.15.0012

Da existência de doença ocupacional.

Ressalte-se, em primeiro lugar, não padecer de nulidade o laudo pericial de fls. 259/295, ao contrário do que sustenta a recorrente. Pelo contrário, no minucioso trabalho apresentado, o Sr. Perito, após exame e análise de documentos, detalhou todos os aspectos relativos à saúde do reclamante, à sua incapacidade, às funções por esse exercidas e às medidas que deveriam ter sido tomadas pela empresa. Considerando, ainda, não haver dúvidas de que a origem da moléstia não é o labor, não havia necessidade de vistoria no local do trabalho. É impertinente, assim, o pedido de realização de outra perícia, até porque a produção de prova desnecessária não se coaduna com os princípios da celeridade e utilidade processual. Nega-se provimento ao recurso, no particular, mantendo as conclusões emanadas pelo MM. Juízo *a quo*. *JOSÉ PEDRO DE CAMARGO RODRIGUES DE SOUZA — Juiz Relator*.

Desse modo, de uma justiça que se exige ser célere e econômica, mais do que deve só pretender, para SER JUSTA, NÃO PODE VULNERAR ÀS SIMPLES ALEGAÇÕES DIANTE DA DECISÃO TÉCNICA DE UM EXPERIENTE AUXILIAR DA JUSTIÇA — *expert*. Se não se encontrou outros elementos suficientes para desconsiderar o Laudo Técnico apresentado, aos quais sequer estão adstritos, do Magistrado desta Justiça Especializada, para não manter equívocos d'outrora ou mesmo inovar em desfavor do que deve ter de melhor, SE REQUER FIRMEZA PARA MANTER-SE A LINHA DA CELERIDADE E ECONOMIA PROCESSUAL.

6.3. OS RELATOS DO RECLAMANTE OU RÉU

O Perito Médico, por óbvio sendo médico, também poderá se socorrer dos conceitos da chamada Medicina Baseada em Evidências (**MBE —** cujos conceitos são baseados em resultados epidemiológicos obtidos através de cálculos de probabilidades cientificamente aceitos, que então podem ser ditos como devidamente controlados e demonstrados), contudo, deve ficar claro e inequívoco que a *expertise* individual do perito é elemento essencial para o estabelecimento do Nexo Técnico. Não há conflito desta indicação com aquilo que norteia a MBE, e sendo que "o bom senso é a principal característica a ser seguida pelo perito", logo se perceberá que neste ramo da medicina, para bem exercer a *lex artis* em Perícia Médica, é exigido, e está diretamente ligado ao grau de conhecimento individual do Perito Médico, que somado à astúcia e perspicácia, a capacidade em mais bem reconhecer as evidências técnicas para estabelecer o nexo. Embora tal indicação seja considerada como de menor força na MBE, lá está. Assim sendo, devemos relevar que a percepção[23] e o conhecimento individual do especialista em perícias médicas não são condições que devem ser desconsideradas no estudo e reconhecimento do nexo.

Ressalvando que embora as considerações da MBE sejam difundidas, a aceitação dos seus conceitos não são unânimes. Aliás, recebem críticas até mesmo da comunidade científica ao que é indicado, muitas relevantes e fundamentadas. Destarte, penso que a máxima que invoca o "bom senso do Perito Médico" e o elemento de *expertise* individual, na MBE ganha relevância muito maior que nos outros ramos da medicina, visto que a atuação do Perito Médico é tipicamente avaliação personalista (meio de prova), e ouso sugerir que não se pode aplicar os conceitos da MBE sem melhor ponderação, inclusive havendo oportuna necessidade da alteração na sequência de recomendação, alternando o item C, com o D.

GRAU DE RECOMENDAÇÃO E FORÇA DE EVIDÊNCIA:

A: Grandes ensaios clínicos aleatorizados e meta-análises.

B: Estudos clínicos e observacionais bem desenhados.

C: Relatos e séries de casos clínicos.

D: Publicações baseadas em consensos e opiniões de especialistas.

Fonte: *Projeto Diretrizes Associação Paulista de Medicina (http://www.projetodiretrizes.org.br/o_que_e.php)*

6.3.1. Alegação de risco na área trabalhista

No caso trabalhista, se também considerarmos como legítimo o conceito que o risco específico das atividades profissionais deriva das condições de trabalho, a *expertise* individual do Perito Médico é imperiosa e

---

(23) Importante lembrar que a boa-fé, nem sempre está presente nas manifestações das partes e convém seguir as recomendações do National Institute for Occupational Safety and Health — NIOSH — Agência Federal dos Estados Unidos que faz parte do Centers for Disease Control and Prevention (CDC) — "Julgar a validade das informações do paciente".

interferirá no reconhecimento do Nexo Técnico, e aqui convém frisar, para não surgir confusão entre perícia trabalhista, penal ou qualquer outra, que a história clínica não pode ser confundida com História Pregressa da Moléstia Atual, que é feita baseada unicamente nos relatos do RECLAMANTE/REQUERENTE/VÍTIMA etc., como item componente da anamnese. A Perícia Médica deve considerar além daquela a ele relatada, a História Clínica como sendo aquela obtida pela sua análise prospectiva, retrospectiva e ponderada nos informes das partes, dentro do conjunto dos elementos colhidos e sopesados, inclusive com ênfase no contraditório etc., ou seja, efetivamente a História Clínica deverá exprimir um exercício técnico de estudo analítico equilibrado do Perito Médico, com base nos seus conhecimentos e fundamentações. Assim, a História Clínica Ocupacional difere da História Pregressa da Moléstia Atual, pois a primeira é a efetiva manifestação do raciocínio técnico hipocrático do Perito Médico com foco na relação do trabalho desenvolvido.

O Perito Médico deve sim dar a máxima atenção aos relatos do RECLAMANTE, contudo, tem a obrigação de duvidar, questionar e refletir no seu estudo posterior a coleta destes dados, para bem realizar o seu trabalho técnico, haja visto que tudo o que lhe foi revelado guarda interesse direto com o resultado da causa.

Se assim não faz, comete grave erro!

No caso trabalhista, esta é uma das principais diferenças que envolvem a anamnese realizada pelo Médico do Trabalho e a realizada pelo bom Perito Médico.

Ao Perito Médico descabe o que na medicina assistencial bem nos ensina Osler[24]: "Ouça o que o paciente diz, ele lhe contará o diagnóstico". O Médico do Trabalho deve acreditar em tudo o que lhe foi dito pelo trabalhador, pois pelo raciocínio prognóstico[25], estabelecerá uma forma de organização laboral, entretanto, o Perito Médico deve duvidar[21 e 26] de tudo o que lhe disse o RECLAMANTE ou a Parte, pois estará a reconstituir os fatos — prospecção retrospectiva — de forma imparcial.

O que é comum para ambos os especialistas médicos é o estudo posterior que advém em seguida a obtenção destes relatos, obrigatoriamente realizadas dentro do contexto da profissiografia esperada, da demonstrada ou verificada, acatando o que é verossímil para compor efetivamente o seu relato técnico final, definindo o Histórico Clínico Ocupacional real — verdadeiro. Isso definido, tanto o Médico do Trabalho quanto o Perito Médico, podem prosseguir nas suas ações: o Médico do Trabalho poderá então corrigir o que de fato é necessário no posto de trabalho — prognose, e o Perito Médico correlacionar com os eventos retrospectivos do pacto laboral para considerar ou não sobre nexo — retrospecção.

Deixar que a parte elabore o seu próprio Histórico Clínico Ocupacional, simplesmente transcrevendo-o, não traz a verdade técnica, mas somente o que é de interesse da parte. Assim agindo, mesmo que não tenha efetivamente desejado, o Perito Médico não atuou com imparcialidade, condição precípua que norteia todos os atos periciais em qualquer dos seus ramos, maculando todo seu esforço e trabalho, tornado a prova IMPRESTÁVEL.

Perito Médico não é Escrivão[27]!

A causa mais frequente de erro quando do estabelecimento do nexo causal, na perícia trabalhista principalmente quanto ao nexo concausal, é o Histórico Clínico Ocupacional mal formulado.

Muito comum, nos últimos anos, é o caso de questões envolvendo doenças mentais na Justiça Especializada, com que, nesse campo das doenças mentais, merece destaque a citação do Prof. Guido Arturo Palomba em Perícia na Psiquiatria Forense, Editora Saraiva, 2016, p. 178:

> "Que deve o perito ter em mente ao ouvir uma vítima? Quando o perito vai ouvir a vítima, é preciso ter em mente as mesmas precauções quando da oitiva de testemunhas e acusados, pois a prática diz que mentalmente aparecem casos de falta de veracidade propositadamente ditos, ou até mes-

---

(24) Sir William Osler (1849 — 1919) foi médico canadense, sendo um dos ícones da medicina moderna.

(25) Podendo pautar-se no que couber a aplicação da Resolução CFM 1488/98, substituída pela **Resolução CFM 2183/2018.**

(26) Recomendações do **National Institute for Occupational Safety and Health — NIOSH —** Agência Federal dos Estados Unidos que faz parte do Centers for Disease Control and Prevention (CDC): **"Julgar a validade das informações do paciente; (o que no nosso meio é muito negligenciado pelos Peritos Médicos — por exemplo, na justiça trabalhista, dá-se valor inadequado às alegações dos RECLAMANTES colhidas nas histórias clínicas)".**

(27) Funcionário que relata por escrito os atos que lhe são apresentados **sem interpretá-los.**

mo de mentira patológica dos histéricos, mitômanos, imaturos e débeis mentais. Que fazer nesses casos? Exatamente como se procede em um exame psiquiátrico-forense qualquer: sopesar os dados obtidos em face do conjunto dos demais fatos e circunstâncias, que para logo a verdade, ou a certeza da inverdade total ou parcial, aparece naturalmente."

Importante considerar que os dados documentais e exames subsidiários não corrigem esta falha, pelo contrário, tais complementos fora do contexto prospectivo e retrospectivo correto do caso concreto podem parecer referendar o grave erro, não trazendo aos autos a verdade técnica.

Isso é grave, principalmente aos olhos dos leigos, exatamente para os quais se presta o trabalho do Perito Médico, pois poderá ser fatal se não houver especialíssima formação médica em quem preside a lide.

Outro aspecto interessante sobre isso é apresentado por Cláudio Brandão[28] na Rev. TST, Brasília, v. 76, n. 1, jan./mar. 2010, ao indicar que *"As ações trabalhistas, não raras vezes, passaram a conter pedidos que envolvem complexos debates referentes à caracterização do acidente; nexo de causalidade; extensão das lesões sofridas pelas vítimas; natureza das obrigações impostas ao empregador relacionadas ao cumprimento das normas de medicina e segurança do trabalho; critérios de fixação das indenizações dos danos materiais e morais; pensionamento; obrigatoriedade de constituição de renda para garantia de cumprimento da sentença; avaliação da qualidade da prova pericial; compensação da pensão devida pelo empregador com a paga pela previdência social etc. (...)* **Em muitos desses casos nota-se certa tendência jurisprudencial em determinada direção; noutros, o debate ainda continua intenso com posicionamentos diversos ou ainda escassos, a exemplo da definição do prazo prescricional ou a competência para a ação regressiva previdenciária.** *(...) Ainda persiste o acolhimento da tese da* **responsabilidade subjetiva** *amparada em atitude culposa ou dolosa do empregador como fundamento do dever de reparação, mesmo porque é muito comum o descumprimento de normas de segurança e medicina do trabalho, mas aos poucos a tese da* **responsabilidade objetiva**, *que tantas resistências causou e ainda causa em certos segmentos da jurisprudência, vai ganhando corpo sobretudo diante da óbvia constatação de que, em determinados setores da atividade empresarial ou em algumas tarefas desempenhadas pelos empregados, a potencialidade danosa encontra-se em patamar muito acima daquelas em que se encontram os demais empregados ou mesmo da coletividade em geral. (...) Esse debate diz respeito, por conseguinte, às possibilidades de acolhimento da tese da* **responsabilidade objetiva em determinadas atividades que geram habitualmente risco acentuado**, *prevista no art. 927, parágrafo único, do Código Civil, cuja transposição para o contrato de trabalho tem sido alvo de contestações na jurisprudência laboral, sobretudo diante do posicionamento — equivocado, friso –, no sentido de que o art. 7º, XXVIII, da Constituição Federal, limitaria as possibilidades de reconhecimento do dever de ressarcimento a cargo do empregador apenas quando fosse decorrente de dolo ou culpa. (...) Nesse contexto, mostra-se importante analisar o posicionamento adotado pelos tribunais nos últimos cinco anos em torno da caracterização das hipóteses que tipificam essa forma de responsabilização, diante do papel atribuído à jurisprudência no sentido de densificar os valores encampados na regra jurídica, em face do conteúdo aberto que a caracteriza."* **(meus grifos)**

Alguns julgados:

ACIDENTE DE TRABALHO. ATIVIDADE DE RISCO. **RESPONSABILIDADE OBJETIVA DO EMPREGADOR.** A atividade normalmente desenvolvida pelo trabalhador que o expõe a grau de risco maior do que à média dos demais trabalhadores caracteriza-se como atividade de risco. E, nos moldes do parágrafo único do art. 927 do CC, o dano experimentado pelo trabalhador atrai a aplicação da responsabilidade objetiva, que impõe ao empregador o dever de repará-lo independente da comprovação de culpa. Recurso a que se nega provimento no particular. DANOS MORAIS. FIXAÇÃO DO *PRETIUM DOLORIS*. ATENDIMENTO À DUPLA FINALIDADE. LENITIVO À DOR DA OBREIRA E CARÁTER PEDAGÓGICO À EMPRESA. Ao se tratar de matéria relativa ao dano moral, uma das questões de maior complexidade é justamente a fixação do *pretium doloris*. Quando se trata de dano patrimonial, é de fácil aferição o valor de reposição do bem atingido. Todavia, no dano moral, a correspondência entre a ofensa e o dano é bem mais difícil, requerendo ponderação e bom senso do julgador, a fim de que não se cometam excessos, como nos Estados Unidos, onde existe uma quantidade infindável de aventuras judiciais, por meio dos chamados *punitive damages*. No caso dos autos, os valores arbitrados pelo magistrado de 1º grau excedem os critérios de moderação e razoabilidade, merecendo redução, a fim de satisfazer à sua dupla finalidade: ser suficiente para servir de lenitivo à dor da obreira e, ao mesmo tempo, ser

---

(28) *Desembargador Federal do Trabalho do TRT da 5ª Região; Mestre em Direito do Trabalho pela Universidade Federal da Bahia; Professor de Direito do Trabalho e de Direito Processual do Trabalho da Faculdade Ruy Barbosa; Professor Convidado da Escola Judicial do TRT da 5ª Região, da Escola Superior de Advocacia Orlando Gomes, da OAB/BA e do Podivm — Centro de Preparação e Estudos Jurídicos.*

expressivo o bastante como medida de sanção ao reclamado, contudo, considerando o poder econômico do ofensor, de modo a não promover sua ruína financeira. Recurso provido na hipótese. Proc. 075000-25.2007.5.15.0064 RO. Ac. 2281/12-PATR. Rel. Ana Paula Pellegrina Lockmann, 6ª Câmara. DEJT 19.01.2012, p. 300

ACIDENTE DE TRABALHO. CULTIVO DE CANA-DE-AÇUCAR. RESPONSABILIDADE OBJETIVA. A natureza da atividade do trabalho no corte da cana-de-açúcar expõe o trabalhador a risco superior ao normalmente suportado pela coletividade em geral, trazendo à incidência da previsão do art. 927, parágrafo único, do CC. GARANTIA DE EMPREGO ACIDENTÁRIA. CONTRATO DE SAFRA. A estabilidade acidentária prevista no art. 118, da Lei n. 8.213/91, não exclui os trabalhadores contratados por prazo determinado, pois tem fundamento na proteção da condição especial do acidentado, trazendo o empregador para partilha as consequências do dano decorrente do trabalho que lhe foi prestado (art. 1º, III, da CF/88). Proc. 028000-73.2009.5.15.0156 RO. Ac. 69079/12-PATR. Rel. EDER SIVERS, 11ª Câmara. DEJT 30.08.2012, p. 835

PENSIONAMENTO. ESTABILIDADE ACIDENTÁRIA. REINTEGRAÇÃO. ATIVIDADE SEM NEXO CAUSAL COM SURGIMENTO OU AGRAVAMENTO DE DOENÇA DEGENERATIVA. INDEVIDOS. O labor que apenas figura como concausa na piora da sintomatologia, sem nexo causal com a eclosão ou agravamento de doença reconhecidamente degenerativa, afasta natureza ocupacional do infortúnio. Incabíveis o pensionamento e estabilidade acidentária, com reintegração ao emprego. Inteligência dos arts. 20, § 1º, 'a', e 118 da Lei n. 8.213/91. Proc. 104500- 40.2007.5.15.0096 RO. Ac. 6297/12-PATR. Rel. Samuel Hugo Lima, 5ª Câmara. DEJT 09.02.2012, p.807

6.3.2. Outras habilidades

Sempre serão requeridas do Perito Médico para se garantir sua *expertise*, quando desenvolve a coleta dos relatos das partes, algumas habilidades especiais, entre as quais se destacam:

— habilidade para apresentar-se claramente, inclusive deve expressá-las de modo a demonstrar as diferenças entre as obrigações do médico assistente e as do Perito Médico diante dos relatos que lhe foi dado, delineando a expectativa da entrevista, por exemplo, quanto ao seu conteúdo, acreditação etc.;

— habilidade de proceder com perguntas abertas (várias respostas), outras focadas (resposta limitada) e outras fechadas (uma única resposta);

— habilidade de proceder com perguntas compostas, o que geralmente não se deve fazer na anamnese clássica realizada por um médico assistente ou do trabalho, todavia, no ato pericial médico pode ser útil para verificar contradições, e podem bem auxiliar em alguns casos;

— habilidade de explorar bem a semiologia dos sintomas no contexto da profissiografia classicamente conhecida e esperada, considerando o que é verossímil ao que lhe foi relatado, rechaçando o que é inverossímil, diante dos elementos apresentados na exordial, nos relatos, no contraditório, pelos paradigmas etc.;

— habilidade de usar argumento de confronto de forma adequada durante a entrevista e verificar *insight* desejado e cabível, ou, indesejado e incabível;

— habilidade de manter silêncio confortável para si, para o municiando e para os Assistentes Técnicos;

— habilidade de ficar atento ao perfil psicológico do municiando quanto a exageros verbais, posturais ou de alegação, e da mesma forma para atenuação, simulação e/ou de rótulos diagnósticos, por exemplo, Portador de LER/DORT — Estresse dos Bancários — Depressão e Dano Moral — etc.;

— perspicácia e astúcia para diferenciar e explorar o que "Parece Ser" do "Ser", mensurando, qualificando e quantificando o que é e o que não é tecnicamente aceitável (Medicina Baseada em Evidências, mesmo que cabíveis críticas), separando o que é relevante, ou é indutivo, ou foi omitido.

Ao examinar o municiando, deve-se ter como foco o segmento ou sistema corporal (ou mental) afetado que se relaciona com o Objeto da demanda da sua análise, sempre sem deixar de considerar segmentos que possam indiretamente ser afetados. Deve sempre medir e anotar sobre sinais vitais, indicar sobre estado geral etc., e, mesmo que o foco principal não seja uma questão mental, deverá fazer e descrever um "mini exame mental". Não precisa descrever como se faz as manobras de examinação (é falha, que se percebe na prática de muitos peritos inexperientes e, muitas vezes, isso supera em laudas o próprio conteúdo de interesse para a lide), mas deve sim detalhar o exame físico, quando couber, com os quatro elementos básicos da propedêutica médica — inspeção, palpação, percussão e ausculta. Na sequência, faz análise dos exames subsidiários que foram apresentados e decide se são necessários outros, considerando que a vistoria *in loco* é uma examinação subsidiária.

Desmistificando o exame psíquico, o psiquiatra — perito em psiquiatria Dr. Gustavo Pradi Adam[29], no 2º Congresso Brasileiro de Medicina Legal e Perícias Médicas, Florianópolis, SC (2014), nos ensinou no curso pré-congresso dizendo que "é possível numa única avaliação pericial, se concluir sobre estado mental; basta saber mais psiquiatria que o periciando". Também nos deu boas dicas:

- Simulador costuma ter noção do tempo e só responde o que interessa;

- Pânico não está relacionado ao que se vê; fobia é relacionado ao que se vê;

- Depressivo tem limiar de dor diminuído, motivo de queixas de dores difusas;

- Volição = Vontade — presente, ausente — efeitos endógenos e exógenos;

- Memória intermediária é a mais fácil de se perder;

- Humor é o estado de base e afeto é momentâneo;

- Ilusão é uma interpretação anormal do que existe e alucinação é a visão do que não existe;

- O delirante não "aceita" a explicação — sempre busca uma desculpa; no obsessivo a lógica está presente.

Estando completa, ao seu critério, a avaliação, o Perito Médico irá realizar os estudos (de horas, ou dias às vezes) para então poder concluir.

Ou seja, o médico atuando em perícias deve ser competente! Se tem tal competência, é justo ter a denominação de Perito Médico!

Embora tenhamos focado a questão quando das perícias trabalhistas, o Perito Médico deve aplicar o mesmo conceito quando das outras perícias médicas.

6.4. PERITO MÉDICO SUPERESPECIALISTA

Sabemos que a medicina e o direito, nos tempos atuais, que por rigor prescindem a especialização, necessitam e exigem a especialização em Perícia Médica, na área cível, trabalhista, previdenciária, securitária etc. — Perito Médico Generalista Titulado — Especialista em Medicina Legal e Perícia Médica. Em concordância com o que se afirmou, vejamos o que disse Criado Del Río (1999):

> El médico que mejor asesora a la justicia no es el mejor especialista de la materia médica sobre la que gira el problema jurídico, sino que el mejor asesor de la justicia es el que conoce los aspectos de su profesión que la justicia precisa para cada problema medico legal concreto y sabe cual es su significado jurídico y sus consecuencias.

Quanto à especialização, além do médico, todos os profissionais de nível superior que fazem uma pós-graduação em instituição reconhecida pelo MEC (Ministério da Educação e Cultura) ou nos ditos "MBA", em suas respectivas áreas, passam a ser reconhecidos como especialistas.

Vale ressaltar que a Residência Médica também é uma modalidade de pós-graduação definida pelo MEC.

Portanto, são duas as modalidades de especialistas: as do MEC e as dos órgãos de classe.

Pergunta-se: Qual prevalece?

Respondo: Em termos de aquisição de conhecimentos, nenhuma, porém, para os médicos prevalece a Residência Médica reconhecida pelo MEC ou a Titulação da Associação Médica Brasileira. Nesse sentido, no caso da justiça trabalhista, vale notar que pelas orientações contidas na NR-4 do Ministério do Trabalho e Emprego, elas se equivalem. Porém, isso não se dá a efeito para fins de registro nos conselhos de classe e registro profissional — CRM e/ou CFM.

---

(29) Dr. Gustavo Pradi Adam — CRM-PR 18534 — Graduado em Medicina pela Universidade Federal do Paraná em 2001 — Especialização em Psiquiatria pelo Hospital de Clínicas-UFPR 2001-2003 — Título de Psiquiatra pela Associação Brasileira de Psiquiatria e pela Associação Médica Brasileira em 2003 — Especialização em Terapia Cognitivo-Comportamental pela ATC 2008-2009.

Para os médicos, a titulação válida em Medicina Legal e Perícia Médica é conferida pela Associação Brasileira de Medicina Legal e Perícias Médicas, a qual é reconhecida pela Associação Médica Brasileira e Conselho Federal de Medicina a fazê-lo.

> Inicialmente, cabe ponderar que a irresignação do Reclamante pelo **fato do perito não ser médico do trabalho não procede**. São ratificadas as posições apontadas na decisão de fls. 318, sendo que **não é exigida a especialidade como médico do trabalho para a perícia médica**. No mais, causa espécie tal questionamento, sendo que, quando o mesmo perito apresenta laudos favoráveis ao cliente do nobre patrono que suscitou a questão, ao que parece não tem a mesma intenção de apresentar tal questionamento, o qual fica rejeitado. Insta ponderar que **o perito do Juízo tem absoluta confiança do Juízo** e, havendo algum dado que não justifique a posição tomada, **o Juiz é livre para apreciar a questão** (artigo 436 do Código de Processo Civil), **não estando adstrito ao laudo**. FIRMINO ALVES LIMA — JUIZ FEDERAL DO TRABALHO — processo **0191600-57.2008.5.15.0012** — (meus grifos)

A exemplo da especialidade Clínica Médica, que no dia a dia vem tendo resgatada a sua relevante importância para a Medicina Geral (este especialista é chamado "médico generalista"), também temos esta característica na área da Perícia Médica. Devemos relevar e estimular a atuação do Perito Médico — "Perito Médico generalista titulado" — em detrimento da atuação de um médico especialista, em qualquer área da medicina, para atuar como perito. A partir disso, em situações muito peculiares e pouco comuns, para não dizer raras, é que o "Perito Médico generalista titulado" poderá requer auxílio do conhecimento específico e aprofundado de uma determinada área médica, chamando a auxiliá-lo em parecer complementar um especialista na área.

Já sabemos que o médico "superespecializado" em qualquer área, mas que não detém conhecimento especializado na área pericial, não demonstra bom resultado quando atua como Perito Médico, visto que nas suas atuações este aprofunda-se em questões eminentemente técnicas em detrimento das necessárias considerações e ponderações, visando a demonstrar, em auxílio das autoridades designadoras da avaliação pericial, dados pertinentes para a tipificação, por exemplo, de negligência, imprudência e imperícia etc. Sabemos que para o leigo existe o pensamento de que o especialista em uma área da medicina "saberá" mais que um generalista e que aquele lhe parece ter conhecimentos que, por si sós, o tornariam um bom Perito Médico. No entanto, na prática[30], isso não se revela como verdade!

Não se pode negar que a exigência de "superespecialista" em algumas esferas do judiciário, por prática, está contribuindo para tornar morosos os andamentos das já assoberbadas cortes da justiça brasileira.

Destarte, mais que um médico especialista atuando como perito, a tempo contemporâneo, devem os Magistrados perceber que é necessário, até obrigatório, para aquele que pretende atuar na área de Perícia Médica, além dos conhecimentos em Clínica Médica, Medicina Legal e Perícia Médica, Direito Médico, também a demonstração de especialização periódica em Perícia Médica (pós-graduação[31]) para ser considerado atualizado e servir em seu auxílio.

Para resgatar a importância da qualificação do Perito Médico, além do que foi apresentado, vale ressaltar em reforço que quem define o diagnóstico, em qualquer ramo da medicina, é o médico, e na perícia é o Perito Médico, e não atestados ou exames subsidiários que são apresentados. A Hipótese Diagnóstica surge da avaliação clínica e a percepção pessoal (conhecimento técnico) do médico, nunca exclusivamente do exame! Ainda, sabemos que a história clínica, incluindo a do aspecto ocupacional, se for o caso, é decisiva em qualquer diagnóstico e/ou investigação médica e prevalece sobre qualquer exame subsidiário, pois ela é consequência da *expertise* médica. Exame apenas sugere e/ou confirma as Hipóteses Diagnósticas previamente estabelecidas. Portanto, quanto mais experiente e conhecedor de Clínica Médica e da Medicina Legal e Perícia Médica for o Perito Médico, mais adequadas serão as suas hipóteses diagnósticas!

Vejamos:

> Para se periciar um problema articular na mão, será melhor um Clínico ou um Ortopedista? Porém, a eficiência pensada será a mesma se soubermos que o Ortopedista é especialista em coluna? Ora, por que um problema articular na mão não pode ser reflexo de um problema reumático? Neste caso não seria melhor o Reumatologista? Entretanto, este problema articular não pode ser decor-

---

(30) Superespecialização como motivo da crise de qualificação médica.
(31) Especialização *lato sensu* reconhecida pelo MEC (Ministério da Educação e Cultura).

rente de uma complicação de uma doença hormonal? Então, podemos pensar que melhor seria um Endocrinologista? Se o quadro for decorrente de uma somatização psíquica, será o Psiquiatra? Destarte, se de uma simples articulação da mão tantas questões surgem, qual seria a melhor resposta para se designar um Perito Médico? Simples. O Clínico[32] será o mais indicado!

É axiomático em medicina que, **quando possível**, sempre se deveria identificar uma única causa para todos os sintomas do paciente." (KWITKO, 2004, p. 11) (grifo meu)

Por fim, se considerarmos que os conceitos da MBE (Medicina Baseada em Evidências) devem ser observados à luz das perícias contemporâneas no Judiciário brasileiro, devemos quebrar o dogma intuitivo de que necessitamos indicar, para fins de perícias médicas, Peritos Médicos especialistas em determinadas áreas, pois basta que o perito seja especialista em Medicina Legal e Perícias Médicas, já que detém *expertise* nas técnicas de apuração e na apresentação de dados científicos aos juízes; como já apresentamos, o elemento de menor valor a se considerar pela MBE é da opinião de especialistas:

GRAU DE RECOMENDAÇÃO E FORÇA DE EVIDÊNCIA:

D: Publicações baseadas em consensos e opiniões de especialistas.

Fonte: *Projeto Diretrizes Associação Paulista de Medicina (http://www.projetodiretrizes.org.br/o_que_e.php) — índices variando de A até D.*

6.4.1. Nomeado como perito médico

Uma vez aceita esta designação, jurídica ou administrativa, e depois de ter feito sua avaliação, o Perito Médico deve emitir a conclusão do exame pericial da forma mais rápida possível. Apesar disso, não se justifica qualquer imprecisão, visto que dela surgirão efeitos administrativos, legais, pecuniários etc. (sempre a favor de terceiros), que não se justificam postergar, se não por motivos estritamente necessários. Para facilitar, são permitidas apresentações de diagnósticos sindrômicos ou sintomáticos quando se está diante da incapacidade flagrante. Na impossibilidade do estabelecimento de hipóteses diagnósticas mais aprofundadas, que ainda necessitam de melhor caracterização subsidiária, os prazos para a decisão final deverão ser suficientes apenas para a realização de exames complementares. **Tais exames devem se restringir aos essenciais (quando necessários!) para a análise do caso e auxiliar diretamente na conclusão, sabendo que não têm fins terapêuticos!**

Como norte, o Perito Médico deverá observar o Objeto da avaliação que lhe foi designado, porém, sempre deve ponderar que a presença de doença por si só não significa a existência de incapacidades, nexo e dano[33]. O que importa e deve atentamente observar durante o seu trabalho técnico é a repercussão da condição clínica com o Objeto da avaliação e sua relação com o desempenho das atividades do Periciado no seu cotidiano, as do seu trabalho, incluindo as típicas do cargo ou função laboral, e outras que possam ser indicadas, por exemplo, como considerar se é necessária a readaptação/reabilitação profissional, e as repercussões sobre os hábitos da sua vida diária etc., sempre no contexto da lide apresentada.

Assim, o médico, ao exercer a função de Perito Médico, deve ter como certo que os efeitos de concessões são atos específicos de administradores, de agentes públicos, de juízes etc., ou seja, é específica atribuição de uma autoridade, e nunca sua, porém, como o seu parecer e conclusão se destinam a auxiliar os demandantes na solução das dúvidas ou litígios, é fundamental o aprofundamento de conhecimento das técnicas periciais exigidas para cada situação.

Mais que em qualquer outro ramo da medicina, a Perícia Médica é atividade de meio e não de resultado!

Desse modo, o Perito Médico deve limitar-se a fazer referência somente ao Objeto do que lhe foi solicitado, nunca à concessão ou não do que foi requerido!

---

(32) Perito Médico Generalista titulado.
(33) Ao mesmo modo de entendimento, certo é que a presença de risco, em qualquer grau, por si só não significa e/ou possibilita o apontamento da existência de nexo.

Tampouco deve concluir se houve culpa (negligência, imprudência ou imperícia), pois isso está fora de sua alçada. Entretanto, deve expressar, de forma suficientemente clara, o entendimento do Objeto sob avaliação, mediante a sua atuação personalista, e como foi fundamentada sua conclusão.

No sentido da busca constante de se estabelecer critérios equivalentes e equânimes, que se possam reproduzir e demonstrar tecnicamente, com a máxima objetividade, e, ao mesmo tempo, sabendo que em saúde não se pode pretender um processo com rigor científico da matemática, apesar da aparente imprecisão é possível o estabelecimento de um padrão de quantificação que atenda às expectativas médico-legais ou jurídico-administrativas, a proximidade das suas considerações com os critérios e conceitos técnicos cientificamente estabelecidos é fundamental.

Geralmente se estabelecem capacidades ou incapacidades com consideração de valores numéricos. Embora a medicina não seja ciência exata, não se pode evitar isso, mesmo que não sejam pretendidos resultados com máxima exatidão, pois, faticamente, facilita-se o entendimento dos Administradores e dos Operadores do Direito. A utilização prática de valores, aliada à boa avaliação médica e aos conceitos da anátomo-fisiologia, associados aos conhecimentos de fisiopatologia e à suficiente *expertise* do Perito Médico, certamente com a aplicação da técnica adequada, apurada e correta, permitirá expressá-los ao bom entendimento do leigo. De regra, são expressos em percentuais de capacidade e/ou incapacidade. É certo que sirvam de referência, porém, devem ser utilizados sem que o Perito Médico abandone o raciocínio hipocrático e a soberania da sua ponderação clínica.

6.4.1.1. Roteiro prático diante de avaliações para incapacidade

Na busca da qualificação e quantificação das incapacidades, através de uma simples pergunta, podemos obter respostas que nos servirão de informe de grande valia para ponderação antes de concluir: — O Periciado pode desenvolver a atividade?

Respostas possíveis:

1. Sim e deve fazê-lo.

2. Sim, porém, pode fazê-lo somente sob certas condições — designar adaptação laboral.

3. Sim, porém, excepcionalmente pode fazê-lo, e se rigorosamente sob certas condições — designar trabalho restrito.

4. Sim, mas não deve — agravo para si e risco de terceiros — Reabilitação/Readaptação Profissional.

5. Não, e não deve nunca fazê-lo — Reabilitação/Readaptação Profissional deve ser considerada, ou, se impossível, indicar aposentação.

Nota: Para os casos de exame admissional, se a resposta é a dos itens 1 a 3, se conclui pela "APTIDÃO", porém, se a resposta é a dos itens 4 ou 5, se conclui pela "APTIDÃO, porém, COM CONTRAINDICAÇÃO ABSOLUTA PARA A FUNÇÃO" ou "INAPTIDÃO".

6.5. LEITURA COMPLEMENTAR

6.5.1. Medicina Baseada em Evidências e Justiça Trabalhista — Ciência vs. Empirismo (Ideologismos) — I.

Coautor Dr. Denis Marcelo Camargo Gomes — Advogado, pós-graduado em Direito do Trabalho e Processo do Trabalho pela Faculdade de Direito da Universidade Metodista de Piracicaba — UNIMEP. Professor assistente de Direito do Trabalho do curso MBA (*Master in Business Administration*) do Instituto de Aperfeiçoamento Tecnológico — IAT.

Entre os ramos de atuação médica, a Medicina Legal e Perícia Médica e a Medicina do Trabalho são duas especialidades médicas específicas da Justiça do Trabalho. É muito importante o domínio de conhecimentos que são necessários quando da avaliação, da implantação e da execução dos Programas de Controle Médico e Saúde Ocupacional — PCMSO — dos Programas de Prevenção de Riscos de Acidentes — PPRA, entre outros. Sem dúvida, essas especialidades médicas incluem procedimentos de medicina sanitária, de saúde coletiva e de conhecimento legal de inestimável valor e vínculo social exigíveis em lei. Assim, quanto maior for este conhecimento pelos que ofertam dados em processos judiciais, mais preparados estarão os advogados e Magistrados para proferirem decisões quando as mesmas demandarem amparo técnico.

Todavia, embora portadores de vasto conhecimento em Medicina do Trabalho para aplicá-los nos programas preventivos, os Médicos do Trabalho não têm o poder de impedir que o trabalhador adoeça! Isso deve estar bem claro para aquele que analisará a questão posta em Juízo, por meio da Medicina Legal e Perícia Médica.

Em virtude da ocorrência e constatação de Doença Relacionada ao Trabalho, não se pode, por si só, definir o entendimento de culpa por ação negligente, imprudente ou imperita, do Médico do Trabalho e/ou da Empresa em que atua, até mesmo quando diante das ocorrências ditas LER/DORT, especialmente quando os sintomas relacionados a estes grupos de classificação são manifestados na sua fase inicial.

O leigo, mesmo carecendo de conhecimento técnico para melhor entendimento, não pode propalar sem certeza técnico-científica e perpetuar (o que muitas vezes de forma equivocada se vê comumente em tais ocorrências) que a Doença Relacionada ao Trabalho seja sempre resultante de ação culposa ou dolosa, tanto pelo Médico do Trabalho como pela Empresa.

Em Medicina nem tudo é previsível ou evitável, e isso já era cientificamente demonstrado desde longa data. William Osler, Médico que em 1884 foi nomeado Presidente da Clínica Médica na Universidade da Pensilvânia, na Filadélfia, assim reconhecia. Esse médico (primeiro médico-chefe do Hospital Johns Hopkins, em Baltimore, Maryland, EUA, e um dos primeiros professores de medicina da Johns Hopkins University School of Medicine, que chegou a ser nomeado para a presidência Regius de Medicina em Oxford, cargo que ocupou até sua morte) bem disse que *"Medicina é a arte da incerteza e a ciência da probabilidade"*. Esse pensamento se impõe até o momento e não poderia ser diferente com relação à Medicina do Trabalho.

Reitero que a incerteza e a probabilidade médicas já eram ditas há 128 anos. Os dados contemporâneos científicos mundiais obtidos nas bases da Medicina Baseada em Evidências, diante dos aprofundados estudos de Vigilância Sanitária e Epidemiológica, confirmam e demonstram, com esmagadora margem de segurança, que as pessoas adoecem não por serem trabalhadoras, mas por serem simplesmente seres vivos. Isso vale inclusive para condições que mimetizam as "LER" ou "DORT". As pessoas, quando trabalham, vivem na sua plenitude, mas adoecem majoritariamente por ser natural e inerente à existência (condição humana, predisposições individuais biológicas e genéticas), independentemente de serem consideradas trabalhadoras ou não.

Também devemos ponderar que a existência do risco e a exposição a ele, mesmo ao chamado "Alto Risco", são meras condições de probabilidade.

O risco não causa lesão! Aliás, sua identificação e reconhecimento explícito é que permitem a adoção de medidas adequadas de neutralização. Portanto, trabalhar sob "alto risco", por exemplo, o ergonômico, pode não ter nenhuma importância para certos indivíduos, enquanto que para outros pode ter, mesmo quando as condições laborais tenham sido consideradas como ideais. Já noutras, ditas "sem risco", podem afetar grupos específicos de pessoas.

Quando buscamos dados epidemiológicos científicos verificamos que as Doenças Relacionadas ao Trabalho (DRT) têm baixa prevalência no contexto geral das doenças, apesar dos números elevados de eventos acidentários ocupacionais que observamos no nosso meio. Mesmo sendo certo que algumas atividades laborativas, notadamente por influência direta das condições de determinados locais de trabalho, ainda alimentam as incidências de casos novos, temos que a ciência médica contemporânea — Medicina Baseada em Evidências — ensina, como já dito, que a principal causa de doença que acomete as pessoas (incluindo os trabalhadores), não são as doenças do trabalho ou que a ele estão relacionadas, ou seja, as DRT não são regra, e sim a exceção.

Muitas estatísticas no nosso meio, mesmo antes da implantação do "bizarro" NTEP (Nexo Técnico Epidemiológico Previdenciário) com o qual surgem piores índices diante de "tais estranhos conceitos previdenciários", ao conferirem benefícios pecuniários aos trabalhadores como prêmio acidentário securitário, são afetadas de fato por indicações técnicas pouco consistentes e que serão desprezadas pela comunidade científica médica local, e assim também deveria ser entendida na ciência jurídica, contudo, nem sempre temos vistos desse modo. Faço um parêntese para dizer "bizarro", pois embora a nomenclatura sugira uma lógica plausível, "epidemiológico", as associações previstas e elencadas na norma previdenciária desprezaram o necessário rigor científico da ciência médica, inerente à disciplina Epidemiologia Médica, e não podem ser confundidas umas pelas outras.

De fato, nem tudo o que parece ser realmente é!

Este simplório raciocínio, que pensamos ser inadmissível para a Perícia Médica previdenciária, apesar dos louváveis objetivos da medida — controlar os eventos acidentários —, os dados acidentários efetivamente apurados mostram que tal aplicação foi sem eficácia (não reduziram acidentes!), mas restou o efeito que pune, não só e indistintamente as empresas (cuja defesa é quase possível pela subversão de preceitos relacionados ao ônus da prova, especialmente quando a questão envolve fato cientificamente inexistente), estaremos invertendo a lógica, como também a boa-fé (inclusive legalmente presumida) e contra a competência técnica, ou seja, estamos admitindo que, por princípio, os Médicos e Engenheiros do Trabalho não atuam de forma eficaz, fato que impõe e traz desprestígio à ciência médica e de engenharia.

Fato significativo é que até o STF (Supremo Tribunal Federal) já reconheceu que, para fins de concessão de prêmio pecuniário ao trabalhador, a responsabilidade do INSS é objetiva. Ou seja, basta que ocorra doença, acidentária ou não, que se fará jus ao benefício previdenciário. Se for classificado como acidentário, o beneficiário terá direito a um *plus*, contudo, isso não altera a classificação da responsabilidade objetiva, não havendo necessidade de caracterização de elemento culposo.

Tal consideração deixa claríssimo que o conceito de nexo para fins previdenciários é distinto e dissonante do da Justiça do Trabalho. Para o previdenciário basta demonstrar que é um acidente de trabalho, sem necessidade de se demonstrar a participação das partes no evento, mesmo diante de notável singeleza com que se dá a classificação acidentária previdenciária, permeada de incertezas e de probabilidades decorrentes da ciência médica ou de engenharia. O estabelecimento de nexo causal pela sistemática trabalhista, ao contrário da previdenciária, exige considerarmos a demonstração pericial (técnica) da participação das partes no evento com profunda fundamentação científica.

Nesse contexto, é gritante a incongruência de efeitos previdenciários sobre a questão trabalhista, se verificarmos que até mesmo nas supostas LER/DORT não é a maioria dos profissionais expostos que as desenvolvem, mesmo quando se observam amostragens de uma única empresa ou de um conjunto delas. Determinados contextos ambientais muito peculiares e específicos às suas prevalências podem revelar algum incremento, porém não são alarmantes, como muitos fazem crer.

Portanto, se as DRT são exceções, especialmente considerando a vasta gama de possibilidades e variantes que as determinam, exige-se que, e de fato é necessário, não se façam apegos ideológicos, mas sim estudo aprofundado com base nas evidências fisiopatológicas, de forma clara e demonstrável, sem as quais serão meras ponderações empíricas que poderão trazer decisões que retratarão efeitos jurídicos sem sustentação verdadeira e correta, e estas não poderão receber acreditação e consideração técnica, em cujo contexto todo e qualquer adoecimento em quem trabalha seria, levianamente, se não ideologicamente, considerado como sendo relacionado ao trabalho, o que na realidade científica não é.

Tal diferenciação não é somente significativa para a ciência médica, mas também para as questões do Direito, pelo que citamos o pensamento filosófico de Epitectus (Sec II DC) que "As coisas são o que parecem ser, ou são e não parecem ser; ou não são, mas parecem ser, ou não são, nem parecem ser". Tal sabedoria não autoriza a ausência da aplicação do que chamamos de Medicina Baseada em Evidências também para o Médico do Trabalho e todos que lidam nesta área — Peritos Médicos Judiciais e outros — tornando a avaliação dos exames médicos (admissionais, periódicos, de retorno ao trabalho, de alteração de função e demissionais) não uma mera formalização burocrática e/ou administrativa como cumprimento de norma ou lei, sem a busca de eficácia ou eficiência epidemiológica, mas um evento técnico científico significativo para quem se destina à avaliação. Tal prática leva ao distanciamento da finalidade precípua da realização desses procedimentos, importantes até por exigência em lei, como atividade de ação preventiva possível. Isso necessita ser ponderado à reflexão por todos.

Assim sendo, tal característica da ciência médica não permite ter exatidão máxima nestas e noutras ocasiões de avaliação. Ora, não podendo ter exatidão, não é possível disponibilizar trabalho 100% seguro a quem quer que seja! Se isso é verdadeiro, a análise de culpa deve ser rigorosa e muito cuidadosa, sob pena de se impor responsabilidade de forma errônea e, portanto, injusta.

Inúmeros casos de predisposição individual são apontados como relacionados ao trabalho, sem necessariamente ter havido disponibilização inadequada da forma ou da condição de um trabalho e para um determinado trabalhador, mesmo que se considere a existência de risco ou alto risco de exposição. O quadro patológico poderá vir a ser manifesto pelo trabalhador, notadamente diante daqueles casos em fase incipiente, e nada há com o labor.

Isso tem que ser admitido como possível e lícito, tanto pelo Médico do Trabalho como pelos Peritos Médicos e por aqueles que regulam o ordenamento jurídico.

O que não se pode admitir do Médico do Trabalho ou das empresas é que, diante destas manifestações, não se determine providências!

Não se pode admitir que, uma vez existindo sintomas associados a fator de risco com potencialidade de agravo, mesmo que seja "mínimo risco", a recorrência de exposição seja em grau e forma suficientes para demandar lesões anatômicas e/ou funcionais ao longo do pacto laboral. Não se pode admitir do Médico do Trabalho ou da empresa sua inércia e inépcia diante da presença dos sintomas e que opte por retardar sua ação esperando o surgimento de sinais, para que, enfim, venha por em prática sua suposta *expertise* em prevenção.

Doenças Relacionadas ao Trabalho poderão ocorrer sem dolo ou culpa, ou seja, sem influência da atuação do Médico do Trabalho e/ou da Empresa, pois podem ocorrer por ser inerentes ao próprio indivíduo e a suas condições pessoais de vida.

A própria lei admite a inexatidão durante tais exames médicos ocupacionais, mesmo diante de eventuais exposições. Vejamos que, em casos ditos gravíssimos, por exemplo, um trabalhador acometido de uma condição que a qualquer momento pode demandar imunodeficiência grave, suficiente a lhe acarretar a perda da própria vida — portador do vírus HIV —, a lei proíbe a realização de exame sorológico pré-admissional. Nesse caso, por certo, ao elaborarem a norma, admitiu-se que os riscos são inevitáveis e que não há nada a ser feito, pois, deste modo, o Médico do Trabalho foi privado da melhor informação para considerar sobre aptidão ou inaptidão laboral.

Isso não é exceção, pois semelhanças em casos menos graves ocorrem em inúmeras situações no dia a dia. Repetimos, por certo, ao elaborar tal norma, admitiu-se que algum risco e, como dito, isso é inevitável e nada há que se fazer. Se a norma assim admite, não se pode ao mesmo tempo admitir que, havendo os primeiros sinais de que o labor lhe traga risco, entendido como apenas possibilidade da ocorrência de agravos, imputar ao Médico do Trabalho ou ao empregador ação negligente, imprudente ou imperita por tê-lo exposto a risco ocupacional inevitável, cuja conformação pode inclusive dar-se em virtude de uma condição do trabalhador desconhecida e que a norma não permite conhecer!

Portanto, a norma, diante de um caso concreto, revela e traz à tona o limite da Medicina — Reação Adversa, no caso da Medicina do Trabalho, impondo uma variável social a favor do trabalhador, permitindo, dessa forma, considerar que também este conceito seja adotado para com os Médicos do Trabalho e para os empregadores.

Nesse contexto, não se justifica — não se pode pretender — impor ações imponderáveis aos Médicos do Trabalho, que pela Constituição Federal têm ampla liberdade profissional, e aos empregadores. Não se pode sugerir que a simples exposição a risco, mesmo diante dos primeiros sintomas, ainda mais se são doenças multifatoriais, que houve culpa ou dolo. Riscos de agravos à saúde são inerentes a diversos trabalhos, que não se pode evitar, pois não há medida baseada em evidências que de fato os previnam. Infelizmente, isso se dá pelo limite da ciência médica, e temos que esperar os primeiros sintomas para agir. Entretanto, diante desses, como já dito, não se deve admitir a inépcia ou omissão.

Diante de tal realidade, é claro que nas avaliações periciais trabalhistas não cabe visão obtusa. Não por se pretender proteger a empresa ou o trabalhador, mas para garantir que a evidência científica e técnica, tão necessária à boa prática da medicina, venha a revestir verdadeiramente a Prova Técnica e a decisão judicial, quando for o caso.

Não se justifica, em nenhuma hipótese, discriminação ao trabalhador, mas, da mesma forma, não se pode generalizar e impor ações imponderáveis aos empregadores. Neste sentido nos lembra o colega médico do trabalho Dr. César Puleghini, sobre as definições da OIT:

Convenção 111 da Organização Internacional do Trabalho (OIT)

Art. 1º:

1 — Para os fins da presente Convenção, o termo "discriminação" compreende:

[...]

2 — As distinções, exclusões ou preferências fundadas em qualificações exigidas para um determinado emprego **não são consideradas como discriminação**.

No caso do HIV: se em algum momento houver a alegação de que tal ocorrência patológica se deu em função do trabalho, como se poderá estabelecer parâmetro de condição prévia?

Simão *et al.* (2010) — Fatores associados aos acidentes biológicos — Profissionais de Enfermagem — Estudo de Godfr K. (2001), Sharp practice: "probabilidade de transmissão de infecções por meio de agulhas contaminadas: 1:3 Hepatites B, 1:30 Hepatite C; 1:300 HIV.

Infecção por HIV pós-exposição ocupacional percutânea com sangue contaminado é de aproximadamente 0,3% e 0,09% após exposição de mucosas. (MIRANDA, Fernanda Moura D'Almeida, Curitiba, 2.011 — Tese de Mestrado). No caso de exposição ao HBV, o risco de infecção varia de 6 a 30%, podendo chegar até a 60%, dependendo de vários fatores, e para o HCV é de 1,8% (MIRANDA *et al.*, 2011; CDC, 2007; BRASIL, 2006).

No caso de um trabalhador da área da saúde, devemos indicar risco de agravos à sua saúde, também para terceiros, mesmo que seja eventual o risco de contaminação. Para o empregador, quando de fato as medidas preventivas não são possíveis de garantir 100% de segurança, há de ser também indicado o risco para terceiros. Não se pode prevenir totalmente, entretanto, não se pode simplesmente deixar de agir tecnicamente, ainda que a ação se resuma na explicitação dos riscos.

A segurança do trabalho é medida de interesse de todos, especialmente para o trabalhador, mas também para o empregador e terceiros.

Nem tudo se pode prevenir totalmente, nem são desejáveis que ocorram acidentes, por isso não deve ocorrer discriminação, mas, se inegável a existência dessas possibilidades — risco e alto risco, discriminação etc. como inerentes ao trabalho —, não podemos simplesmente deixar de agir tecnicamente, notadamente diante da gravidade da questão que envolve terceiros.

Se assim não for, qual a razão do melhor e atualizado conhecimento em medicina?

No caso do HIV ousamos sugerir, apesar do parecer do Conselho Federal de Medicina — CFM — no sentido genérico de não se realizar o exame HIV em trabalhadores, o entendimento de que para os cargos e funções em que exista o risco de tal contaminação de terceiros ou de agravos para o trabalhador, para se agir preventivamente nas três vias — para o bem-estar do trabalhador, eliminar risco de terceiros e para eximir de responsabilidades empregadores — obrigatoriamente deve-se realizar tal exame, já que da mesma forma o próprio CFM e a lei garantem a inviolabilidade do segredo, exigindo que, ao realizá-los, os profissionais da área da saúde, incluindo os da saúde ocupacional, devem guardar o devido sigilo.

Tolher do Médico do Trabalho, no momento da admissão, a possibilidade de conhecer e, automaticamente, aconselhar o trabalhador, atestar a incapacidade diante de riscos de agravos ao próprio trabalhador e terceiros não parece adequado. A questão da guarda do sigilo e de eventual ato discriminatório não faz parte da boa-fé do exercício médico diário. Inibir tais ações técnicas dos serviços de saúde ocupacional para que atuem com plena autonomia sugere desfavor ao próprio bem maior do trabalhador — a sua saúde!

Em Direito Constitucional há o que se denomina Princípio da Proporcionalidade. Em linhas gerais, a aplicação prática de tal princípio determina que prevaleça o princípio que, proporcionalmente, tiver maior relevo e importância social. Tais diretrizes impõem a seguinte reflexão: O que é mais importante? A privacidade do trabalhador portador do vírus HIV ou a saúde de todos que se relacionam com este diante das possibilidades, mesmo que mínimas, de contaminar-se diante do exercício profissional deste?

Distante de egoísmos e demagogia ou preconceitos, a segurança almejada pelo Direito engloba toda a sociedade, e não apenas as pessoas contaminadas e doentes.

Riscos de agravos à sua saúde são inerentes a diversos trabalhos, e em muitas situações isso não se pode evitar, pois não há medida baseada em evidências que norteiem os técnicos para que de fato as previnam. Infelizmente, pelo limite da ciência médica, temos que esperar os primeiros sintomas e agir dentro da Medicina Baseada em Evidência e no que a ciência indica.

6.5.2. Medicina Baseada em Evidências e Justiça Trabalhista — Ciência vs. Empirismo (Ideologismos) — II.

Coautora Dra. Maria Del Pilar Dominguez Estevez[34]

A Medicina do Trabalho é um ramo especial e importante da Medicina, pois a implantação dos Programas de Controle Médico e Saúde Ocupacional — PCMSO, dos Programas de Prevenção de Riscos de Acidentes — PPRA, e outros, sem dúvidas, são procedimentos de medicina sanitária e de saúde coletiva de inestimável valor e vínculo social.

Todavia, não é panaceia, tampouco podem os Médicos do Trabalho na aplicação destes programas preventivos determinarem que nunca o trabalhador adoeça!

Assim sendo, diante de Doença Relacionada ao Trabalho (DRT), por si só, temos que tal constatação pode não demandar o entendimento de ação negligente, imprudente ou imperita, do Médico do Trabalho e/ ou da Empresa em que atua, até mesmo quando das ocorrências ditas "LER/DORT", especialmente quando estas são manifestadas na sua fase inicial. Ademais, mesmo para aqueles que carecendo de melhor conhecimento da complexa técnica que envolve estas situações, já é tempo de modificá-las, visto que não se pode perpetuar o que, muitas vezes, equivocadamente se vê em tais ocorrências tipificadas como culposa ou dolosa, se a ciência médica aponta no sentido contrário.

Ora, nem tudo é previsível ou evitável, e isso já era cientificamente demonstrado e desde longa data como reconhecido por William Osler, Médico que em 1884 foi nomeado Presidente da Clínica Médica na Universidade da Pensilvânia, na Filadélfia. Osler foi o primeiro médico-chefe no Hospital Johns Hopkins, em Baltimore, Maryland, EUA e um dos primeiros professores de medicina da Johns Hopkins University School of Medicine, que chegou a ser nomeado para a presidência Regius de Medicina em Oxford, aliás, cargo que ocupou até sua morte. Ele bem disse: "Medicina é a arte da incerteza e a ciência da probabilidade", e isso se impõe até o momento.

Notemos que tal citação foi feita há 128 anos e os contemporâneos dados mundiais obtidos pelos estudos de Vigilância Sanitária e Epidemiológica o confirmam e demonstram, com esmagadora margem de segurança, ao indicar que as pessoas adoecem não por serem trabalhadoras, mas por serem simplesmente seres vivos.

Sabemos e temos que as pessoas quando trabalham, vivem na sua plenitude, contudo, adoecem por ser natural e inerente a sua existência, independentemente de ser considerado um trabalhador ou não, estando ou não exposto a qualquer grau de risco.

A existência e exposição a risco, mesmo ao chamado "Alto Risco", também é mera condição de probabilidade.

O risco não causa lesão! Aliás, sua identificação e reconhecimento explícito é que permite a adoção de medidas preventivas adequadas de controle ou mesmo da sua neutralização — eliminação do risco. Portanto, por exemplo, trabalhar sob "alto risco" ergonômico pode não ter nenhuma importância se, para a disponibilização laboral específica, assim foi considerada adequada e o indivíduo sob esta condição adaptou-se plenamente.

---

(34) Perita Médica.

Igualmente, verificar-se-á que as Doenças Relacionadas ao Trabalho (DRT) têm baixa prevalência no contexto geral das doenças, apesar dos números elevados de eventos acidentários ocupacionais que ainda se observa, e mesmo sendo certo que algumas atividades laborativas, notadamente por influência direta das condições de determinados locais de trabalho, ainda alimentam as incidências destes casos, temos que a ciência médica contemporânea — Medicina Baseada em Evidências (MBE) — ensina que a principal causa de doença que acometem as pessoas não são as doenças do trabalho ou as que a ele estão relacionadas, ou seja, estas não são regra e sim a exceção.

Muitas estatísticas no nosso meio, mesmo antes da implantação do "estranho" NTEP — Nexo Técnico Previdenciário (conceito previdenciário exclusivamente brasileiro), que visa ou pretende corrigir subnotificações para fins de benefício pecuniário aos trabalhadores para lhes conferir prêmio acidentário securitário, são afetadas por indicações técnicas muito pouco consistentes (imprecisos) e que não são aceitas no contexto científico.

> "Nexo presumido é igual a nexo incerto! Seria o nexo hipotético, o que, nem em tese, podemos referendar se queremos ter que a Medicina Legal e Perícia Médica brasileira, assim como a disciplina do Direito Médico Trabalhista, venham a ter reconhecimento nas comunidades médicas e judiciárias mundiais, em tão oportuna época da utilização do Direito Comparado". MOTTA, Rubens Cenci. Citado em aulas dos cursos de pós-graduação em Perícias Médicas para médicos e advogados.

Contudo, fato é que o STF já reconheceu que para fins de concessão de prêmio pecuniário ao trabalhador que a responsabilidade do INSS é objetiva, ou seja, basta que ocorra doença, acidentária ou não, que se fará jus ao benefício previdenciário. Se for classificado como acidentário, recebe *plus*, contudo, isso não altera a classificação da responsabilidade objetiva, não havendo necessidade de caracterização de elemento culposo, sendo diferente nas questões trabalhistas.

Tal consideração deixa claríssimo que o conceito de nexo para fins previdenciários é um, basta demonstrar que ocorreu um acidente de trabalho, sem necessidade de demonstrar a participação das partes no evento, e o da justiça trabalhista é outro, por serem necessárias as caracterizações culposas ou dolosas — ação ou omissão das partes.

Neste contexto, se verificarmos que até mesmo as LER/DORT não se desenvolvem na maioria dos profissionais expostos, mesmo quando se observam amostragens de uma única empresa ou de um conjunto delas e diante de "alto risco". Em determinados contextos ambientais muito peculiares e específicos à prevalência pode estar até revelando com algum incremento, porém, não são alarmantes como muitos fazem crer.

Portanto, se são exceções, para se computar este índice, exige-se, e de fato é necessário que não se façam apegos ideológicos, evidências fisiopatológicas devem ser claras e demonstráveis (reprodutíveis), sem as quais, serão meras ponderações e compilações empíricas. Se são empíricas, estas não podem receber acreditação e consideração técnica, sob pena de que todo e qualquer adoecimento em quem trabalha ser, levianamente, se não ideologicamente, considerado como sendo relacionado ao trabalho.

A diferenciação não é somente significativa para a ciência médica, mas também para as questões do Direito, e citamos como pensamento filosófico no que disse Epitectus, Séc. II d.C.: *"As coisas são o que parecem ser, ou são e não parecem ser; ou não são, mas parecem ser, ou não são, nem parecem ser"*.

Diante dessa sabedoria secular, temos que não se autoriza a ausência da aplicação do que chamamos como Medicina Baseada em Evidências também para atos do Médico do Trabalho e todos que lidam nesta área, incluindo os Peritos Médicos Judiciais. Isso torna a avaliação dos exames admissionais, periódicos e demissionais não uma mera formalização burocrática e/ou administrativa para cumprimento de norma ou lei, sem resultar em qualquer eficácia ou eficiência epidemiológica, mas um ato técnico com finalidade específica. Sendo real que na prática nem sempre é assim, inegável que isto leva ao distanciamento da finalidade precípua da sua realização — exames médicos trabalhistas mal feitos, porém, sua importância é reconhecida até por exigência em lei — como atividade de ação preventiva dentro do possível e isso necessita, e já tarda, para ser ponderado à reflexão por todos, que é ato de valor técnico.

Assim sendo, aliando a característica da ciência médica que não permite ter exatidão máxima nestas e noutras ocasiões de avaliação, podem existir divergências, sem necessária má-fé, e, não podendo ter exatidão, não é possível disponibilizar trabalho 100% seguro a quem quer que seja!

Portanto, não existe ambiente laboral 100% ergonômico! Ademais, aspectos positivos da Ergonomia Cognitiva podem compensar aspectos negativos da Ergonomia Física e/ou Ergonomia Organizacional, especialmente diante de disponibilização personalista. Por exemplo, indivíduos de mesma altura, ajustam os acentos de seus veículos de várias formas diferentes, e muitas destas variáveis se mostram ergonomicamente correta pela tríade de equilíbrio da Ergonomia Física, Organizacional e Cognitiva, não havendo modo único ergonômico, tampouco se pode impedir que uma adaptação personalista de preferência pessoal seja adotada, apenas sob uma probabilidade — vejamos que a maioria dos fumantes terão problemas de saúde, mas não se pode impedir que fumem — o melhor conforto para um não será necessariamente para o outro!

Inúmeros casos de predisposição individual são apontados como relacionados ao trabalho, sem necessariamente haver disponibilização inadequada em forma ou condição do trabalho exercido para determinado trabalhador, mesmo que houvesse risco ou alto risco de exposição, sendo inevitável, poderá vir a ser manifesto em algum trabalhador quadro clínico apenas sugestivo, notadamente, diante daqueles casos em fase incipiente dos processos degenerativos, parecendo ser LER/DORT, mas de fato sem ser LER/DORT.

Isso tem que ser admitido como possível dentro do que é lícito disponibilizar como condição de labor, tanto pelo Médico do Trabalho, Peritos Médicos e por aqueles que regulam o nosso ordenamento jurídico. O que não se pode admitir do Médico do Trabalho, diante destas manifestações clínicas, mesmo que simplesmente e exclusivamente por sintomas (dolorosos), é que não determine providências diante das queixas de um trabalhador!

Não podemos e nem devemos admitir que uma vez existindo sintomas, associados a fator de risco com potencialidade de agravo, ainda mesmo que seja "mínimo risco", que se permita a recorrência de exposição, haja vista que está poderá ser em grau e forma suficientes para demandar lesões anatômicas e/ou funcionais ao longo do pacto laboral para aquele indivíduo predisposto. Não se pode admitir do Médico do Trabalho a sua inércia e inépcia diante da presença dos sintomas e que opte por retardar sua ação esperando o surgimento de sinais, para que então venha pôr em prática sua suposta *expertise* em prevenção, que agora será de "correção".

Ou seja, Doenças Relacionadas ao Trabalho poderão ocorrer sem dolo ou culpa do Médico do Trabalho e/ou da Empresa, mas havendo que considerar como ocorrida por ser inerente do próprio indivíduo. Portanto, há Doenças Relacionadas ao Trabalho sem culpa de ninguém!

A culpa advém somente se houve uma violação ou omissão de cuidados, direto (causa) ou indireto (concausa), aumentando o risco inerente, mas necessariamente causando dano efetivo e mensurável.

A própria lei admite a inexatidão, vista durante exames médicos ocupacionais, mesmo diante de eventuais exposições. Vejamos que diante de casos ditos gravíssimos, por exemplo, um trabalhador acometido de uma condição que a qualquer momento pode demandar imunodeficiência grave, suficiente a lhe acarretar a perda da própria vida — portador do vírus HIV, a lei proíbe a realização de exame sorológico pré-admissional. Neste caso, por certo, ao elaborarem a norma se admitiu que algum risco é inevitável e nada há que se fazer, pois a regra imposta priva o médico de melhor informação para considerar sobre aptidão ou inaptidão laboral.

Isso não é exceção, pois semelhanças em casos menos graves ocorrem em inúmeras situações no dia a dia. Se a norma assim admite, não se pode ao mesmo tempo admitir que havendo os primeiros sinais de que o labor traga risco, ou possibilidade da ocorrência de agravos, imputar ao empregador ou ao Médico do Trabalho ação negligente, imprudente ou imperita por tê-lo admitido e exposto a risco ocupacional.

Portanto, a norma legal, diante de um caso concreto revela e traz à tona o limite da medicina, no caso da Medicina do Trabalho, impõe uma variável social a favor do trabalhador, permitindo desta forma considerar que também este conceito seja adotado para com os Médicos do Trabalho e para os empregadores.

Não se justifica, e a nossa Constituição Federal proíbe discriminação ao trabalhador, e a ele é dada medida lícita protetiva, então também não se pode pretender impor ações imponderáveis aos Médicos do Trabalho, cuja Constituição Federal também lhe confere ampla liberdade profissional, e de mesma sorte aos empregadores. Não se pode sugerir que a simples exposição a risco com a ocorrência dos primeiros sintomas quando das doenças multifatoriais, que houve culpa ou dolo.

Riscos de agravos à sua saúde são inerentes a diversos trabalhos, condição que não se pode evitar, pois não há medida baseada em evidências científicas que de fato as previnam. Infelizmente, pelo limite da ciência médica, temos que esperar os primeiros sintomas. Entretanto, diante destes, como já dito, não se deve admitir a inépcia! Com isso, fica claro que nas avaliações periciais trabalhistas, não cabe visão obtusa, não por se pretender proteger a empresa ou o trabalhador, mas para garantir que a evidência científica e técnica tão necessária à boa prática da medicina, venham a revestir verdadeiramente a Prova Técnica e a decisão judicial quando for o caso.

Portanto, ousamos dizer que concausa trabalhista somente se pode considerar diante de comprovada inépcia do Médico do Trabalho e/ou da empresa, com disponibilização recorrente à exposição do risco agravante ou contributivo, diante de um quadro clínico já necessariamente manifesto por sintomas e reconhecido por ter sido revelado o incômodo pelo trabalhador.

Capítulo 7

FORMAÇÃO JURÍDICO-ADMINISTRATIVA-ÉTICA DO PERITO MÉDICO

Como vimos, se o sistema judiciário brasileiro adotou a persuasão racional como forma de convencimento, o que se tem como relevante a ser demonstrado aos Magistrados pelo Perito Médico são elementos que possam evidenciar a tipificação do evento (culpa ou dolo), e não minúcias da técnica médica.

Interessante lembrar os Magistrados, tendo como base no Código Civil Francês, que apresentava argumentos que consistiam na afirmação de que os juízes não tinham conhecimento suficiente para julgar a conduta médica, para facilitar memorização não custa aqui repetir a citação de Aguiar Dias (Ministro do Superior Tribunal de Justiça), sobre "O erro de técnica":

> É apreciado com prudente reserva pelos tribunais. Com efeito, o julgador não deve nem pode entrar em apreciações de ordem técnica quanto aos métodos científicos que, por sua natureza, sejam passíveis de dúvidas e discussões.

Na medicina, como em diversos outros setores no mundo contemporâneo, a busca de custos menores e maior rentabilidade — medicina de grupo e a inevitável medicina de massa — é fator que concorre não apenas para quebrar o trato digno e pessoal da ideal relação médico-paciente, hoje convertida em prestador-cliente, mas também para levar a discussão ao judiciário, colocando o médico no banco dos réus, trazendo um novo ente à relação, o intermediário — convênio médico, e no sistema público, o SUS.

O Perito Médico a isso não está sujeito por exercer atividade personalista e na qual não cabe intermediação. Todavia, infelizmente veem-se, em algumas varas trabalhistas e juizados federais, nomeações de "peritos" em massa, sem que se exija melhor qualificação, trabalhando sob precárias condições em gabinetes administrativos. Afirma-se para justificar ser esta uma justiça com fins céleres, com o que concordamos parcialmente, porém não concordamos e nem queremos admitir que possa existir uma Justiça que incorre em riscos de ter prova técnica menos qualificada.

Como se percebe por efeito decorrente de medidas inadequadas em alguns setores de saúde, que priorizam atender em quantidade e não com qualidade, estamos diante da crise brasileira (mundial) no setor médico. Precisamos evitar que mais esta "crise" atinja o judiciário. A melhor medida nos parece ser a da boa formação técnica de Peritos Médicos, com o que as Escolas Judiciais, dos diversos tribunais, podem diretamente influenciar, facilitando, viabilizando e estimulando que mais médicos busquem esta qualificação. Isso feito, não tenho dúvidas que, logo haverá bons Peritos Médicos para a ideal celeridade processual com qualidade técnica que o judiciário brasileiro (de alta qualificação) merece.

O Ato Médico ideal, prática da boa relação médico-paciente, sempre será avaliado verificando se o profissional violou ou não o dever de cuidado que o caso impunha e se sua atuação contribuiu aumentando o risco, além do que as regras técnicas — inclusive as médico-legais. Assim, devemos considerar tanto para o médico nas suas atribuições do dia a dia, decorrente da relação médico-paciente, aqui incluído o Médico do Trabalho, mas também para o Perito Médico, quer seja na área judiciária ou administrativa, mesmo que não sujeito a relação médico-paciente, haverá responsabilidades médico-judiciárias e/ou médico-administrativas.

7.1. PERITO MÉDICO — MÉDICO DO TRABALHO — ASSISTENTE TÉCNICO

O Perito Médico, quando atua na qualidade de Assistente Técnico, ao que se refere à falta de impedimentos para atuação, como já vimos, na qualidade de médico, deve sempre ponderar pela obrigatória forma ética da atuação. Se é certo que o médico deve observar, cumprir e responder pelo que determinam os CFM e Regionais de Medicina (por exemplo, CREMESP — Estado de São Paulo), também os Médicos do Trabalho e os Peritos Médicos devem cumprir o que se tem determinado nas suas resoluções regionais. Vejamos uma Resolução do CREMESP — n. 76, de 2 de julho de 1996:

Art. 7º Caberá aos médicos do trabalho (como tal reconhecidos por Lei), especialmente aqueles que atuem na empresa como contratados, assessores ou consultores em saúde do trabalhador: a) A corresponsabilidade com os outros médicos que atuem na empresa e que estejam sob sua supervisão, por todos os procedimentos que envolvam a saúde do trabalhador, proteção à sua saúde. b) A responsabilidade solidária com o empregador, no caso de agravos à saúde desses trabalhadores.

Art. 14° O médico de empresa, o médico responsável por qualquer Programa de Controle de Saúde Ocupacional de Empresa e o médico participante do Serviço Especializado em Segurança e Medicina do Trabalho, não podem ser peritos judiciais, securitários ou previdenciários, ou assistentes-técnicos da empresa, em casos que envolvam a firma contratante e/ou seus assistidos (atuais ou passados).

Embora nos pareça que em tal resolução, notadamente no item b), o CREMESP tenha ultrapassado seus limites de atuação, entendo que é certo no contexto técnico exigir tal responsabilização e, desta feita, desde 1996 o médico no Estado de São Paulo, para o cumprimento ético da sua atividade no campo pericial e/ou da assistência técnica, já tinha manifesta pelo seu órgão de classe a determinação, trazendo critérios de impedimentos. Em 1998, o CFM normatiza em nível nacional a questão:

Resolução n. 1.488/98 — Art. 12. O médico de empresa, o médico responsável por qualquer Programa de Controle de Saúde Ocupacional de Empresas e o médico participante do Serviço Especializado em Segurança e Medicina do Trabalho não podem ser peritos judiciais, securitários ou previdenciários, nos casos que envolvam a firma contratante e/ou seus assistidos (atuais ou passados).

Nova manifestação é apresentada pelo CREMESP no ano de 2005, pois embora aos olhos dos órgãos de classe "Perito Médico" fosse designação genérica que incluía o Perito e o Assistente Técnico, houve dúvidas que culminaram com nova manifestação na Resolução n. 126, de 31 de outubro de 2005:

Art. 1º Perito médico é a designação genérica de quem atua na área médica legal, realizando exame de natureza médica em procedimentos administrativos, e processos judiciais, securitários ou previdenciários; atribuindo-se esta designação ao médico investido por força de cargo/função pública, ou nomeação judicial ou administrativa, ou ainda por contratação como assistente técnico das partes. Art. 2º As causas de impedimentos e suspeição aplicáveis aos auxiliares da Justiça se aplicam plenamente aos peritos médicos. § 1º É vedado ao médico do trabalho de empresa/instituição atuar como perito ou assistente técnico em processo judicial ou procedimento administrativo envolvendo empregado/funcionário ou ex-empregado/funcionário da mesma empresa. § 3º Constitui infração ética expressa no art. 120 do Código de Ética Médica, Resolução CFM n. 1.246/88, o médico ser perito ou assistente técnico em processo judicial ou procedimento administrativo, envolvendo seu paciente ou ex-paciente.

Essa manifestação regional — Estado de São Paulo — trouxe a necessidade de uma manifestação em nível nacional — CFM — que surge em 2006 na Resolução n. 1.810/2006, que altera o art. 12 da Resolução CFM n. 1.488, de 11 de fevereiro de 1998, publicada em 6 de março de 1998, que normatiza a Perícia Médica e a atuação do Perito Médico e do Assistente Técnico: Art. 1º O art. 12 da Resolução CFM n. 1.488 de 11 de fevereiro de 1998, passa a vigorar com a seguinte redação:

Art. 12º O médico de empresa, o médico responsável por qualquer programa de controle de saúde ocupacional de empresa e o médico participante do serviço especializado em Segurança e Medicina do Trabalho não podem atuar como peritos judiciais, securitários, previdenciários ou assistentes técnicos, nos casos que envolvam a firma contratante e/ou seus assistidos (atuais ou passados).

Assim, em 2007, o CREMESP faz reforma na Resolução n. 126/2005 e confirma o que já se determinava como impedimentos aos Assistentes Técnicos, alterada pela Resolução n. 167, de 25 de setembro de 2007:

RESOLVE: Art. 1º Perito médico é a designação genérica de quem atua na área médica legal, realizando exame de natureza médica em procedimentos administrativos, e processos judiciais, securitários ou previdenciários; atribuindo-se esta designação ao médico investido por força de cargo/função pública, ou nomeação judicial ou administrativa, ou ainda por contratação como assistente técnico das partes. Art. 2º As causas de impedimentos e suspeição aplicáveis aos auxiliares da Justiça se aplicam plenamente aos peritos médicos. § 1º É vedado ao médico do trabalho de empresa/instituição atuar como perito ou assistente técnico em processo judicial ou procedimento administrativo envolvendo empregado/funcionário ou ex-empregado/funcionário da mesma empresa. § 3º Constitui infração ética expressa no art. 120 do Código de Ética Médica, Resolução CFM n. 1.246/88, o médico ser perito ou assistente técnico em processo judicial ou procedimento administrativo, envolvendo seu paciente ou ex-paciente.

Por ser significativa esta questão para os médicos, o novo Código de Ética Médica, vigente desde abril de 2010, traz de forma expressa esta vedação na Resolução CFM n. 1.931/2009:

É vedado ao médico: Art. 93. Ser perito ou auditor do próprio paciente, de pessoa de sua família ou de qualquer outra com a qual tenha relações capazes de influir em seu trabalho ou de empresa em que atue ou tenha atuado.

Em 2013, surge novidade, excluindo da redação o termo "Assistente Técnico":

Resolução n. 2015/2013 — publicada no Diário Oficial da União, dia 17.05.2013.

(...)

CONSIDERANDO as frequentes demandas judiciais que questionam a proibição de atuação do médico de empresa como assistente técnico desta, (...) resolve:

Art. 1º O art. 12 da Resolução CFM n. 1.488, de 11 de fevereiro de 1998, passa a vigorar com a seguinte redação:

Art. 12. O médico de empresa, o médico responsável por qualquer programa de controle de saúde ocupacional de empresa e o médico participante do serviço especializado em Segurança e Medicina do Trabalho não podem atuar como peritos judiciais, securitários ou previdenciários nos casos que envolvam a firma contratante e/ou seus assistidos (atuais ou passados);

Art. 2º Esta resolução entra em vigor na data de sua publicação;

Art. 3º Revoga-se o artigo 12 da Resolução CFM n. 1.488, de 11 de fevereiro de 1998, publicada no DOU de 6 de março de 1998, Seção I, p.150.

ROBERTO LUIZ D'AVILA — Presidente do Conselho"

Portanto, não restam dúvidas de que aos olhos de muitos médicos, diante das recorrentes manifestações dos seus órgãos de classe, regulamentados na forma da lei, há impedimentos para os médicos atuarem como Assistentes Técnicos e dos Médicos do Trabalho para atuação tanto como Peritos e/ou Assistentes Técnicos, haja vista que a questão não é pacífica. Assim, não custa frisar que os médicos devem estar atentos quando se propõem a atuar desta forma, para o cumprimento ético da medicina neste relevante campo de atuação.

7.2. PONDERAÇÕES QUANTO À PERÍCIA MÉDICA NA JUSTIÇA TRABALHISTA

Para o Conselho Federal de Medicina, como dito na Resolução CFM n. 43/1995, "A função de médico do trabalho é eticamente incompatível com a função de médico perito na própria empresa". Porém, existem decisões judiciais[35] invalidando esta resolução, apesar de vigente no campo ético profissional até maio de 2013.

Contudo, mesmo diante da alteração editada em 2013, parece-nos correto o entendimento de que os Médicos do Trabalho estão eticamente comprometidos com os procedimentos de prevenção e saúde ocupacional e toda sua atenção profissional deve estar voltada para e a favor do trabalhador, e como guardam responsabilidades, inclusive penal aos olhos do CREMESP, sobre seus atos em favor destes e também com consequências para estes (trabalhadores), estão então comprometidos, pois não atuariam com a isenção suficiente para se auto periciarem e sua conduta poderia ser considerada tendenciosa e parcial, sempre a favor do próprio Médico do Trabalho, em detrimento dos interesses do trabalhador ou da empresa.

A Resolução CFM n. 18/2006 trazia outras limitações éticas, pois indicava que "O médico não pode ser perito de paciente para quem preste atendimento como assistente, mesmo que o faça em entidade pública" e o Código de Ética Médica de 2009, vigente, defende no seu art. 93 que é vedado ao médico atuar como "Auditor do próprio paciente, de pessoa de sua família ou de qualquer outra com a qual tenha relações capazes de influir em seu trabalho ou de empresa em que atue ou tenha atuado" e surge a questão: — Como poderia o médico atuar como Assistente Técnico sem realizar procedimentos de Auditoria (exame comprobatório ou não relativo às atividades médicas de um caso concreto) típica atribuição de Assistente Técnico, aliás, seria feita contra os interesses do seu ex-paciente? Respondendo, não vislumbro como!

Convém ainda considerarmos que os médicos que atuam nas equipes de Saúde e Segurança das empresas, públicas ou privadas, mesmo que não tenham atendido diretamente o trabalhador, o fazem de forma indireta, pois para darem bom andamento ao que consta e se prevê no PCMSO e PPRA, devem conhecer

---

(35) Proc. 2007.34.00.032067-4 — este artigo não se aplica aos médicos integrantes dos quadros da Copel — Proc. 2009.34.00.003451-8 — este artigo não se aplica aos médicos integrantes dos quadros da Funasa — Proc. 2009.34.00.037277-2 — este artigo não se aplica aos médicos integrantes dos quadros da Transpetro — Proc. 2010.50.01.0010250-5 — este artigo não se aplica aos médicos integrantes dos quadros da Codesa.

bem os aspectos locais da epidemiologia dos trabalhadores. Para tal, se requer conhecer inclusive detalhes dos Prontuários Médicos Funcionais para tomada de decisões exigíveis de todos os que compõem tal grupo técnico visando disponibilizar procedimentos de prevenção e não podemos esquecer que são comuns aos médicos as revisões periódicas dos Prontuários Funcionais e do livre acesso aos documentos e dados que neles constam, características que corroboram no acerto deste apontamento de que, mesmo indiretamente, esses também são médicos assistentes dos trabalhadores.

Entretanto, se não bastassem as fundamentações já apresentadas, vejamos o que diz o Código de Ética Médica:

Capítulo IX

SIGILO PROFISSIONAL

É vedado ao médico:

[...]

Art. 76. Revelar informações confidenciais obtidas quando do exame médico de trabalhadores, inclusive por exigência dos dirigentes de empresas ou de instituições, salvo se o silêncio puser em risco a saúde dos empregados ou da comunidade.

Ora, como poderia o Médico do Trabalho ou da instituição atuar como Assistente Técnico diante da vedação dada pelo art. 76 do C.E.M.? Respondendo, mais uma vez não vislumbro possibilidades.

O histórico cronológico de importância no aspecto da Perícia Médica, temos o que o Código de Ética Médica de 1988 expressava:

Resolução CFM n. 1.246/88 — Capítulo XI que trata especificamente de Perícia Médica:

Perícia Médica: É vedado ao médico: Art. 118. Deixar de atuar com absoluta isenção quando designado para servir como perito ou auditor, assim como ultrapassar os limites das suas atribuições e competência; Art. 119. Assinar laudos periciais ou de verificação médico-legal, quando não o tenha realizado, ou participado pessoalmente do exame; Art. 120. Ser perito de paciente seu, de pessoa de sua família ou de qualquer pessoa com a qual tenha relações capazes de influir em seu trabalho; Art. 121. Intervir, quando em função de auditor ou perito, nos atos profissionais de outro médico, ou fazer qualquer apreciação em presença do examinado, reservando suas observações para relatório.

No novo código temos:

Resolução CFM n. 1.931/09 — Capítulo XI que trata da Auditoria e Perícia Médica

É vedado ao médico: Art. 92. Assinar laudos periciais, auditorias ou de verificação médico-legal quando não tenha realizado pessoalmente o exame. Art. 93. Ser perito ou auditor do próprio paciente, de pessoa de sua família ou de qualquer outra com a qual tenha relações capazes de influir em seu trabalho ou de empresa em que atue ou tenha atuado. Art. 94. Intervir, quando em função de auditor, assistente técnico ou perito, nos atos profissionais de outro médico, ou fazer qualquer apreciação em presença do examinado, reservando suas observações para o relatório. Art. 95. Realizar exames médico-periciais de corpo de delito em seres humanos no interior de prédios ou de dependências de delegacias de polícia, unidades militares, casas de detenção e presídios. Art. 96. Receber remuneração ou gratificação por valores vinculados à glosa ou ao sucesso da causa, quando na função de perito ou de auditor. Art. 97. Autorizar, vetar, bem como modificar, quando na função de auditor ou de perito, procedimentos propedêuticos ou terapêuticos instituídos, salvo, no último caso, em situações de urgência, emergência ou iminente perigo de morte do paciente, comunicando, por escrito, o fato ao médico assistente. Art. 98. Deixar de atuar com absoluta isenção quando designado para servir como perito ou como auditor, bem como ultrapassar os limites de suas atribuições e de sua competência. Parágrafo único. O médico tem direito a justa remuneração pela realização do exame pericial.

A este respeito, notemos o que diz a ANAMT:

A NECESSIDADE DE ABORDAR A QUESTÃO SOB UMA PERSPECTIVA TÉCNICA E ÉTICA

A Legitimidade da ANAMT

A Associação Nacional de Medicina do Trabalho — ANAMT, fundada em 1968 como departamento científico da Associação Médica Brasileira (AMB), coloca-se frente ao Conselho Federal de Medicina e perante a sociedade brasileira como ator social legítimo, posto ser uma *"sociedade civil, de caráter científico e profissional, sem fins lucrativos, reconhecida como Entidade de Utilidade Pública, destinada a congregar e coordenar a atuação conjunta de profissionais interessados na promoção da saúde dos trabalhadores."* (Art. 1.1 de seu Estatuto). Representa uma comunidade de mais de 30 mil médicos que exercem a especialidade de Medicina do Trabalho, com quadro associativo de aproximadamente cinco mil médicos, filiados também a entidades congêneres de âmbito estadual, em todos os estados da Federação e no Distrito Federal, e filiada, no âmbito mundial, à Comissão Internacional de Saúde Ocupacional (ICOH), fundada em 1906.

A ANAMT tem como finalidades precípuas: *"a defesa da saúde do trabalhador; o aprimoramento e divulgação científica; a defesa e valorização profissional, nos termos dos Códigos de Deontologia Médica vigentes."* (Art. 1.4 de seu Estatuto).

Entre suas principais atividades, destaca-se, entre outras, a de *"pronunciar-se, em ocasiões que julgar adequadas, sobre assuntos que digam respeito ao exercício da especialidade ou à saúde dos trabalhadores."* (Art. 1.5 de seu Estatuto).

Com base nessa legitimidade institucional e política, e considerando os impactos da intempestiva aprovação da Resolução CFM n. 2015/13, em abril deste ano, sem as consultas prévias acima mencionadas, a ANAMT propõe a imediata reabertura do processo de discussão técnica, científica e ética da modificação introduzida no art. 12 da Resolução CFM n. 1.488/98.

(...)

Argumentos da ANAMT: (ii) O Que Estabelece o "Código de Ética Médica"

Como bem sabido, o **"Código de Ética Médica"**, aprovado pela Resolução CFM n. 1931/09, entre os **"Princípios Fundamentais"**, que *"a Medicina é uma profissão a serviço da saúde do ser humano e da coletividade e será exercida sem discriminação de nenhuma natureza."* (art. 1, Inciso I).

Mais adiante, estabelece que *"o médico exercerá sua profissão com autonomia, não sendo obrigado a prestar serviços que contrariem os ditames de sua consciência ou a quem não deseje, excetuadas as situações de ausência de outro médico, em caso de urgência ou emergência, ou quando sua recusa possa trazer danos à saúde do paciente."* (art. 1, Inciso VII, grifo introduzido).

Em qualquer situação — claramente aplicável na questão em tela — *"o médico guardará sigilo a respeito das informações de que detenha conhecimento no desempenho de suas funções, com exceção dos casos previstos em lei."* (art. 1, Inciso XI, grifo introduzido).

(...)

Argumentos da ANAMT: (iii) O Que Estabelece o "Código Internacional de Ética para os Profissionais de Saúde no Trabalho", da Comissão Internacional de Saúde Ocupacional (ICOH) e adotado pela ANAMT, em 2006

A referência internacional mais conhecida respeitada, sobre Ética no exercício da Medicina do Trabalho, bem como de outras profissões de saúde, comprometidas com a defesa da saúde dos trabalhadores, é o "Código Internacional de Ética para os Profissionais de Saúde no Trabalho", da Comissão Internacional de Saúde Ocupacional (ICOH), fundada em 1906, e que foi adotado pela ANAMT, em 2006.

O **"Código Internacional de Ética"** da ICOH é extremamente claro quando enuncia que o objetivo da Medicina do Trabalho (Saúde Ocupacional, Saúde no Trabalho ou denominações equivalentes) *"é proteger e promover a saúde dos trabalhadores, manter e melhorar sua capacidade de trabalho, contribuir para o estabelecimento e a manutenção de um ambiente de trabalho saudável e seguro para todos, assim como promover a adaptação do trabalho às capacidades dos trabalhadores, levando em consideração seu estado de saúde."* Assim, atuar na "assistência técnica", sobretudo em defesa das empresas, quer nos parecer um evidente e grave "desvio de função"!

Por outro lado, o **"Código Internacional de Ética"** da ICOH, na seção sobre "competência, integridade e imparcialidade" estabelece, entre as proibições e contraindicações, que estes profissionais *"devem, também, se abster de emitir qualquer juízo ou parecer ou realizar alguma atividade que possa comprometer a confiança em sua integridade e imparcialidade."* (art. 16)

Além disto, e de forma categórica, o **"Código Internacional de Ética"** da ICOH estabelece, na mesma seção, que *"os profissionais de Saúde no Trabalho devem conseguir e manter total independência profissional, observando, na execução de suas funções, a regras de confidencialidade.*

Sob nenhuma circunstância deverão permitir que seus julgamentos e suas posições venham a ser influenciados por algum conflito de interesses, particularmente no exercício de sua função orientadora e assessora aos empregadores, aos trabalhadores e seus representantes, no que se refere aos riscos ocupacionais e a situações de evidente perigo para a saúde ou segurança." (art. 17, grifo introduzido)

(...)

Argumentos da ANAMT: (iv) Conflito com as Funções e Atribuições da Medicina do Trabalho e com a Boa Prática da Especialidade

Como se não bastassem todas as advertências sobre os conflitos na esfera ética, abundantemente identificados nas referências citadas — Código de Processo Civil, Código Penal, Código de Ética Médica (CFM) e Código Internacional de Ética das Profissões de Saúde no Trabalho (ICOH) — é de se salientar, de forma categórica, ICOH — International Commission on Occupational Health. Código Internacional de Ética para os Profissionais e Saúde do Trabalho — Edição de 2002. Belo Horizonte, 2006. [Tradução oficial da ANAMT, adotada no Brasil, em 2006] também, que a Medicina do Trabalho é regida por ditames técnicos, científicos, políticos, em harmonia com ditames de ordem ética, tanto os genéricos da profissão médica, quanto os específicos da especialidade.

Na modalidade do exercício da especialidade junto a organizações produtivas, o modelo mais difundido é o de trabalhar em "**Serviços de Saúde no Trabalho**" (segundo denominação da Organização Internacional do Trabalho — OIT), ou em "**Serviços Especializados em Segurança do Trabalho e em Medicina do Trabalho**" — SESMT, conforme estabelecido no art. 162 da Lei n. 6.514/77 (Capítulo V da CLT). A regulamentação deu-se, principalmente, por meio da Norma Regulamentadora n. 4 — NR-4.

No âmbito internacional, as referências máximas são a Convenção da OIT, n. 161 e a Recomendação da OIT n. 171, ambas do ano de 1985, sobre "Serviços de Saúde no Trabalho".

Cabe ressaltar que a Convenção da OIT n. 161, sobre "Serviços de Saúde no Trabalho", foi aprovada pelo Brasil, pelo Decreto Legislativo n. 86, de 14 de dezembro de 1989; ratificada em 18 de maio de 1990; promulgada pelo Decreto n.127, de 22 de maio de 1991, tendo entrado em vigência em 18 de maio de 1991.

Com efeito, segundo a Convenção 161 da OIT, *"a expressão serviços de saúde no trabalho designa uns serviços investidos de funções essencialmente preventivas e encarregados de assessorar o empregador, os trabalhadores e a seus representantes na empresa sobre (i) os requisitos necessários para estabelecer e conservar um meio ambiente de trabalho seguro e sadio que favoreça uma saúde física e mental ótima em relação com o trabalho; (ii) a adaptação do trabalho às capacidades dos trabalhadores, tendo em conta seu estado de saúde física e mental"*. (Art. 1º Da Convenção 161. Grifo introduzido).

No contexto brasileiro, a NR-4, sobre **"Serviços Especializados em Engenharia de Segurança e em Medicina do Trabalho"** entende os SESMTs, *"com a finalidade de promover a saúde e proteger a integridade do trabalhador no local de trabalho"* (item 4.1, grifos introduzidos).

Além disto, nos seguintes documentos, são claras e reiteradas as orientações sobre o papel dos Serviços de Saúde no Trabalho e dos que o compõem:

— *"Good Practice in Occupational Health Services: A Contribution to Workplace Health"*, publicado pela Organização Mundial da Saúde — OMS — Escritório Regional para Europa (80 páginas; 2002);

— *"Principios Directivos Técnicos y Éticos Relativos a la Vigilancia de la Salud de los Trabajadores"*. Ginebra, OIT, 1998. [Serie Salud y Seguridad en el Trabajo, 72].

— *"Diretrizes para a Vigilância da Saúde dos Trabalhadores"*, desenvolvido pela Comissão Internacional de Saúde Ocupacional (ICOH).

Em todos estes ditames, normativos ou técnicos, são evidentes os compromissos da Medicina do Trabalho com a melhoria das condições de trabalho; com a Promoção da Saúde; com a prevenção das doenças e de outros agravos à saúde, enfoques, programas e ações que não podem prescindir da confiança do trabalhador, de sua colaboração, de sua boa vontade e do respeito profissional que ele deve nutrir, sobre a integridade e transparência do médico do trabalho, o qual foi (ou deveria ter sido) contratado com o compromisso de defender a saúde e segurança dos trabalhadores.

Esta **relação de confiança** — tão claramente referida em todos os documentos orientadores desta especialidade — ao mesmo tempo tão cara, tão difícil de ser construída e mantida, não deveria — jamais — ser prejudicada pelo temor (às vezes certeza) de que o médico do trabalho pode jogar um papel duplo.

CONCLUSÃO

Por todo o exposto, solicitamos a imediata reavaliação da Resolução CFM n. 2015/2013, com envio à Câmara Técnica de Medicina do Trabalho e a outras instâncias consultivas idôneas, nelas incluídas a Associação Nacional de Medicina do Trabalho, entre outras.

Nossa expectativa é de que sua reavaliação, em bases de transparência e participação, conduza à sua revogação. Não hão de faltar formas de redigir, corretamente, a orientação que se alinhe com a defesa da Ética, com o exercício correto da Medicina do Trabalho idônea e responsável, e, sobretudo, em defesa da saúde dos trabalhadores. Não há porque ficarmos reféns do viés burocrático e jurídico, que, momentaneamente, prevalece.

Somente assim, o Conselho Federal de Medicina ocupará seu lugar de guardião da Ética no exercício profissional médico, no referente à Medicina do Trabalho, corrigindo as graves distorções e equívocos introduzidos em abril deste ano, pela Resolução CFM n. 1215/13.

Zuher Handar
Presidente

Rosylane Rocha
Diretora de Ética e Defesa Profissional

RESOLUÇÃO CFM 2183/2018 (DOU: 21.09.2018)

Dispõe de normas específicas para médicos que atendem o trabalhador.

O CONSELHO FEDERAL DE MEDICINA, no uso das atribuições conferidas pela Lei n. 3.268, de 30 de setembro de 1957, regulamentada pelo Decreto n. 44.045, de 19 de julho de 1958 e,

CONSIDERANDO o estabelecido no art. 1º, inciso IV, art. 6º e art. 7º, inciso XXII da Constituição Federal; Capítulo V — Da Segurança e da Medicina do Trabalho — da Consolidação das Leis do Trabalho, bem como as normas do Código de Ética Médica (Resolução CFM n. 1.931/2009);

CONSIDERANDO o disposto nas Convenções ns. 155 e 161 da Organização Internacional do Trabalho (OIT);

CONSIDERANDO as deliberações da Organização Mundial de Saúde (OMS) que versam sobre segurança e saúde dos trabalhadores;

CONSIDERANDO a Lei n. 11.430/2006 e o Decreto n. 6.042/2007;

CONSIDERANDO que o trabalho é um meio de prover a subsistência e a dignidade humana, não devendo gerar mal-estar, doenças e mortes;

CONSIDERANDO que promoção, prevenção, recuperação da saúde e preservação da capacidade de trabalho são direitos garantidos pela Constituição Federal;

CONSIDERANDO que as condições de vida e trabalho são determinantes sociais de saúde;

CONSIDERANDO o trabalho como fator adjuvante no tratamento de determinadas doenças, e que o médico do trabalho é o especialista que detém o conhecimento técnico e científico para promover os ajustes no contexto do trabalho;

CONSIDERANDO que o médico do trabalho é um dos principais responsáveis pela promoção, prevenção e recuperação da saúde integral dos trabalhadores, seja no setor público ou privado;

CONSIDERANDO os diversos campos de atuação do médico do trabalho, seja na saúde do trabalhador em empresas ou no Sistema Único de Saúde (SUS), nas perícias judiciais ou previdenciárias;

CONSIDERANDO a necessidade de normatizar a atividade dos médicos do trabalho e dos demais médicos que atendam o trabalhador;

CONSIDERANDO a necessidade de normatizar os critérios para estabelecer o nexo causal entre o exercício da atividade laboral e os agravos à saúde;

CONSIDERANDO que todo médico, ao atender seu paciente, deve avaliar a possibilidade de que a causa de determinada doença, alteração clínica ou laboratorial possa estar relacionada ao trabalho;

CONSIDERANDO a constante necessidade de avaliar os impactos das mudanças tecnológicas, da organização do trabalho e da legislação;

CONSIDERANDO que médico perito é aquele designado pela autoridade competente, assistindo-a no que a lei determina;

CONSIDERANDO que assistente técnico é o médico que assiste a uma das partes em litígio no processo judicial; e

CONSIDERANDO, finalmente, o decidido na Sessão Plenária realizada em 21 de junho de 2018,

RESOLVE:

Art. 1º Aos médicos do trabalho e demais médicos que atendem o trabalhador, independentemente do local em que atuem, cabe:

I — assistir ao trabalhador, elaborar seu prontuário médico e fazer todos os encaminhamentos devidos;

II — fornecer atestados e pareceres para o trabalhador sempre que necessário, considerando que o repouso, o acesso a terapias ou o afastamento da exposição nociva faz parte do tratamento;

III — fornecer laudos, pareceres e relatórios de exame médico e dar encaminhamento, sempre que necessário, dentro dos preceitos éticos;

IV — promover, com a ciência do trabalhador, a discussão clínica com o especialista assistente do trabalhador sempre que julgar necessário e propor mudanças no contexto do trabalho, quando indicadas, com vistas ao melhor resultado do tratamento.

§ 1º Quando requerido pelo paciente, deve o médico pôr à sua disposição ou à de seu representante legal tudo o que se refira ao seu atendimento, em especial cópia dos exames e do prontuário médico.

§ 2º Na elaboração do atestado médico, deve o médico assistente observar o contido na Resolução CFM n. 1.658/2002, alterada pela Resolução CFM n. 1.851/2008.

§ 3º O médico do trabalho pode discordar dos termos de atestado médico emitido por outro médico, desde que justifique a discordância, após o devido exame clínico do trabalhador, assumindo a responsabilidade pelas consequências do seu ato.

§ 4º O médico do trabalho, ao ser solicitado pelo médico assistente do trabalhador, deverá produzir relatório com descrição dos riscos ocupacionais e da organização do trabalho e entregá-lo ao trabalhador ou ao seu responsável legal, em envelope lacrado endereçado ao médico solicitante, de forma confidencial.

§ 5º O médico assistente ou especialista, ao ser solicitado pelo médico do trabalho, deverá produzir relatório ou parecer com descrição dos achados clínicos, prognóstico, tratamento e exames complementares realizados que possam estar relacionados às queixas do trabalhador e entregar a ele ou ao seu responsável legal, em envelope lacrado endereçado ao médico solicitante, de forma confidencial.

Art. 2º Para o estabelecimento do nexo causal entre os transtornos de saúde e as atividades do trabalhador, além da anamnese, do exame clínico (físico e mental), de relatórios e dos exames complementares, é dever do médico considerar:

I — a história clínica e ocupacional atual e pregressa, decisiva em qualquer diagnóstico e/ou investigação de nexo causal;

II — o estudo do local de trabalho;

III — o estudo da organização do trabalho;

IV — os dados epidemiológicos;

V — a literatura científica;

VI — a ocorrência de quadro clínico ou subclínico em trabalhadores expostos a riscos semelhantes;

VII — a identificação de riscos físicos, químicos, biológicos, mecânicos, estressantes e outros;

VIII — o depoimento e a experiência dos trabalhadores;

IX — os conhecimentos e as práticas de outras disciplinas e de seus profissionais, sejam ou não da área da saúde.

Parágrafo único. Ao médico assistente é vedado determinar nexo causal entre doença e trabalho sem observar o contido neste artigo e seus incisos.

Art. 3º Os médicos do trabalho e os demais médicos que atendem os trabalhadores de empresas e instituições, que admitem trabalhadores independentemente de sua especialidade, devem:

I — atuar visando essencialmente a promoção da saúde e a prevenção da doença, conhecendo, para tanto, os processos produtivos e o ambiente de trabalho da empresa.

II — promover o esclarecimento e prestar as orientações necessárias sobre a condição dos trabalhadores com deficiência, idosos e/ou com doenças crônico-degenerativas e gestantes; a inclusão desses no trabalho, participando do processo de adaptação do trabalho ao trabalhador, quando necessário.

III — dar conhecimento formalmente aos empregadores, aos trabalhadores e às comissões internas de prevenção de acidentes sobre os riscos existentes no ambiente de trabalho, informações da vigilância epidemiológica e outros informes técnicos, desde que resguardado o sigilo profissional.

IV — Notificar, formalmente, o empregador quando da ocorrência ou de sua suspeita de acidente ou doença do trabalho para que a empresa proceda a emissão de Comunicação de Acidente do Trabalho, devendo deixar registrado no prontuário do trabalhador.

V — Notificar formalmente os agravos de notificação compulsória ao órgão competente do Ministério da Saúde quando suspeitar ou comprovar a existência de agravos relacionados ao trabalho, bem como notificar formalmente ao empregador a adoção dos procedimentos cabíveis, independentemente da necessidade de afastar o empregado do trabalho, devendo registrar tudo em prontuário.

Art. 4º Compete ao médico do trabalho avaliar as condições de saúde do trabalhador para determinadas funções e/ou ambientes, propondo sua alocação para trabalhos compatíveis com seu atual estado de saúde, orientando-o e, ao empregador ou chefia imediata, se necessário, em relação ao processo de adaptação do trabalho.

Art. 5º Os médicos do trabalho, como tais reconhecidos por lei, especialmente investido na função de Coordenador do Programa de Controle Médico de Saúde Ocupacional (PCMSO), estará obrigado a fazer-se presente, com a regularidade que for necessária, nas empresas e em suas filiais para coordenar o referido programa, estando devidamente inscrito nos conselhos regionais de medicina dos estados em que estiver atuando.

§ 1º Os médicos que executam os exames ocupacionais devem observar o contido nos programas instituídos para proteção integral à saúde do trabalhador, devendo ter conhecimento sobre as condições e riscos do trabalho.

§ 2º Ao médico do trabalho da empresa contratante é facultado exigir exames específicos da atividade a ser realizada pelo trabalhador por exposição a risco não contemplado no PCMSO de origem.

Art. 6º É vedado ao médico que presta assistência ao trabalhador:

I — Assinar Atestado de Saúde Ocupacional (ASO) em branco.

II — Emitir ASO sem que tenha realizado o exame médico do trabalhador.

III — Emitir ASO sem que esteja familiarizado com os princípios da patologia ocupacional e suas causas, bem como com o ambiente, as condições de trabalho e os riscos a que está ou será exposto cada trabalhador.

IV — Deixar de registrar no prontuário médico do trabalhador todas as informações referentes aos atos médicos praticados.

V– Informar resultados dos exames no ASO.

Art. 7º Conforme as Resoluções do CFM n. 2.007/2013 e n. 2.147/2016, o ambulatório de assistência à saúde do trabalhador deverá ter médico do trabalho com Registro de Qualificação da Especialidade (RQE) como diretor técnico responsável pelo estabelecimento de saúde perante os conselhos regionais de medicina, autoridades sanitárias, ministério público, judiciário e demais autoridades.

Art. 8º Os atestados, relatórios e demais documentos apresentados emitidos por médicos e odontólogos, regularmente inscritos nos seus respectivos conselhos, podem ser considerados pelo médico do trabalho, perito ou junta médica para subsidiar a decisão sobre capacidade laborativa, sendo indispensável proceder a avaliação clínica.

Art. 9º Na contestação de nexo estabelecido pela perícia médica previdenciária, se o médico do trabalho detém elementos de convicção de que não há relação entre o trabalho e o diagnóstico da doença, deverá fazê-lo com critérios técnicos e científicos.

§ 1º Em sua peça de contestação de nexo ao perito médico da Previdência, o médico do trabalho poderá enviar documentação probatória demonstrando que os agravos não possuem nexo com o trabalho exercido pelo trabalhador, tais como:

I — Programa de Prevenção de Riscos Ambientais — PPRA;

II — Programa de Controle Médico de Saúde Ocupacional — PCMSO;

III — Perfil Profissiográfico Previdenciário — PPP;

IV — Comunicação de Acidente de Trabalho — CAT

IV — Laudo Técnico de Condições Ambientais de Trabalho — LTCAT;

V — Programa de Gerenciamento de Riscos — PGR;

VI — Programa de Condições e Meio Ambiente de Trabalho na Indústria da Construção — PCMAT;

VII — análise ergonômica do posto de trabalho, ficha de produtos químicos e outros documentos relacionados às condições de trabalho e pertinentes à contestação poderão ser utilizados, quando necessários; e

VIII — relatórios e documentos médico-ocupacionais, inclusive dados do prontuário que poderá ser usado nos casos em que a contestação depender daquelas informações e enviá-las em caráter confidencial ao perito previdenciário.

§ 2º A hierarquização de informações para que, no caso de contestação de nexo de causa realizado pelo médico que atende trabalhadores, seja priorizado o uso de informações não confidenciais, que comprovem as medidas de proteção e promoção à saúde dos trabalhadores.

§ 3º Por ocasião do encaminhamento do trabalhador à perícia previdenciária inicial, deve o médico do trabalho entregar relatório médico ao trabalhador com a descrição das condições em que se deu o acidente ou agravo.

Art. 10. Em ações judiciais, a cópia do prontuário médico, de exames complementares ou outros documentos poderão ser liberados por autorização do paciente ou dever legal.

Art. 11. O médico de empresa, o médico responsável por qualquer programa de controle de saúde ocupacional de empresa e o médico participante do Serviço Especializado em Engenharia de Segurança e Medicina do Trabalho podem atuar como assistente técnico nos casos envolvendo a empresa contratante e/ou seus assistidos desde que observem os preceitos éticos.

§ 1º No desempenho dessa função no Tribunal, o médico deverá agir de acordo com sua livre consciência, nos exatos termos dos princípios, direitos e vedações previstas no Código de Ética Médica.

§ 2º Existindo relação médico–paciente, permanecerá a vedação estabelecida no Código de Ética Médica vigente, sem prejuízo do contido no § 1º.

Art. 12. Ao médico do trabalho responsável pelo PCMSO da empresa e ao médico participante do Serviço Especializado em Segurança e Medicina do Trabalho (SESMT) é vedado atuar como peritos judiciais, securitários ou previdenciários nos casos que envolvam a firma contratante e/ou seus assistidos, atuais ou passados.

Art. 13. São atribuições e deveres do médico perito judicial e assistentes técnicos:

I — examinar clinicamente o trabalhador e solicitar os exames complementares, se necessários;

II — o médico perito judicial e assistentes técnicos, ao vistoriarem o local de trabalho, devem fazer-se acompanhar, se possível, pelo próprio trabalhador que está sendo objeto da perícia, para melhor conhecimento do seu ambiente de trabalho e função;

III — estabelecer o nexo causal, considerando o exposto no art. 2º e incisos (redação aprovada pela Resolução CFM n. 1.940/2010) e tal como determina a Lei n. 12.842/2013, ato privativo do médico.

Art. 14. A perícia com fins de determinação de nexo causal, avaliação de capacidade laborativa/aptidão, avaliação de sequela/valoração do dano corporal, requer atestação de saúde, definição do prognóstico referente ao diagnóstico nosológico, o que é, legalmente, ato privativo do médico.

Parágrafo único. É vedado ao médico perito permitir a presença de assistente técnico não médico durante o ato médico pericial.

Art. 15. Em ações judiciais, o médico perito poderá peticionar ao Juízo que oficie o estabelecimento de saúde ou o médico assistente para anexar cópia do prontuário do periciado, em envelope lacrado e em caráter confidencial.

Art. 16. Esta Resolução não se aplica aos médicos peritos previdenciários cuja atuação possui legislação própria, ressalvando-se as questões éticas do exercício profissional.

Art. 17. Revoga-se a Resolução CFM n. 1.488 publicada no Diário Oficial da União em 6 de março de 1998, Seção I, p. 150, e as disposições em contrário.

Art. 18. Esta Resolução entrará em vigor na data de sua publicação.

Brasília, 21 de junho de 2018.

CARLOS VITAL TAVARES CORRÊA LIMA — Presidente do CFM

HENRIQUE BATISTA E SILVA — Secretário-Geral

7.3. PERÍCIA MÉDICA E ESPECIALISTAS EM MEDICINA DO TRABALHO

Para legitimar o entendimento de que para atuar como Perito Médico na área trabalhista não há necessidade da demonstração em se ter titulação na especialidade Medicina do Trabalho, em 1988, o CFM editou a Resolução CFM n. 1.488/1998, que NORMATIZA AS ATIVIDADES DOS MÉDICOS QUE PRESTAM ASSISTÊNCIA MÉDICA AO TRABALHADOR, referindo-se a MÉDICOS, e não à especialidade (MÉDICOS DO TRABALHO), indicando claramente no sentido de que qualquer médico (diz textualmente "independentemente de sua especialidade") devidamente habilitado, poderá avaliar o trabalhador em qualquer oportunidade, e mais, avança na Resolução CFM n. 1.497/1998, que dispõe sobre a atuação do médico quando nomeado perito por autoridade pública, e aqui, novamente, não faz referência a nenhuma especialidade.

O que diz a lei:

CPC — Art. 146: O perito tem o dever de cumprir o ofício, no prazo que lhe assina a lei, empregando toda a sua diligência.

O que diz a Resolução n. 1.497/98:

Art. 1º Determinar que o **médico nomeado perito**, execute e cumpra o encargo, no prazo que lhe for determinado, mantendo--se sempre atento às suas **responsabilidades ética,** administrativa, penal e civil.

Parágrafo único. O **médico fará jus aos honorários** decorrentes do serviço prestado.

Art. 2º O **médico designado perito** pode, todavia, nos temos do art. 424 do Código de Processo Civil, escusar-se do encargo alegando motivo legítimo.

Art. 3º O descumprimento da presente Resolução configura infração ética, sujeita a ação disciplinar pelos respectivos Conselhos Regionais de Medicina.

Art. 4º Esta Resolução entrará em vigor na data de sua publicação. **(meus grifos)**

Reforçando a tese de que o Perito Médico na área trabalhista não precisa ser Médico do Trabalho, no ano de 2006, o CFM estabelece limites, porém não cita nenhuma necessidade da demonstração de especialidade.

Resolução CFM n. 18/2006: O médico não pode ser perito de paciente para quem preste atendimento como assistente, mesmo que o faça em entidade pública.

Desta feita, por exaustiva manifestação do órgão máximo regulador da atividade médica, assim como rezam a Lei Federal n. 3.268 de 1.957 e Lei Federal n. 12.842 de 2013, é certo reconhecer que não existe impedimento legal de qualquer médico inscrito no CRM em exercer a Medicina do Trabalho ou qualquer outra especialidade, desde que se julgue e prove por seus atos técnicos que é especializado. O que não pode é se dizer especialista se não tiver a certificação do MEC, CFM ou AMB. De tal modo, nada impede o médico devidamente habilitado de atuar na área de Medicina do Trabalho ou qualquer outra e ser considerado com *expertise* suficiente, mesmo que não tenha o Título de Especialista, até mesmo para atuar em juízo e/ou em qualquer outra atividade, embora, como já dito, se recomende a titulação em Medicina Legal e Perícia Médica — **"Perito Médico Generalista Titulado"**.

No caso da Justiça Trabalhista, sob o aspecto específico da Perícia de Insalubridade e Periculosidade relacionada à Consolidação das Leis do Trabalho, a questão deve ser observada de forma específica, pois a lei regulamenta o assunto, visto que a obrigatoriedade consta na própria CLT — Art. 195 —, que é clara e considera habilitado para efetuar este tipo de perícia (Perícia Ambiental) somente o Médico do Trabalho e o Engenheiro de Segurança no Trabalho, nos termos da NR-4. Na época da edição desta NR, a Medicina do Trabalho como especialidade reconhecida pela AMB e CFM ainda não era regulamentada, considerando-se como Médico do Trabalho aquele que tinha obtido especialização por meio de cursos de Pós-graduação *Lato sensu*. Vejamos a CLT e a Norma Regulamentar:

Art. 195. A caracterização e a classificação da insalubridade e da periculosidade, segundo as normas do Ministério do Trabalho, far-se-ão através de perícia a cargo de Médico do Trabalho ou Engenheiro do Trabalho, registrados no Ministério do Trabalho. *(Redação dada pela Lei n. 6.514, de 22.12.1977)*

NR-4:

4.4.1 Para fins desta NR, as empresas obrigadas a constituir Serviços Especializados em Engenharia de Segurança e em Medicina do Trabalho deverão exigir dos profissionais que os integram comprovação de que satisfazem os seguintes requisitos: *(Alterado pela Portaria DSST n. 11, de 17 de setembro de 1990)*

b) Médico do Trabalho — médico portador de certificado de conclusão de curso de especialização em Medicina do Trabalho, em nível de pós-graduação, ou portador de certificado de residência médica em área de concentração em saúde do trabalhador ou denominação equivalente, reconhecida pela Comissão Nacional de Residência Médica, do Ministério da Educação, ambos ministrados por universidade ou faculdade que mantenha curso de graduação em Medicina; *(Alterado pela Portaria DSST n. 11, de 17 de setembro de 1990)*

Todavia, mesmo em tempos posteriores a 2006, quando efetivamente foram regulamentadas pela Associação Médica Brasileira e pelo Conselho Federal de Medicina as especialidades médicas e em definitivo a

Medicina do Trabalho[36], vê-se que a NR-4, na esfera da Justiça Trabalhista, está enfraquecida por não ser absoluta, mas sim relativa, já que o juízo não está adstrito a este parecer técnico[37].

Consideremos que nesse assunto já há manifestações discutindo a aplicação dessa normatização por Advogados — LTr Suplemento Trabalhista. São Paulo, v. 50, n. 070, 317-322, junho. 2014.

7.4. CONCEITOS ÉTICOS DOS PERITOS EM GERAL

Além das regulamentações éticas dos órgãos de classe, existem outros conceitos éticos nas atividades periciais em geral, que são:

1. Recusar o assédio sob qualquer forma.

2. Silenciar sobre informações contidas nos autos do processo.

3. Não revelar segredos aos quais teve acesso em razão de seu ofício.

4. Não divulgar o resultado da perícia antes do protocolo do laudo.

5. Manter a máxima imparcialidade durante os trabalhos periciais.

6. Abster-se de informações impertinentes e irrelevantes à perícia.

7. Não encerrar os trabalhos periciais enquanto persistirem dúvidas acerca do objeto.

8. Observar com zelo os prazos da justiça, honrando sua nomeação.

9. Evitar envolvimento ou contendas, seja com as partes, advogados, funcionários da justiça, com Assistentes Técnicos, dispensando tratamento cerimonioso e profissional para todos.

10. Não se prevalecer da função exorbitando do poder.

• Muitas vezes Procuradores trazem quesitos ou indagações retóricas recorrentes, estimulando o perito técnico para desviar-se da questão médica — convidam-no para a peleja jurídica, visando possíveis nulidades. Toda atenção é recomendada.

Código de Ética Médica — Capítulo I — PRINCÍPIOS FUNDAMENTAIS

XVIII — **O médico terá, para com os colegas, respeito, consideração e solidariedade**, sem se eximir de denunciar atos que contrariem os postulados éticos.

Exemplo de solidariedade com o assistente técnico médico: — Não possibilitar a presença de não médicos participando da avaliação pericial médica.

Por derradeiro, como vimos, é muito mais significativa a demonstração pelo Perito Médico da sua experiência profissional dedicada à atividade relacionada à Perícia Médica, na área jurídico-administrativa em que pretende atuar, trabalhista, cível, ético-profissional, previdenciária, securitária, administrativa, ou seja, a demonstração de que pode ser considerado especializado e experiente para dirimir dúvidas médico-legais-administrativas, que qualquer titulação.

Consequentemente, o cuidado nas nomeações, incluindo as do juízo, não se prende essencialmente na apresentação da titulação oficial em Medicina do Trabalho, mesmo na Justiça Especializada (trabalhista), mas em qualquer área do judiciário e/ou administrativa, **recomenda-se** ser especialista com titulação oficial em Medicina Legal e Perícia Médica, sendo inalienável a *expertise* profissional no campo jurídico e administrativo.

Vejamos algumas situações para que o perito faça exercício de reflexão individual, considerando a RESOLUÇÃO CFM N. 1931/2009 — Publicada no D.O.U. de 24 de setembro de 2009, Seção I, p. 90 — Código de Ética Médica.

---

(36) Resolução CFM n. 1.666/2003, somente foi regulamentada em 2006.

(37) TST. Tribunal Superior do Trabalho n. Recurso n. AI-1245/2001.00, Magistrado Responsável Ministro Milton de Moura França n. Sentença AIRR-772514/2001 Laudo Pericial — Livre Apreciação pelo Magistrado — Inteligência do art. 436 do CPC. Consignado, portanto, pelo TRT, que o Juízo de primeiro grau desconsiderou a perícia realizada e fundamentou à saciedade sua decisão, de existência de insalubridade, não há que se falar em violação do art. 436 do CPC... Agravo de instrumento não provido.

Capítulo I

PRINCÍPIOS FUNDAMENTAIS

I — A Medicina é uma profissão **a serviço da saúde do ser humano e da coletividade** e será exercida sem discriminação de nenhuma natureza.

II — O alvo de toda a atenção do médico é a saúde do ser humano, **em benefício da qual deverá agir com o máximo de zelo e o melhor de sua capacidade profissional**.

Capítulo II

DIREITOS DOS MÉDICOS

É direito do médico:

II — **Indicar o procedimento adequado ao paciente**, observadas as práticas cientificamente reconhecidas e **respeitada a legislação vigente**.

Capítulo III

RESPONSABILIDADE PROFISSIONAL

É vedado ao médico:

Art. 1º Causar dano ao paciente, por ação ou **omissão**, caracterizável como imperícia, imprudência ou negligência.

Parágrafo único. A responsabilidade médica é sempre pessoal e não pode ser presumida.

Art. 17. Deixar de cumprir, **salvo por motivo justo**, as normas emanadas dos Conselhos Federal e Regionais de Medicina e de atender às suas requisições administrativas, intimações ou notificações no prazo determinado.

Art. 21. **Deixar de colaborar com as autoridades** sanitárias ou infringir a legislação pertinente.

Capítulo IX

SIGILO PROFISSIONAL

É vedado ao médico:

Art. 73. Revelar fato de que tenha conhecimento em virtude do exercício de sua profissão, **salvo por motivo justo**, dever legal ou consentimento, por escrito, do paciente.

Parágrafo único. Permanece essa proibição: a) mesmo que o fato seja de conhecimento público ou o paciente tenha falecido; b) quando de seu depoimento como testemunha. Nessa hipótese, o médico comparecerá perante a autoridade e declarará seu impedimento; c) na investigação de suspeita de crime, o médico estará impedido de revelar segredo que possa expor o paciente a processo penal.

Pergunto:

1 — Constitui motivo justo, **o médico** assistente alertar Autoridade de Trânsito, visando preservar o próprio indivíduo e toda a coletividade diante do risco iminente deste manter habilitação para direção veicular, tendo em vista tratar-se de Alcoolista Crônico com recorrentes crises de agudização (diárias) e não aderência a acompanhamento especializado, tampouco de demonstrar que segue às orientações, para enquanto não estabilizado? Orientar Autoridade de Trânsito que se este indivíduo deixar de dirigir veículo automotor, sugerindo que esta verifique a possibilidade de reavaliar quanto a propriedade deste manter-se com habilitação para direção veicular, determinando encaminhamento para exame médico pericial especializado por Perito Médico do órgão de Trânsito, visando rever quanto a aptidão física e mental é dever do médico assistente?

2 — Constitui motivo justo, o **Perito Médico do INSS** alertar Autoridade de Trânsito, visando preservar o próprio indivíduo e toda a coletividade diante do risco iminente deste manter habilitação para direção veicular, tendo em vista tratar-se de Alcoolista Crônico com recorrentes crises de agudização (diárias) e não aderência a acompanhamento especializado, tampouco de demonstrar que segue às orientações, para enquanto não estabilizado? Orientar Autoridade de Trânsito que se este indivíduo deixar de dirigir veículo automotor, sugerindo que esta verifique a possibilidade de reavaliar quanto a propriedade deste manter-se com habilitação para direção veicular, determinando encaminhamento para exame médico pericial especializado por Perito Médico do órgão de Trânsito, visando rever quanto a aptidão física e mental é dever do Perito Médico do INSS?

3 — Se tais médicos deram tais providências, é certo que houve infração ética profissional nos dois casos?

7.5. EFEITOS DO LAUDO PERICIAL MÉDICO

O laudo pericial médico é de grande importância em diversas situações, a ponto da Lei — CC (Código Civil), assim definir:

Art. 231. Aquele que se nega a submeter-se a exame médico necessário não poderá aproveitar-se de sua recusa.

Art. 232. A recusa à perícia ordenada pelo juiz poderá suprir prova que se pretendia obter com o exame.

Apesar disso, de acordo com o art. 436 do CPC, o juiz não está adstrito ao laudo pericial, podendo formar a sua livre convicção com outros elementos ou fatos provados nos autos. Esse dispositivo também é corolário do princípio da livre persuasão racional, por meio do qual o juiz é livre para apreciar os elementos probatórios produzidos nos autos, devendo, apenas, atentar para os fatos e circunstâncias em torno dos quais gira a relação jurídica controvertida e indicar os motivos que lhe formaram o convencimento (art. 131 do CPC).

Também de importância na prática da Perícia Médica, entre outros artigos do Código de Processo Civil, enfatizamos como de utilidade se ter o conhecimento para quem atua em perícia médica os seguintes:

Art. 33. Cada parte pagará a remuneração do assistente técnico que houver indicado; a do perito será paga pela parte que houver requerido o exame, ou pelo autor, quando requerido por ambas as partes, ou determinado de ofício pelo juiz.

Art. 145. § 2º: Os peritos comprovarão sua especialidade na matéria sobre que deverão opinar, mediante certidão do órgão profissional em que estiverem inscritos.

Art. 334. Não dependem de prova os fatos: I — notórios; II — afirmados por uma parte e confessados pela parte contrária; III — admitidos, no processo, como incontroversos; IV — em cujo favor milita presunção legal de existência ou de veracidade.

Art. 335. Em falta de normas jurídicas particulares, o juiz aplicará as regras de experiência comum subministradas pela observação do que ordinariamente acontece e ainda as regras da experiência técnica, ressalvado, quanto a esta, o exame pericial.

Art. 421. O juiz nomeará o perito, fixando de imediato o prazo para entrega do laudo. § 1º Incumbe às partes, dentro de cinco dias, contados da intimação do despacho de nomeação do perito: I — indicar o assistente técnico; II — apresentar quesitos (...)

Art. 429. Para o desempenho de sua função, podem o perito e os assistentes técnicos utilizar-se de todos os meios necessários, ouvindo testemunhas, obtendo informações, solicitando documentos que estejam em poder da parte ou em repartições públicas bem como instruir o Laudo com plantas, desenhos, fotografias e outras quaisquer peças.

Art. 437. (...) O juiz poderá determinar, de ofício ou a requerimento da parte, a realização de nova perícia, quando a matéria não lhe parecer suficientemente esclarecida.

Art. 438. (...) A segunda perícia tem por objetivo os mesmos fatos sobre que recaiu a primeira e destina-se a corrigir eventual omissão ou inexatidão dos resultados a que esta conduziu.

Art. 439. (...) Parágrafo único. A segunda perícia não substitui a primeira, cabendo ao juiz apreciar livremente o valor de uma e outra.

Novo CPC: LEI N. 13.105, DE 16 DE MARÇO DE 2015.

• Art. 82. Salvo as disposições concernentes à gratuidade da justiça, incumbe às partes prover as despesas dos atos que realizarem ou requererem no processo, antecipando-lhes o pagamento, desde o início até a sentença final ou, na execução, até a plena satisfação do direito reconhecido no título. § 1º Incumbe ao autor adiantar as despesas relativas a ato cuja realização o juiz determinar de ofício ou a requerimento do Ministério Público, quando sua intervenção ocorrer como fiscal da ordem jurídica. § 2º A sentença condenará o vencido a pagar ao vencedor as despesas que antecipou.

• Art. 84. As despesas abrangem as custas dos atos do processo, a indenização de viagem, a remuneração do assistente técnico e a diária de testemunha.

• Art. 91. § 1º As perícias requeridas pela Fazenda Pública, pelo Ministério Público ou pela Defensoria Pública poderão ser realizadas por entidade pública ou, havendo previsão orçamentária, ter os valores adiantados por aquele que requerer a prova. § 2º Não havendo previsão orçamentária no exercício financeiro para adiantamento dos honorários periciais, eles serão pagos no exercício seguinte ou ao final, pelo vencido, caso o processo se encerre antes do adiantamento a ser feito pelo ente público.

• Art. 95. Cada parte adiantará a remuneração do assistente técnico que houver indicado, sendo a do perito adiantada pela parte que houver requerido a perícia ou rateada quando a perícia for determinada de ofício ou requerida por ambas as partes. § 1º O juiz poderá determinar que a parte responsável pelo pagamento dos honorários do perito deposite em juízo o valor correspondente. § 2º A quantia recolhida em depósito bancário à ordem do juízo será corrigida monetariamente e paga de acordo com o art. 465, § 4º. § 3º Quando o pagamento da perícia for de responsabilidade de beneficiário de gratuidade da justiça, ela poderá ser: I — custeada com recursos alocados no orçamento do ente público e realizada por servidor do Poder Judiciário ou por órgão público conveniado; II — paga com recursos alocados no orçamento da União, do Estado ou do Distrito Federal, no caso de ser realizada por particular, hipótese em que o valor será fixado conforme tabela do tribunal respectivo ou, em caso de sua omissão, do Conselho Nacional de Justiça. § 4º Na hipótese do § 3º, o juiz, após o trânsito em julgado da decisão final, oficiará a Fazenda Pública para que promova, contra quem tiver sido condenado ao pagamento das despesas processuais, a execução dos valores gastos com a perícia particular ou com a utilização de servidor público ou da estrutura de órgão público, observando-se, caso o responsável pelo pagamento das despesas seja beneficiário de gratuidade da justiça, o disposto no art. 98, § 2º. § 5º Para fins de aplicação do § 3º, é vedada a utilização de recursos do fundo de custeio da Defensoria Pública.

• Art. 144. Há impedimento do juiz, sendo-lhe vedado exercer suas funções no processo: I — em que interveio como mandatário da parte, oficiou como perito, funcionou como membro do Ministério Público ou prestou depoimento como testemunha; II — de que conheceu em outro grau de jurisdição, tendo proferido decisão; III — quando nele estiver postulando, como defensor público, advogado ou membro do Ministério Público, seu cônjuge ou companheiro, ou qualquer parente, consanguíneo ou afim, em linha reta ou colateral, até o terceiro grau, inclusive; IV — quando for parte no processo ele próprio, seu cônjuge ou companheiro, ou parente, consanguíneo ou afim, em linha reta ou colateral, até o terceiro grau, inclusive; V — quando for sócio ou membro de direção ou de administração de pessoa jurídica parte no processo; VI — quando for herdeiro presuntivo, donatário ou empregador de qualquer das partes; VII — em que figure como parte instituição de ensino com a qual tenha relação de emprego ou decorrente de contrato de prestação de serviços; VIII — em que figure como parte cliente do escritório de advocacia de seu cônjuge, companheiro ou parente, consanguíneo ou afim, em linha reta ou colateral, até o terceiro grau, inclusive, mesmo que patrocinado por advogado de outro escritório; IX — quando promover ação contra a parte ou seu advogado. § 1º Na hipótese do inciso III, o impedimento só se verifica quando o defensor público, o advogado ou o membro do Ministério Público já integrava o processo antes do início da atividade judicante do juiz. § 2º É vedada a criação de fato superveniente a fim de caracterizar impedimento do juiz. § 3º O impedimento previsto no inciso III também se verifica no caso de mandato conferido a membro de escritório de advocacia que tenha em seus quadros advogado que individualmente ostente a condição nele prevista, mesmo que não intervenha diretamente no processo.

• Art. 145. Há suspeição do juiz: I — amigo íntimo ou inimigo de qualquer das partes ou de seus advogados; II — que receber presentes de pessoas que tiverem interesse na causa antes ou depois de iniciado o processo, que aconselhar alguma das partes acerca do objeto da causa ou que subministrar meios para atender às despesas do litígio; III — quando qualquer das partes for sua credora ou devedora, de seu cônjuge ou companheiro ou de parentes destes, em linha reta até o terceiro grau, inclusive; IV — interessado no julgamento do processo em favor de qualquer das partes. § 1º Poderá o juiz declarar-se suspeito por motivo de foro íntimo, sem necessidade de declarar suas razões.

• Art. 148. Aplicam-se os motivos de impedimento e de suspeição: I — ao membro do Ministério Público; II — aos auxiliares da justiça; III — aos demais sujeitos imparciais do processo. § 2º O juiz mandará processar o incidente em separado e sem suspensão do processo, ouvindo o arguido no prazo de 15 (quinze) dias e facultando a produção de prova, quando necessária.

• Art. 149. São auxiliares da Justiça, além de outros cujas atribuições sejam determinadas pelas normas de organização judiciária, o escrivão, o chefe de secretaria, o oficial de justiça, o perito, o depositário, o administrador, o intérprete, o tradutor, o mediador, o conciliador judicial, o partidor, o distribuidor, o contabilista e o regulador de avarias.

• Art. 156. O juiz será assistido por perito quando a prova do fato depender de conhecimento técnico ou científico. § 1º Os peritos serão nomeados entre os profissionais legalmente habilitados e os órgãos técnicos ou científicos devidamente inscritos em cadastro mantido pelo tribunal ao qual o juiz está vinculado. § 2º Para formação do cadastro, os tribunais devem realizar consulta pública, por meio de divulgação na rede mundial de computadores ou em jornais de grande circulação, além de consulta direta a universidades, a conselhos de classe, ao Ministério Público, à Defensoria Pública e à Ordem dos Advogados do Brasil, para a indicação de profissionais ou de órgãos técnicos interessados. § 3º Os tribunais realizarão avaliações e reavaliações periódicas para manutenção do cadastro, considerando a formação profissional, a atualização do conhecimento e a experiência dos peritos interessados. § 4º Para verificação de eventual impedimento ou motivo de suspeição, nos termos dos arts. 148 e 467, o órgão técnico ou científico nomeado para realização da perícia informará ao juiz os nomes e os dados de qualificação dos profissionais que participarão da atividade. § 5º Na localidade onde não houver inscrito no cadastro disponibilizado pelo tribunal, a nomeação do perito é de livre escolha pelo juiz e deverá recair sobre profissional ou órgão técnico ou científico comprovadamente detentor do conhecimento necessário à realização da perícia.

• Art. 157. O perito tem o dever de cumprir o ofício no prazo que lhe designar o juiz, empregando toda sua diligência, podendo escusar-se do encargo alegando motivo legítimo. § 2º Será organizada lista de peritos na vara ou na secretaria, com disponibilização dos documentos exigidos para habilitação à consulta de interessados, para que a nomeação seja distribuída de modo equitativo, observadas a capacidade técnica e a área de conhecimento.

• Art. 158. O perito que, por dolo ou culpa, prestar informações inverídicas responderá pelos prejuízos que causar à parte e ficará inabilitado para atuar em outras perícias no prazo de 2 (dois) a 5 (cinco) anos, independentemente das demais sanções previstas em lei, devendo o juiz comunicar o fato ao respectivo órgão de classe para adoção das medidas que entender cabíveis.

• Art. 349. Ao réu revel será lícita a produção de provas, contrapostas às alegações do autor, desde que se faça representar nos autos a tempo de praticar os atos processuais indispensáveis a essa produção.

• Art. 361. As provas orais serão produzidas em audiência, ouvindo-se nesta ordem, preferencialmente: I — o perito e os assistentes técnicos, que responderão aos quesitos de esclarecimentos requeridos no prazo e na forma do art. 477, caso não respondidos anteriormente por escrito; Parágrafo único. Enquanto depuserem o perito, os assistentes técnicos, as partes e as testemunhas, não poderão os advogados e o Ministério Público intervir ou apartear, sem licença do juiz.

• Art. 369. As partes têm o direito de empregar todos os meios legais, bem como os moralmente legítimos, ainda que não especificados neste Código, para provar a verdade dos fatos em que se funda o pedido ou a defesa e influir eficazmente na convicção do juiz.

• Art. 370. Caberá ao juiz, de ofício ou a requerimento da parte, determinar as provas necessárias ao julgamento do mérito. Parágrafo único. O juiz indeferirá, em decisão fundamentada, as diligências inúteis ou meramente protelatórias.

• Art. 371. O juiz apreciará a prova constante dos autos, independentemente do sujeito que a tiver promovido, e indicará na decisão as razões da formação de seu convencimento.

• Art. 372. O juiz poderá admitir a utilização de prova produzida em outro processo, atribuindo-lhe o valor que considerar adequado, observado o contraditório.

• Art. 373. O ônus da prova incumbe: I — ao autor, quanto ao fato constitutivo de seu direito; II — ao réu, quanto à existência de fato impeditivo, modificativo ou extintivo do direito do autor. § 1º Nos casos previstos em lei ou diante de peculiaridades da causa relacionadas à impossibilidade ou à excessiva dificuldade de cumprir o encargo nos termos do *caput* ou à maior facilidade de obtenção da prova do fato contrário, poderá o juiz atribuir o ônus da prova de modo diverso, desde que o faça por decisão fundamentada, caso em que deverá dar à parte a oportunidade de se desincumbir do ônus que lhe foi atribuído. § 2º A decisão prevista no § 1o deste artigo não pode gerar situação em que a desincumbência do encargo pela parte seja impossível ou excessivamente difícil. § 3º A distribuição diversa do ônus da prova também pode ocorrer por convenção das partes, salvo quando: I — recair sobre direito indisponível da parte; II — tornar excessivamente difícil a uma parte o exercício do direito.

• Art. 375. O juiz aplicará as regras de experiência comum subministradas pela observação do que ordinariamente acontece e, ainda, as regras de experiência técnica, ressalvado, quanto a estas, o exame pericial.

• Art. 381. A produção antecipada da prova será admitida nos casos em que: I — haja fundado receio de que venha a tornar-se impossível ou muito difícil a verificação de certos fatos na pendência da ação; II — a prova a ser produzida seja suscetível de viabilizar a autocomposição ou outro meio adequado de solução de conflito; III — o prévio conhecimento dos fatos possa justificar ou evitar o ajuizamento de ação. [...] § 2º A produção antecipada da prova é da competência do juízo do foro onde esta deva ser produzida ou do foro de domicílio do réu.

• Art. 443. O juiz indeferirá a inquirição de testemunhas sobre fatos: [...] II — que só por documento ou por exame pericial puderem ser provados.

• Art. 447. Podem depor como testemunhas todas as pessoas, exceto as incapazes, impedidas ou suspeitas. § 1º São incapazes: I — o interdito por enfermidade ou deficiência mental; II — o que, acometido por enfermidade ou retardamento mental, ao tempo em que ocorreram os fatos, não podia discerni-los, ou, ao tempo em que deve depor, não está habilitado a transmitir as percepções; [...] IV — o cego e o surdo, quando a ciência do fato depender dos sentidos que lhes faltam.

• Art. 464. A prova pericial consiste em exame, vistoria ou avaliação. § 1º O juiz indeferirá a perícia quando: I — a prova do fato não depender de conhecimento especial de técnico; II — for desnecessária em vista de outras provas produzidas; III — a verificação for impraticável. § 2º De ofício ou a requerimento das partes, o juiz poderá, em substituição à perícia, determinar a produção de prova técnica simplificada, quando o ponto controvertido for de menor complexidade. § 3º A prova técnica simplificada consistirá apenas na inquirição de especialista, pelo juiz, sobre ponto controvertido da causa que demande especial conhecimento científico ou técnico. § 4º Durante a arguição, o especialista, que deverá ter formação acadêmica específica na área objeto de seu depoimento, poderá valer-se de qualquer recurso tecnológico de transmissão de sons e imagens com o fim de esclarecer os pontos controvertidos da causa.

• Art. 465. O juiz nomeará perito especializado no objeto da perícia e fixará de imediato o prazo para a entrega do laudo. § 1º Incumbe às partes, dentro de 15 (quinze) dias contados da intimação do despacho de nomeação do perito: I — arguir o impedimento ou a suspeição do perito, se for o caso; II — indicar assistente técnico; III — apresentar quesitos. § 2º Ciente da nomeação, o perito apresentará em 5 (cinco) dias: I — proposta de honorários; II — currículo, com comprovação de especialização; III — contatos profissionais, em especial o endereço eletrônico, para onde serão dirigidas as intimações pessoais. § 3º As partes serão intimadas da proposta de honorários para, querendo, manifestar-se no prazo comum de 5 (cinco) dias, após o que o juiz arbitrará o valor, intimando-se as partes para os fins do art. 95. § 4º O juiz poderá autorizar o pagamento de até cinquenta por cento dos honorários arbitrados a favor do perito no início dos trabalhos, devendo o remanescente ser pago apenas ao final, depois de entregue o laudo e prestados todos os esclarecimentos necessários. § 5º Quando a perícia for inconclusiva ou deficiente, o juiz poderá reduzir a remuneração inicialmente arbitrada para o trabalho. § 6º Quando tiver de realizar-se por carta, poder-se-á proceder à nomeação de perito e à indicação de assistentes técnicos no juízo ao qual se requisitar a perícia.

• Art. 466. O perito cumprirá escrupulosamente o encargo que lhe foi cometido, independentemente de termo de compromisso. § 1º Os assistentes técnicos são de confiança da parte e não estão sujeitos a impedimento ou suspeição. § 2º O perito deve assegurar aos assistentes das partes o acesso e o acompanhamento das diligências e dos exames que realizar, com prévia comunicação, comprovada nos autos, com antecedência mínima de 5 (cinco) dias.

• Art. 467. O perito pode escusar-se ou ser recusado por impedimento ou suspeição. Parágrafo único. O juiz, ao aceitar a escusa **ou ao julgar procedente a impugnação**, nomeará novo perito.

• Art. 468. O perito pode ser substituído quando: I — faltar-lhe conhecimento técnico ou científico; [...] II — sem motivo legítimo, deixar de cumprir o encargo no prazo que lhe foi assinado. § 1º No caso previsto no inciso II, o juiz comunicará a ocorrência à corporação profissional respectiva, podendo, ainda, impor multa ao perito, fixada tendo em vista o valor da causa e o possível prejuízo decorrente do atraso no processo. § 2º O perito substituído restituirá, no prazo de 15 (quinze) dias, os valores recebidos pelo trabalho não realizado, sob pena de ficar impedido de atuar como perito judicial pelo prazo de 5 (cinco) anos. § 3º Não ocorrendo a restituição voluntária de que trata o § 2º, a parte que tiver realizado o adiantamento dos honorários poderá promover execução contra o perito, na forma dos arts. 513 e seguintes deste Código, com fundamento na decisão que determinar a devolução do numerário.

• Art. 469. As partes poderão apresentar quesitos suplementares durante a diligência, que poderão ser respondidos pelo perito previamente ou na audiência de instrução e julgamento. Parágrafo único. O escrivão dará à parte contrária ciência da juntada dos quesitos aos autos.

• Art. 470. Incumbe ao juiz: I — indeferir quesitos impertinentes; II — formular os quesitos que entender necessários ao esclarecimento da causa.

• Art. 471. As partes podem, de comum acordo, escolher o perito, indicando-o mediante requerimento, desde que: I — sejam plenamente capazes; II — a causa possa ser resolvida por autocomposição. § 1º As partes, ao escolher o perito, já devem indicar os respectivos assistentes técnicos para acompanhar a realização da perícia, que se realizará em data e local previamente anunciados. § 2º O perito e os assistentes técnicos devem entregar, respectivamente, laudo e pareceres em prazo fixado pelo juiz. § 3º A perícia consensual substitui, para todos os efeitos, a que seria realizada por perito nomeado pelo juiz.

• Art. 472. O juiz poderá dispensar prova pericial quando as partes, na inicial e na contestação, apresentarem, sobre as questões de fato, pareceres técnicos ou documentos elucidativos que considerar suficientes.

• Art. 473. O laudo pericial deverá conter: I — a exposição do objeto da perícia; II — a análise técnica ou científica realizada pelo perito; III — a indicação do método utilizado, esclarecendo-o e demonstrando ser predominantemente aceito pelos especialistas da área do conhecimento da qual se originou; IV — resposta conclusiva a todos os quesitos apresentados pelo juiz, pelas partes e pelo órgão do Ministério Público. § 1º No laudo, o perito deve apresentar sua fundamentação em linguagem simples e com coerência lógica, indicando como alcançou suas conclusões. § 2º É vedado ao perito ultrapassar os limites de sua designação, bem como emitir opiniões pessoais que excedam o exame técnico ou científico do objeto da perícia. § 3º Para o desempenho de sua função, o perito e os assistentes técnicos podem valer-se de todos os meios necessários, ouvindo testemunhas, obtendo informações, solicitando documentos que estejam em poder da parte, de terceiros ou em repartições públicas, bem como instruir o laudo com planilhas, mapas, plantas, desenhos, fotografias ou outros elementos necessários ao esclarecimento do objeto da perícia.

• Art. 474. As partes terão ciência da data e do local designados pelo juiz ou indicados pelo perito para ter início a produção da prova.

• Art. 475. Tratando-se de perícia complexa que abranja mais de uma área de conhecimento especializado, o juiz poderá nomear mais de um perito, e a parte, indicar mais de um assistente técnico.

• Art. 476. Se o perito, por motivo justificado, não puder apresentar o laudo dentro do prazo, o juiz poderá conceder-lhe, por uma vez, prorrogação pela metade do prazo originalmente fixado.

• Art. 477. O perito protocolará o laudo em juízo, no prazo fixado pelo juiz, pelo menos 20 (vinte) dias antes da audiência de instrução e julgamento. § 1º As partes serão intimadas para, querendo, manifestar-se sobre o laudo do perito do juízo no prazo comum de 15 (quinze) dias, podendo o assistente técnico de cada uma das partes, em igual prazo, apresentar seu respectivo parecer. § 2º O perito do juízo tem o dever de, no prazo de 15 (quinze) dias, esclarecer ponto: I — sobre o qual exista divergência ou dúvida de qualquer das partes, do juiz ou do órgão do Ministério Público; II — divergente apresentado no parecer do assistente técnico da parte. § 3º Se ainda houver necessidade de esclarecimentos, a parte requererá ao juiz que mande intimar o perito ou o assistente técnico a comparecer à audiência de instrução e julgamento, formulando, desde logo, as perguntas, sob forma de quesitos. § 4º O perito ou o assistente técnico será intimado por meio eletrônico, com pelo menos 10 (dez) dias de antecedência da audiência.

• Art. 478. Quando o exame tiver por objeto a autenticidade ou a falsidade de documento ou for de natureza médico-legal, o perito será escolhido, de preferência, entre os técnicos dos estabelecimentos oficiais especializados, a cujos diretores o juiz autorizará a remessa dos autos, bem como do material sujeito a exame. § 1º Nas hipóteses de gratuidade de justiça, os órgãos e as repartições oficiais deverão cumprir a determinação judicial com preferência, no prazo estabelecido. § 2º A prorrogação do prazo referido no § 1º pode ser requerida motivadamente.

• Art. 479. O juiz apreciará a prova pericial de acordo com o disposto no art. 371, indicando na sentença os motivos que o levaram a considerar ou a deixar de considerar as conclusões do laudo, levando em conta o método utilizado pelo perito.

• Art. 480. O juiz determinará, de ofício ou a requerimento da parte, a realização de nova perícia quando a matéria não estiver suficientemente esclarecida. § 1º A segunda perícia tem por objeto os mesmos fatos sobre os quais recaiu a primeira e destina-se a corrigir eventual omissão ou inexatidão dos resultados a que esta conduziu. § 2º A segunda perícia rege-se pelas disposições estabelecidas para a primeira. § 3º A segunda perícia não substitui a primeira, cabendo ao juiz apreciar o valor de uma e de outra.

• Art. 481. O juiz, de ofício ou a requerimento da parte, pode, em qualquer fase do processo, inspecionar pessoas ou coisas, a fim de se esclarecer sobre fato que interesse à decisão da causa.

• Art. 482. Ao realizar a inspeção, o juiz poderá ser assistido por um ou mais peritos.

• Art. 483. O juiz irá ao local onde se encontre a pessoa ou a coisa quando: I — julgar necessário para a melhor verificação ou interpretação dos fatos que deva observar; [...]. Parágrafo único. As partes têm sempre direito a assistir à inspeção, prestando esclarecimentos e fazendo observações que considerem de interesse para a causa.

• Art. 484. Concluída a diligência, o juiz mandará lavrar auto circunstanciado, mencionando nele tudo quanto for útil ao julgamento da causa. Parágrafo único. O auto poderá ser instruído com desenho, gráfico ou fotografia.

- Art. 753. Decorrido o prazo previsto no art. 752, o juiz determinará a produção de prova pericial para avaliação da capacidade do interditando para praticar atos da vida civil. § 1º A perícia pode ser realizada por equipe composta por expertos com formação multidisciplinar. § 2º O laudo pericial indicará especificadamente, se for o caso, os atos para os quais haverá necessidade de curatela.

- Art. 756. Levantar-se-á a curatela quando cessar a causa que a determinou. § 2º O juiz nomeará perito ou equipe multidisciplinar para proceder ao exame do interdito e designará audiência de instrução e julgamento após a apresentação do laudo.

Do Código de Processo Penal, temos como de maior interesse os seguintes artigos:

Do Exame do Corpo de Delito e das Perícias em Geral:

- Art. 158. Quando a infração deixar vestígios, será indispensável o exame de corpo de delito, direto ou indireto, não podendo supri-lo a confissão do acusado.

- Art. 159. Os exames de corpo de delito e as outras perícias serão feitos por dois peritos oficiais.

- Falsidade Ideológica — Falsificação de Documento Público — Falsidade material:

- Art. 160. Os peritos elaborarão o laudo pericial, onde descreverão minuciosamente o que examinarem, e respondendo aos quesitos formulados.

- Art. 297. Falsificar, no todo ou em parte, documento público, ou alterar documento público verdadeiro: Pena — reclusão, de dois a seis anos, e multa. § 1º Se o agente é funcionário público, e comete o crime prevalecendo-se do cargo, aumenta-se a pena de sexta parte. § 2º Para efeitos penais, equiparam-se a documento público o emanado de entidade paraestatal, o título ao portador ou transmissível por endosso, as ações de sociedade comercial, os livros mercantis e o testamento particular.

Falsificação de Documento Particular — Falsidade Material:

- Art. 298. Falsificar, no todo ou em parte, documento particular ou alterar documento particular verdadeiro: Pena — reclusão, de um a cinco anos, e multa.

- Art. 299. Omitir, em documento público ou particular, declaração que dele devia constar, ou nele inserir ou fazer inserir declaração falsa ou diversa da que devia ser escrita, com o fim de prejudicar direito, criar obrigação ou alterar a verdade sobre fato juridicamente relevante: Pena — reclusão, de um a cinco anos, e multa. Parágrafo único. Se o agente é funcionário, e comete o crime prevalecendo-se do cargo, ou se a falsificação ou alteração é de assentamento de registro civil, aumenta-se a pena de sexta parte.

- Art. 302. Dar o médico, no exercício da sua profissão, atestado falso: Pena — detenção, de um mês a um ano.

Falsa Perícia

- Art. 342. Fazer afirmação falsa, ou negar ou calar a verdade, como testemunha, perito, tradutor ou intérprete em processo judicial, policial ou administrativo, ou em juízo arbitral: Pena — reclusão, de um a três anos, e multa. § 1º Se o crime é cometido com o fim de obter prova destinada a produzir efeito em processo penal: Pena — reclusão, de dois a seis anos, e multa. § 2º As penas aumentam-se de um terço, se o crime é praticado mediante suborno. § 3º O fato deixa de ser punível, se, antes da sentença, o agente se retrata ou declara a verdade.

Na esfera trabalhista, temos a Lei n. 5.584/1970:

- Art. 3º "Os exames periciais serão realizados por perito único designado pelo juiz, que fixará o prazo para entrega do laudo". Parágrafo único. Permitir-se-á a cada parte a indicação de um assistente, cujo laudo terá que ser apresentado no mesmo prazo assinalado para o perito.

- Reforma trabalhista —

Art. 790-B. "A responsabilidade pelo pagamento dos honorários periciais é da parte sucumbente na pretensão objeto da perícia, ainda que beneficiária da justiça gratuita.

§ 1º Ao fixar o valor dos honorários periciais, o juízo deverá respeitar o limite máximo estabelecido pelo Conselho Superior da Justiça do Trabalho.

§ 2º O juízo poderá deferir parcelamento dos honorários periciais.

§ 3º O juízo não poderá exigir adiantamento de valores para realização de perícias.

§ 4º Somente no caso em que o beneficiário da justiça gratuita não tenha obtido em juízo créditos capazes de suportar a despesa referida no *caput*, ainda que em outro processo, a União responderá pelo encargo."

Nota: Recomendamos leitura complementar:

— Código de Processo Civil — CPC — Lei n. 5.869, de 11.1.1973; Novo CPC: Lei n. 13.105, de 16.03.2015.

— Código de Processo Penal — CPP — Dec.-lei n. 3.689, de 03.10.1941;

— Consolidação das Leis do Trabalho — CLT — Decreto-lei n. 5.452, de 1º.05.1943.

Capítulo 8

RELAÇÃO ENTRE MEDICINA E DIREITO

A primeira finalidade no estabelecimento da relação entre as ciências médicas e jurídicas está na caracterização do NEXO desde a antiguidade, como vimos no Capítulo 3.

Antes de avançarmos, se faz necessário considerar que há diferenças conceituais sobre nexo entre o ponto de vista Jurídico e Técnico Médico.

Tem-se que Nexo Jurídico pode ser compreendido como o liame que une a conduta do agente ao dano. Logo, isso não cabe ao Perito Médico. Assim, quando chamado a aplicar o conceito de Nexo não pode entendê-lo como sinônimo de Nexo de Imputação do Fato, visto que o Perito Médico não julga e não pode imputar ou tipificar fato às partes!

Da mesma forma, os Magistrados devem entender que a indicação de Nexo manifestada pelo Perito Médico não se refere à ligação do ato jurídico ao fato, mas, sim, ao evento com a fisiopatologia da lesão, sequela ou doença — dano, considerando inclusive os agravos para efeito. Nada considera sobre a conduta do agente — fato jurídico.

Destarte, o Perito Médico deve considerar, sim, se o evento ocorrido foi causador, de forma direta ou indireta, de uma lesão, sequela ou doença — dano, considerando no seu mister se há **NEXO TÉCNICO**. Ou seja, se o fator causal foi diretamente relacionado, classifica-o como NEXO DE CAUSA, mas se foi indiretamente contributivo ou agravo, classifica-o como NEXO DE CONCAUSA. Ainda, se do ponto de vista da técnica médica entender que não houve afetação, nem direta, nem indireta, diz que NÃO SE ESTABELECEU O NEXO CAUSAL E/OU CONCAUSAL.

Reitero: — Sempre deve fazê-lo sem se ater à conduta do agente!

O Perito Médico imparcial nada considera sobre atos de negligência, imprudência ou imperícia (elementos tipificadores ou excludentes de culpa), pois tal caracterização não é da alçada médica, mas sim do juízo e/ou dos designadores da avaliação pericial.

O Perito Médico não pode adentrar ao campo jurídico, mas é certo que deve conhecê-lo, até com algum detalhamento, porém, deverá restringir sua atuação exclusivamente ao campo da técnica médica. Isso é o que garante a imparcialidade!

Assim, toda a atenção é necessária para o devido entendimento da ponderação de nexo, pois, embora possa parecer tênue a diferença entre a conceituação jurídica e a da técnica médica, constata-se que ela existe e que a exclusão de uma não torna necessária a da outra.

Portanto, se o Perito Médico conclui que "não há nexo", não determina e/ou vincula o Magistrado a excluí-lo, visto que o nexo técnico não guarda relação obrigatória com o jurídico. Pois, do ponto de vista do Direito, pode-se concluir que na causa específica "há nexo", por ser fato que a verificação judicial é uma interpretação aproximada da vontade das partes e deve se pautar pelos princípios da boa-fé e da conduta previsível (CC, art. 422), aspectos estes que a técnica médica não adentra e não deve adentrar e o Perito Médico aponta que "não há nexo".

Na Justiça Trabalhista, por exemplo, sob os aspectos jurídicos, pode-se dizer que nos acidentes causados por culpa exclusiva da vítima, caso fortuito, força maior ou fato de terceiro, opta-se pela inexistência de nexo

MANUAL DE INICIAÇÃO & CONCEITOS EM PERÍCIAS MÉDICAS ◀ **103**

do evento com o desenvolvimento da atividade da empresa ou com a conduta do empregador, já que se exclui da responsabilidade pela falta da culpa. Nesta mesma justiça, fazendo-se a leitura pela técnica médica, ressaltando que não cabe ao Perito Médico ponderar sobre responsabilidades, seja por culpa seja dolo, a conclusão quanto ao nexo poderá ser outra.

A diferença surge por ser clássico o entendimento jurídico de que não se vislumbra o nexo quando inexistir culpa daquele que é apontado como o causador do dano. Assim, se o Perito Médico utilizasse o mesmo conceito ao expressar sua conclusão sobre nexo, estaria a manifestar o seu julgamento, o que seria inadmissível.

Por certo que, deste raciocínio jurídico, se extrai a razão pela qual, nas hipóteses de exclusão do nexo quando da culpa da vítima, caso fortuito, força maior ou fato de terceiro, muitas decisões negam a indenização, adotando como fundamento a ausência de culpa do empregador, embora ao critério médico o evento técnico se relacione com possível lesão, sequela e doença — dano.

Ao Perito Médico, leigo em Direito, não importa qual das partes tem culpa, por dever de imparcialidade para bem elaborar a prova técnica que apresentará ao Magistrado e mesmo convencido de que um determinado evento acidentário foi causador de lesão, sequela ou doença — dano, de fato, guarde nexo técnico e, até nexo jurídico, de causa e/ou concausal com o evento ocorrido, não deve se manifestar sobre quem deu causa.

Exemplificando, podemos demonstrar que no caso de um trabalhador que sofre amputação decorrente de um acidente de trajeto (atropelado ao atravessar a rua), a lesão sofrida guarda nexo causal técnico com o labor, todavia, do ponto de vista jurídico, não há vinculação da empresa a culpa ou dolo — não há nexo jurídico.

Assim, deve o Perito Médico elaborar o laudo considerando o nexo do ponto de vista técnico, apresentando esta prova técnica de forma clara, permitindo ao Magistrado, por livre persuasão, concluir se há nexo jurídico para imputação às partes, quer seja por culpa (negligência, imprudência ou imperícia) ou até por dolo!

De tal modo, toda atenção é necessária nesta leitura. Vejamos: "Se o 'causador' do acidente de trabalho com lesão ou morte foi o próprio acidentado, juridicamente falar-se-á em rompimento do nexo causal ou do nexo de imputação do fato ao empregador"; se esta citação for lida por um Operador do Direito, poderá concluir que não há nexo causal, por não ter havido, por parte da empresa, negligência, imprudência ou imperícia, concluindo pela falta de culpa. Porém, se lido por um Perito Médico, concluirá que há nexo causal entre o evento ocorrido e a lesão ou morte, mas não indicará nada sobre culpa.

Sem que possamos indicar surpresa, haja vista considerando Osler[38], "Medicina é a arte da incerteza e a ciência da probabilidade" carecendo de ficar atentos aos ensinamentos de Epictetos[39], séc. II d.C.: "As coisas são o que parecem ser, ou são e não parecem ser; ou não são, mas parecem ser, ou não são, nem parecem ser", devemos reconhecer que o Direito é ciência social dinâmica e não exata, assim como filosoficamente ponderamos para a ciência médica.

8.1. BASES PARA O ESTABELECIMENTO DO NEXO EM PERÍCIAS MÉDICAS

Como a metodologia prática aplicada no dia a dia nem sempre revela a forma científica como a medicina ensina o estabelecimento do nexo técnico, que se aprende nos idos do segundo ano da graduação médica — Epidemiologia Médica, o procedimento, para o leigo, pode parecer mero empirismo. Recentemente, numa bela apresentação, o Dr. Francisco C. Fernandes, Perito Médico e Médico do Trabalho especialista pela ANA-MT/AMB, de forma didática, trouxe à memória diversas e oportunas ponderações da Epidemiologia Médica, que se faz necessário reproduzir como logo faremos, para bem se diferenciar o NEXO TÉCNICO — NEXO MÉDICO CIENTÍFICO (que nada tem a ver como o NTEP — Nexo Técnico Epidemiológico Previdenciário) do NEXO JURÍDICO, que, como já consideramos, é o nexo de imputação de fato ou ocorrência com base nas leis, ressaltando que a lei varia conforme a sociedade em que se atua, e a ciência médica não.

---

(38) William Osler — Médico. Em 1884, foi nomeado Presidente da Clínica Médica na Universidade da Pensilvânia, na Filadélfia. Primeiro médico-chefe no novo Hospital Johns Hopkins, em Baltimore, Maryland, EUA. Foi um dos primeiros professores de medicina da Johns Hopkins University School of Medicine. Em 1905, foi nomeado para a presidência Regius de Medicina em Oxford, que ocupou até sua morte.
(39) Filósofo grego.

Antes vejamos:

"Tratándose de daños corporales, se há dicho que el perito, a partir de lãs características del hecho, primeiras lesiones y secuelas producidas, expondrá em su informe médico-legal, la relación causal médica existente entre ellos, llamada em el campo médico-legal **imputabilidade médica o causalidade médico-legal.** Establecida la imputabilidad médica, el juez contará con el elemento fundamental para establecer el nexo de **causalidad jurídica y posteriormente la imputabilidad jurídica y responsabilidad.** Principios que no deben confundirse, puesto que la existencia de imputabilidad médica no implica responsabilidad". CARRASCO, Baltazar Guajardo. Aspectos de la responsabilidad civil médica, p. 244, Chile.

Também de interesse para o médico, há elementos jurídicos que lhe intrigam, assim como ficam intrigados os Operadores do Direito com a forma que o médico pondera sobre nexo. Para o médico, causa surpresa quando os Operadores do Direito consideram o conceito da *Perte d'une chance* (Perda de uma chance) expresso pela Corte de Cassação francesa (1965), ficando muito confuso. Esclarecendo juridicamente isso é citado quando não é possível afirmar que determinado prejuízo se deve a um ato ou omissão direta, por exemplo, do médico num caso de suposto erro médico. Ou seja, tecnicamente não foi possível se estabelecer o nexo (NEXO TÉCNICO), mas os eventos, pelo ponto de vista jurídico, fazem supor que de alguma forma não culposa o médico deixou de melhor agir, e se com prejuízo houver a perda de uma possibilidade de cura, pode acontecer de se imputar responsabilidade ao agente (NEXO JURÍDICO). Consequentemente, se aplica o conceito do nexo jurídico da *Perte d'une chance* e se conclui pela condenação do médico, imputando uma indenização por esta perda — repito, sem que se tenha demonstrado necessariamente o nexo técnico.

Essa aparente confusão e inconformismo quanto ao Direito, notados nos Peritos Médicos sobre alguma decisão nesse sentido, se dissipam, se cada qual olhar a questão do nexo, jurídico ou técnico, estritamente pela sua área de atuação, sem um invadir o campo do outro.

No laudo, é imperiosa a questão, e o Perito Médico deve revelar, fundamentando, como estabeleceu ou não o Nexo Técnico Causal ou Concausal, reitero sem receio de ser redundante, sem adentrar no direito.

8.1.1. Nexo técnico

Nos EUA, o aspecto de extrema valia e peso para o Perito Médico considerar sobre o nexo técnico é a evidência científica! Isso, geralmente, é obtido pelos dados do BLS (*Bureau of Labour Statistics*), órgão responsável pela coleta de estatísticas em relação a Danos Pessoais e Acidentes Típicos, que produz um relatório anual utilizando dados obrigatórios fornecidos pelas empresas. Seria uma espécie de CAT, porém de rigor, gerando dados confiáveis. Lá, como aqui, a evidência científica que é imperiosa deverá se relacionar com os achados clínicos identificados no indivíduo examinado, no grau e forma da exposição individualizada, por exemplo, dos achados de literatura médica ligando ou não a exposição a determinada situação e/ou doença, o esperado pelo padrão da profissiografia conhecida podendo, diante da observação direta ou indireta de um determinado e específico posto de trabalho com menor ênfase e efeito, incluir os achados nas leis e normas que ligam direta ou indiretamente a dita situação e/ou doença. Lá como aqui, devemos observar:

Medicina Baseada em Evidências — GRAU DE RECOMENDAÇÃO E FORÇA DE EVIDÊNCIA:

A: Grandes ensaios clínicos aleatorizados e meta-análises.

B: Estudos clínicos e observacionais bem desenhados.

C: Relatos e séries de casos clínicos.

D: Publicações baseadas em consensos e opiniões de especialistas.

Fonte: Projeto Diretrizes Associação Paulista de Medicina — 20.2.2006 — file:///C:/ Documents%20and%20Settings/Dr.%20 Rubens/Desktop/Diretrizes%20M%C3%A9dicas.htm

Em nosso meio, o Perito Médico deve ter maior rigor na aplicação, como lá, das recomendações do **National Institute for Occupational Safety and Health — NIOSH** — Agência Federal dos Estados Unidos responsável pela realização de pesquisas e de fazer recomendações para a prevenção de lesões relacionadas ao trabalho e a doenças — que faz parte do *Centers for Disease Control and Prevention* (CDC).

Critérios NIOSH e ACOEM[40]:

1. Identificar evidência da doença;

2. Rever e avaliar a evidência epidemiológica da relação;

3. Obter e avaliar a evidência de exposição;

4. Considerar outros fatores relevantes;

5. **Julgar a validade das informações do paciente (o que no nosso meio é muito negligenciado por alguns Peritos Médicos — por exemplo, na justiça trabalhista, e dá-se valor inadequado às alegações dos RECLAMANTES colhidas nas histórias clínicas, muitas inverossímeis);**

6. Concluir.

Cuidado: Nexo Técnico Médico não é igual a Nexo Técnico Epidemiológico Previdenciário — NTEP!

➢ NTEP não considera os conceitos da Medicina Baseada em Evidências. Não tem base literária científica fundamentada.

➢ NTEP é classificação jurídico-administrativa do órgão previdenciário brasileiro, obtida do histórico dos dados NÃO CONTROLADOS E NÃO PADRONIZADOS — é empírico! Entretanto, deve ser aplicado no Direito Previdenciário, visto que está formalizado legalmente:

Lei n. 8.213/1991 — Art. 21-A — A perícia médica do INSS considerará caracterizada a natureza acidentária da incapacidade quando constatar ocorrência de nexo técnico epidemiológico entre o trabalho e o agravo, decorrente da relação entre a atividade da empresa e a entidade mórbida motivadora da incapacidade elencada na Classificação Internacional de Doenças — CID, em conformidade com o que dispuser o regulamento.

"Com a inclusão do art. 21-A ocorreu a inversão do ônus probante, posto que, uma vez configurada a ocorrência via Nexo Técnico Epidemiológico Previdenciário — NTEP de acidente de trabalho, caberá ao empregador demonstrar a não ocorrência do acidente do trabalho". Professor Francisco Aparecido Rahal Farhat[41].

Nota: Muito cuidado deve adotar o perito médico na observância da aplicação de julgados para questões médicas, pois, atualmente, além da jurisprudência técnica, se estuda a jurisprudência sentimental, condição arriscada para uma conclusão médica.

"A 'jurisprudência sentimental', isto é, a prática crescente de juízes que ignoram os termos de um acordo para beneficiarem a parte mais fraca, muito embora o consumidor tenha aderido ao contrato devidamente informado sobre o seu conteúdo. Um levantamento do Instituto de Pesquisas Econômicas e Aplicadas (Ipea), que ouviu 741 magistrados em 12 Estados, informa que 79% deles decidiriam pela quebra de um contrato para favorecer pessoas de baixa renda."[1]

"Diante da mitigação da autonomia da vontade, houve a consolidação de uma jurisprudência sentimental nos tribunais pátrios, no sentido de que praticamente toda cláusula de exclusão de cobertura é tida como abusiva. Este primado do sentimentalismo ignora os reflexos econômicos a serem suportados pelas operadoras de saúde — as quais, como era inevitável, reduziram a oferta e aumentaram os preços."[2]

[1] MARTINS-COSTA, Judith. Sobre o princípio da insolidariedade: Os cumes das montanhas e os universos submersos. Disponível em: <https://periodicos.ufsm.br/letras/article/viewFile/11916/7337>. Acesso: 12 dez. 2018.

[2] SPERANDIO, Luan. Como o intervencionismo estatal está destruindo o mercado de saúde privado brasileiro. Disponível em: <https://www.mises.org.br/Article.aspx?id=2699#_ftn11>. Acesso: 12 dez. 2018.

8.2. CONCEITOS — CAUSA E CONCAUSA

Causa

A Causa é o evento, condição ou característica que é essencial (direta) para produzir uma doença.

Concausa e Multicausalidade

A Concausa é o evento, condição ou característica não essencial (indireta) que influenciou ou contribuiu para agravo sobre a doença. Assim, teremos que Causalidade é a relação de causas que afetam a produção

---

(40) American College of Occupational and Environmental Medicine.
(41) Advogado — Especialista em Direito Administrativo pela PUC/SP — Procurador Jurídico do Município de Piracicaba — Professor da Universidade Camilo Castelo Branco no curso de Pós-graduação em Perícias Médicas (Disciplinas: *Medicina e Direito* e *Responsabilidade Civil do Médico*).

ou agravo da doença, e Multicausalidade, a exclusão de elemento uno, o que ocorre quando há afetação por dependência da suscetibilidade pessoal, disposição genética, período de latência etc. Portanto, a simples exposição ao Risco — probabilidade de o evento ocorrer — ou Fator de Risco — fator que, se presente, aumenta a probabilidade da doença ocorrer como elemento isolado, mesmo que esta exposição, se de forma recorrente e intensa, não permita caracterizações do nexo técnico. Necessariamente haverá que se somarem outros comemorativos para se caracterizar a Causalidade.

Vejamos uma situação contemporânea na área trabalhista:

A percepção de que a STC (Síndrome do Túnel do Carpo) é relacionada ao uso do membro superior é amplamente aceita pela comunidade leiga, mas cientificamente improvável!

Diante de vários estudos presuntivos que implicavam a ocupação (trabalho) que envolvia a vibração, o frio, a posição do punho e os movimentos repetitivos, fazia parecer ter sentido o entendimento do leigo de que a STC é necessariamente ocupacional, entretanto, contrapondo estudos epidemiológicos baseados na fisiologia, bioquímica e anatomia patológica, encontraram pouca ou nenhuma relação de achados demonstráveis nos portadores de STC com a ocupação que desenvolviam, o que cientificamente sugere maior força de causalidade para fatores genéticos, individuais e não ocupacionais.[42]

Isso posto, para melhor entendermos, se olharmos a STC mais sob o conceito médico, teremos que esta condição é multifatorial, possibilitando excepcionalmente ligação indireta com a ocupação — concausa; se olharmos mais o conceito jurídico/administrativo — NRs, O.S. etc., nos inclinaremos como sendo decorrente de fator causal. Como resultado desta controvérsia não científica, teremos, como de fato temos, intensa litigância entre os médicos que apenas presumem esta associação com aqueles que pesquisam cientificamente a questão, e mais intensa ainda será a litigância Jurídica! Destarte, do ponto de vista pericial médico, não devemos nos basear no que de momento parece ser, por obrigação de ofício, devemos nos aprofundar um pouco mais e trazer ponderações usando a bioestatística, elemento inerente ao raciocínio hipocrático, mesmo que alguma resistência exista no campo jurídico/administrativo, pois decisão clínica se baseia, conscientemente ou não, em probabilidade!

8.3. CIÊNCIA UTILIZADA PARA ESTABELECIMENTO DO NEXO TÉCNICO

Sem pretender complicar, mas por ser útil exemplificar, nós, Peritos Médicos, temos que ponderar sobre a relação entre SER e PARECER SER, utilizando, por exemplo, modelos da Epidemiologia Médica chamados de Sensibilidade (S) e Especificidade (E).

Sensibilidade **(S)** é a probabilidade de um teste dar positivo na presença da doença, isto é, avalia a capacidade do teste detectar a doença quando ela está presente.

$$S = a / (a + c),$$

onde "a" é o verdadeiro positivo e "c" é o falso negativo.

Especificidade **(E)** é a probabilidade de um teste dar negativo na ausência da doença, isto é, avalia a capacidade de o teste afastar a doença quando ela está ausente.

$$E = d / (b + d),$$

onde "d" é o verdadeiro negativo e "b" é o falso positivo.

Os ditos elementos Sensíveis são necessários para triagem, na qual o resultado negativo é mais útil — Valor Preditivo Negativo. Já os ditos Específicos, condição em que o resultado positivo é mais útil (mesmo diante da possibilidade de um resultado falso positivo, que pode ser muito lesivo), para confirmar um diagnóstico sugerido por outros dados — Valor Preditivo Positivo.

Outra questão que é utilizada pelos Peritos Médicos e que se apresenta oculta na forma de se estabelecer o nexo é a chamada Razão de Verossimilhança (RV), que é a razão entre a probabilidade de um determinado

---

(42) Dr. Jonas A. Borracini. *1º Congresso da Federação de Medicina Pericial do Estado de São Paulo*. São Paulo, 2009.

resultado em indivíduos portadores da doença e a probabilidade do mesmo resultado em indivíduos sem a doença. Sua aplicação deve ser atentamente observada na ponderação dos estudos e durante a coleta dos dados referidos pelo Periciado RÉU/RECLAMANTE/REQUERENTE/SEGURADO, ou seja, os relatos dados por aquele que é agente de interesse na causa também devem ser vistos sob o aspecto da probabilidade.

Por exemplo, qual a probabilidade de um gerente de banco realizar esforços de digitação, mesmo diante da sua alegação da digitação por horas a fio e a profissiografia indicar o contrário? Qual a probabilidade de um bancário permanecer em pé, mesmo quando alega que assim fica durante toda a jornada e a profissiografia indicar diferente?

RV positiva — expressa quantas vezes é mais provável encontrar um resultado positivo em pessoas doentes, comparando com pessoas não doentes.

$$RV + = \frac{Sensibilidade}{1 - Especificidade}$$

RV negativa — expressa quantas vezes é mais provável encontrar um teste negativo em pessoas doentes quando comparado com pessoas não doentes.

$$RV - = \frac{1 - Sensibilidade}{Especificidade}$$

Então, duvidar é atribuição básica do Perito Médico!

Além disso tudo, quando o Perito Médico adentra ao campo da Epidemiologia Médica também pode ficar oculta a aplicação dos Critérios de Hill[43], que incluem a Temporalidade (tempo de exposição antes da doença), Força de Associação (exemplo: fumo e câncer), Relação Dose-Resposta (dose de risco e lesão), Consistência (evento reprodutível), Coerência (por exemplo, cabelo branco e IAM), Especificidade (causa levando a um só efeito e o efeito ter uma só causa), Plausibilidade (explicação biológica), Analogia (existem efeitos em exposições análogas?) e Performance Preditiva (é possível prever?).

Em resumo, Perícia Médica nunca é atividade simples ou simplista, pois o raciocínio conclusivo médico envolve tudo isso, mesmo diante do que no nosso meio utilizamos, os chamados Critérios Práticos para estabelecimento do Nexo Causal ou Concausal, que podem ser obtidos ponderando sobre respostas positivas e negativas às seguintes questões:

1. Natureza da exposição foi clara e identificável?

2. Houve especificidade da relação causal e força da associação causal como fator desencadeante e de agravo?

3. Houve predominância de fator humano?

4. Houve fato da vítima?

5. Houve informação e consentimento prévio?

6. Realizaram-se procedimentos de segurança?

7. Houve omissão? Houve inépcia?

8. Há coerência entre a idade da lesão e a ocorrência dos fatos?

9. Grau e intensidade do agente foi compatível com a produção ou agravo?

10. Há dados no prontuário médico verossimilhantes ao que se alega?

11. Havia preexistência e danos anteriores?

12. Foi causa necessária; foi causa contributiva; foi causa necessária de agravo?

---

(43) Austin Bradford Hill (Londres, 8 de julho de 1897 — 18 de abril de 1991) foi um epidemiologista e estatístico inglês, pioneiro no estudo do acaso do ensaio clínico. Juntamente com Richard Doll, foi o primeiro a demonstrar a ligação entre o uso do cigarro e o câncer de pulmão.

13. Havia como fazer de outra forma?

14. Há aspectos epidemiológicos positivos?

15. Havia sinais de tolerância a procedimentos reconhecidamente de exposição a risco?

16. Houve ação concorrente?

17. Havia condição e/ou situação insegura?

Para melhor esclarecer, vejamos uma brilhante citação sobre nexo:

> "Entende-se por nexo causal uma condição lógica de vínculo, de conexão, de liame ou de eminente coesão entre a ação e o resultado, não sendo por isso uma situação de imperiosa certeza. Basta apenas que exista ligação e coerência". Genival Veloso de França, Curso de Pós-Graduação *Lato Sensu* em Direito Médico. Centro Brasileiro de Pós-Graduações — março, 2010.

Por derradeiro, é necessário aos Operadores do Direito e aos médicos o entendimento de que suas atuações no campo médico legal devem ser sinérgicas e não antagônicas, mesmo quando da apresentação do contraditório, embora estas duas ciências sejam feitas em bases muito distintas, pois o que se busca é a verdade.

Alertas:

➢ É correto afirmar em relação às transfusões de sangue em pessoas que professam a religião "Testemunha de Jeová" que estas podem ser efetivadas, independentemente de autorização do paciente ou de representante legal, quando foram esgotados todos os tratamentos alternativos.

➢ O procedimento do médico em relação à transfusão de sangue em pessoas que professam a religião "Testemunha de Jeová" deve ser pautado pelo princípio constitucional da Inviolabilidade do direito à vida.

➢ Em relação a testagem como rotina do trabalhador quanto ao HIV por ocasião do exame admissional é certo que não será permitido, pois caracteriza uma afronta à intimidade e à imagem das pessoas.

Importante:

Convenção 111 da Organização Internacional do Trabalho (OIT)

Art. 1º:

1 — Para os fins da presente Convenção, o termo "discriminação" compreende:

[...]

2 — As distinções, exclusões ou preferências fundadas em qualificações exigidas para um determinado emprego **não são consideradas como discriminação**.

Nota: Se são, entre outros, deveres do Médico do Trabalho o que segue, e aliando ao que preconiza a OIT como fatores de exclusão de discriminação, justifica-se realizar em casos específicos na admissão de Médicos e Profissionais da saúde os exames sorológicos para HIV, Hepatite etc.:

— Atuar visando, essencialmente, a promoção da saúde dos trabalhadores.

— Exercer suas atividades com **total independência profissional** e moral, com relação ao empregador e ao empregado.

— **Não marginalizar**, nos exames admissionais, portadores de afecções ou deficiências físicas, **desde que estas não sejam agravadas pela atividade a ser desempenhada e não exponham o trabalhador ou a comunidade a riscos**.

— Ao constatar **inaptidão por motivos médicos** para determinado posto de trabalho, informar o interessado dos motivos.

— Informar empregados e empregadores sobre **riscos existentes no ambiente de trabalho, bem como as medidas necessárias para seu controle**.

— Não permitir que seus serviços sejam utilizados no sentido de propiciar direta ou indiretamente o desligamento do empregado.

➢ O perito não poderá ser declarado suspeito, quando for amigo íntimo do juiz.

➢ Não compete privativamente aos ocupantes do cargo de Perito Médico da Previdência Social, a caracterização de atividade insalubre para fins de concessão do adicional de insalubridade.

➢ Considerando a hierarquia das normas no ordenamento jurídico brasileiro, pode-se afirmar que o Código de Ética Médica prevalece sobre Regulamento Interno da empresa. No regime jurídico brasileiro, em ordem hierárquica decrescente, as normas encontram-se na seguinte forma: Constituição Federal, leis, resolução do CFM, regulamento interno das empresas. Contudo, convém considerar que o próprio CFM reconhece a atuação de **"médicos peritos das empresas"**, assim como aponta a publicação do CREMESP — ***Atestado Médico — Prática e Ética***[44], quanto a **"norma interna da empresa"**.

Resolução do CFM (Conselho Federal de Medicina) n. 1.658/2.002:

[...]

Art. 2º Ao fornecer atestado, deverá o médico registrar em ficha própria e/ou prontuário médico os dados dos exames e tratamentos realizados, de maneira que possa atender às pesquisas de informações dos **médicos peritos das empresas** ou dos órgãos públicos da Previdência Social e da Justiça." **(meu grifo)**

"Outra exceção pode ocorrer quando **houver norma interna da empresa que determine que o paciente deva ser examinado** pelo respectivo médico do trabalho no decorrer dos primeiros dias de afastamento, ainda que tenha em mãos atestado do médico assistente." — Atestado Médico — Prática e Ética, CREMESP, 2013, p. 75.

➢ A legislação trabalhista determina a obrigatoriedade de realização pelos empregados de exames periódicos. A Resolução CREMESP n. 90/2000 especifica a necessidade de consentimento para a execução de tais exames em relação aos médicos, porém, a Resolução do CREMESP é ilegal, pois a lei trabalhista é superior hierarquicamente.

➢ O ato médico realizado por perito médico, após a cassação de seu registro no Conselho de Classe, configura como exercício ilegal da medicina.

➢ O perito somente está obrigado a prestar esclarecimento em audiência quando intimado com 5 dias de antecedência.

➢ Podem ser declarados absolutamente incapazes pela Perícia Médica os que por enfermidade ou deficiência mental não tiverem o necessário discernimento para a prática desses atos.

➢ Considerando o dever de informação ao paciente sobre a necessidade de determinadas condutas ou intervenções e sobre seus riscos ou suas consequências, é certo que o consentimento dado pelo paciente precisa ser renovado sempre que ocorrem alterações significativas no tratamento ou intervenção a que está sendo submetido.

➢ Em relação à responsabilidade ética, é correto afirmar que não existe a necessidade de verificação de um dano concreto.

➢ Os requisitos necessários para efetivação da responsabilidade civil são a caracterização do Autor, do ato ilícito, da culpa, do dano e do nexo causal.

➢ Em relação à conduta do médico, é certo que nos casos de resultado incontrolável o médico pode ser responsabilizado se a consequência pudesse ser prevista e evitada.

➢ A imputação de responsabilidade civil ao hospital público face ao erro médico independe da demonstração de culpa por se tratar de responsabilidade objetiva; contudo o erro deve ser verificado e demonstrado por perícia médica.

➢ O perito que se omite sobre a verdade dos fatos em processo judicial comete crime, mas o fato deixa de ser punível se antes da sentença o perito se retrata.

➢ A conduta do médico, ainda que prevista como crime, não gera punição quando esteja presente uma omissão por convicção religiosa.

---

(44) Atestado Médico — Prática e Ética — Publicação do Centro de Bioética do CREMESP, 2013.

➢ A imprudência médica caracteriza-se por conduta intempestiva, sempre com caráter omissivo.

➢ No caso de paciente que se recusa a submeter-se a intervenção cirúrgica, com risco de vida, mas sendo o único procedimento para tratamento, por exemplo, de tumor maligno de que está acometido, o médico não deve realizar a cirurgia, pois ninguém pode ser constrangido a submeter-se, com risco de vida, a intervenção cirúrgica.

Fonte: Aulas proferidas nos cursos de pós-graduação para médicos — UNICASTELO, nas disciplinas *Medicina e Direito* e *Responsabilidade Civil do Médico* pelo Professor Francisco Aparecido Rahal Farhat.

➢ Uma proposta** quando do Dano Laboral (Perda Total da Capacidade de Trabalho) na Justiça Trabalhista, nas Sentenças, visando *quantum* indenizatório, seria considerá-la pelo período de 5 anos, com no máximo 2 revisões — aos 5 e 10 anos, com depósito pecuniário compulsório à parte condenada, constituindo uma conta *Fundos Para Reabilitação Profissional* — Valor médio estimado R$ 15.000,00 (Quinze mil reais) para custeio de todo o processo de reabilitação, incluindo taxa de matrícula, mensalidades, material etc. Sugerimos reavaliação a cada 5 anos pela constatação da velocidade e desenvolvimento das tecnologias que podem ser disponibilizadas para adaptar o trabalho ao homem etc. Na reavaliação determinada pela autoridade judicial, verificar-se-á a possibilidade de REABILITAÇÃO PROFISSIONAL seja por estabilização clínica, seja por tecnologia disponível, e, se constatada a possibilidade, se lançará mão do recurso do *Fundo Para Reabilitação Profissional* (valor incidente para a RECLAMADA na ocasião da sentença) que pode ser repassado diretamente da conta judicial para a entidade, escola, ou mesmo para o INSS, desde que faça efetivamente um bom processo de Reabilitação Profissional. Se impossibilitada a reabilitação verificada em 2 revisões, o valor do Fundo seria liberado para uso livre do RECLAMANTE. **Isso** seria uma inovação sentencial muito interessante! Estaria inclusive apontando no sentido de que a INVALIDEZ LABORAL PARCIAL, diante de "Convenção sobre Direitos das Pessoas com Deficiência da ONU (CDPD)", tratado internacional de direitos humanos do qual o Brasil é signatário, que trata a habilitação e reabilitação profissional, especialmente ao que reza o art. 26, quando indica que devem ser tomadas providências para possibilitar que as pessoas com deficiência conquistem e conservem o máximo de autonomia e plena capacidade física, mental, social **e profissional** bem como plena inclusão **e participação em todos os aspectos da vida.** Também, visando a garantia de emprego e trabalho em equidade, a CDPD aponta que devem ser organizadas e implementadas medidas para se atingir ao objetivo de **manter à pessoa que adquiriu uma deficiência o direito de continuar no trabalho** (art. 27, item 1), **mediante a promoção da reabilitação profissional, e a manutenção do emprego e dos programas de retorno ao trabalho para pessoas com deficiência** (art. 27, item 1, k). Portanto, o **"direito de continuar no trabalho"** e **"direito de retorno ao trabalho"**, é direito fundamental para a pessoa com deficiência, estaria garantido nas Sentenças, pois ao incidir para a RECLAMADA tal custeio, visaria progressão na carreira para, além de dar novas habilitações, possibilitar melhor acesso ao mercado de trabalho no futuro. Nestes casos, penso que a lei atual já permite avançar, pois a estabilidade na ocasião da reassunção nestes casos, repito, em Sentença e já que a lei fala em "mínimo de 12 meses", se aplicaria também o prazo de 5 anos. Assim, se condenada a empresa for obrigada a custear a reabilitação e uma vez concluída lhe dará estabilidade por mais 5 anos, é certo que a empresa terá interesse em contribuir para que se faça um bom processo de Reabilitação Profissional, tornando a multa em claro investimento, pois incentivará que o processo de reabilitação se faça em atividade com conteúdo que lhe será útil.

**Fonte: Aulas proferidas pelo autor nos cursos de pós-graduação da UNICASTELO e em diversas Palestras *indoor*.

Capítulo 9

Relação entre Medicina e Direito Trabalhista
Desvendando a causa e concausalidade — enfoque trabalhista

Inicialmente convém esclarecer para os Operadores do Direito que atuam na Justiça Especializada — Trabalhista, objetivamente, que a existência de risco no trabalho, mesmo se classificado como "alto risco", do ponto de vista científico não autoriza indicar que este foi fator de causa ou concausa.

Não há trabalho 100% seguro!

Não há como disponibilizar trabalho sem risco!

Nem tudo pode ser previsto e evitado!

Da mesma sorte, se não há trabalho sem risco, mesmo que se admita que em algumas atividades não exista um risco específico, sempre haverá alguma condição, genérica, associando algum grau de risco sem culpa (negligência, imperícia ou imprudência).

Portanto, não importa o risco ou o grau de risco, mesmo nas atividades classificadas como de baixo risco, mas o que importa é verificar se haviam medidas de controle disponibilizadas e se estas eram suficientes, considerando inclusive que, a simples omissão ou inépcia em disponibilizá-las por si só, também, não autoriza dizer que foi causa ou concausa. Para o Perito Médico, omissão e inépcia são fatores contributivos que deverão se associar a outros, por exemplo, recorrência de exposição e efeito, para que se possa caracterizar o nexo. E aqui cabe considerar que, nexo, não subentende culpa. Convém lembrar que, para o perito médico, o nexo (elemento de ligação) é técnico, já a culpa advém do nexo jurídico, que é do direito.

- RISCO SEM EFEITO NÃO PODE CARACTERIZAR QUALQUER RESPONSABILIDADE!

- O EFEITO É QUE SERÁ O ELEMENTO INDENIZÁVEL E NÃO O RISCO!

- RISCO, POR SI SÓ, É CONCEITO ABSTRATO!

- RISCO, POR SI SÓ, NEM SEQUER INDICA CONDIÇÃO PERIGOSA!

Diante da análise de risco, de grande importância é termos também bem entendida a conceituação de Acidente, e, classicamente, se entende que o **ACIDENTE** é algo que altera a ordem regular das coisas; é acontecimento **EVENTUAL, SÚBITO E IMPREVISÍVEL,** cuja ação **INVOLUNTÁRIA** resultou danos para as pessoas ou as coisas. Então, se for evento **previsível** e/ou se a ação foi **voluntária**, não estamos diante de acidente.

Em todos os casos em que se faz Perícia Médica, há que se demonstrar os eventos que realmente ligam a ocorrência ao fato, sejam em menor ou maior influência, contudo sem empirismos. Então, interessante exemplificarmos considerando eventos trabalhistas onde a ciência chamada de Ergonomia, muitas vezes, é dita como elemento de causa ou concausa, e mais, apenas observando uma delas — Ergonomia Física, sem nada se considerar sobre as suas outras duas variáveis — Ergonomia Cognitiva e Ergonomia Organizacional, o que é um grave erro. Não considerar que riscos constatados numa destas, sem considerar que em determinados indivíduos teremos que as outras podem compensá-las e eliminá-las, tornam as alegações dos ditos "erros ergonômicos" como causa ou concausa simples empirismos. Ainda considerando esse exemplo trabalhista, se for levada em consideração a questão da ergonomia, o conceito deve ser observado dentro do equilíbrio da tríade — Física, Cognitiva e Organizacional, como condição ergonômica suficiente ou insuficiente, fatores

MANUAL DE INICIAÇÃO & CONCEITOS EM PERÍCIAS MÉDICAS ◀ **113**

que obrigatoriamente associado a outros, poderão ou não contribuir ou agravar problemas de saúde física ou mental deste indivíduo, ou seja, há muito mais para se ponderar que o risco, e isso vale para as inúmeras outras condições análogas ou similares.

Com base nos conceitos já apresentados noutros capítulos, sobre causa e concausa, e se juntarmos os aspectos da doutrina médica ao da legislação brasileira, podemos ponderar que o conceito de CONCAUSA também se aplica quando se constata o fator contributivo, e não só quando ocorrem agravos, porém, não na forma presumida, mas na direta e demonstrável.

Por serem clássicos, mais representativos do entendimento do ponto de vista de Saúde Ocupacional, e também abrangerem os conceitos jurídicos brasileiros, na prática os conceitos de Schilling[45] se renovam e assim devem ser aplicados:

• Doença Relacionada ao Trabalho Típica — Causa necessária — Doença de Schilling tipo I;

• Doença Relacionada ao Trabalho por Causa contributiva ocupacional majoritária — Doença que além da causa ocupacional, também tem outras causas — Doença de Schilling tipo II;

• Doença Relacionada ao Trabalho por Agravo em doença preexistente ou latente que foi manifestada e/ou necessariamente agravada por ação da condição em que se exerceu um Trabalho decorrente de omissão ou inépcia diante da possibilidade de controle da exposição — CONCAUSA — Doença de Schilling tipo III.

No Brasil, reforçado na forma da lei, e não só da técnica médica propriamente dita, vale ressaltar que as lesões degenerativas podem ser afetadas por concausa profissional (tipo de trabalho específico) ou do trabalho (condição genérica), sempre que, direta ou indiretamente, se possa demonstrar e que, necessariamente, resultarem em novas lesões ou agravos.

Decreto n. 2.172/97, Art. 132

Consideram-se acidente do trabalho, nos termos do: art. 131 — as seguintes entidades mórbidas:

I — doença profissional, assim entendida a produzida ou desencadeada pelo exercício do trabalho peculiar a determinada atividade e constante da relação de que trata o Anexo II;

II — doença do trabalho, assim entendida a adquirida ou desencadeada em função de condições especiais em que o trabalho é realizado e com ele se relacione diretamente, desde que constante da relação de que trata o Anexo II.

§ 1º Não serão consideradas como doença do trabalho: a) a doença degenerativa; b) a inerente a grupo etário; c) a que não produz incapacidade laborativa; d) a doença endêmica adquirida por segurados habitantes de região em que ela se desenvolva, salvo comprovação de que resultou de exposição ou contato direto determinado pela natureza do trabalho.

§ 2º Em caso excepcional, constatando-se que a doença não incluída na relação constante do Anexo II resultou de condições especiais em que o trabalho é executado e com ele se relaciona diretamente, a previdência social deve equiparála a acidente do trabalho.

Art. 133. Equiparam-se também ao acidente do trabalho, para efeito deste Capítulo; I — o acidente ligado ao trabalho que, embora não tenha sido a causa única, haja contribuído diretamente para a morte do segurado, para a perda ou redução da sua capacidade para o trabalho, ou produzido lesão que exija atenção médica para a sua recuperação.

Entretanto, o perito médico, nos seus esclarecimentos técnicos que convém incluir no corpo do laudo, não pode perder de mente quanto a necessária e obrigatória presença do efeito, detalhando-o assim como o suposto agente ou condição desencadeadora, nunca meramente presumido, sempre demonstrando-o, pois, o que é relevante em achados médico legais é o "ser reprodutível e demonstrável"!

9.1. EVENTOS ATÍPICOS — CONCAUSA

Os eventos que podem afetar a saúde, chamados de "não típicos" e de "doença relacionada ao trabalho", não têm causa ocupacional direta, mas podem, sim, ser condição decorrente de ação concorrente ou indireta, especialmente e devido à inépcia dos serviços de saúde e segurança — medicina e engenharia ocupa-

---

(45) Diretor do Departamento de Saúde Ocupacional da London School of Hygiene and Tropical Medicine — London University.

cional — diante de exposição inadequada e, subsequentemente, da responsabilidade[46] dos seus contratantes [as chamadas juridicamente de Reclamadas — Empregadores], que é o fator recorrente da exposição. Esse é o fator indireto que contribui diretamente para o agravo, que às vezes, é apenas manifestado de forma subjetiva, por exemplo, alegando-se dor. Se diante de queixas reiteradas, a recorrência de exposição — ação voluntária que não determinou a eliminação do fator indireto — existe e é o ato inadequado que merece ser imediatamente alterado e cabe repreensão, até mesmo de ordem pecuniária, se não por dano patrimonial que poderá não ser demonstrável e/ou por ser impossível mensurar, pode aplicar por dano moral, pois, inclusive moralmente não podemos admitir inépcia dos Médicos do Trabalho e/ou das RECLAMADAS, como bem nos alerta o CFM na Resolução 1.488/98. Então, há efetivamente agravos!

Leitura Complementar:

Dor osteoarticular não pode ser concausa?

Abrindo o debate, vejamos:

"A dor aguda não tratada adequadamente leva à dor crônica e se torna a própria doença do paciente". "A Associação Internacional dos Estudos da Dor define a sensação como uma experiência física e emocional desagradável, associada ou relacionada a lesão real ou potencial dos tecidos". "Por isso a dor nunca deve ser encarada como normal, algo que seja obrigado a se conviver. Muitas vezes a causa não é encontrada, mas mesmo assim a dor deve ser tratada". Fonte: <http://www.einstein.br/einstein-saude/bem-estar-e-qualidade-de-vida/paginas/dor-cronica--e-doenca-voce-sabia.aspx>.

Para certos casos conceitualmente convém apresentar que a inflamação, além das alterações típicas dos processos bioquímicos, sempre carrega dor, rubor e calor! É a tríade clássica do grau de inflamação.

Ainda dentro das questões atípicas, do ponto de vista médico, devemos considerar que se presente a doença degenerativa, em qualquer seguimento osteoarticular, certo é que sempre existe processo inflamatório em curso. Portanto, algum grau de dor, aguda ou crônica, será percebida pela pessoa, e isso é decorrente da doença degenerativa de base.

Então, quando o labor não é adequado, as articulações sofrem processo inflamatório de algum grau, geralmente agudo, e algum grau de dor será percebido pela pessoa, e isso é decorrente exclusivamente do labor.

Se diante de um trabalhador com processo degenerativo já instalado, ou seja, diante de uma pessoa com processo inflamatório osteoarticular em curso decorrente de degeneração, e cujo labor não lhe é adequado, soma-se também ao processo inflamatório um novo fator — direto —, e há que se considerar que esse agente direto se sobrepõe à inflamação de base. O leigo poderia dizer que é outra, entretanto, fisiopatologicamente é a mesma, apenas ocorre condição agravante, cuja gênese endógena bioquímica não será diferente e, como consequência, os centros de percepção dolorosa fisiológicos das articulações irão trazer ao indivíduo sensação desagradável pela piora do processo inflamatório não desencadeado pela doença de base, mas pelo fator superveniente — agravante da inflamação — maior dor, rubor e calor!

Pode-se dizer que não há como diferenciar o quanto de dor é de um ou de outro, nem quanto a sua gradação (intensidade) já que é parâmetro subjetivo, entretanto, o fator **recorrência** pode muito bem diferenciar o que é dor "natural" da degeneração e o que é dor por agravo, decorrente da aceleração dos processos bioquímicos da degeneração que certamente trarão futuramente o dano anatômico.

---

(46) É o que diz o Conselho Federal de Medicina: Resolução n. 1.488/98 — Art. 5º Os médicos do trabalho (como tais reconhecidos por lei), especialmente aqueles que atuem em empresa como contratados, assessores ou consultores em saúde do trabalhador, **serão responsabilizados** por atos que concorram para agravos à saúde dessa clientela conjuntamente com os outros médicos que atuem na empresa e que estejam sob sua supervisão nos procedimentos que envolvam a saúde do trabalhador, especialmente com relação à ação coletiva de promoção e proteção à sua saúde. (grifo meu)

A recorrência se evidencia por tornar o ciclo inflamatório inerente da degeneração melhora-piora alterado, diminuindo os períodos de melhora e prolongando e/ou intensificando os períodos de piora, quanto mais frequente e/ou maior for a vigência do labor inadequado.

Então, há efetivamente agravos!

Mesmo que esses se deem na forma de sensação — percepção psíquica dolorosa — efetivamente isso decorre do agravo no processo inflamatório — dano anatômico!

Destarte, a dor desencadeada pelo labor é agravo que se sobrepôs — concausa — da dor da doença crônica degenerativa, já que é inequívoca experiência emocional desagradável recorrente de dor.

Mais uma vez, se pode dizer que a sensação dolorosa é subjetiva, porém, havendo inflamação, certo é que se pode variar em grau de intensidade de um para outro indivíduo, mas não se pode negar que, diante do dano anatômico acelerado pelas evidências de recorrência, assim, estamos diante de agravo objetivo.

Desse modo, se o labor traz dor, mesmo sem agravo anatômico que se possa diferenciar do degenerativo em curso evidenciável no momento, temos que dor recorrente trouxe agravo psíquico emocional. Por conseguinte, cabe ponderar se essa sensação emocional desagradável, desde que comprovadamente recorrente, é tangível considerá-la como concausa ocupacional objetiva que possa repercutir no aspecto moral desse trabalhador, inclusive sob os aspectos do reparo pecuniário, o que, ao meu entendimento médico, cabe impor a quem de direito quando for o caso. Disponível em: <http://www.saudeocupacional.org/2015/10/dor-osteoarticular-nao-pode-ser-concausa.html>.

Nesse sentido, a concausalidade tem, sim, dependência na produção do agravo de resultado sobre a saúde do trabalhador, ou seja, ela pode concorrer — contribuir — para que se manifeste sintomaticamente uma doença, qualquer que seja ela citada ou não no Anexo II do Decreto supracitado, e que esta venha a ser agravada (o efeito não é a doença; é o agravo!) pela relação com o trabalho, devido à contribuição de interferência no mecanismo fisiopatológico em curso, mesmo que seja somente nos mecanismos bioquímicos deflagradores de dor, e embora não se possa bem quantificar estes efeitos, é certo que existem e devem ser prevenidas as recorrências.

Ora, a razão básica da medicina é evitar dor e sofrimento, e isso também é indivisível da Medicina Ocupacional!

É no sentido da concausalidade que se justificou designar, até na forma da lei — "espírito da lei" —, a obrigatoriedade da ação preventiva de médicos e engenheiros especializados na área da saúde ocupacional. Se assim não fosse, por qual motivo se justificaria designar tão especializados profissionais para a elaboração dos PCMSOs, PPRAs e outros programas preventivos?

Afastar eventos de causa, nos dias atuais, não parece algo difícil, visto que muitos manuais existem e podem auxiliar todos a fazê-lo. Todavia, o exercício intelectual máximo do médico e do engenheiro na área ocupacional se faz essencialmente pelo foco da prevenção de agravos ao que é comum a todos os trabalhadores — doença degenerativa e outras de caráter crônico, residindo medidas basicamente na proposta da evitação da concausa quando estes são apenas portadores ou efetivamente estão doentes, mas sem incapacidade laborativa e trabalhando.

A exclusão da concausa não reside na verificação se tais doenças constam em tabelas e relações publicadas por ministérios e órgãos afins. Reside, sim, no mais puro e simples exercício, aprofundado e comprometido, da medicina e da engenharia de segurança, identificando a condição mórbida ou pré-mórbida, determinando providências de afastamento da exposição, determinando adaptações e/ou designando trabalho restrito. Rechaço por incompetência aqueles que meramente atuam no rico mercado dos fornecedores de documentos ocupacionais. Aliás, friso que medicina e engenharia ocupacional são tarefas complexas, difíceis e para poucos, a ponto de se justificarem pelo reconhecimento como especialidade médica, com todas as nuances das outras atividades que compõem este rol de atividades técnicas específicas.

Porém, vale lembrar que a constatação e existência de risco, mesmo que o dito "alto risco", por si só, não autoriza indicar a existência de concausa (nem causa). Há que se constatar a omissão ou inépcia, a exposição recorrente e o agravo para tal indicação — EFEITO.

Para bem entender a concausalidade, basta verificarmos as manifestações de Schilling, com seu devido entendimento de classificação, como anteriormente proposto.

Adotar a doutrina de Schilling como conceito universal é muito oportuno, e é neste sentido que precisa ser entendida, pois, efetivamente, facilita a interlocução entre o técnico e o leigo, e de um para o outro, podendo ser sempre aplicada independentemente das leis trabalhistas ou previdenciárias de um país.

Um evento classificado, aqui, como concausa médica, será concausa onde quer que se exerça a medicina ocupacional. Aí reside a diferença da concausa médica e da concausa jurídica, e os efeitos jurídicos destas sobre o NEXO TÉCNICO MÉDICO e o NEXO JURÍDICO, visto que a segunda varia conforme a sociedade em que se definem as leis.

9.2. NECESSÁRIA AVALIAÇÃO PERICIAL

Por óbvio, a classificação médica e de engenharia de causa ou concausa não são automáticas, e requerem uma avaliação técnica, quando o caso, Perícia Médica ou Perícia Ambiental, todavia, depois da Perícia Médica, é certo que podemos dizer se o labor FOI ou NÃO FOI CAUSA das Doenças Ocupacionais Típicas ou Acidente Típico — Schilling I, quando estamos diante de, por exemplo, asbestose ou amputação; dizemos que o labor FOI ou NÃO FOI CONCAUSA quando estamos diante de qualquer doença em que a falta de reconhecidas providências preventivas com recorrência de exposição foi determinante para a sua ocorrência e/ou de agravos, quando já se sabe de uma lesão preexistente ou latente (prevista pelo padrão epidemiológico das pessoas — idade, sexo etc.) o labor foi fator contributivo; o Schilling III poderá ocorrer quando se desconhecia a preexistência da lesão ou da latência, mas ao constatá-la, não se dá a efeito a eliminação do fator de exposição recorrente, ou seja, ficou sem providência de adaptação e/ou de designação de trabalho restrito, **DE FORMA RECORRENTE**, sem providência de adaptação e/ou de designação de trabalho restrito diante de agravos sintomáticos RECORRENTES, CONCOMITANTES E DIRETAMENTE RELACIONADOS.

9.3. INCIDENTE LABORAL

Em nosso meio, temos a classificação do chamado "Incidente[47]", que, segundo a Associação Brasileira de Normas Técnicas, no item 2.11 da ABNT NBR ISSO 18801:2010, é qualquer ocorrência não programada que por circunstância possa resultar em lesão.

Então, se diante de *incidente*, juridicamente não cabe considerar sobre culpa ou dolo, já que **O ALEATÓRIO NÃO SE PREVINE!**

Incidente Laboral, para entendê-lo, primeiramente se faz oportuna a análise do que foi ponderado no **PROCESSO TRT n. 2514-2004-011-15-00-3 — RO, que em parte transcrevo**:

RECORRENTE: VIAÇÃO SANTA MARIA DE GUAÍRA LTDA.

RECORRIDO: MARLENE DA SILVA MAGNO MEDEIROS E OUTROS 3

ORIGEM: VARA DO TRABALHO DE BARRETOS

EMENTA: ACIDENTE DE TRABALHO — CULPA EXCLUSIVA DO EMPREGADO — INEXISTÊNCIA DE RESPONSABILIDADE CIVIL DA EMPRESA — APLICAÇÃO DOS ARTIGOS 186 DO CÓDIGO CIVIL E 7º, INCISO XXVIII DA CONSTITUIÇÃO FEDERAL

Quando o acidente de trabalho ocorre por culpa exclusiva da vítima, que age com negligência pagando com a própria vida, não cabe qualquer reparação civil ante a inexistência de nexo causal do evento com a conduta do empregador.

A indenização por acidente de trabalho tem como suporte principal a responsabilidade subjetiva, ou seja, o direito da vítima nasce tão somente com a culpa de qualquer grau, do empregador. Recurso Ordinário conhecido e provido.

VOTO

— DO ACIDENTE DE TRABALHO

"Insurge-se a ora recorrente contra o r. decisum que entendeu que o acidente de trabalho que vitimou o marido e pai dos reclamantes ocorreu por culpa exclusiva da reclamada".

---

(47) É a ocorrência imprevista e indesejável, instantânea ou não, relacionada com o exercício do trabalho, de que resulte ou possa resultar lesão pessoal (NBR 14280/01, Cadastro de Acidentes do Trabalho — Procedimento e Classificação).

Entre outros elementos do voto, destaco:

"Aduz que restou comprovado que o local onde se ativava a vítima era e é dotado de valetas próprias para reparos na parte inferior dos ônibus, que a empresa dispõe de CIPAS (Comissão Interna de Prevenção de Acidentes), que fiscaliza e orienta a conduta dos funcionários, que o empregado vitimado era possuidor de larga experiência, não se justificando sua conduta imprudente".

"Alega a ora recorrente que sempre fez cumprir as normas internas de segurança, tanto que o fatídico e lamentável acidente foi o primeiro ocorrido durante os quase quarenta e cinco anos de existência da empresa".

"No caso presente, o infortúnio ocorrido com o obreiro é trágico e por demais sensibilizante, afinal, teve sua vida ceifada aos cinquenta e sete anos de idade, mas não podemos simplesmente deixar à deriva o fato de que a culpa é elemento indispensável à condenação da reclamada ao pagamento da indenização pretendida por seus familiares".

"Por isso, a culpa da ora recorrente no fato concreto, qual seja, o acidente que vitimou seu empregado, deve restar incontesta-velmente demonstrada vez que apenas, repita-se, <u>apenas</u> **haverá o dever do empregador de indenizar em caso de aciden-te de trabalho quando restar comprovada sua culpa ou dolo, ou seja, sua responsabilidade civil subjetiva"**. (meu grifo)

"Vejamos: Os autores alegam que o acidente que vitimou Hamilton ocorreu por culpa exclusiva da reclamada em decorrência de sua negligência no tocante ao não fornecimento dos materiais de trabalho adequados e necessários para o exercício de sua função, o que resultou em sua morte prematura, aos cinquenta e sete anos de idade. A reclamada afirma que a causa do aci-dente foi a inexplicável negligência da própria vítima que em vez de se utilizar a valeta existente na oficina para a realização de serviços na parte de baixo dos ônibus, resolveu se utilizar de macaco hidráulico, arranjando-o de forma inadequada e perigosa, o que veio a causar o acidente.

O preposto da reclamada afirmou em seu depoimento (fls. 62/63):

"O de cujus começou a trabalhar na empresa em março de 2004;...; no dia do acidente ele estava trocando o feixe de molas do ônibus e ao soltar o parafuso do encaixe do eixo o macaco hidráulico cedeu e o ônibus desceu sobre ele; havia manutenção no referido equipamento a cada 15 dias; havia dois ou três mecânicos na época; os outros usavam uma vala de segurança para evitar acidentes como o ocorrido; o de cujus não fazia uso da vala de segurança e a empresa ficou sabendo disso em inquérito policial, no depoimento prestado pelo sr. João Porfírio; o superior José Miguel já havia advertido verbalmente o de cujus para que usasse a vala de segurança; o de cujus estava utilizando um pedaço de madeira para fazer seu serviço, junto com o maca-co hidráulico; se ele estivesse utilizando a vala não precisava da peça de madeira; se ele não utilizasse a vala "provavelmente" sempre utilizava o pedaço de madeira; o encarregado José Miguel estava no local do dia do acidente; a vala de segurança fica abaixo do piso do prédio, havendo escada para que o mecânico desça e faça o seu serviço; não sabe se o ônibus estava em funcionamento quando do acidente; o piso da oficina é de cimento; que dentro da vala era possível ao mecânico fazer reparo no feixe de mola, como a foto 2 de fl. 30."

Continua:

"O Laudo da Polícia Técnico Científica (fls. 113/115) concluiu que a causa do acidente foi o arranjo inadequado providenciado como descrito no laudo, in verbis:

"...O arranjo inadequado constituído por macacos hidráulicos encimado a segmentos maciços de madeira, servia para sustentar o peso do veículo, esbirrados no chassi de sustentação da carroceria" *(meu grifo)*

O Inquérito Policial (fls. 121/123) declarou que o local do acidente e o veículo foram devidamente periciados, restando o Laudo n. 1052/04 conclusivo de que **o causador do acidente foi o próprio vitimado, em razão do arranjo inadequado feito por ele.**

O Ministério Público concluiu pelo arquivamento do Inquérito Policial por não verificar a presença de conduta de terceiro que tenha concorrido para a morte da vítima (fl. 124).

Ressalte-se a fundamentação do MP:

"... segundo o depoimento da testemunha ouvida à fl. 19 a empresa na qual a vítima trabalhava possui "valas" que possibilitam que o mecânico fique embaixo em segurança, sem a necessidade de utilização de macacos para a sustentação, sendo que a vítima não gostava de utilizá-las e preferia fazer seu serviço diretamente debaixo do ônibus, sem utilizar a vala.

Assim, se a própria vítima preferia realizar o serviço com a utilização dos macacos hidráulicos, que por sua vez vieram a deslizar e fazer com que o ônibus pressionasse a vítima, não se verifica a possibilidade de imputação de qualquer conduta criminosa a terceiro pela fatalidade ocorrida com a vítima, com o que é de rigor o arquivamento do presente inquérito policial, por ausência de conduta criminosa por parte de terceiro, ..."

"A CTPS do de cujus traz a informação de que o mesmo exerceu o cargo de Chefe de Oficina na Prefeitura Municipal de Guaíra no período de 01 de maio de 1993 a 31 de dezembro de 1996 (fl. 23)". (meu grifo)

"Ora, trata-se o de cujus de um profissional qualificado que, apesar de advertido para utilizar as valas de segurança, desobedeceu ordens expressas, assumiu por si só o risco confiando, talvez, em sua vasta experiência e, ainda, na pressa, posicionou mal os macacos hidráulicos que por conta disso escorregaram, perderam a sustentação tendo o ônibus caído sobre ele provocando sua morte". (meu grifo)

"Deste modo, ficou cabalmente demonstrada a culpa exclusiva do obreiro que agiu negligentemente e, por conta disso, pagou com a própria vida, ressaltando-se que agiu com negligência porque a reclamada lhe proporcionara todas as condições possíveis de trabalhar em segurança, fornecendo equipamentos corretos e seguros e ele simplesmente ignorou tais medidas". (meu grifo)

"Destacamos as lições emanadas da obra citada acima, de Sebastião Geraldo de Oliveira:

"Alguns acidentes do trabalho, apesar de ocorrerem durante a prestação de serviço, não autorizam o acolhimento da responsabilidade civil patronal por ausência do pressuposto do nexo causal ou nexo de imputação do fato ao empregador. Podem ser indicados nesse grupo especialmente os acidentes causados por culpa exclusiva da vítima, caso fortuito, força maior ou fato de terceiro.

Quando o acidente do trabalho acontece por culpa exclusiva da vítima não cabe qualquer reparação civil, em razão da inexistência de nexo causal do evento com o desenvolvimento da atividade da empresa ou com a conduta do empregador.

Em doutrina, a terminologia mais técnica recomenda a expressão "fato da vítima", em vez de "culpa da vítima", já que a exclusão da responsabilidade está no território da casualidade e não da culpa. No entanto, continuaremos a utilizar a locução "culpa da vítima" por já estar consagrada pelo uso e utilizada até mesmo no art. 936 do Código Civil de 2002. Ademais, quando não se vislumbra o nexo causal, normalmente inexiste culpa daquele que é apontado como o causador do dano, daí por que nas hipóteses de exclusão do nexo causal (culpa da vítima, caso fortuito, força maior ou fato de terceiro) muitas decisões negam a indenização, adotando como fundamento a ausência de culpa do empregador.

Ocorre a culpa exclusiva da vítima quando a causa única do acidente do trabalho tiver sido a sua conduta, sem qualquer ligação com o descumprimento das normas legais, contratuais, convencionais, regulamentares, técnicas ou do dever geral de cautela por parte do empregador. Se o empregado, por exemplo, numa atitude inconsequente, desliga o sensor de segurança automática de um equipamento perigoso e posteriormente sofre acidente por essa conduta, não há como atribuir culpa em qualquer grau ao empregador, pelo que não se pode falar em indenização. O "causador" do acidente foi o próprio acidentado, daí falar-se em rompimento do nexo causal ou do nexo de imputação do fato ao empregador".

Merece destaque especial a citação abaixo, extraída desse mesmo caso:

"É de salutar importância raciocinarmos com muitíssimo bom senso nos casos de acidente de trabalho pois há uma tendência perigosa no sentido de responsabilizar-se diuturnamente as empresas sob o fundamento de que cabe ao empregador a fiscalização e o emprego de medidas de segurança.

Referido dever das empresas de fiscalizar é incontestável, mas não podemos esquecer que existe uma linha muito tênue que separa a obrigação da empregadora e sua responsabilidade absoluta ante um infortúnio.

Ora, as empresas investem em equipamentos de segurança e manutenção periódica dos mesmos, instalam Comissões Internas de Prevenção de Acidentes (CIPAS), fiscalizam seus empregados, cumprem todas as normas insculpidas na legislação trabalhista, na Constituição Federal e nos instrumentos normativos.

Daí, vem um certo cidadão na contramão de todas as providências corretas tomadas por essa empresa, contrário a todas as regras do bom senso, acreditando que nada irá lhe acontecer, num impulso de curiosidade ou simplesmente por pressa em terminar seu serviço, comete um ato eivado de negligência, imprudência ou imperícia que culmina num grave acidente que lhe trazem consequências com sequelas irreparáveis ou, na pior das hipóteses, o levam à morte.

É inconcebível que um ato mal pensado de um empregado que agiu sozinho, por razões diversas e provocou um acidente que não aconteceria se ele agisse da maneira como deveria e dispunha de todas as condições para fazê-lo, possa transformá-lo em vítima devido sua "hipossuficiência" e transferir toda a responsabilidade para a "vilã" da empresa, grande empreendedora que não tomou as providências que somente cabiam a ela.

Por essas razões, o cuidado é indispensável na hora de julgar tais ações, pois o perigo de se cometer uma grande injustiça estará sempre na iminência de acontecer.

Não podemos nos esquecer que cada caso é um caso e deve ser estudado individualmente.

A empresa pode ser negligente em suas obrigações e, nesse caso, com certeza a responsabilidade é sua.

Agora, o empregado também pode agir com a mesma negligência e, nessa hipótese, ele e tão somente ele, deverá arcar com as consequências de seus atos, não podendo transferir o ônus a um terceiro que em nada concorreu para tal situação." (meu grifo)

Concluiu:

"Assim sendo, por todo o exposto, não há como imputar à ora recorrente a obrigação de reparar os autores por danos estéticos, morais ou materiais.

Dou provimento nesta parte a fim de declarar a culpa exclusiva do de cujus no acidente de trabalho ocorrido devendo ser excluída da condenação a indenização por danos materiais e morais bem como a pensão mensal até a data em que o obreiro completaria sessenta e oito anos (08.03.2015).

*Ante o exposto decide este Relator: conhecer do Recurso Ordinário interposto e dar-lhe total provimento para **julgar improcedente** a reclamatória, nos termos da fundamentação; custas em reversão restando os ora recorrentes isentos face ao benefício da Assistência Judiciária deferido na r. decisão de origem". EURICO CRUZ NETO — Juiz Relator.*

Isto posto, para classificar o Incidente Laboral, temos que ponderar sobre o quanto é experiente o trabalhador (agente) e se esse trabalhador for indivíduo maduro, experiente na vida e na atividade que desenvolvia, que por decisão pessoal, unilateral e deliberada assim fez, certamente por julgar-se experiente e seguro do que fazia e tampouco alertou outros da insegurança, vindo a ocorrer o evento, inequívoco que estamos diante de acidente por fator humano, que merece a classificação nos termos da ABNT — Incidente Laboral.

No caso apresentado, não há sequer possibilidade de se considerar que o agente não recebeu orientações e treinamentos, pois ao longo da sua vida laboral, no que se refere a Saúde e Segurança Ocupacional pelo aprendido nas outras empresas em que laborou e, de maior relevância, pela vida ao conceito do padrão do "homem-médio" em que todos sabemos que **devemos prevenir, sabendo dos riscos.**

Quem realiza atividades com algum risco, independente das orientações dadas pela empresa, deve cuidar da sua própria segurança. É como um piloto entrar em um avião sem dar uma checada externa na aeronave, checar se tem combustível, óleo, se os comandos estão operantes etc. Ou seja, o homem comum, ao seu nível de formação, tem um dever de diligência quando vai operar uma situação com risco, em checar as condições de segurança, para o seu próprio bem. (Citado clássico em aulas dos cursos de Medicina do Trabalho e Perícias Médicas da UNICASTELO)

O INESPERADO É ERRÁTICO E NÃO SE PREVINE!

A Medicina do Trabalho também conceitua que, por mais que se pretenda zelar e se esforçar, não é possível designar trabalho 100% seguro, e isto é corroborado pelo que diz a nossa Constituição Federal, cidadã, que sabiamente diz no art. 7º, "redução dos riscos inerentes ao trabalho...", ou seja, está claro que não é eliminação, mas sim apenas redução. Portanto, riscos inesperados não se podem reduzir, tampouco eliminar, pois são condições inerentes ao trabalho.

A Medicina do Trabalho, aliás, como todo ramo da medicina, se faz por procedimento de meio e não de resultado, não havendo medida que garanta a impossibilidade da ocorrência de acidentes laborais, que se pertinente nesses casos, devem ser classificados na esfera trabalhista como Incidente Laboral, pois diz a **CLT** no artigo **Art. 158 — "Cabe aos empregados: I — observar as normas de segurança e medicina do trabalho**, inclusive as instruções de que trata o item II do artigo anterior; II — **colaborar com a empresa na aplicação dos dispositivos deste Capítulo**. Parágrafo único. **Constitui ato faltoso do empregado a recusa injustificada**: a) **à observância das instruções expedidas pelo empregador na forma do item II do artigo anterior**; b) ao uso dos equipamentos de proteção individual fornecidos pela empresa.".

Considerando que a medicina ocupacional não é ciência exata e se espera que não demande efeito de culpa por quem a exerce diante de ocorrências do imponderado biológico, da evolução biológica inerente etc., mas, por sua vez, também não pode admitir a inépcia de doutos técnicos[48], especialmente se admitida em

---

(48) CREMESP 76/96 — Art. 7º Caberá aos médicos do trabalho (como tal reconhecidos por Lei), especialmente aqueles que atuem na empresa como contratados, assessores ou consultores em saúde do trabalhador: a) A corresponsabilidade com os outros médicos que

desfavor do menos favorecido: o trabalhador! Então, o Médico do Trabalho não se exime de responsabilidade, mesmo que apenas realize procedimentos de meio.

Assim sendo, objetivamente, o Médico do Trabalho (ou empregador) deve utilizar o raciocínio técnico ao se apurar eventos na área trabalhista, notadamente se sobre o conceito de causa ou concausa, visto que essencialmente o exercício profissional nesta área de atuação visa a prevenção por afetação de causas diretas ou a prevenção de causas indiretas — agravos. Repito: — Se assim não for, qual seria a razão da existência de médicos e engenheiros ocupacionais se já existem os sanitaristas, tanto médicos como engenheiros, sempre vigilantes e competentes a nos informar em dados o que é típico e previsível? A razão é que a ação daqueles deve se sobrepor à leitura simples das normas orientadoras, pois sobre elas se requer exercício intelectual e de conhecimento técnico. Aqui, em especial, quero referir à medicina, afirmando mais uma vez que não há especialidade médica simples. Todas são complexas, incluindo a Medicina do Trabalho e a Medicina Legal e Perícia Médica.

Mediante reconhecida complexidade, podemos deixar exclusivamente para os Operadores do Direito, Advogados e Magistrados, as outras classificações não menos complexas, para quem, de fato, vai avaliar dolo ou culpa, por exemplo, o uso de nomenclaturas ditas como concausalidades preexistentes, concomitantes ou supervenientes.

Para nós, Peritos Médicos, basta ser ou não causa ou concausa!

Aqui vai um pequeno exercício:

— Para o médico ou engenheiro de segurança, um acidente de trajeto deve ser entendido como um acidente de trabalho típico?

Resposta:

Se há ou não culpa, somente ao julgador caberá estabelecer, considerando que tal julgamento poderá se dar de forma extrajudicial, por meio das CIPAs e/ou por apurações do setor de RH da empresa, ou judiciais, por um Magistrado formalmente designado.

Entretanto, para estes profissionais, médicos e engenheiros ocupacionais, no evento citado, caberá no mínimo a responsabilidade de verificarem se isto foi fato isolado ou recorrente e se há efetivamente algo a ser feito, se não para eliminar a causa, ao menos para eliminar a concausa.

Isto feito surgirá a devida resposta.

9.4. METODOLOGIA PRÁTICA PARA ESTABELECIMENTO DO NEXO — PARADIGMA TRABALHISTA

O Perito Médico deverá, sempre que entender necessário, realizar a vistoria do ambiente laboral, e isso também pode ser feito de forma direta ou indireta, mesmo que tenham se passado vários anos e, também, mesmo que tenham ocorrido mudanças de áreas físicas e/ou de maquinários, pois sempre será possível se constatar algum elemento documental (PCMSO, PPRA, LTCAT, Prontuário Médico etc.), ou mesmo quer seja ele declaratório (testemunhas[49]) ou da própria observação pessoal do Perito Médico — astúcia e perspicácia individual do avaliador — que permitirá a reconstituição da condição e organização do ambiente associado do fato sob análise — ação prospectiva e retrospectiva. Entendo que em muitas perícias médicas trabalhistas, se não a maioria, é até desnecessária tal vistoria, haja vista ser oportuna tal constatação para referendar atos processuais céleres notadamente neste domínio judicial, restando fazê-la apenas se ainda houver dúvidas, ou

---

atuem na empresa e que estejam sob sua supervisão, por todos os procedimentos que envolvam a saúde do trabalhador, proteção à sua saúde. b) A responsabilidade solidária com o empregador, no caso de agravos à saúde desses trabalhadores. CFM 1488/98 — Art 5º Os médicos do trabalho (como tais reconhecidos por lei), especialmente aqueles que atuem em empresa como contratados, assessores ou consultores em saúde do trabalhador, serão responsabilizados por atos que concorram para agravos à saúde dessa clientela conjuntamente com os outros médicos que atuem na empresa e que estejam sob sua supervisão nos procedimentos que envolvam a saúde do trabalhador, especialmente com relação à ação coletiva de promoção e proteção à sua saúde — Ver **RESOLUÇÃO CFM 2183/2018.**
(49) Tenho ressalvas para esta prática no campo trabalhista, dada a possibilidade de comprometimentos e represálias.

mesmo diante da impossibilidade, o Perito Médico deverá se utilizar dos procedimentos da chamada Perícia Indireta e realizar avaliação por analogia, como recomenda a boa prática médico-pericial. No Código de Processo Civil (CPC) vigente, temos o art. 429:

> Para o desempenho de sua função, podem o perito e os assistentes técnicos utilizar-se de todos os meios necessários, ouvindo testemunhas, obtendo informações, solicitando documentos que estejam em poder da parte ou em repartições públicas bem como instruir o Laudo com plantas, desenhos, fotografias e outras quaisquer peças (Código de Processo Civil, 1973).

Tomando por socorro como paradigma o judiciário para revelar a importância da História clínica sobre a avaliação *in loco*, mais uma vez relembro o que disse Aguiar Dias (Ex-Ministro do STJ):

> O erro de técnica é apreciado com prudente reserva pelos tribunais. Com efeito, o julgador não deve nem pode entrar em apreciações de ordem técnica quanto aos métodos científicos que, por sua natureza, sejam passíveis de dúvidas e discussões.

> Código de Processo Civil — Art. 335 ***"Em falta de normas jurídicas particulares, o juiz aplicará as regras de experiência comum subministradas pela observação do que ordinariamente acontece e ainda as regras da experiência técnica, ressalvado, quanto a esta, o exame pericial"***.

Assim pautando os conceitos, não se pode confundir Perícia Médica com Perícia Ambiental, que melhor seria dita como Perícia de Engenharia. Perícia Médica, obviamente, é aquela realizada por médico, que para realizar esta função busca elementos por meio de procedimentos ditos diretos e indiretos, obtendo dados para ponderar no sentido da sua conclusão.

O entendimento da obtenção destes dados na chamada forma direta é fácil, uma vez que o Perito Médico o fará diretamente no Periciando, examinando-o. Porém, a forma indireta, embora legítima, nem sempre é bem entendida, até mesmo por alguns médicos.

Tentando esclarecer, como paradigma podemos verificar os aspectos da atuação de décadas do Perito Médico no campo cível, onde, na maioria das vezes, não se precisa "vistoriar" o Centro Cirúrgico onde se deu uma cirurgia para bem dizer se houve ou não "erro médico" quando do objeto da Perícia Médica do questionamento em uma demanda jurídica.

Para expressar seu parecer, o Perito Médico utilizará dados diretos, incluindo o exame do Periciando, se este for vivo. Porém, se este for morto, para bem concluir utilizará todos os procedimentos da chamada Perícia Indireta, por exemplo, consultando prontuários, exames, ouvindo pessoas, ou seja, verificará o que é necessário obter como dado para ter como emitir sua conclusão.

E faz assim por quê?

Faz assim porque, como já dito, em medicina a história clínica dos eventos é o elemento de maior importância para revelar diagnósticos e nexos: "A clínica é soberana!".

Portanto, o médico exercendo a função de Perito não deixa de ser médico, pelo contrário, é certo que neste momento foi chamado exatamente para expressar toda a sua qualificação técnica, e é certo também que deverá utilizar todas as nuances desta ciência, como dito, quase arte, para bem concluir.

No caso da justiça trabalhista, a Lei Trabalhista, reforçada pelas Normas Regulamentadoras, desde há muito tempo vislumbrou a necessária providência para quando houvesse necessidade de avaliações retrospectivas, a qualquer tempo, para verificação de dados técnicos, e previu a obrigatória elaboração dos PCMSO e PPRA, sempre renovados e atualizados periodicamente, para serem usados no dia a dia, mas também como documentos técnicos idôneos e totalmente desvinculados de lides, diga-se e frise-se que controlados por órgão público fiscalizador, o que os torna muito úteis para fins retrospectivos de apuração.

Logo, tais verificações ponderadas com base no conteúdo destes documentos espelham melhor, ainda mais em associação com a avaliação física, mental e documental do estado de saúde do trabalhador por ocasião da Perícia Médica, a realidade dos eventos passados e dos presentes que possam se relacionar com o evento de responsabilidade das partes, e ressalto que é inegável que tal procedimento se revele mais eficaz — mais eficiente que uma vistoria *in loco*.

9.5. PERÍCIA *IN LOCO*

Vistoria *in loco* em local que não ficou isolado, que pode ter sido alterado a qualquer tempo ou sorte, com a agravante de se revelar previamente a data e hora em que se realizará a diligência, é muito menos eficaz que uma boa avaliação Pericial Médica Indireta (é inegável!). É certo que em algumas oportunidades a vistoria no local se possa mostrar necessária, mas ouso dizer que, paradoxalmente ao que comumente se alega, estas seriam até exceção, e não a regra, visto que o próprio sistema produtivo atual e contemporâneo exige mudanças constantes dos sistemas e rotinas de uma linha de produção, com frequência assustadora. O que se vê hoje, já não é igual a ontem...

Para facilidade do entendimento da prática da realização da Perícia Indireta, basta analisarmos, por analogia, a forma de análise processual para decisão dos juízes, haja vista a Lei lhe faculta a vistoria diligente, porém, quase que na totalidade dos casos, fazem análise com base em documentos emitidos por terceiros e que constam nos autos, sem se deslocarem *in loco*.

CPC — Seção VIII — Da Inspeção Judicial

Art. 440. O juiz, de ofício ou a requerimento da parte, pode, em qualquer fase do processo, inspecionar pessoas ou coisas, a fim de se esclarecer sobre fato, que interesse à decisão da causa.

Como dito, o estudo comparativo dos diversos PPRAs mantidos pelas empresas ao longo dos anos será muito mais rico em conteúdo técnico a ser ponderado pelo Perito Médico no seu estudo retrospectivo, notadamente se em associação ao Prontuário Médico Funcional do trabalhador e outros que venham a compor a exordial, a contestação, os autos ou mesmo outros que trazidos à avaliação técnica por atos de prospecção do Perito Médico como verificar cadastros que definem as Profissiografias, por exemplo, o CBO — Cadastro Brasileiro de Ocupações, do Ministério de Trabalho e Emprego etc., do que uma vistoria *in loco*.

Além disso, vejamos que a Perícia Médica sendo retrospectiva, deve ponderar com base no que se conhecia à época dos eventos controvertidos. Ora, vejamos que em 1950, quando surgiu a ciência Ergonomia, o conceito largamente aceito era de que O HOMEM É QUE DEVERIA SE ADAPTAR AO TRABALHO, e assim, diante desta verdade técnica, muito se fez ao longo dos anos neste sentido, pois assim determinava esta ciência. Ao se realizar um estudo retrospectivo de ocorrência desta época, assim se deve considerar com base técnica de fundamentação. Porém, na década de 1990, constatou-se que aquela verdade técnica deveria ser reformada e substituída por outra, paradoxalmente, diametralmente oposta, ou seja, hoje sabe-se que O TRABALHO É QUE DEVE SE ADAPTAR AO HOMEM. Portanto, as avaliações devem ser feitas com base nas verdades técnicas de cada tempo, e não nas da atualidade da lide.

É certo que, para se designar uma atribuição, o Médico do Trabalho deve fazê-la após avaliar *in loco* e no dia a dia todos os dias para prognose, contudo, em Perícia Médica, o conceito, como mostrei, não se aplica. E não só notadamente pelos vícios e inadequações apresentados, mas sim por ser a Perícia Médica baseada na evidência médica científica, como todo ramo da medicina, especialmente do modo extemporâneo que é exigido para se fazê-la.

9.6. CLÍNICA É SOBERANA

A Perícia Médica, como todo e qualquer outro ramo da medicina, deve obedecer ao conceito de que "a Clínica é soberana", como já comentamos, e não custa ver o que diz o experiente Perito Médico, especialista em Otorrinolaringologia, professor da PUC-RS no curso de especialização em Engenharia de Segurança e no curso de especialização em Medicina do Trabalho da Fundação Faculdade de Ciências Médicas de Porto Alegre, RS, que é autor do livro *Audiologia Forense, CAT por perda auditiva, Quantificação da PAIR, Audiometria Ocupacional, PPP e Ética Médica, PPP e Audiometria e outros tópicos sobre Audiologia Ocupacional*, LTr, 2004, (Coletânea n. 2), Dr. Airton Kwitko:

São muitas as variáveis importantes na gênese e no desenvolvimento de perda auditiva, que ainda podem se constituir como funções inalteráveis de causas passadas. Por isso, as perícias realizadas nos locais de trabalho para estabelecer o nexo causal entre perda auditiva e exposição ao ruído ocupacional **não têm nenhum valor**, já que proporcionam apenas informação pontual, pouco útil no universo de fatores que podem originar problemas auditivos. (p. 20) (grifo meu)

Entretanto, friso que a história clínica não pode ser confundida com História Pregressa da Moléstia Atual, que é feita baseada unicamente nos relatos do RECLAMANTE como item componente da anamnese. A Perícia Médica deve considerar, além desta, a história clínica ocupacional como sendo aquela obtida pela análise do conjunto dos elementos colhidos e ponderados, inclusive com ênfase no contraditório, ou seja, efetivamente deve exprimir um exercício técnico de estudo ponderado do Perito Médico, com base nos seus conhecimentos, ou seja, é a efetiva manifestação do raciocínio técnico hipocrático do Perito Médico.

No aspecto trabalhista, também vale considerar o que o especialista em Medicina do Trabalho, Dr. Carlos Roberto de Campos[50], disse no livro *Perícia médica* (CRM Goiás, 2007. p. 260), publicado pelo Conselho Regional de Medicina de Goiás, que para o estabelecimento do nexo causal o médico:

> "(...) deve avaliar a possibilidade de que a causa da doença alegada, alteração clínica ou laboratorial possa estar relacionada com suas atividades profissionais, investigando-a da forma adequada e, **caso necessário**, verificando o ambiente de trabalho (...)". (grifo meu)

Por tudo isso, não cabe considerar a interpretação literal da gramática que leigos em medicina dão à aplicação do art. 2º da Resolução do Conselho Federal de Medicina n. 1.488/1998, de que a citação "quando necessários" estaria se referindo somente a "exames subsidiários", e não ao que vem a seguir. Se assim fosse, não teríamos que admitir que o "quando necessários" também estaria se referindo a "exame clínico"?

Ora, seria esdrúxulo considerar que o CFM assim iria recomendar, mesmo com toda a autoridade que lhe cabe, pois estaria a determinar alterações na clássica prática da semiótica e propedêutica médica para fins de estabelecimento de hipóteses diagnósticas. Em toda e qualquer situação, o exame clínico, seja direto ou indireto, é necessário, e, a critério médico, poderão ou não ser realizados exames subsidiários ou outras avaliações que entender pertinentes, como bem orienta a resolução, sem, contudo, ser "obrigado" a fazê-lo.

Art. 2º Para o estabelecimento do nexo causal entre os transtornos de saúde e as atividades do trabalhador, além do exame clínico (físico e mental) **e** os exames complementares, quando necessários, deve o médico considerar: (...).

Assim, inequívoco que o exame clínico poderá se socorrer dos exames complementares (vistoria *in loco* é exame complementar), que juntos são partes integrantes de todo e qualquer ato médico necessários para fins de estabelecimento de hipóteses diagnósticas, em qualquer situação e em qualquer lugar do mundo, mas sempre realizados com base nos critérios do médico avaliador.

Nós, médicos, sabemos que o exame médico — isso se pratica no mundo todo — além da história clínica, se faz pela inspeção, palpação, percussão e ausculta, associadas ou não à realização de exames subsidiários[51] como procedimento inalienável do ato médico. E isso se aprende já no 3º ano do curso de graduação em medicina.

Portanto, o norte dado pela resolução citada visa orientar aos médicos para após o exame médico, que os exames subsidiários se realizarem **QUANDO NECESSÁRIOS**, e também para sequenciar, numa escala de importância, passos que podem ou não ser necessários para o estabelecimento do nexo causal em doenças do trabalho, por óbvio incluindo o que é inerente à anamnese etc. Contudo, a norma reitera que, de todos os itens, o que é decisivo não é o estudo do posto de trabalho, a vistoria *in loco* etc., mas a história clínica e ocupacional!

Art. 2º Para o estabelecimento do nexo causal entre os transtornos de saúde e as atividades do trabalhador, além do exame clínico (físico e mental) e os exames complementares, quando necessários, deve o médico considerar: I — **a história clínica e ocupacional, decisiva em qualquer diagnóstico e/ou investigação de nexo causal**; II — o estudo do local de trabalho; III — o estudo da organização do trabalho; IV — os dados epidemiológicos; V — a literatura atualizada; VI — a ocorrência de quadro clínico ou subclínico em trabalhador exposto a condições agressivas; VII — a identificação de riscos físicos, químicos, biológicos, mecânicos, estressantes e outros; VIII — o depoimento e a experiência dos trabalhadores; IX — os conhecimentos e as práticas de outras disciplinas e de seus profissionais, sejam ou não da área da saúde.

Para firmar que é esta a ideia da caracterização proposta, a Resolução CFM n. 1.488, de 11 de fevereiro de 1998, que é apresentada no Diário Oficial da União (Poder Executivo, Brasília, DF, n. 44, 6 mar. 1998. seção 1, p. 150), com diversas fundamentações justificando sua edição na forma de "CONSIDERANDO", expressa:

---

(50) Presidente da Associação Nacional de Medicina do Trabalho (ANAMT), iniciando em maio de 2010 o seu segundo mandato.
(51) Exames subsidiários ou de propedêutica armada: radiológicos, bioquímicos, microbiológicos, parasitológicos, endoscopias, reações imunopatológicas, biópsias etc.

CONSIDERANDO que todo médico, ao atender seu paciente, deve avaliar a possibilidade de que a causa de determinada doença, alteração clínica ou laboratorial possa estar relacionada com suas atividades profissionais, investigando-a da forma adequada e, **caso necessário, verificando o ambiente de trabalho**; (meu grifo)

Pergunto:

1. Como, caso a caso, o Perito Médico comprovaria que apenas pela vistoria ao local de trabalho de fato fez o pertinente e aprofundado estudo do local de trabalho e/ou da organização deste trabalho? Como justificaria tecnicamente que os minutos, ou até, em raros casos, algumas horas utilizadas na sua avaliação *in loco* poderiam superar em profundidade a qualificação do apurado, quando para análise de elaboração dos PCMSO, PPRA, LTCAT são necessários vários dias e várias visitas? Como comprovaria que sua vistoria *in loco* faz superar a análise dos aspectos epidemiológicos constatados por profissionais devidamente habilitados que definiram tais documentos?

2. Como poderia considerar aspectos epidemiológicos? Estes seriam os da empresa vistoriada? Do geral da população de trabalhadores na mesma função? Dos que influenciam as classificações nosológicas?

3. Como seriam obtidos e comprovados os dados epidemiológicos que apurou apenas pela vistoria *in loco* — apuração de incidência e prevalência — se não houver parâmetro temporal de análise? Estes dados foram planejados especificamente para aquela empresa e posto de trabalho?

4. Como obteria dados em poucas horas para comprovação de riscos, se para estabelecê-los os Médicos do Trabalho e Engenheiros de Segurança levam dias?

5. Como comprovaria que obteve depoimentos de livre manifestação, isentos e sem possibilidade de conterem "medos não revelados"? Como comprovaria conhecimentos de outras áreas específicas para o caso?

A resposta é uma só: Sem excluir, caso necessário, a vistoria *in loco*, o Perito Médico só irá demonstrar que é válida a fundamentação das suas conclusões, e que foram feitas sob bases técnicas, suficientes a considerá-lo como de gozo de fé pública, pela sua qualificação profissional, experiência, *expertise* etc., que é o que habilita o Perito Médico como *expert*. Somando-se a sua *expertise* ao seu critério, quando necessário, vai se aprofundar no estudo de cada caso, utilizando-se de todos ou de apenas alguns itens constantes na sequência de orientação da resolução do CFM.

Se não for assim entendido, cada laudo pericial médico se transformará num Tratado Científico, o que não se ajusta a estes casos de Perícia Médica trabalhista.

O que se pretendeu aqui demonstrar não é a relevância de uma redação gramatical correta, que sempre se espera, mas sim os efeitos práticos da concepção da norma publicada, e para qual finalidade esta serve: a prática pericial médica!

Desse modo, não é obrigatório ao Perito Médico realizar a vistoria *in loco*. Utiliza-a se quiser! Quando não a faz, não está cerceando defesa, pois Perito Médico não faz procedimento de interesse das partes e sequer preside o andamento processual.

Diferente do juízo, que ao ser solicitada nos autos a realização formal de vistoria *in loco* (que não se pode confundir com sinônimo de Perícia Médica), negá-la poderá ser implicado em cerceamento de defesa. Porém, se além da Perícia Médica as partes desejam realizá-la e o juiz deferi-la, de melhor propriedade deverá designá-la ao Engenheiro de Segurança.

Isso é o real e o possível no campo contemporâneo da Perícia Médica Trabalhista!

Sabemos que no campo da Saúde Ocupacional, especialmente nas atividades do Perito Médico nas demandas trabalhistas, para investigar de forma adequada, poderá e, mais ainda, deverá utilizar-se de todos os meios necessários, obtendo informações, solicitando documentos, avaliando plantas, desenhos e fotografias e quaisquer outras peças, podendo, desta forma, observar diversos pontos que, eventualmente, sirvam para os esclarecimentos e demonstrações complementares à avaliação clínica. Isso tudo não é novo, pois já está previsto no Código de Processo Civil — art. 429 — que diz: "Para o desempenho de sua função, podem o perito e os assistentes técnicos utilizar-se de todos os meios necessários, ouvindo testemunhas, obtendo informações,

MANUAL DE INICIAÇÃO & CONCEITOS EM PERÍCIAS MÉDICAS ◀ **125**

solicitando documentos que estejam em poder da parte ou em repartições públicas bem como instruir o Laudo com plantas, desenhos, fotografias e outras quaisquer peças".

9.7. LEI TRABALHISTA E ACREDITAÇÃO NOS ATOS DO SEU EFEITO

É de se esperar que na Justiça Trabalhista, se não houver elementos fáticos concretos que os descaracterizem, PCMSO e PPRA devem ser considerados como documentos idôneos, elaborados em desconexão com a lide e aqui vale lembrar que até mesmo legalmente ao médico é dado como verdade o que tecnicamente expressa. Portanto, é justamente na Justiça Trabalhista que não se deve desconsiderar o valor real dos documentos emitidos por Médicos do Trabalho e/ou outros profissionais técnicos devidamente qualificados — PCMSO, PPRA, LTCAT, PPP etc.

Tais manifestações se revestem em documentos técnicos da mais alta relevância, que se prestam à consulta como procedimento médico-legal, visto que pela análise conjunta destes dados e a manifestação do trabalhador, consideram-se, além da verossimilhança, os conceitos clássicos da Epidemiologia Médica[52], podendo então se obter, com muita precisão, a demonstração de diversos elementos que permitem ponderações úteis em Higiene Ocupacional suficientes para esclarecer os pontos de como se pretendia que fosse, ou como de fato foi e como se deu o labor disponibilizado ao trabalhador, tanto de forma genérica (padrão disponibilizado a todos os trabalhadores) quanto personalizada (padrão disponibilizado individualmente às características psicofísicas individuais).

Também nesse sentido, sabemos que o posto de trabalho é apenas um dos componentes que envolvem a complexa relação da chamada "Condição de Trabalho", em que estão inseridos aspectos evolutivos de exposição ocupacional e as efetivas providências de prevenção ocupacional. Não menos importante se mostra a análise da CAT, PPP, LTCAT etc.

Vale refletir, vejamos:

A. É possível se constatar na vistoria *in loco* parecer favorável, ou seja, ergonomicamente está tudo em ordem e com medições dentro dos limites etc., e ainda assim, neste local, **haver** ocorrência de doença ocupacional com nexo causal técnico (médico) firmado e que possibilite ou não a caracterização do nexo jurídico?

Resposta: Sim, por exemplo, poderá vir a ocorrer DORT fase I, manifestada devido a predisposição individual do trabalhador; agravo de perda da audição em trabalhador que se mostra mais sensível aos efeitos da vibração sonora, apesar do ambiente ter sons dentro de limites aceitáveis pelas NR etc.

B. É possível se constatar na vistoria *in loco* parecer favorável, ou seja, ergonomicamente está tudo em ordem e com medições dentro dos limites etc., e ainda assim, neste local, **ter havido** ocorrência de doença ocupacional com nexo causal técnico (médico) firmado e que possibilite ou não a caracterização do nexo jurídico?

Resposta: Sim, haja vista que o padrão atual, embora sugira adequação, pode não refletir a realidade anterior, confirmada pelos efeitos observados sobre a saúde do trabalhador, quando excluídas as outras possibilidades causais, por exemplo, nos DORT fase II; perda auditiva sem que se tenha constatado qualquer outra fonte de exposição etc.

C. É possível se constatar na vistoria *in loco* parecer desfavorável, ou seja, ergonomicamente está tudo em desconformidade e com medições fora dos limites etc., e ainda assim, neste local, **não haver ou ter havido** ocorrência de doença ocupacional com nexo causal técnico (médico) **excluído** e que possibilite ou não a caracterização do nexo jurídico?

Resposta: Sim, haja vista que o padrão atual, embora sugira inadequação, pode não refletir a realidade anterior, confirmada pela ausência de efeitos ocupacionais observados sobre a saúde do trabalhador, ou que entre estes não se possa estabelecer relação dose-especificidade-efeito, confirmada por outra fonte causal, por exemplo, a Presbiacusia etc.

---

(52) Sensibilidade, Especificidade, Valor Preditivo, Razão de Verossimilhança, Critérios de Hill, entre outros.

Nota: Nada dissemos quanto ao nexo jurídico, pois estes não cabem ao Perito Médico, mas exclusivamente ao Magistrado.

Logo, fica patente que o Perito Médico, a seu critério, poderá determinar o procedimento chamado de PERÍCIA INDIRETA, que é procedimento regular em Medicina Legal, permitindo o reequilíbrio na apuração dos fatos no processo de avaliação, em todos os seus itens de observância, e que se reveste de suma importância.

Nessa direção, o Dr. Irineu Pedrotti — Desembargador do Tribunal de Justiça do Estado de São Paulo, com assento na 34ª Câmara da Seção de Direito Privado, diz que **"A perícia poderá ser direta ou indireta; naquela, o exame pericial é feito (diretamente) na pessoa, na coisa, ou no objeto, a fim de que seja identificada a verdade do que foi alegado; nesta, o exame pericial é realizado (indiretamente) nos elementos, ou documentos, ou peças que possam existir, para a apuração sobre a exatidão do que foi afirmado".** Diz ainda o Desembargador: "Pode-se sustentar que, sendo os assistentes técnicos de confiança das partes, não sujeitos a impedimento ou suspeição, como o perito judicial, não estão, exceção do elemento subjetivo de cada um pela formação cultural e pela dignidade, sujeitos aos mesmos ônus. Em face disso, torna-se evidente que eles podem, sempre, ser parciais às suas partes contratantes, o que não se pode admitir do perito judicial".

Não bastando tudo isso, como já dito, a própria lei já previu e determinou por meio das NR (Normas Regulamentares) providências e medidas obrigatórias de saúde e segurança que, além de servirem de referência no dia a dia das ações preventivas nas empresas, os PPRA, Mapa de Risco, Laudo Ergonômico, Perfil Profissiográfico Previdenciário etc., servem muito bem para fins periciais médicos.

Por tudo isso, a realidade fática enfraquece a tese de que uma vistoria *in loco* tudo revela e/ou possibilita reconstituir a realidade do que ocorria e até mesmo a citação clássica de que "Não há o diagnóstico honesto de DORT sem uma visita ao posto de trabalho e a constatação de condições nocivas geradoras do processo" se desfaz, diante da análise de eventos extemporâneos.

Sabemos que avaliações realizadas com data e hora marcada muitas vezes se prestam mais a esconder do que a revelar a verdade.

Assim, ao superestimar o valor da vistoria *in loco*, pode-se deixar de identificar o que melhor demonstra a Perícia Indireta, se criteriosamente realizada. Na maioria das vezes, o que se vê nas perícias *in loco*, visto a decorrência temporal dos fatos, se mostra totalmente desconexo do que na verdade ocorria.

Não podemos deixar de dizer que, no caso da Justiça Trabalhista, ainda existem entendimentos, até amparados na lei, indicando que o médico poderia fazer além das vistorias *in loco*, a Perícia Ambiental, todavia, se não totalmente ultrapassado este conceito, ele deixa muito a desejar à realidade contemporânea da capacitação médica e da complexidade dos sistemas produtivos de máquinas e sistemas de gestão de produção. Superestimar esta capacitação e os adequados limites do exercício da boa medicina e do ato médico, seja por questões da celeridade processual ou qualquer outra, é um grande risco, quase um erro.

9.8. PERÍCIA AMBIENTAL

De tal modo, inequívoco que a Perícia Médica difere da Perícia de Engenharia (Ambiental), pois, às vezes, até esta poderá ser chamada a complementar a conclusão de uma Perícia Médica. Por óbvio, a Perícia de Engenharia — Ambiental — é a realizada por Engenheiros, este sim, profissional habilitado para, nas suas observações, incluir a inspeção de máquinas, equipamentos, seus sistemas de funcionamento, características do local, sistema de produção etc., inclusive verificará aspectos quanto ao seu funcionamento e operação, ou seja, verificará a dinâmica dos eventos.

Contudo, o Perito Engenheiro não tem o periciando como elemento de avaliação para poder apontar características do ponto de vista diagnóstico e tão pouco poderá estabelecer relação com indicação de nexo entre uma lesão ou dano físico e/ou mental, apenas poderá se manifestar quanto à existência de risco. Além disso, pode e deve, sim, ponderar sobre a possibilidade e/ou a necessidade da instalação ou não de outros recursos de segurança, abrangendo os acessórios, constatando se o que avaliou se encontra montado e em estado de funcionamento conforme os parâmetros de Engenharia Mecânica, Industrial e Segurança, quer sejam os teóricos e/ou os determinados pelo fabricante, e se há ou não necessidade de adaptações, ponderando, na certa, se tecnologicamente estão adequadas e se estão disponíveis adaptações contemporâneas exequíveis e como estas deveriam ser feitas, indicando com ênfase a possibilidade e grau de risco, grau de salubridade e periculosidade. Ou seja, também é matéria complexa, mas totalmente estranha e diversa da atividade médica.

Por conseguinte, em algumas oportunidades a Perícia Médica pode necessitar da Perícia de Engenharia (Ambiental) e/ou da vistoria *in loco*, para se obter dados complementares, no entanto este procedimento nem sempre é necessário e obrigatório.

9.9. CONCLUSÃO DO PERITO MÉDICO

É claro que a decisão de declinar da utilização desta avaliação subsidiária *in loco* somente deverá ser feita se não houver nenhuma possibilidade de alteração da conclusão expressa, ou seja, esta não pode ser expressa no condicional, mas sempre de forma terminativa. Se foi dada de forma terminativa pelo Perito Médico, é certo que na sua avaliação colheu todos os elementos pertinentes e necessários a seu critério, para que efetivamente pudesse emitir a conclusão.

Muitos dizem que "os médicos não gostam de realizar avaliação *in loco*, e isso tem lá um fundo de verdade, pois, na maioria das vezes, o que se pretende demonstrar *in loco* ao Perito Médico são elementos totalmente distintos daqueles necessários e inerentes aos da sua atividade para complementar o seu trabalho, fugindo completamente ao seu campo de atuação, o que explica os motivos dessa dispensa. O médico não tem conhecimentos especializados de Engenharia, e mesmo que tenha noções, isso não basta, pois o que se requer é *expertise* no assunto. Se não as tem, não pode e não deve expressá-las, visto o exercício legal da sua profissão, não ultrapassando os limites técnicos e éticos a que está sujeito nas suas atividades. Isso também vale para o Engenheiro, mesmo que tenha noções de medicina.

Dessa forma, com muita propriedade e considerando os aspectos jurídicos e não os médicos, o Superior Tribunal Federal, por Jurisprudência Acidentária, reconhece que a vistoria no local de trabalho afigura-se pertinente e necessária para a caracterização ou não do nexo causal, que o indeferimento da sua realização configura cerceamento de defesa e que o fato de já terem passado anos da ocorrência do acidente não invalida atos do perito em buscar subsídios, bem como avaliação de outras empresas cujas instalações e atividades sejam semelhantes e permitam a verificação das condições de trabalho etc., incluindo obtenção de dados em órgãos públicos.

Se a Perícia Médica, feita sem vistoria *in loco*, foi suficiente para esclarecer ao Magistrado, deve ele, com ênfase, fundamentar isso nos autos, citando este convencimento na sua Sentença. Consequentemente, se a Perícia Médica não foi suficiente para esclarecer ao Magistrado, e assim não encontrar elementos para fundamentar nos autos, deve ele determinar a Perícia de Engenharia, pois se assim não o fizer, poderá configurar cerceamento de defesa. Se foi dispensada pelo Perito Médico a vistoria *in loco*, ficou caracterizado por um técnico que não se afigurou como pertinente nem necessária, ressalto e repito, foi um técnico que declinou desta necessidade, e não o Magistrado, não havendo a hipótese da indicação do cerceamento de defesa, desde que deste modo tenha fundamentado o Magistrado.

Tudo isso considerado, veremos que a Conclusão Pericial Médica aposta nos laudos deve esclarecer, independente dos quesitos apresentados, os seguintes itens:

1. Concluir terminativamente* indicando se foi ou não foi caracterizado o **Acidente de Trabalho/Doença Relacionada ao Trabalho**;

2. Concluir terminativamente* indicando se ficou ou não caracterizado o **nexo médico** (Nexo técnico);

2.1. Se apontou nexo de **causa** ou de **concausa**, deve-se fundamentar, apresentando resposta às perguntas:

a) A natureza da exposição foi clara e identificável?

b) Houve especificidade da relação causal e força da associação causal como fator desencadeante ou de agravo?

c) O grau e a intensidade do agente foram compatíveis com a produção da doença e/ou agravo?

d) Houve informação e consentimento — para a e/ou da vítima? Do agente? Agente solicitou consentimento? Foi prévio ao ato?

e) Realizaram-se procedimentos de segurança?

f) Houve omissão? Houve inépcia? De quem?

g) Há coerência entre a idade da lesão e a ocorrência dos fatos?

h) Há dados no prontuário médico verossimilhantes ao que se alega?

i) Havia preexistência e danos anteriores?

j) Foi causa necessária; foi causa contributiva; foi causa necessária de agravo?

k) Havia como fazer de outra forma?

l) Há aspectos epidemiológicos positivos — outros casos conhecidos no mesmo local?

m) Havia sinais de tolerância a procedimentos reconhecidamente de exposição a risco?

n) Houve ação concorrente?

o) Havia condição e/ou situação insegura reconhecida?

Nota: Recentemente percebemos que se apresentam solicitações para que o Perito Médico esclareça ao indicar o nexo de concausa, que aponte se esta imputação foi leve, moderada ou intensa. Contudo, desaconselho tal classificação, pois nas Perícias Trabalhistas, os itens de conclusão — acidente (doença) e nexo não podem ser imprecisos. Penso que isso não se coaduna com a precisão necessária aos atos periciais sem que se esbarre em atos de juízo de valor pelo perito técnico, acarretando efeitos impróprios na lide.

*: Não se admite conclusão no condicional.

1. Indicar se houve **incapacidade temporária**;

2. Indicar e quantificar se há **dano patrimonial** (Físico ou Mental) — nunca inferir sobre moral ou existencial;

3. Indicar e quantificar se há **dano estético**;

4. Indicar se há **INVALIDEZ LABORAL DEFINITIVA**:

a) Não obstante a existência ou não de dano físico ou mental, **NÃO HÁ INVALIDEZ LABORAL** E NÃO SE REQUER MUDANÇA DE FUNÇÃO, sendo suficiente a adoção de medidas de ADAPTAÇÃO ou TRABALHO RESTRITO para permitir reintegração.

ou,

b) **É PARCIAL** (UNI OU MULTIPROFISSIONAL) SENDO ELEGÍVEL E NECESSARIAMENTE SE REQUER SUBMISSÃO A PROCESSOS DE **REABILITAÇÃO PROFISSIONAL**.

ou,

c) **É PARCIAL** (MULTIPROFISSIONAL) SENDO **INELEGÍVEL** PARA SUBMISSÃO A PROCESSOS DE REABILITAÇÃO PROFISSIONAL, **PELO PRAZO DE 5 ANOS**.

ou,

d) **É TOTAL** (OMMINIPROFISSIONAL) REQUERENDO **APOSENTAÇÃO LABORAL**.

5. Indicar se há invalidez para os hábitos da vida diária — **DEPENDÊNCIA DE TERCEIROS**.

9.10. SUMARIZANDO

> **NÃO SE INDENIZA NEXO!**

> **SE INDENIZA EFEITO — RESULTADO: — DANO FÍSICO, MENTAL, SENSORIAL, LABORAL [PARA ALGUNS, TAMBÉM O EXISTENCIAL] E O MORAL!**

O campo da Saúde Ocupacional, especialmente nas atividades do Perito Médico em demandas trabalhistas, para investigar de forma adequada, poderá e, mais ainda, deverá utilizar-se de todos os meios necessários, por exemplo, ouvindo relatos de outros trabalhadores, obtendo informações, solicitando documentos, avaliando plantas, desenhos e fotografias e quaisquer outras peças, podendo, desta forma, observar diversos pontos que, eventualmente, sirvam para os esclarecimentos e demonstrações complementares à avaliação clínica, como já está previsto no que estabelece o Código de Processo Civil — Art. 429, que diz:

> Para o desempenho de sua função, podem o perito e os assistentes técnicos utilizar-se de todos os meios necessários, ouvindo testemunhas, obtendo informações, solicitando documentos que estejam em poder da parte ou em repartições públicas bem como instruir o Laudo com plantas, desenhos, fotografias e outras quaisquer peças.

Ora, na justiça trabalhista, se não houver elementos fáticos concretos que descaracterizem os PCMSO, PPRA, LTCAT, PPP etc., como documentos idôneos, não se deve desconsiderar o valor real desses documentos técnicos da mais alta relevância. Lembrando que é exigível na forma da lei e que esta considera como verdade o que o Médico do Trabalho e/ou Engenheiro do Trabalho expressaram tecnicamente nesses documentos. Dessa forma, prestam-se à consulta indireta como procedimento médico-legal, visto que, pela análise conjunta desses dados e a manifestação do trabalhador, considerar-se-á a verossimilhança e permitir-se-á muita precisão na demonstração dos diversos elementos.

Também o TST já se manifestou neste sentido, na Súmula n. 278:

> N. 278 ADICIONAL DE INSALUBRIDADE. PERÍCIA. LOCAL DE TRABALHO DESATIVADO. A realização de perícia é obrigatória para a verificação de insalubridade. Quando não for possível sua realização, como em caso de fechamento da empresa, poderá o julgador utilizar-se de outros meios de prova.

Reforçando o sentido de importância da manifestação técnica livre do Perito Médico, que é soberana e não se quebra por conceitos não técnicos, vejamos o que expressa o Acórdão do TRT/15ª Processo n. 00603-2006-051-15-00-6 — Recurso Ordinário:

> A doença profissional foi comprovada por laudo técnico, que atestou sua correlação com as condições de trabalho. Assim, não haveria como por depoimentos testemunhais ser derrubada a conclusão do laudo. Mesmo que a reclamada não tivesse sido omissa quanto à proteção da saúde dos seus "funcionários", como diz, o fato é que isso não foi suficiente para evitar a doença profissional da qual fora acometida a reclamante, e este é o fato sobre o qual deve incidir a norma jurídica. (Jorge Luiz Souto Maior — Juiz Relator)

Como instrumentos periciais, além das CAT, dos PPRA, Mapa de Risco, Laudo Ergonômico, Perfil Profissiográfico Previdenciário etc., que servem muito bem para fins periciais, ressalta-se que muitos desses documentos são atualizados anualmente, e, assim, demonstram de forma muito útil as mudanças evolutivas de uma linha de produção e/ou de um posto de trabalho ocorridas ao longo do tempo.

Sabemos que as tecnologias contemporâneas promovem constantes e frequentes modificações das formas de trabalho e nas linhas de produção, que, na oportunidade de uma vistoria in loco, podem não se revelar por terem sido modificadas.

O processo trabalhista diante de acidente de trabalho imaginariamente ideal para alguns deveria, no mínimo, ser multidisciplinar. Filosoficamente e cientificamente é tese com a qual concordamos, porém, não defendemos. Não defendemos, pois para se contemplar tais procedimentos mínimos deveriam se realizar a Perícia Ambiental, a Perícia Ergonômica, a Perícia Psicológica e a Perícia Médica (outras podem ser consideradas). Sabemos que tais procedimentos não são céleres e tampouco econômicos.

É imperioso reconhecer que entre o que desejamos — ideal, e o que é possível de ser feito há muita distância. Os longos anos de práticas da Justiça Estadual julgando as demandas acidentárias consolidaram a atuação dos Peritos Médicos e Engenheiros. Todavia, a Justiça Especializada — Trabalhista, hoje se depara com algumas dúvidas e questionamentos, naturais diante da transição súbita ocorrida em 2004/2005 por Emenda Constitucional. Destarte, escusável que questionem as práticas anteriores já consolidadas, porém, todo cuidado é pouco em inovações, mesmo as que venham embasadas por conceitos científicos, no entanto, a prática mostra que nem sempre estas são tangíveis.

Seguindo a proposta para inovar com a multidisciplinaridade, vejamos os efeitos destes novos procedimentos na Justiça Especializada, supondo aplicar a já baixa remuneração conforme recomendação do Conselho Nacional de Justiça que indica o valor mínimo de R$ 1.000,00 (um mil reais) destinado aos honorários periciais para cada avaliação. Então, já teríamos um custo mínimo aos Tribunais da ordem de R$ 4.000,00 (Quatro mil reais) por processo; se em tempo recorde cada uma das avaliações demandarem 60 (Sessenta dias — desde a marcação da avaliação, realização, confecção do laudo, inclusão nos autos, resposta a quesitos complementares e atos de impugnação etc.), teríamos decorrido cerca de 240 dias; se a estes dados somarmos as considerações de Assistentes Técnicos em cada procedimento, o volume de informações contidas nos processos demandaria aos Magistrados muito tempo de dedicação à sua leitura. Portanto, penso que são incompatíveis para a aplicação prática as perícias multidisciplinares neste e noutros ramos judiciais, reafirmando que do ponto de vista científico poder-se-ia considerar como sendo o ideal. Temo a efeito desta prática, superficializar as avaliações e mal remunerar os técnicos designados a fazê-los etc., ou, de fato, ficará ainda mais caro, lento e volumoso o processo trabalhista.

Compreendem-se eventuais inseguranças dos leigos em assuntos técnicos, mesmo diante dos atos periciais, contudo, isso pode ser superado individualmente por estudos complementares dos Operadores do Direito, através de dedicação a cursos de extensão universitária, pós-graduação etc.

De imediato na Justiça Especializada isso pode ser saneado, se o Magistrado vir a compor o seu rol de Peritos Médicos e de Engenheiros com *experts*, de fato e de direito, se houver obediência a um protocolo mínimo exigível nos laudos — padronização dos laudos, como indicado anteriormente no item 8.9.

Capítulo 10

CONSIDERAÇÕES DIVERSAS PARA O ESTABELECIMENTO DO NEXO, DANO E QUANTUM INDENIZATÓRIO

Avançando no tema "**nexo**", de modo prático, podemos adotar os aspectos relacionados à Perícia Trabalhista como base para o devido entendimento conceitual da associação do agente ao dano — nexo, nos outros ramos da Perícia Médica, visto que o trabalho é fator essencial para a socialização do indivíduo e faz parte do cotidiano das pessoas em geral. Como tal, sendo muito mais comum no dia a dia, pode ser utilizado como ferramenta de exemplo para bem agir quanto ao estabelecimento do Nexo Causal ou Concausal na função de Perito Médico.

Segundo França (2004),

> as leis sobre acidentes e doenças do trabalho, a proteção sociopolítica em defesa do obreiro, a instituição do sindicalismo e a preocupação do salário justo são manifestações indiscutíveis de que existe uma consciência atenta para o valor que o trabalho representa no conjunto da sociedade (p. 192-204).

Isso posto, deve-se ter conceitualmente muito claro que não se indeniza a existência do nexo, mas a existência do dano e, para os médicos, os danos a serem mensurados são o Físico, o Mental, o Sensorial, o de Capacidade Laboral e o da possibilidade de Reabilitação Profissional. Nunca o Moral!

Temos que a ciência médica diagnostica as patologias relacionadas ao trabalho desde as épocas mais remotas[53], e já se demonstra a existência de nexo entre estes diagnósticos e o trabalho desde o início da fase precursora da moderna Medicina do Trabalho, por exemplo, quando se constatou que uma doença que ocorria com as lavadeiras, hoje reconhecida como Tendinite de De Quervain ou "entorse das lavadeiras", era causada pelo trabalho que elas desenvolviam.

Referindo-se a uma abordagem diagnóstica com fins assistenciais, Assunção e Almeida (2003) relatam que:

> o estabelecimento de nexo causal nestes casos deve levar em conta, além dos aspectos citados, a investigação da duração da evolução, **a existência de período prolongado de exposição a fatores de risco antes da busca de tratamento médico**, levando a diagnósticos tardios. Igualmente, deve-se levar em conta conflitos possíveis na relação médico-paciente, entre paciente e colegas de trabalho e/ou chefia, bem como considerar relevante a existência de outros fatores psicossociais capazes de interferir na percepção da dor e que aparecem referidos na literatura como associados com pior prognóstico e/ou dificuldades de retorno ao trabalho. O somatório desses fatores pode explicar o aspecto dito não característico do caso ou indicar a **necessidade de investigação complementar acerca de outras causas[...] é importante o abandono da atitude de defesa, traduzida na exigência de comprovação impossível, à luz dos conhecimentos atuais, tanto da existência, quanto da inexistência do nexo causal** (p. 1501-40). (Grifos do autor)

Segundo relata Oliveira (2005):

> [...] nem a ciência jurídica nem a medicina trabalham com exatidão rigorosa dos fatos como ocorre nos domínios das ciências exatas. As provas não devem ser avaliadas mecanicamente com o rigor

---

(53) Em 1700, na Itália, Bernardino Ramazzini publica o livro *De morbis Artificum Dia Triba* — As doenças dos trabalhadores — marco histórico que o caracteriza como o "pai" da medicina do trabalho.

e a frieza de um instrumento de precisão, mas com a racionalidade de um julgador atento que conjuga fatos, indícios, presunções e a observação do que ordinariamente acontece para formar seu convencimento (p. 357).

Então, não custa lembrar que não se indeniza pela presença do nexo e sim quando se demonstra o dano, que foi (deveria ser!) devidamente mensurado e demonstrado com base em fundamentação científica.

10.1. PATOLOGIAS DO TRABALHO

As patologias do trabalho não são somente aquelas causadas por um fator laboral, mas também as agravadas por um agente presente no ambiente ou condição de trabalho. São também decorrentes das concausas, condição que, somada à principal, concorre com o resultado mórbido, não o tendo iniciado nem interrompido em decorrência do trabalho, apenas reforçado.

Tradicionalmente, como já vimos, alguns autores consideram que existem alguns excludentes do nexo causal (jurídico) dos Acidentes de Trabalho, que são os que ocorrem por ação exclusiva da vítima e se caracterizam quando:

1. A causa única do acidente foi a própria conduta da vítima (trabalhador) — Fator Humano;

2. Caso fortuito ou de força maior, quando o acidente ocorre devido a circunstâncias ou condições que escapam a qualquer controle ou diligência do empregado ou do empregador — Incidente;

3. Fato de terceiro, quando não há a participação direta ou indireta, por exemplo, do empregador ou do exercício da atividade laboral para a ocorrência do evento.

Todavia, contemporaneamente, alguns autores consideram a existência do nexo causal (técnico) entre a lesão e o trabalho que se desenvolvia, independentemente de quem deu causa. Vejamos:

1. Os eventos ocorridos por ação do trabalhador, se estabelece o nexo como Ato Inseguro, que seria melhor dito pelo Perito Médico como nexo decorrente de Fator Humano.

2. Os decorrentes da ação das empresas, o nexo como Situação/Condição Insegura.

3. Aqueles em que houver participação de ambas as partes (Fator Humano e Condição Insegura) como nexo decorrente de Ação Concorrente.

4. Aqueles em que não houve participação ativa das partes, como infortúnio, que será mais bem dito pelo Perito Médico como nexo decorrente de Incidente.

Excetuando a indicação "Ação Concorrente", a meu ver, o uso das demais nomenclaturas (Fator Humano, Condição Insegura e Incidente) visam não suscitar entendimento de que o Perito Médico ultrapassou seus limites técnicos, adentrando no jurídico, sugerindo imputação de fato às partes, prejudicando o melhor e livre entendimento, por exemplo, dos Magistrados.

Portanto, assim dizendo ao indicar o nexo, causal ou concausal, numa perícia trabalhista, estará relacionando a lesão e não a quem deu causa (prejulgamento), mas entre a lesão e o trabalho que se realizava, o que parece procedimento correto para o Perito Médico, pois, de outra forma, estaria ele julgando, e não periciando.

10.2. LESÃO ≠ DANO — ESCLARECIMENTO PELA PROVA TÉCNICA

No caso de auxílio para julgamento de lides judiciais, é importante citar que não basta haver a lesão e o nexo desta com a condição. Para se concluir por culpa por imprudência, negligência ou imperícia, ou dolo, atribuições exclusivas do juiz, deve-se considerar que a Perícia Médica não é a única nem é uma "superprova"!

Desta forma, podemos depreender que o Perito Médico, havendo a patologia (lesão) e uma vez estabelecido o nexo, deve esclarecer a extensão dos danos, e todas as variáveis consequentes, mas, como dito e não é demais ressaltar, não deve considerar nada sobre a conduta das partes. Deve, sim, apontar as falhas encontradas, inferir sobre as ponderações que o levaram ao estabelecimento do nexo de causalidade, de modo que o juiz disponha de informações completas e esclarecedoras sobre os fatos controvertidos para que possa formar sua opinião e proferir o julgamento.

Para exemplificar a presença de situação onde temos lesão sem dano, entre outras podemos indicar aquelas alterações que se observam no exame audiométrico, evidenciadas nas altas frequências (6.000 Hz ou 8.000 Hz), ditas "frequências não-sociais da audição" e que no somatório de algumas frequências (500 Hz, 1000 Hz, 2000 Hz e 4.000 Hz) as somas das perdas não ultrapassam a 100 dB, caracterizando Perda Auditiva (lesão) sem alteração na Capacidade de Ausculta Social — Audição Normal (sem dano).

10.3. FATOR HUMANO — ATO INSEGURO

Ainda nos socorrendo da Perícia Trabalhista, alguma dificuldade de entendimento reside na indicação por parte de alguns Peritos Médicos quando constatam que o evento acidentário se deu por ação deliberada e dependente de decisão pessoal humana — trabalhador.

Como dito, em algumas oportunidades chegam a concluir em seu parecer que o evento se deu por "Ato Inseguro", o que, como dito, não se deve fazer, pois estará sugerindo julgamento do fato. Não deve fazer até porque, aos olhos do direito, nem todo "Ato Inseguro" supera uma "Situação ou Condição Insegura". Ou seja, mesmo que houvesse decisão unilateral e deliberada de um agente pessoal, Fator Humano, pode-se concluir que havia a possibilidade efetiva de previsibilidade e da possibilidade majoritária de adoção de medidas para que o evento não ocorresse, apesar do descumprimento de orientações e por decisão pessoal do agente.

Vejamos alguns aspectos apresentados num recurso processual, para melhor entender a questão:

> Incontroverso nos autos o acidente de trabalho. No desempenho de sua função de operador de moinho, o reclamante enfiou a mão em uma das máquinas porque estava travada, mas ainda não totalmente desligada. Em face do acidente, ocorreu amputação de falange distal do segundo, terceiro e quarto dedo da mão direita de trabalhador destro, com perda de mais ou menos 30% da capacidade laborativa, conforme conclusão pericial (fl. 211). Ou seja, a lesão moral ficou amplamente comprovada. Somente após o infortúnio a empresa colocou dispositivo de segurança no equipamento, devendo, portanto, suportar as consequências de sua omissão. Por outro lado, ficou comprovada também a culpa concorrente. Ao depor, o reclamante confirmou que tinha sido treinado a não colocar a mão no equipamento ligado, mas descuidou-se. Entretanto, somente se a empresa comprovasse que o reclamante agiu dolosamente, com intenção de ter seus dedos mutilados para pleitear indenização, é que a eximiria de qualquer obrigação, mas não é o caso. Trata-se de acidente típico de trabalho. Nesse sentido, considerando a culpa concorrente, entendo que o valor de R$ 40 mil arbitrado à indenização por danos morais é condizente com a lesão sofrida (Processo 0176100-54.2008.5.15.0010 — Edmundo Fraga Lopes — Desembargador Relator).

Diante desse entendimento expressado juridicamente, penso que ficou claro ao Perito Médico que houve ação do Fator Humano. Entretanto, também ficou evidente que, para o juiz, houve ação culposa por imprudência da empresa, posteriormente sanada, o que lhe permitiu não incidir sobre o agente a ação exclusiva, mas sim concorrente, repito, tudo do ponto de vista jurídico, e não necessariamente médico.

Portanto, a conclusão do Perito Médico indicando Fator Humano gera a adequada possibilidade de o Magistrado pôr em prática sua ampla liberdade para, por meio da persuasão racional, incluir ou excluir a possibilidade da existência de ação culposa sem nenhum conflito com o elemento técnico indicado, o que poderia não ser bem entendido quando aplicada a conclusão como "Ato Inseguro".

Como exercício, façamos uma reflexão:

> Motorista trafegando em uma estrada de pista simples à direita e à noite, num trecho onde as faixas centrais indicavam 'faixa contínua', o que impede a ultrapassagem, porém, em uma curva, invade a pista contrária e ocorre um choque frontal com veículo que vinha à esquerda.

Algumas possibilidades:

1. Motorista que vinha à esquerda estava utilizando e manteve o "farol alto", impedindo melhor visibilidade do da direita.

Perguntamos: para o perito, a invasão da pista da esquerda — descumpriu norma e alerta — se deu por "fator humano" ou "ato inseguro"?

2. Motorista que vinha à esquerda estava utilizando e manteve o "farol alto", impedindo melhor visibilidade, porém o da direita, que invadiu a pista da esquerda, estava em alta velocidade.

Perguntamos: para o perito, a invasão da pista da esquerda — descumpriu norma e alerta — se deu por "fator humano" ou "ato inseguro"?

3. Motorista que vinha à esquerda estava utilizando e manteve o "farol baixo", porém, o da direita, que invadiu a pista da esquerda, estava em velocidade correta, mas derrapou no óleo que estava derramado na pista.

Perguntamos: para o perito, a invasão da pista da esquerda — descumpriu norma e alerta — se deu por "fator humano" ou "ato inseguro"?

Tentando responder, em todas as possibilidades apresentadas, entendemos que se o perito indicar que houve fator humano ofertará à autoridade e/ou ao Magistrado ampla possibilidade para o exercício da persuasão racional, permitindo análise de tudo o que está envolvido no fato e ligando-o aos aspectos do direito, sem gerar qualquer conflito com a conclusão técnica. Afinal, não cabe ao perito a imputação de culpa ou dolo, mas a simples indicação de elementos técnicos em auxílio à autoridade na sua decisão.

Retornando à análise do processo citado, aos olhos de alguns técnicos em Saúde Ocupacional, poderíamos entender que, embora houvesse medida adicional de segurança, já seriam suficientes para o padrão do homem médio a experiência, o treinamento e a orientação dada ao trabalhador, tendo ele descumprido normas de segurança de forma deliberada e unilateral, arriscando-se sem necessidade. Todavia, a leitura do Operador do Direito não indicou este caminho. No caso, se o laudo técnico indicava ato inseguro, estaria a sugerir a existência de conflito entre a conclusão técnica e a dada em sentença. Se o perito médico indicou fator humano, nada sugeriu a influenciar conflito com a sentença, pois, embora tenha sido executada ação pessoal, houve outro elemento ponderado pelo juízo a lhe permitir esta ação.

Aqui cabe bem o que disse Oliveira (2006), na apreciação do caso concreto, pois o julgador seguiu a Doutrina, que define as circunstâncias que excluem o nexo causal do acidente de trabalho, quais sejam: culpa exclusiva da vítima, caso fortuito, força maior e fato de terceiro. São fatores que rompem o liame causal e, portanto, o dever de indenizar, porquanto não há constatação de que o empregador ou a prestação do serviço tenham sido os causadores do infortúnio. Interessa ao presente estudo a primeira circunstância mencionada, a culpa exclusiva da vítima, ou "fato da vítima" (na terminologia da técnica médica isenta, seria mais bem dita como fator humano).

10.4. *QUANTUM* INDENIZATÓRIO

Quando levadas à apreciação do Poder Judiciário, as questões envolvendo acidente de trabalho geralmente não passam sem a prova pericial, embora a ela o julgador não esteja adstrito, segundo norma contida no art. 436 do Código de Processo Civil. Isso porque não cabe ao perito, a despeito de seus conhecimentos técnicos especializados, substituir o juiz, como órgão do Estado, investido de Jurisdição. Vale lembrar que ocorrendo culpa concorrente da vítima e do empregador, permanece o dever de reparar o dano, porém a indenização poderá ser reduzida proporcionalmente, com base no art. 945 do Código Civil.

Incumbe ao perito trazer para os autos do processo elementos técnicos de convicção que, juntamente com outros fatores e circunstâncias da causa, permitam ao julgador formar seu convencimento acerca do caso concreto.

Segundo Greco (1996), ao determinar a perícia, todavia, o juiz não abdica nem delega seu poder de decidir, podendo criticar, comentar e apreciar o laudo pericial, acolhendo-o, ou não, segundo o próprio conhecimento e as regras lógicas e técnicas.

Diante disso, a prova pericial médica é extremamente necessária para demonstrar fatos que podem remeter à vinculação de causa e efeito, ou seja, o nexo causal ou concausal.

Desta feita, três são os aspectos de relevância que devem ser ponderados em relação ao nexo causal:

1. Cumprimento mínimo das normas, boas práticas e conceitos doutrinários;

2. Condições do ambiente em que se deu o fato;

3. Condições de operacionalização e organização em que se deu o fato.

10.5. NEXO COM AS CONDIÇÕES DE TRABALHO

Para tal, muito mais relevante que a vistoria *in loco* é a recomposição de como era a organização do trabalho, dando ênfase à ponderação sob os aspectos da prevenção, prudência e zelo. Notadamente, deverão se verificar os aspectos da Ergonomia Cognitiva (muitas vezes desvalorizada) antecedendo aos da Ergonomia Física (hipervalorizados) e da Ergonomia Organizacional.

Cumprida esta etapa, aliada aos aspectos colhidos no exame clínico, o Perito Médico já terá elementos de convicção para poder responder às questões pertinentes específicas do caso, e assim concluir sobre o Nexo de Causalidade, utilizando os seguintes quesitos padronizados, que expressam aproximadamente os critérios da Sensibilidade, Especificidade, Valor Preditivo etc.:

1. A hipótese diagnóstica estabelecida se relaciona com o labor realizado?

2. A natureza da exposição foi clara e identificável?

3. Há especificidade da relação causal e força da associação causal como fator desencadeante ou de agravo?

4. O Municiando estava devidamente orientado?

5. O Municiando cumpriu o que lhe foi orientado?

6. Os dispositivos de segurança estavam em ordem?

7. A lesão foi produzida por traumatismo?

8. Existe uma coerência entre a idade da lesão e a ocorrência dos fatos?

9. O tempo de exposição na condição em que se deu o fato, em grau e intensidade, foi compatível com a produção da doença ou do agravo?

10. O tempo de latência foi suficiente para a condição de agravo que se observa?

11. Há dados que indicam a existência de uma causa estranha à ação alegada?

12. Existe uma lógica anátomo-clínica de sinais e sintomas típicos?

13. Foi excluída a preexistência de doença e/ou danos anteriores?

14. A lesão foi decorrente do ato como causa necessária?

15. A lesão foi decorrente do ato como fator contributivo?

16. A lesão foi decorrente do ato como causa necessária de agravo?

17. Há aspectos epidemiológicos positivos?

18. Havia sinais de tolerância de uma das partes ao não cumprimento das normas e procedimentos reconhecidamente de exposição a risco?

19. Houve desobediência às orientações determinadas? Foi consequência de fator humano?

20. Havia como se disponibilizar o ato ou a ação de outra forma?

21. Havia condição e/ou situação insegura?

Lembrar: Não se indeniza a existência do nexo. O que se indeniza é o dano!

Nota: Complemento conceitual:

Ergonomia Cognitiva: Significado e importância para a Perícia Médica.

Autores: Rubens Cenci Motta;

Ailine dos Santos Bastos — Licenciada e Bacharel em Psicologia pela Universidade Estadual Paulista (Unesp). Especialista em Gestão Organizacional e Recursos Humanos pela Universidade Federal de São Carlos (Ufscar). Especialista em Ambiente Organizacional, Saúde e Ergonomia pela Escola Superior Aberta do Brasil (Esab). Mestranda em Saúde, Interdisciplinariedade e Reabilitação pela Faculdade de Ciências Médicas (Unicamp). Capacitação em Dependência Química pela Federação Brasileira de Comunidades Terapêuticas (Febract). Experiência na Prefeitura Municipal de Bauru, APAE de Araras, Hospital Psiquiátrico Antônio Luiz Sayão. Exerce a atividade de Psicóloga concursada na Secretaria Municipal da Administração da Prefeitura do Município de Piracicaba. Membro da equipe ganhadora do Prêmio Nacional: *Melhor Prática em Reabilitação Profissional*, concedido pelo Centro Brasileiro de Segurança e Saúde Industrial, 2009;

Wagner Barros Rainha — Superior tecnólogo de Segurança do Trabalho. Graduando em Ergonomia. Técnico de Segurança do Trabalho da Prefeitura Municipal de Piracicaba. Técnico em Raio X, especialidade radioterapia. Membro da equipe ganhadora do Prêmio Nacional: *Melhor Prática em Reabilitação Profissional*, concedido pelo Centro Brasileiro de Segurança e Saúde Industrial, 2009.

Estagiárias: Ana Beatriz Silva Marinho Urbano — Estudante do 10° semestre de Psicologia da Universidade metodista de Piracicaba (Unimep). Estagiando, durante o ano de 2012, na Secretaria Municipal da Administração da Prefeitura do Município de Piracicaba, junto à equipe de Reabilitação profissional;
Luiza do Amaral Fogaça — Estudante do 10° semestre de Psicologia da Universidade metodista de Piracicaba (Unimep). Estagiando, durante o ano de 2012, na Secretaria Municipal da Administração da Prefeitura do Município de Piracicaba, junto à equipe de Reabilitação profissional.

Introdução

Todos que lidamos com relações de trabalho, notadamente no estabelecimento de rotinas e na caracterização de um posto laboral, estamos acostumados e familiarizados com a chamada Ergonomia Física. Todavia, nem sempre sabemos e percebemos que, antes desta, a chamada Ergonomia Cognitiva deveria ser a melhor conhecida, por ser essencialmente a partir dela que se ofertará a devida adaptação do posto e das condições de trabalho ao homem, de forma personalista, e não pela adoção, até rotineira e inconsciente, da adaptação do homem ao trabalho.

Entendemos a ergonomia cognitiva como um referencial teórico e metodológico que permite analisar como a cognição afeta e é afetada pelo trabalho (HOLLNAGEL, 1997). Trata-se da capacidade humana de se adaptar ao mundo e suas necessidades mediante a utilização de recursos mentais, podendo ou não resultar em algo concreto.

Os processos cognitivos ocorrem de forma situada, pois envolvem um contexto de ação único; e finalista, por voltarem-se a um objetivo específico (ABRAHÃO, SILVINO, SARMET, 2005). São frutos da constante relação, única, do homem com o mundo.

Quando voltamos o olhar às ações do outro, por mais esforço que possamos fazer, ainda se trata de uma percepção deste outro. Podemos inferir pensamentos, sentimentos e ações, mas não podemos vivenciá-los tal como o outro faz.

Entendemos que a lógica que fundamenta as ações ergonômicas deve se pautar no diálogo entre o trabalhador e demais colaboradores, pois somente teremos acesso às vivências do trabalhador propriamente dito por meio da comunicação. É essencial ter ciência de que o trabalhador é participante (e deve participar) deste cenário e que devemos considerar os fatores subjetivos inerentes.

Nas relações sociais dentro do contexto laboral, dada a incorporação da hierarquia oriunda da estrutura organizacional, não é raro observar que o gestor, o técnico da área da saúde ocupacional ou o colega de trabalho assume o papel normativo frente ao trabalhador. Repete-se uma série de "receitas" de como agir e se portar. É esquecido que o trabalhador deve ter a possibilidade de fazer escolhas frente às suas particularidades. Trata-se do antagonismo posto entre a atividade prescrita e o que é vivenciado por um determinado trabalhador em um específico contexto laboral.

Não somente importante a comunicação entre o profissional técnico e o trabalhador, o diálogo entre os membros técnicos é essencial. Devido à diversidade que abrange a área técnica, este diálogo nem sempre é assertivo.

Portanto, é fácil compreender a complexidade dos fenômenos envolvidos, e se há ou não confluência de interesses etc., pois os grupos multidisciplinares envolvidos nestas situações são diversos, cujas bases de formação são muito distintas, com diferentes concepções, diversas formas de perceber e comunicar fatos ou sistemas etc.

Desse modo, e tendo em vista a importância da Ergonomia Cognitiva e da comunicação entre os atores desta trama social, é necessária uma padronização fácil e abrangente, então sugerimos um *check-list* para tornar, se assim podemos dizer, mais popular a utilização dos conceitos da Ergonomia Cognitiva.

Pode-se achar, em primeiro momento, um antagonismo propor *check-list* quando falamos da necessidade do trabalhador ter possibilidades de escolha e adaptação. No entanto, compreendemos que não é a construção em si do *check-list* ou a descrição das tarefas ou procedimentos de segurança que ocasiona a normatização do trabalho. O problema não é dispor desses recursos, mas como estes são aplicados e interagem na realidade. Não se pode abandonar uma série de recursos devido à sua má aplicação. O que se propõe é uma mudança ideológica na construção destes.

Este *check-list* tem por objetivo servir de referencial preliminar, e não normativo. Pode o profissional englobar outras categorias a serem analisadas (afinal, o técnico que irá analisar também é um trabalhador e pode flexibilizar, adaptando seu trabalho — não entendemos este instrumento como algo prescrito) e até aprimorar ao seu modo de atuar o instrumento inicial proposto, se assim entender necessário.

Corrêa, 2002, corrobora esta perspectiva. Em sua tese, pesquisou as vantagens e desvantagens decorrentes da incorporação e utilização dos conceitos e métodos relacionados à Carga Mental de Trabalho. Como resultado, sugere inúmeras vantagens para o ergonomista ao adotar medidas em que permite quantificar a carga mental, analisando-as em diversas dimensões da situação de trabalho e relacionando esta base teórica a uma gama de variáveis incidentes na situação de trabalho.

Definição

A Ergonomia Cognitiva envolve aspectos Psíquicos e Neurológicos, tanto os inerentes como os personalistas de cada trabalhador avaliado, que são imperiosamente necessários de serem conhecidos para o estabelecimento das ideais condições nas relações de trabalho contemporâneas, até mesmo na mais simples atividade laborativa. Em algumas situações, requer tais conhecimentos de forma bem aprofundada, pois, como dito, envolvem suas cargas Psíquicas e Neurológicas, tanto as inatas como as adquiridas ao longo da vida, para aquela que se designará uma atividade e/ou ajuste de um posto de trabalho.

Assim, tanto devemos observar o ambiente e contexto de trabalho como as características personalistas de cada trabalhador, considerando esta relação única (ABRAHÃO, SILVINO, SARMET, 2005).

Em uma mesma atividade, trabalhadores podem evocar diferentes habilidades cognitivas. As características do avaliado são imperiosamente necessárias de serem conhecidas para o estabelecimento de condições e atividades de trabalho compatíveis, que lhe são favoráveis. Não esquecendo que os processos cognitivos não são estáveis, podem se adaptar ao que deve ser realizado (WEILL-FASSINA, 1993).

Para melhor compreensão dessa definição, podemos adotar a composição de três grandes grupos: os das chamadas Cargas de Personalidade, Cargas de Conhecimento e Cargas de Disponibilização.

As cargas de personalidade se referem aos fatores afetivos, ou seja, a significação do trabalho para quem o faz. Por cargas de conhecimentos foram elencadas as cargas advindas das exigências de experiência das tarefas de trabalho, como exemplo o uso da memória, tomada de decisões, os raciocínios, as regras relacionadas à tarefa, entre outras. Finalizando, as cargas de disponibilização compreendem os aspectos relacionados à macroergonomia.

Outro aspecto muitas vezes tornado mais valoroso é o conceito teórico de como se deveria designar um posto de trabalho, sem deixar livre à escolha do trabalhador de como preferencialmente quer fazê-lo, apesar do que tenhamos lhe informado enquanto conhecedores das ciências laborais. Apesar de inconveniências, não podemos impor ao trabalhador o que ele sabe ser certo, mas não quer adotar e, a exemplo, podemos citar a livre decisão de fumar. Temos que informá-lo, e é certo que podemos, às vezes até devemos, restringir atos e condutas não recomendáveis; porém, vivemos num estado de direito onde o trabalhador é livre para adotar ou não o recomendável, desde que sua decisão somente acarrete consequências a si próprio.

Metodologias de Avaliação

Visando a obtenção de dados, podemos utilizar duas metodologias, ambas simples e distintas, mas que se complementam e que chamamos de Observações Abertas e de Conversação-ação.

— **Observações abertas**: Avaliador, sem interferir, observa no posto específico e no ambiente geral do trabalho, o que acontece na situação de trabalho rotineira. Isso pode se dar em uma única inspeção temporal ou em períodos variados mais curtos, porém, nas diversas fases do turno de trabalho.

— **Conversação-ação:** Avaliadora entrevista paradigmas, chefias e subordinados, julgando nos termos indicados no item 5 das recomendações NIOSH — é o momento em que os trabalhadores diretos ou próximos são entrevistados de forma a fornecer detalhes sobre as atividades.

Quando utilizarmos estas metodologias, devemos enfatizar na observação e nas entrevistas a busca da existência de eventos, classificando-os em graus, sendo "0" (zero) quando não houver desvios do normal esperado, 1 quando estiver levemente afetado, 2 quando moderadamente afetado e 3 quando gravemente afetado, dos seguintes itens:

Tensão;

Monotonia;

Falta de autonomia para tomar decisões diante de elementos básicos e típicos da sua atribuição;

Isolamento;

Falta de oportunidade de desenvolvimento e demonstração das suas habilidades e qualidades pessoais;

Falta de participação nas decisões;

Estresse externo;

Estresse interno;

Relações interpessoais:

— conflitos com superiores e colegas;

— falta de apoio da empresa, superiores, colegas;

Insatisfação no trabalho:

— salário;

— insegurança no emprego;

— falta de oportunidade de promoção;

— mudanças frequentes na administração.

Assim procedendo, o observador poderá ponderar sobre os aspectos qualitativos da atividade, indicando se as condições observadas estão dentro de padrões aceitáveis, se há ou não indicativos de desavenças e conflitos e o grau de significação da atividade para o trabalhador. Inclusive poderá constatar se esta atividade praticamente estava isenta de aspectos cognitivos negativos ou não, caracterizando o grau de exposição ao risco cognitivo como trivial, tolerável, moderado, substancial ou intolerável.

Então, vale recordar que as modalidades de **risco**, divididas em cinco classes, são assim consideradas:

1 — Trivial (é o risco inerente ao ato, que não se modifica por medidas específicas de proteção);

2 — Tolerável (é quando o risco inerente ao ato requer medidas genéricas e monitoramento periódico);

3 — Moderado (é quando o risco inerente ao ato requer adoção de medidas específicas e monitoramento contínuo);

4 — Substancial (é quando o risco inerente ao ato, apesar das medidas específicas adotadas e do monitoramento contínuo, apresenta controle apenas parcial);

5 — Intolerável (é quando o risco inerente ao ato não foi reduzido por falta da adoção de medidas específicas e/ou de monitoramento contínuo e não há controle).

Desejando maior aprofundamento, podemos utilizar os sistemas de *check-list*, que propomos a seguir e tiveram como referência para sua construção a CIF — Classificação Internacional de Funcionalidade.

Escolhemos essa referência como recurso por contemplar a mudança de paradigmas — do foco na doença para a funcionalidade, além de ser amplamente utilizado e aceito por profissionais da saúde. Foi definido por Nubila, Buchala, 2008 — "possui caráter multidisciplinar, abrange inúmeros itens, foca nas funcionalidades e promove definições conceituais, classificações e parâmetros para análises e desenvolvimento de termos formais". Em reforço de que a utilização da CIF como referência em uma análise ergonômica é possível, os citados autores também indicam "a experiência de saúde de um indivíduo", "(...) as áreas vitais das quais fazem parte desde a aprendizagem básica até as interações interpessoais ou de trabalho", e reforçam dizendo: "As definições operacionais da CIF descrevem atributos essenciais de cada componente e contêm pontos de ancoragem para avaliação, de modo que estas podem ser traduzidas em questionários ou ao contrário os resultados obtidos com o uso de instrumentos de avaliação podem ser codificados usando-se os termos da CIF." (p. 328)

Em síntese, a proposta aqui apresentada envolve a elaboração de *core set* a partir da CIF, com o levantamento de itens essenciais para compor uma análise ergonômica cognitiva de postos de trabalho.

Os *core set* já disponibilizados são realizados e direcionados para uma determinada patologia; "(...) são conjuntos de categorias da CIF que descrevem a funcionalidade de pessoas com determinadas condições de saúde." (RIBEIRO, 2011), e nesta proposta, o que se traz de originalidade é que este *core set* será construído para uma atividade profissional (análise ergonômica cognitiva de postos de trabalho).

Ressaltamos que além da visão e entendimento dos profissionais, o trabalhador deve fazer parte da análise, pois, entre outros, entende-se que é o agente da ação e conhece bem o dia a dia de trabalho, pois toda ação humana envolve aspectos mentais em níveis, exigências e intensidade diversas. Portanto, temos consciência de que nenhum instrumento abrange a totalidade da realidade. Contudo, não é por esta razão que não pode ser utilizado. Cabe ao exercício do profissional não desprivilegiar aspectos não contemplados no instrumento, que na realidade tem por objetivo servir de referencial preliminar, podendo o profissional englobar outras categorias a serem analisadas e até aprimorar o instrumento inicial proposto, se assim entender necessário. Também ressaltamos que esta construção não envolveu a metodologia especificada para elaboração do *core set*, sendo uma atividade piloto perante a necessidade, os conhecimentos e a ideia.

Torna-se importante por proporcionar e analisar o cenário de trabalho real, ao contrário de outros instrumentos, tais como NASA-TXL, que envolve situações de trabalho simuladas (CORRÊA, 2002).

Parâmetros utilizados para a construção do instrumento

Um médico, uma psicóloga, duas estagiárias de psicologia e um técnico de segurança do trabalho levantaram individualmente os itens descritos na CIF que julgaram importantes em uma análise ergonômica cognitiva. Os itens essenciais foram marcados em **negrito** e, em ***negrito itálico***, os secundários. Após o levantamento individual feito por esses profissionais, eles se reuniram e discutiram os itens que entraram no instrumento.

Entendemos os itens como carga de trabalho, o que representa o conjunto de esforços desenvolvidos pelo funcionário para atender às necessidades da tarefa (SELIGMANN-SILVA, 1994). Alguns aspectos, embora não contemplados na CIF, quando selecionados pelos profissionais foram inseridos.

Esta metodologia de consenso multiprofissional tem sido comumente utilizada na construção de *core set* (RIBERTO, 2011).

Alguns conceitos preliminares

A base da análise envolve, portanto, os aspectos fundamentais na área de saúde e qualidade de vida do trabalhador: suas percepções e afetos relacionados à organização de trabalho e à confrontação entre a atividade prescrita e a realizada. Atribui na análise as características pessoais do trabalhador e seu ambiente de trabalho, os aspectos potenciais e limitadores do indivíduo, parâmetros estes empregados pela CIF.

Mesmo que o trabalhador tenha uma impossibilidade de executar certa atividade, não há direta correlação com o diagnóstico de uma possível deficiência.

A aplicabilidade deste *check-list* envolve a possibilidade de subsidiar a análise individual de um posto de trabalho, bem como pode servir de base para comparar diferentes postos de trabalho sob a ótica de um mesmo avaliador.

Pode-se, ainda, levantar comparativo de análise entre vários avaliadores de um mesmo posto de trabalho. Essas comparações podem ser feitas, por exemplo, entre profissionais da mesma ou de diferentes formações, entre técnicos da área e trabalhadores, trabalhadores e gestores, entre outros.

O *check-list* apresentado foi separado, para efeito de análise, em três categorias: cargas de personalidade, cargas de conhecimentos e cargas de disponibilização.

As cargas de personalidade se referem aos fatores afetivos, ou seja, à significação do trabalho para quem o faz. Por cargas de conhecimentos foram elencadas as cargas advindas das exigências de experiência das tarefas de trabalho, como exemplo, o uso da memória, tomada de decisões, os raciocínios, as regras relacionadas à tarefa, entre outras. Finalizando, as cargas de disponibilização compreendem os aspectos relacionados à macroergonomia.

Ainda: a pretensão deste instrumento não é de engessar o profissional, pois este deve ter a possibilidade de adaptar o instrumento para sua realidade e a sua dinâmica de avaliação. O objetivo do instrumento proposto é indicar alguns aspectos de referência, mantendo um padrão de linguagem com que os profissionais envolvidos possam estabelecer parâmetros e entendimentos gerais comuns, tornando a Ergonomia Cognitiva elemento do seu "dia a dia" quando observam um posto de trabalho.

Check-list

Instruções:

Levando em consideração o conteúdo descrito na "categoria", registrar na coluna "análise" valor numérico correspondente à sua percepção do posto de trabalho/atividade na relação com determinado trabalhador.

Sendo que:

Valor 1: representa o risco inerente ao ato, que não se modifica por medidas específicas de proteção;

Valor 2: quando o risco inerente ao ato requer medidas genéricas e monitoramento periódico;

Valor 3: quando o risco inerente ao ato requer adoção de medidas específicas e monitoramento contínuo;

Valor 4: quando o risco inerente ao ato, apesar das medidas específicas adotadas e do monitoramento contínuo, apresenta controle apenas parcial;

Valor 5: quando o risco inerente ao ato não foi reduzido por falta da adoção de medidas específicas e/ou de monitoramento contínuo e não há controle.

Cargas de Personalidade (afetivas, representativas — pessoais)

Categoria	Análise
Satisfação com o cargo, atividade?	
Tarefa exige controle dos sentimentos, emoções?	
Gosta do que faz?	
Acredita que é reconhecido profissionalmente? (Imagem dos outros)	
Acredita que o que faz é importante, tem um significado pessoal e/ou coletivo? (Imagem pessoal)	
O que faz é consonante aos seus valores ético, moral, religioso?	
Observa a empresa como algo positivo?	
Tem experiência, conhecimento para realizar a função?	
Caso tiver algum problema, tem a quem solicitar ajuda?	
Expectativa ou cobrança da chefia?	
Não tem perspectiva de crescimento profissional, plano de carreira?	

Pontos máximos: 55 — até 15: sem afetação — 16 a 20: levemente afetado — 21 a 35: moderadamente afetado — + de 36: fortemente afetado.

Cargas de Conhecimentos

Categoria	Análise
Na função ou no posto de trabalho, recebe (percepção) vários estímulos de uma só vez?	
Na função ou posto de trabalho, é exigida atenção? Essa atenção é partilhada (presta atenção em várias coisas simultâneas) ou dividida (foca o objeto e/ou ação junto com outras pessoas simultaneamente)?	
A função ou posto de trabalho exige concentração (manter atenção por longo período, vigilância, monitoramento)?	
A função ou posto de trabalho exige controle psicomotor (equilíbrio, precisão, minuciosidade, detalhes)?	
A função ou posto de trabalho exige orientação espacial?	
A função ou posto de trabalho exige memória?	
A função ou posto de trabalho exige abstração (planejamento, raciocínio, cálculos — sem uso de instrumentos)?	
A função ou posto de trabalho exige controle do tempo?	
A função ou posto de trabalho exige resolução de problemas?	
A função ou posto de trabalho exige tomada de decisões?	
A função ou posto de trabalho exige negociação, discussão com outras pessoas? Isolamento?	
A função ou posto de trabalho exige lidar com atividades que demandam grande responsabilidade e/ou momentos de estresse e/ou crise e/ou erros?	
No local de trabalho, são percebidos conflitos estagnados com frequência e duração significativas?	
A função ou posto de trabalho exige realizar tarefas múltiplas? Acúmulo de funções?	
A função ou posto de trabalho exige criatividade?	
A função ou posto de trabalho exige liderança, iniciativa?	

Pontos máximos: 80 — até 22: sem afetação — 23 a 29: levemente afetado — 30 a 40: moderadamente afetado — 41 ou +: afetado — + de 50: Fortemente afetado.

Cargas de Disponibilização (macroergonomia)

Categoria	Análise
Tem intervalos de descanso, períodos de menor fluxo de trabalho?	
Ritmo acelerado de trabalho?	

Categoria	Análise
Tem mais obrigações do que os colegas?	
Ordens contraditórias? Mudança de chefia? Não sabe a quem responder?	
Colegas faltam muito ao trabalho? Eventos inesperados?	
Pouca cooperação dos colegas de trabalho?	
Tem flexibilidade de horário? Rotina? Tarefas?	
Trabalho noturno? Turnos? Horas extras?	
Tem excesso, intensidade de ruídos; ou os barulhos são desagradáveis?	
Qualidade do ar?	
Tem prazos?	
Exige constantes deslocamentos?	
Falta de materiais ou distância para utilizá-los?	
Vibração?	
O ambiente é luminoso?	
A atividade e as regras preestabelecidas são implementadas?	

Pontos máximos: 80 — até 22: sem afetação — 23 a 29: levemente afetado — 30 a 40: moderadamente afetado — 41 ou +: afetado — + de 50: Fortemente afetado.

Apuração:

Total possível — 240 pontos

➢ Normal: até 59 pontos — Padrão Ergonômico Cognitivo **NORMAL**

➢ Levemente afetado: de 60 a 78 pontos — Padrão Ergonômico Cognitivo **ACEITÁVEL**

➢ Moderadamente afetado: 79 a 115 pontos — Padrão Ergonômico Cognitivo **INADEQUADO.**

➢ Afetado: 116 a 136 pontos — Padrão Ergonômico Cognitivo **INACEITÁVEL**

➢ Fortemente afetado: + de 136 pontos — Padrão Ergonômico Cognitivo **INTOLERÁVEL**

10.6. AVALIAÇÃO DA PERDA FUNCIONAL E NEXO CAUSAL OU CONCAUSAL — *QUANTUM* INDENIZATÓRIO

A avaliação da incapacidade deve ser direcionada no sentido de se constatar se, de fato, influi de maneira significativa na capacidade funcional do membro, órgão ou sistema do corpo do indivíduo avaliado, e também deve ser verificada e mensurada, ou seja, deve ser detalhada e definida, sendo esta ponderação da mais alta importância, pois a perda funcional (incapacidade adquirida) é o verdadeiro dano existente.

Entretanto, é importante distinguir entre incapacidade, deficiência e desvantagem, e, neste sentido, Pastore (2000) discorre sobre a classificação feita pela OMS em 1980:

> (...) a incapacidade refere-se a uma restrição para realizar uma atividade, dentro dos parâmetros considerados normais para um ser humano, como é o caso de quem tem o olho lesado, a atrofia de um braço ou a falta de uma parte do corpo. A deficiência refere-se à perda ou anomalia de uma estrutura ou função psicológica, fisiológica ou anatômica, como é o caso da impossibilidade (ou redução da capacidade) de ver, andar ou falar. A desvantagem é uma situação de atividade reduzida, decorrente de uma deficiência ou de uma incapacidade que a limita ou impede o desempenho normal de determinada função, levando-se em conta a idade, sexo, e fatores socioculturais (p. 58).

A palavra "deficiência" refere-se a um grande número de diferentes limitações funcionais, que ocorrem em qualquer população, em qualquer país do mundo. Pode-se tornar deficiente por impedimento físico, intelectual ou sensorial, por condições médicas ou doença mental. Tais impedimentos, condições ou doenças podem ser permanentes ou transitórios, por natureza. Não se aplica nos casos ditos como "deformidades", pois estas não necessariamente vêm acompanhadas de "deficiências" ou "incapacidades".

A palavra "incapacidade" significa perda ou limitação de oportunidades para participar na vida da comunidade em um nível igual ao das outras pessoas.

O uso das duas palavras, "deficiência" e "incapacidade", conforme definidas, deve ser visto à luz da moderna história do que seria deficiência física. Essas palavras quase sempre foram utilizadas de maneira pouco clara e confusa, o que acarretou orientação insatisfatória, inclusive para a formulação de políticas e ações públicas. Um indivíduo não amputado também poderá expressar deficiência física, mesmo que não visível, o que em outras épocas obrigatoriamente era exigível.

Em 1980, a Organização Mundial de Saúde adotou uma classificação internacional de impedimentos (*impairments*), deficiências (*disabilities*) e incapacidades (*handicaps)*, que sugeria uma abordagem mais precisa e, ao mesmo tempo, mais relativista. A Classificação Internacional de Impedimentos, Deficiências e Incapacidades faz uma distinção clara entre eles. Tem sido amplamente utilizada em áreas tais como reabilitação, educação, estatística, políticas, sociais, legislação, demografia, sociologia, economia e antropologia.

Como resultado da experiência ganha na implementação do programa em nível mundial, houve um aprofundamento do conhecimento e um aumento da compreensão referente a questões de deficiência e à terminologia utilizada. A terminologia atual reconhece a necessidade de abordar tanto as necessidades individuais (tal como reabilitação e aparelhos auxiliares) quanto as falhas da sociedade (vários obstáculos à participação).

A palavra "reabilitação" refere-se a um processo destinado a capacitar pessoas com deficiência a atingirem e a manterem seus níveis ótimos em termos físicos, sensoriais, intelectuais, psiquiátricos e/ou funcionais sociais, dando, assim, ferramentas para mudarem suas vidas em direção a um nível mais elevado de independência.

A reabilitação pode incluir medidas para fornecer e/ou restaurar funções, ou compensar a perda ou ausência de uma função, ou compensar uma limitação funcional. O processo de reabilitação inclui uma ampla gama de medidas e atividades, desde uma reabilitação mais básica e geral até atividades voltadas para metas, como, por exemplo, reabilitação profissional.

A prolongada incapacidade para o trabalho e mesmo para certas atividades da vida pessoal é um dos aspectos mais intrigantes. Muitas vezes, apesar de tratamentos adequados, persistem os quadros dolorosos, acompanhados ou não de outros sintomas e sinais, apesar da instituição dos melhores tratamentos convencionais e, eventualmente, não convencionais. Neste contexto, Pastore (2008) afirma:

> (...) muitos portadores de deficiência que se acham injustiçados (...)

> (...) O primeiro estágio exige serviços de médicos e outros profissionais de saúde. Quando a avaliação cai fora dos critérios objetivos, a constatação da deficiência passa a depender da peritagem de uma série de outros procedimentos complexos (...) (p. 58)

Deficiência Física e exageros em perícias médicas

Essa classificação, Deficiência Física, se impõe aos peritos médicos diante de uma determinada população comparativa em que certas pessoas, do ponto de vista físico, tenham **objetivamente** significativa incapacidade de realizar o que se espera como desempenho do padrão médio das pessoas que compõem esse grupo. **Portanto, certas limitações que não produzam dificuldades para o desempenho de funções**, não podem e não devem ser entendidas como **Deficiência Física**.

Será obrigatória avaliação caso a caso, não se aceitando qualquer tipo de classificação que suscite discriminação coletiva ou individual, positiva ou negativa!

Lei Brasileira da Inclusão da Pessoa com Deficiência (Estatuto da Pessoa com Deficiência):

Art. 4º Toda pessoa com deficiência tem direito à igualdade de oportunidades com as demais pessoas e **não sofrerá nenhuma espécie de discriminação**.

§ 1º Considera-se discriminação em razão da deficiência **toda forma de distinção, restrição ou exclusão**, por ação ou omissão, que tenha o propósito ou o efeito de prejudicar, impedir ou anular o reconhecimento ou o exercício dos direitos e das liberdades fundamentais de pessoa com deficiência, **incluindo a recusa de adaptações razoáveis e de fornecimento de tecnologias assistivas**. **(n.g.)**

Desde logo, cabe ponderar que quem avalia para fins de classificação, seja individualmente ou por equipe multidisciplinar, não recusa ou concede adaptações razoáveis, tampouco impede ou disponibiliza o fornecimento de tecnologias assistidas, ou seja, não discrimina, pois, se assim fosse, nunca avaliaria no sentido de indicar que tal pessoa não tem Deficiência Física.

Para fins de classificação objetiva, deveria ser considerado Deficiente Físico aquela pessoa que necessita, de forma obrigatória e permanente, de medida de acessibilidade para realizar o mesmo que as pessoas que não necessitam de tais medidas de acessibilidade[54]. Tal acessibilidade não pode ser decorrente de mera opção, mas medida imperiosa que, se não disponibilizada, será método de barreira excludente da participação dessa pessoa no cotidiano comum de uma determinada população. Se prótese ou órtese dispensa, sempre e em qualquer situação, medida de acessibilidade, poder-se-á considerar, para o caso específico, que está superada a classificação de Deficiência Física.

Se impõe afirmar que a pessoa avaliada deverá se encontrar em fase estabilizada, especialmente para fins da concessão de benefícios, pois, deve-se excluir as Deficiências Físicas Temporárias, já que quando tratadas, permitem que o indivíduo volte ou mantenha as suas condições anteriores, assim como a chamada Deficiência Física Recuperável (quando permite melhora diante do tratamento, ou suplência por outras áreas corporais não atingidas), ou a Deficiência Física Compensável (condição que permite melhora por substituição de órgãos. Por exemplo, a amputação compensável pelo uso da prótese).

As causas são variadas: adquirida, hereditárias ou congênitas, vindo desde as decorrentes de lesões neurológicas e neuromusculares até má-formação congênita — ou outras condições, como hidrocefalia ou paralisia cerebral, e para fins da sua classificação, pouco importa, não havendo necessidade que seja decorrente e/ou se associe a doença grave.

Adentrando na norma jurídica, os principais tipos de deficiência física, segundo o Decreto n. 3.298 de 20 de dezembro de 1999 e Decreto n° 5.296 de 2 de dezembro de 2004, são expressos por alteração completa ou parcial de um ou mais segmentos do corpo humano, acarretando o comprometimento da função física, apresentando-se sob a forma de paraplegia, paraparesia, monoplegia, monoparesia, tetraplegia, tetraparesia, triplegia, triparesia, hemiplegia, hemiparesia, amputação ou ausência de membro, paralisia cerebral, membros com deformidade congênita ou adquirida, **exceto as deformidades estéticas e as que não produzam dificuldades para o desempenho de funções**.

> A garantia da qualidade de vida e o pleno exercício da cidadania do indivíduo com deficiência física, **dependem da acessibilidade**, que consiste na liberdade de um indivíduo locomover-se sem restrições, vindo a exercer seus direitos a educação, saúde e trabalho. *SILVA, D. C. N. et al. Acessibilidade de portadores de deficiência física ou mobilidade reduzida na Unidade Básica de Saúde Jonas Manoel Dias em São Luís de Montes Belos — GO.* **Revista Faculdade Montes Belos (FMB)**, *v. 8, n. 3, p. 36-179, 2014.* **(n.g.)**

Poder-se-ia dizer até que, Deficiência Física é do meio (ambiente) e não do próprio indivíduo!

Lei n. 13.146, de julho de 2015, que institui a Lei Brasileira da Inclusão da Pessoa com Deficiência (Estatuto da Pessoa com Deficiência), no seu art. 3º, diz: *"Para fins de aplicação desta Lei, consideram-se: I —* ***acessibilidade: possibilidade e condição de alcance para utilização, com segurança e autonomia, de espaços, mobiliários, equipamentos urbanos, edificações, transportes, informação e comunicação, inclusive seus sistemas e tecnologias, bem como de outros serviços e instalações abertos ao público, de uso público ou privados de uso coletivo, tanto na zona urbana como na rural, por pessoa com deficiência ou com mobilidade reduzida; [...] VI — adaptações razoáveis:*** *adaptações,* ***modificações e ajustes necessários e adequados que não acarretem ônus desproporcional e indevido, quando***

---

(54) É um atributo essencial do ambiente que garante a melhoria da qualidade de vida das pessoas. Garante às pessoas o direito de viver de forma independente e exercer seus direitos de cidadania e de participação social.

requeridos em cada caso, a fim de assegurar que a pessoa com deficiência possa gozar ou exercer, em igualdade de condições e oportunidades com as demais pessoas, todos os direitos e liberdades fundamentais;".

Pessoas com limitações físicas em graus leves, por exemplo, aquelas inerentes à idade, do sexo, grau de sobrepeso etc., não podem ser discriminadas e classificadas como Deficientes Físicas, exigindo dessas, por extremo rigor de avaliação, que tenham reduzidas as garantias de manter-se com os direitos e responsabilidade das pessoas em geral — Constituição Federal, CAPÍTULO I, DOS DIREITOS E DEVERES INDIVIDUAIS E COLETIVOS, art. 5º "Todos são iguais perante a lei, sem distinção de qualquer natureza, garantindo-se aos brasileiros e aos estrangeiros residentes no País a inviolabilidade do direito à vida, à liberdade, à igualdade, à segurança e à propriedade...", impondo-lhes medidas restritivas, por exemplo, impedindo-os de dirigir veículos comuns exigindo adaptações não razoáveis.

Destarte, limitações inerentes da idade, sexo etc., se em grau moderado ou intenso, mesmo que não portadores de doenças graves ou que não estejam sob tratamento médico, poderão sim ser classificados como pessoas Deficientes Físicas, clarificando que a pessoa com Deficiência Física não pode ser entendida como portadora de doença!

Tal classificação, Deficiência Física, não é indicativo de *minus valia* ou qualquer outra forma negativa de se reconhecer — portador de doença. Tal classificação deve ser entendida meramente como um marcador populacional, necessário e oportuno de ser manifesto (sem qualquer vergonha ou reserva, porém, sem exageros!), para que as pessoas em geral saibam o que fazer e como agir se o padrão populacional assim se apresenta, inclusive no trabalho.

10.6.1. Reforçando a classificação de *Schilling*

Schilling (1984), respeitado autor do trabalho *More effective prevention in occupational health practice?,* estabeleceu a seguinte classificação:

A. Grupo I: doenças em que o trabalho é, necessariamente, a causa, tipificadas pelas "doenças profissionais", *stricto sensu*, e pelas intoxicações e acidentes profissionais agudos.

B. Grupo II: doenças em que o trabalho pode ser um fator de risco, mas não necessário, exemplificadas por todas as doenças "comuns", mais frequentes ou mais precoces em determinados grupos ocupacionais, em que, portanto, o nexo causal é de natureza eminentemente contributiva.

C. Grupo III: doenças em que o trabalho é o provocador de um distúrbio latente, ou agravante de doença já estabelecida ou preexistente, ou seja, concausa.

Segundo o CVS-SP (Centro de Vigilância Sanitária de São Paulo), tal classificação, adotada pelo SUS, configura-se como um salto de qualidade conceitual e operacional no que se refere a Doenças Relacionadas ao Trabalho, à possibilidade do correto diagnóstico das doenças que se relacionam etiologicamente com o trabalho, a partir do estabelecimento do nexo causal entre a doença e o trabalho, em pessoas economicamente ativas.

É totalmente vazia e sem fundamentação técnica o que alguns dizem "epidemiologia de um só", visto que para qualquer diagnóstico em uma pessoa, seja ela trabalhadora ou não, os conceitos da Epidemiologia Geral serão aplicados para fins do estabelecimento da hipótese diagnóstica.

A Epidemiologia[55] é uma disciplina da saúde pública, básica, aliás, voltada para a compreensão do processo saúde-doença da população geral, que tem por objetivo a aplicação dos estudos em termos individuais.

Postulados de Henle-Koch[56] (1880):

— O agente deve estar presente em todos os casos da doença em questão (causa necessária);

---

(55) "Epidemiologia é o estudo da frequência, da distribuição e dos determinantes dos estados ou eventos relacionados à saúde em específicas populações e a aplicação desses estudos no controle dos problemas de saúde." (J. Last, 1995).
(56) Patologista Friedrich Gustav Jakob Henle — Microbiologista Robert Koch.

— O agente não deve ocorrer de forma casual em outra doença (especificidade do efeito);

— Isolado do corpo, o agente atuando em susceptíveis deve causar doença (causa suficiente).

Aplicação: a epidemiologia, como disciplina da saúde pública, é mais que o estudo a respeito de um assunto, uma vez que ela oferece subsídios para a implementação de ações dirigidas à prevenção e ao controle. Portanto, ela não é somente uma ciência, mas também um instrumento[57].

Por derradeiro, sem qualquer receio em ser prolixo, mas por ser muito importante a fixação do conceito, não é a presença do nexo que determina o *quantum* indenizatório, mas sim o grau e extensão do dano. O nexo, para os médicos, é o *nexo técnico*, fator de ligação entre o evento (ocorrência) e o dano, condição essencial, para se pretender indenizar, porém, nexo sem dano, não possibilita quantificação — dano nulo — ausente. Ademais, além do nexo e dano, atributos de apuração pelos peritos médicos, surge o atributo jurídico — caracterização de culpa ou dolo — matéria que não é da atribuição do perito técnico.

Nota:

Evento isolado = Não há o que indenizar;

Evento + Nexo = Não há o que indenizar;

Evento + Nexo + Dano = Pode-se tecnicamente mensurar o que indenizar.

---

(57) Disponível em: <http://www.saude.sc.gov.br/gestores/sala_de_leitura/saude_e_cidadania/ed_07/index.html>. Acesso em: dez. 2013.

Capítulo 11

PERÍCIA MÉDICA JUDICIAL

Podemos depreender pelo que já foi dito que toda Perícia Médica exigirá do Perito Médico idoneidade, conhecimentos teóricos consistentes, experiência clínica, tempo para examinar adequadamente, responsabilidade e conhecimento dos critérios jurídicos ou administrativos etc., visto que o perito emite um juízo de valor técnico, relacionando fatos e conhecimentos técnicos e científicos, com caráter diagnóstico e, muitas vezes, prognóstico.

Enquanto prova, é retrospectiva; enquanto ato médico, a perícia é prospectiva!

Vimos que quando o Perito Médico atua no judiciário ou qualquer outra área (Administrativa, Previdenciária — Regime Geral e dos Regimes Próprios etc.), sem nenhuma dúvida, deve conhecer os aspectos peculiares destes campos de atuação, com destaque ao campo dos Operadores do Direito, contudo não requer aprofundamento conceitual.

11.1. O RITO PROCESSUAL

O desenvolvimento dos processos, trabalhista e civil, ocorre através do procedimento ordinário, que comporta as seguintes fases:

1. FASE POSTULATÓRIA: o autor (Requerente — Reclamante) apresenta e fundamenta seu pedido e o réu (Requerido — Reclamado) apresenta sua defesa. Nesta fase, a propositura da ação é feita por petição inicial (exordial — Contrafé[58]) e termina com a resposta do réu. A petição inicial deve conter, necessariamente, a identificação do autor e do réu, o tipo de ação proposta, o pedido do autor, os fatos que justificam o pedido e os fundamentos que o embasam, o valor da causa, as provas com que o autor pretende demonstrar a verdade dos fatos e o requerimento para a citação do réu;

2. FASE CONCILIATÓRIA: é realizada a tentativa de acordo entre as partes, antes mesmo de se esclarecerem os fatos que elas alegam;

3. FASE DE SANEAMENTO: o juiz declara o processo em ordem e apto para prosseguir e toma determinadas decisões com relação ao seu desenvolvimento;

4. FASE INSTRUTÓRIA: são produzidas as provas necessárias para elucidar os fatos controvertidos. Nesta fase são produzidas as provas, especialmente a pericial e a testemunhal. Durante a realização do trabalho pericial as partes poderão apresentar quesitos e indicar Assistentes Técnicos. Além disso, as partes podem apreciar o trabalho pericial, impugnando-o ou concordando com as suas conclusões. Também podem requerer ao juiz explicações do perito sobre os aspectos do laudo ou das respostas aos quesitos, formulando quesitos elucidativos ou que o perito se manifeste sobre a crítica do Assistente Técnico. As partes podem, ainda, requerer a complementação do trabalho pericial através de procedimentos considerados indispensáveis e que não foram realizados, solicitando a juntada de documentos relativos ao

---

(58) Contrafé ou Contra-fé é a cópia fiel da peça que dá início ao processo ou de outra que venha retificar ou alterar aquela, para que o réu seja cientificado do que está sendo demandado contra sua pessoa e possa, assim, elaborar a sua defesa em tempo hábil. Esta cópia é apresentada quando da notificação, citação ou intimação, conforme o procedimento adotado, por oficial de justiça ou mesmo por correios.

trabalho pericial que não foram anexados ao laudo, o seu depoimento pessoal e/ou dos assistentes na audiência, podendo, inclusive, solicitar a realização de nova perícia;

4.1 — AUDIÊNCIA DE INSTRUÇÃO E JULGAMENTO:

4.1.1. CLT DA AUDIÊNCIA DE JULGAMENTO

Art. 843. Na audiência de julgamento deverão estar presentes o reclamante e o reclamado, independentemente do comparecimento de seus representantes salvo, nos casos de Reclamatórias Plúrimas ou Ações de Cumprimento, quando os empregados poderão fazer-se representar pelo Sindicato de sua categoria.

§ 1º É facultado ao empregador fazer-se substituir pelo gerente, ou qualquer outro preposto que tenha conhecimento do fato, e cujas declarações obrigarão o proponente.

§ 2º Se por doença ou qualquer outro motivo poderoso, devidamente comprovado, não for possível ao empregado comparecer pessoalmente, poderá fazer-se representar por outro empregado que pertença à mesma profissão, ou pelo seu sindicato.

Art. 844. O não-comparecimento do reclamante à audiência importa o arquivamento da reclamação, e o não-comparecimento do reclamado importa revelia, além de confissão quanto à matéria de fato.

Parágrafo único. Ocorrendo, entretanto, motivo relevante, poderá o presidente suspender o julgamento, designando nova audiência.

Art. 845. O reclamante e o reclamado comparecerão à audiência acompanhados das suas testemunhas, apresentando, nessa ocasião, as demais provas.

Art. 846. Aberta a audiência, o juiz ou presidente proporá a conciliação.

§ 1º Se houver acordo lavrar-se-á termo, assinado pelo presidente e pelos litigantes, consignando-se o prazo e demais condições para seu cumprimento.

§ 2º Entre as condições a que se refere o parágrafo anterior, poderá ser estabelecida a de ficar a parte que não cumprir o acordo obrigada a satisfazer integralmente o pedido ou pagar uma indenização convencionada, sem prejuízo do cumprimento do acordo.

Art. 847. Não havendo acordo, o reclamado terá vinte minutos para aduzir sua defesa, após a leitura da reclamação, quando esta não for dispensada por ambas as partes.

§ 1º Parágrafo suprimido pela Lei n. 9.022, de 5.4.1995.

§ 2º Parágrafo suprimido pela Lei n. 9.022, de 5.4.1995.

Art. 848. Terminada a defesa, seguir-se-á a instrução do processo, podendo o presidente, *ex officio* ou a requerimento de qualquer juiz temporário, interrogar os litigantes.

§ 1º Findo o interrogatório, poderá qualquer dos litigantes retirar-se, prosseguindo a instrução com o seu representante.

§ 2º Serão, a seguir, ouvidas as testemunhas, os peritos e os técnicos, se houver.

Art. 849. A audiência de julgamento será contínua; mas, se não for possível, por motivo de força maior, concluí-la no mesmo dia, o juiz ou presidente marcará a sua continuação para a primeira desimpedida, independentemente de nova notificação.

Art. 850. Terminada a instrução, poderão as partes aduzir razões finais, em prazo não excedente de 10 (dez) minutos para cada uma. Em seguida, o juiz ou presidente renovará a proposta de conciliação, e não se realizando esta, será proferida a decisão.

Parágrafo único. O Presidente da Junta, após propor a solução do dissídio, tomará os votos dos vogais e, havendo divergência entre estes, poderá desempatar ou proferir decisão que melhor atenda ao cumprimento da lei e ao justo equilíbrio entre os votos divergentes e ao interesse social.

Art. 851. Os tramites de instrução e julgamento da reclamação serão resumidos em ata, de que constará, na íntegra, a decisão.

§ 1º Nos processos de exclusiva alçada das Juntas, será dispensável, a juízo do presidente, o resumo dos depoimentos, devendo constar da ata a conclusão do Tribunal quanto à matéria de fato.

§ 2º A ata será, pelo presidente ou juiz, junta ao processo, devidamente assinada, no prazo improrrogável de 48 (quarenta e oito) horas, contado da audiência de julgamento, e assinada pelos juízes classistas presentes à mesma audiência.

Art. 852. Da decisão serão os litigantes notificados, pessoalmente, ou por seu representante, na própria audiência. No caso de revelia, a notificação far-se-á pela forma estabelecida no § 1º do art. 841.

4.1.2. CPC

Art. 444 ao 457 (no novo CPC ver art. 357 e outros)

Notas: De modo geral audiência de instrução e julgamento se divide em quatro fases:

— Na primeira fase, o juiz, caso a causa verse acerca de direito patrimonial de caráter privado ou de assunto de família, no âmbito em que a matéria possa ser objeto de transação, tentará a conciliação das partes;

— Se não houver conciliação das partes, ocorrerá a segunda fase que consiste na instrução da causa, onde serão colhidas as provas orais, conforme a fixação dos fatos controvertidos, conforme tenha fixado o juiz no início desta audiência.

— Após a instrução vem a discussão da causa, onde as partes, reiterando seus respectivos posicionamentos, ligam as provas produzidas aos fatos alegados por elas mesmas e de que pretendem. Esse mesmo debate poderá ser feito por memoriais, hipótese onde o juiz designará data e horário para o seu oferecimento.

IMPORTANTE:

1 — Caso a prova pericial tiver sido realizada, e não for necessário o depoimento pessoal nem a inquirição das testemunhas, a audiência de instrução e julgamento *somente se realizará se tiver sido requerido*, pelo interessado ou pelo juiz, esclarecimento do perito e do assistente técnico.

2 — Segundo os professores Marinoni e Arenhart, é equivocado pensar que a "audiência de instrução e julgamento" sempre será realizada, bastando que um ponto tenha sido fixado como controvertido. Se foi deferida apenas a prova pericial, e nenhum esclarecimento foi requerido, não é necessária a realização de tal audiência (...).

5. FASE DECISÓRIA: o juiz julga o mérito do processo e outras questões que lhe foram submetidas. Nesta fase, encerrada a instrução processual, o juiz profere a sentença desde logo ou no prazo de dez dias. A sentença se compõe de três partes:

a) o relatório, que é uma síntese do processo;

b) a fundamentação, na qual são analisados os fatos e o direito aplicável;

c) o dispositivo, que é a decisão do juiz sobre o pedido e as questões que lhe foram submetidas pelas partes.

6. RECURSOS: a parte perdedora requer o julgamento da ação por instância superior. Nesta fase, qualquer uma das partes discordando da decisão monocrática em 1ª instância entra com recurso cabível, no qual formula seus argumentos contrários à decisão que julga injusta. Após o julgamento do recurso em 2ª instância, um acórdão é publicado com a decisão da turma de desembargadores, no qual deverão constar explicitamente os motivos do convencimento destes para o julgamento do recurso. Caso uma das partes entenda ter um direito constitucional ou processual ferido, esta poderá ajuizar ação em instância superior, onde finalmente a sentença será dada "em julgado", não cabendo mais recursos.

O rito técnico trabalhista.

O processo trabalhista diante de acidente de trabalho imaginariamente ideal para alguns deveria ser multidisciplinar.

Concordamos, porém, não defendemos.

Sabemos que tais procedimentos técnicos demandam tempo e está consagrado que a Perícia Médica e perícia ambiental (perícia de engenharia) são suficientes. Avançarmos por outros caminhos, traria claro encarecimento do processo e maior demanda temporal para ser findo o ato processual e seus efeitos, justamente num judiciário que deve ser célere. Inovar com todo cuidado é imperioso em demandas que envolvem aspectos técnicos.

O rito técnico Penal.

Processo Penal — em resumo.

Este procedimento se inicia com a **DENÚNCIA DO RÉU**, denominada AÇÃO PENAL PÚBLICA, ou com a **QUEIXA-CRIME** denominada AÇÃO PENAL PRIVADA. Os autos irão para **CONCLUSÃO** e o juiz poderá tomar uma de duas decisões:

A. Receber a denúncia/queixa-crime: isso ocorrerá apenas se a peça inicial cumprir com os requisitos — houver indícios de autoria e materialidade do crime.

B. Rejeição: o juiz rejeitará a peça inicial quando inepta, falte condição ou pressuposto processual ou haja falta de justa causa.

Recebida a DENÚNCIA/QUEIXA, o réu será citado e irá dispor de 10 dias para apresentar a sua resposta à acusação. A resposta se faz de modo semelhante ao da contestação do processo cível, já que é a oportunidade que a defesa tem de apresentar todas as teses pertinentes à defesa do acusado, levantando três tipos de teses:

1. PRELIMINAR — levantam-se questões de nulidade processual;

2. MÉRITO — tese que tentará convencer o juiz a conceder a absolvição sumária do réu;

3. TESE SUBSIDIÁRIA — Se, eventualmente, o juiz recusar as duas primeiras teses, poderá o advogado, sem prejuízo, alegar circunstâncias que visem melhorar a condição do réu caso este venha a ser condenado.

Este é o momento em que a defesa poderá realizar o arrolamento de suas testemunhas, assim como a acusação. Nessa fase as partes poderão arrolar até 8 testemunhas.

O processo volta à conclusão para que o juiz aprecie os pedidos, podendo ocorrer uma de três hipóteses diferentes:

1. Diante de novo juízo de admissibilidade, com uma nova cognição poderá rejeitar a denúncia;

2. Determinar a absolvição sumária do réu; ou

3. Designar a data de audiência de instrução e julgamento.

Via de regra, haverá uma única audiência, mas há exceções prescritas em lei, como número de acusados for alto; causa complexa; deferida diligência complementar, por exemplo, perícia. Não ocorrendo qualquer das hipóteses de exceções o juiz ouvirá as alegações finais de ambas as partes e então julgará o caso. Se existir indícios de outros réus, promoverá retorno ao MP para aditar a denúncia.

Sentença em audiência ou em 10 dias!

As possibilidades de **SENTENÇA**:

— ***PRONÚNCIA*** *— julga admissível a acusação e remete o julgamento ao Tribunal do Júri;*

CPP — Art. 413. O juiz, fundamentadamente, pronunciará o acusado, se convencido da materialidade do fato e da existência de indícios suficientes de autoria ou de participação.

§ 1º A fundamentação da pronúncia limitar-se-á à indicação da materialidade do fato e da existência de indícios suficientes de autoria ou de participação, devendo o juiz declarar o dispositivo legal em que julgar incurso o acusado e especificar as circunstâncias qualificadoras e as causas de aumento de pena.

CPP — Art. 414. Não se convencendo da materialidade do fato ou da existência de indícios suficientes de autoria ou de participação, o juiz, fundamentadamente, impronunciará o acusado.

Parágrafo único. Enquanto não ocorrer a extinção da punibilidade, poderá ser formulada nova denúncia ou queixa se houver prova nova.

— ***DESCLASSIFICAÇÃO*** *— decide não ser o Tribunal do Júri competente para o julgamento e determina ao Juiz competente*

CPP — Art. 419. Quando o juiz se convencer, em discordância com a acusação, da existência de crime diverso dos referidos no § 1º do art. 74 deste Código e não for competente para o julgamento, remeterá os autos ao juiz que o seja.

Parágrafo único. Remetidos os autos do processo a outro juiz, à disposição deste ficará o acusado preso.

— ***ABSOLVIÇÃO SUMÁRIA*** *— julga improcedente a acusação e absolve o réu.*

CPP — Art. 415. O juiz, fundamentadamente, absolverá desde logo o acusado, quando:

I — provada a inexistência do fato;

II — provado não ser ele autor ou partícipe do fato;

III — o fato não constituir infração penal;

IV — demonstrada causa de isenção de pena ou de exclusão do crime.

Parágrafo único. Não se aplica o disposto no inciso IV do *caput* deste artigo ao caso de inimputabilidade prevista no *caput* do art. 26 do Decreto-Lei n. 2.848, de 7 de dezembro de 1940 — Código Penal, salvo quando esta for a única tese defensiva.

11.2. LEIS — DECRETOS — NORMAS

O Perito Médico deve conhecer que, em nosso sistema jurídico, existe uma hierarquia entre as leis, existindo as Leis Constitucionais, Complementares e Ordinárias. Existem também as Normas e Resoluções como, por exemplo, o Código de Ética Médica.

As leis constitucionais são a própria constituição. As leis complementares são as votadas pela legislatura ordinária, destinadas à regulamentação dos textos constitucionais. As leis ordinárias são as que emanam dos órgãos que a Constituição investiu da função legislativa. Em nossa organização política, compete ao Poder Legislativo fazer as leis, com a colaboração do Poder Executivo.

Como apresentado a seguir, a sequência hierárquica é a seguinte:

1º Lei magna — Constituição Federal;

2º Leis federais ordinárias;

3º Constituição Estadual;

4º Leis estaduais ordinárias;

5º Leis municipais;

6º Normas Subalternas (Decretos, Resoluções, ...) — Código de Ética Médica, por exemplo.

Nota: Havendo conflito entre elas — antinomia —, observa-se a hierarquia quanto à sua aplicação. Para solucionar um conflito de normas, a própria doutrina jurídica apresenta algumas alternativas:

a) critério hierárquico (norma superior revoga a inferior);

b) critério cronológico (norma posterior revoga norma anterior);

c) critério da especialidade (norma especial revoga a norma geral). O Código de Ética Médica, as demais resoluções do Conselho Federal de Medicina e dos Conselhos Regionais encontram-se em posição hierárquica inferior às leis ordinárias.

Entre outros aspectos deve, o Perito Médico, compreender a forma de atuação dos Magistrados e Administradores nos seus diversos campos de atuação.

No campo judicial merece ênfase a forma de atuar do juiz, como dito por juízes:

"O Juiz deixa de ter um papel meramente de aplicador da lei e passa a ser um realizador de políticas públicas previstas na Constituição Federal de 1988 ao promover a solução de conflitos extremamente complexos, que os demais poderes não resolveram — O clamor de aplicação de direitos sociais" (Boaventura de Sousa Santos[59]).

"O Judiciário em transformação como agente social que vem a atuar perante questões subtraídas da disponibilidade dos titulares do direito de ação" (Firmino Alves Lima[60]).

Dr. Firmino Alves Lima diz que o Magistrado contemporâneo deve ser sensível aos seguintes aspectos:

1. Superar os desafios da crise da justiça — lentidão, má acessibilidade, desigualdade;

2. Não repetir os "erros" do passado;

---

(59) Boaventura de Sousa Santos é doutor em sociologia do direito pela Universidade de Yale, professor catedrático da Faculdade de Economia da Universidade de Coimbra, Distinguished Legal Scholar da Faculdade de Direito da Universidade de Wisconsin-Madison e Global Legal Scholar da Universidade de Warwick.

(60) Firmino Alves Lima é doutor em Direito do Trabalho pela Universidade de São Paulo, Membro do Corpo Docente da Escola Judicial da 15ª Região do TRT e Juiz Titular do Trabalho junto ao TRT da 15ª Região.

3. Focar na busca pela solução do conflito social e não mais na busca pela exclusiva solução do processo;

4. Simplificar os procedimentos — atuação em processos de massa — lides coletivas — ações coletivas — procedimentos conjunturais — construção de uma atividade jurisdicional em nome da cidadania — iniciativa e impulso oficiais levados ao mais profundo nível — garantir o interesse público sobre o privado — visão integradora do Judiciário — processo como instrumento pacificador — multidimensionalidade dos conflitos;

5. Buscar novos saberes — multidisciplinaridade — visando ao atendimento das expectativas da sociedade na solução de conflitos.

Comumente, o juiz espera que o perito, inclusive o Perito Médico, seja:

1. Auxiliar na realização de políticas públicas e objetivos constitucionais maiores;

2. Elemento decisivo nas soluções de conflitos no que tange à matéria técnica;

3. Agente auxiliar do Estado na solução dos conflitos sociais;

4. Íntegro para trazer a realidade dos fatos técnicos para o juiz;

5. Integrado a um novo sistema judiciário comprometido com a cidadania e os valores constitucionais — que seja um "Servidor 'Público' Social".

Dos juízes, o que se espera, é que efetivamente leiam tudo o que consta nos autos, notadamente às manifestações do contraditório técnico, pois num estado democrático de direito, a garantia do amplo direito de defesa não pode ser relegada a desídia, sendo mito que na Justiça Trabalhista, e digo mito, pois particularmente não acredito que isto ocorra nesta douta justiça especializada, de que "juiz do trabalho não lê parecer ou quesitos dos Assistentes Técnicos". Lê sim, e não faz isso por desconfiar ou desmerecer o seu Auxiliar Técnico, mas faz para, se diante de uma boa sustentação de contraditório técnico, sopesar com o máximo de retidão, inclusive por ser o judiciário das garantias trabalhistas um dos pilares da democracia.

Em seu auxílio, o juiz espera que o perito médico traga ao processo:

1. Conceitos de medicina facilmente compreensíveis ao leigo;

2. Visão ampla do tema técnico — ser o "olho técnico" do juiz;

3. A adequada tradução de matérias que dependam de conhecimentos técnicos;

4. Auxílio na coleta de fatos importantes para o deslinde da causa, mesmo que possa parecer de menor relevância para as questões médicas;

5. Que não julgue a causa!

Podemos dizer que dentre os "desejos do juiz em relação ao Perito Médico" os principais são:

1. Clareza e fundamentação acessível nas posições tomadas com exposição do raciocínio do perito;

2. Buscar preferencialmente a obtenção de registros sobre a avaliação realizada — fotos, dados, documentos etc. — se não puder ter acesso, solicitar ao juízo;

3. Trazer soluções, e não problemas ao processo;

4. Disposição para atender outras providências além das habituais, por exemplo, dispondo-se a ser convocado para audiências;

5. Respeito aos prazos.

O Perito Médico deve sempre ter em mente que não legisla, não julga, não concede e não posterga. O bom Perito Médico, por exemplo, quando da atuação no judiciário, comunica-se facilmente com as varas e com as partes por meio do processo, onde expressa sua lógica e conclui no laudo, decidindo livremente o seu mister, pois servirá para auxiliar o juízo em:

• Indenizações decorrentes de lesões corporais e outras, em que estiverem envolvidas relações de trabalho, acidentes, agressões etc.;

- Ações movidas contra seguradoras — seguros diversos;

- Ações movidas contra convênios médicos;

- Ações relativas ao questionamento do exercício profissional — "erro médico";

- Ações relativas a acidentes de trabalho e doença profissional — estatutários e CLT;

- Família: Sucessão — Interdições Judiciais; Exclusão de paternidade; Pensões alimentícias para incapazes;

- Ambientais: Indenizações por contaminação ambiental — intoxicações agudas e crônicas — trabalhadores ou não.

A perícia, como meio da prova (laudo pericial), por seu caráter científico, tem elevada credibilidade, e sobre ela, acatando ou não o que consta no laudo, é que o Magistrado deve fundamentar-se criteriosamente, buscando os elementos técnicos embasadores da sua sentença, por obrigação formal.

O Perito Médico deve reconhecer que a legislação brasileira adotou como critério de julgamento o "Sistema da Persuasão Racional" do juiz, ou seja, o seu convencimento é livre, e por analogia, assim também será para a autoridade designadora de uma Perícia Médica, por exemplo, Prefeito, Secretário Municipal etc. Todavia, ainda que livre, o juiz deve atentar e ser racional conforme as provas trazidas nos autos do processo pelas partes. Ou seja, o juiz tem o dever de justificar sua decisão baseado nas provas contidas no processo.

Segundo o Dr. Firmino Alves Lima,

> Em matéria técnica, não necessariamente o juiz é obrigado a nomear um perito-técnico e, mesmo nos casos de perícia obrigatória, *e.g.* insalubridade a teor do art. 195 consolidado, pode discordar do laudo, o que é plenamente aceito.[61]

Embora majoritário, esse entendimento não é pacífico — unânime. Segundo Nemetz e Fraga[62] (2005),

> Sendo necessária a realização de perícia em uma determinada ação, o juiz não pode manter postura que contrarie as conclusões constantes no laudo, posto que a determinação de realização de prova pericial demonstra a necessidade de conhecimentos pertencentes a outra área técnica ou científica.

No Chile, comunga de mesma tese o iminente advogado, doutrinador e professor de Direito Hernán Silva Silva.

> Mi critério es que las pericias médicas psiquiátricas deben obligar al juez con el mérito de plena prueba, a menos que estén desvirtuadas por otras periciais de igual calidad, de un perito o más. Esto no significa que el perito está fallando la causa, o dictando sentencia, las plenas pruebas se pueden destruir o desvirtuar por otras del mismo valor que el tribunal encuentre en la causa; además, si tiene el juez dudas del informe, puntualmente en este caso, sobre el estado psíquico del procesado al momento de la comisión del hecho punible, sus consecuencias en relación con el delito investigado, sobre tal o cual psicosis, o si la patología se origino durante el proceso, se puede pedir que aclare este mismo perito en caso de duda, o rectifique, o lo complete, o si necesario se practique un nuevo reconocimiento pericial — Psiquiatría forense, 1ª Ed. Editorial Jurídica de Chile, p. 260.

Pelo raciocínio de Nemetz e Fraga, em tese, poderíamos considerar que o juiz provou a não existência de dados suficientes para decidir, ao determinar a realização da Perícia Médica. Embora este não seja o pensamento majoritário, entendem que, sendo necessária a realização de perícia, o juiz não poderia manter postura que contrariasse as conclusões constantes no laudo sem a devida fundamentação técnica, posto que há necessidade de conhecimentos pertencentes à área médico-científica, atributos que o juiz não possui.

Ainda que minoritários, estes autores sugerem que o art. 436 do Código de Processo Civil não libera o juiz da prova técnica produzida no processo e que este dispositivo legal preceitua, apenas, que o juiz não está

---

(61) Citação em aula inaugural do curso de pós-graduação em Perícia Médica — Unicastelo, Piracicaba, 2010.
(62) Luiz Carlos Nemetz — Advogado e sócio-fundador da Nemetz Advocacia, especializada em Direito Médico e da Saúde. Graduado em Direito pela Universidade Regional de Blumenau. Pós-graduado em Direito da Economia e da Empresa pela Fundação Getúlio Vargas do Rio de Janeiro. Flávio Fraga — Professor titular concursado das cadeiras de Direito Processual Civil e Direito Econômico da Universidade Regional de Blumenau (SC).

adstrito a um laudo pericial específico, mas, em última análise, a outro (ou outros), que deverá ser produzido na hipótese de haver qualquer vício no anterior.

Portanto, com esse sentido, o juiz manteria sua liberdade para determinar a realização de uma nova prova pericial, não podendo desprezar o trabalho técnico ou científico ali desenvolvido, especialmente porque foi feito por seu "Auxiliar de Confiança Técnica". Caso se constate que os fatos observados pelo profissional indicado pela sua livre escolha e confiança não sejam esclarecedores, deve-se realizar nova diligência, para ser observada a veracidade dos fatos jurídicos do tema discutido, sem prejuízo de qualquer outra providência que entender pertinente.

Assim, também é verdadeiro o entendimento de que mesmo que o juiz não tenha conhecimentos técnicos suficientes para, por si só, inverter o parecer técnico, pode, com base no processo, demonstrar a sua fundamentação para discordar da conclusão técnica do laudo e concluir de forma diferente do nexo técnico indicado pelo Perito Médico, adotando o nexo jurídico — imputação do fato.

11.3. PERITO MÉDICO DIANTE DO SIGILO MÉDICO

Quando o médico está exercendo a atividade pericial, não se pode pretender que, como perito, deixe de revelar o que vier a saber pelo exame ou pela informação do Periciando (examinado). Por exemplo, o Perito Médico, ao examinar um trabalhador para fins de licença ou benefícios, tem a obrigação de comunicar aos setores próprios da instituição as informações necessárias que permitam a aplicação da legislação pertinente.

Todos os profissionais, especialmente os da saúde, com destaque os médicos, devem obedecer à lei quando do manuseio dos documentos periciais e guardar sigilo.

Sabemos que sigilo é o que regulamenta o segredo. Segredo é o fato!

Vejamos alguns questionamentos:

1. Pode o menor de idade comparecer à consulta desacompanhado? A autorização e o acompanhamento dos pais ou responsáveis são obrigatórios?

2. No caso específico de menor do sexo feminino em consulta ginecológica, como proceder? Pode a menor do sexo feminino solicitar e receber prescrição de método contraceptivo?

3. No caso específico de método contraceptivo, é necessário comunicar aos pais se não estiverem presentes à consulta médica?

Tentando responder:

1. Quanto à prescrição de método contraceptivo: — O médico não pode desrespeitar o direito do paciente decidir sobre métodos contraceptivos — Sem restrição de idade. Fonte: FEBRASGO — Federação Brasileira das Associações de Ginecologia e Obstetrícia.

Atenção ao Código Penal — Crime contra a inviolabilidade dos segredos (art. 154/Violação), sem justa causa, de segredo profissional é crime! Sem menção à faixa etária ou restrição à tutela legal de adolescente!

2. Pais e familiares presentes na consulta somente se a adolescente permitir ou solicitar. Fonte: FEBRASGO — Federação Brasileira das Associações de Ginecologia e Obstetrícia.

3. Quanto à faixa etária abaixo de 14 anos:

— Método contraceptivo — pode ser prescrito;

— Não é ato médico ilícito;

4. Menores desacompanhados em consulta médica:

— Parecer do CREMESP 1.800-76/1987 — Menor — Se tiver capacidade de avaliar o problema, está mantido o sigilo. Jurisprudência CRM-SP 3163-095/2003 — Vedado ao médico revelar segredo referente a menor de idade, inclusive a pais ou responsáveis. Capacidade do menor — observar se tem capacidade de avaliação do problema.

— Portanto, menor pode ir à consulta desacompanhado, se tiver suficiente entendimento do problema e não podem ser comunicados responsáveis, mesmo que seja uma consulta ginecológica — respeito, cuidados, prescrição de métodos contraceptivos — Sigilo mantido!

Isso considerado, temos que no exercício da função pericial o médico não está envolvido pelo relacionamento médico/paciente, assim, não é obrigado, na qualidade de confidente, a ser depositário de fatos que não lhe pertencem. A sua atuação se exerce em função dos direitos de outrem — os da instituição — que ali o colocou na defesa do interesse público, que é o da lei (Prefeitura do Município de Piracicaba, 2005).

O Código de Ética Médica de 1988, no seu art. 39, estabelecia:

Art. 39. A revelação de segredo médico faz-se necessária: — quando o médico está investido de função que tenha que se pronunciar sobre o estado do examinado (serviços biométricos, junta de saúde, médico de companhia de seguro etc.), devendo ser o mais limitado que puder em seu parecer, e resguardando tanto quanto possível o diagnóstico nosológico.

O Código de Ética Médica de 2009, no Capítulo IX, trata de forma mais ampla a questão:

SIGILO PROFISSIONAL — É vedado ao médico: Art. 73. Revelar fato de que tenha conhecimento em virtude do exercício de sua profissão, salvo por motivo justo, dever legal ou consentimento, por escrito, do paciente. Parágrafo único. Permanece essa proibição: a) mesmo que o fato seja de conhecimento público ou o paciente tenha falecido; b) quando de seu depoimento como testemunha. Nessa hipótese, o médico comparecerá perante a autoridade e declarará seu impedimento; c) na investigação de suspeita de crime, o médico estará impedido de revelar segredo que possa expor o paciente a processo penal. Art. 74. Revelar sigilo profissional relacionado a paciente menor de idade, inclusive a seus pais ou representantes legais, desde que o menor tenha capacidade de discernimento, salvo quando a não revelação possa acarretar dano ao paciente. Art. 75. Fazer referência a casos clínicos identificáveis, exibir pacientes ou seus retratos em anúncios profissionais ou na divulgação de assuntos médicos, em meios de comunicação em geral, mesmo com autorização do paciente. Art. 76. Revelar informações confidenciais obtidas quando do exame médico de trabalhadores, inclusive por exigência dos dirigentes de empresas ou de instituições, salvo se o silêncio puser em risco a saúde dos empregados ou da comunidade. Art. 77. Prestar informações a empresas seguradoras sobre as circunstâncias da morte do paciente sob seus cuidados, além das contidas na declaração de óbito, salvo por expresso consentimento do seu representante legal. Art. 78. Deixar de orientar seus auxiliares e alunos a respeitar o sigilo profissional e zelar para que seja por eles mantido. Art. 79. Deixar de guardar o sigilo profissional na cobrança de honorários por meio judicial ou extrajudicial.

O Código de Ética Médica indica que a questão do sigilo não é absoluta, mas relativa, pois prevê as exceções "salvo por motivo justo, dever legal ou consentimento, por escrito, do paciente". O CFM reforça a admissão de que o sigilo é apenas relativo na Resolução CFM 2.056, 20.09.2013, já que nela consta que "outros profissionais", sem indicar quem são esses profissionais, podem conhecer (ler e interpretar) os dados contidos no prontuário médico e, mais ainda, informa que eles poderão manuseá-los.

CAPÍTULO X — DA ORGANIZAÇÃO DOS PRONTUÁRIOS DOS PACIENTES

Art. 45. Qualquer tratamento administrado a paciente deve ser justificado pela observação clínica e registrado no prontuário, o qual deve ser organizado de modo a:

a) permitir fácil leitura e interpretação por médicos e **outros profissionais** que o manuseiem;

Vejamos o que diz o CFM — DESPACHO SEJUR N. 373/2016 (Aprovado em Reunião de Diretoria em 13.07.2016):

Certamente que no Estado Democrático de Direito não existem direitos absolutos, razão pela qual, em hipóteses, é possível que se promova um juízo de ponderação de interesses para sopesar a necessária preponderância de outro interesse fundamental sobre o direito à intimidade, como, por exemplo, o interesse público decorrente da notificação de doenças de comunicação obrigatória, ou, ainda, nas hipóteses de crimes que dependam de tais informações médicas para serem solucionados.

Relembrando, para memorizar: o Código Penal, no art. 154, indica — Crime contra a inviolabilidade dos segredos — que a "Violação sem justa causa de segredo profissional é crime!".

11.4. RELAÇÕES COM O PERICIANDO

O médico não será perito de seu próprio paciente, parente ou pessoa com que mantenha relação capaz de influir na decisão médico-pericial. O Perito Médico, enquanto profissional, não deve atestar para familiares e para si próprio (**Processo-Consulta CFM n. 380/90**).

1 — Médico atestando para si. **Não convém!**

"É difícil aceitar o fato de o médico concentrar, num só tempo e em si próprio, a condição de examinado e de examinador, de médico e de paciente, atraindo todas as responsabilidades e todos os privilégios, policiando-se para que um não se sobreponha ao outro. O resultado de um atestado médico nessas circunstâncias será sempre suspeito, tanto pelas razões citadas pelo profissional, como pelos benefícios arguidos ao paciente". Conselheiro Genival Veloso de França — <http://www.portalmedico.org.br/biblioteca_virtual/des_etic/23.htm>.

2 — Médico atestando para familiares. **Deve evitar!** Nestes casos, do médico poderá ser exigido que apresente os devidos registros médico-legais do atendimento prestado, considerando que estes também devem ser feitos com as formalidades cabíveis, como exigível para todo paciente, por exemplo, registro em Prontuários etc.

"O mesmo não se pode dizer de atestado em benefício de familiares. Ainda quando se trate de atestado médico passado pelo pai ao filho, ou vice-versa, é de seguir-se a própria jurisprudência, entendendo legítimo o documento, desde que expedido em atendimento às normas gerais aplicáveis — <http://www.portalmedico.org.br/biblioteca_virtual/des_etic/23.htm>.

Visando facilitar, elucidar e esclarecer a análise pericial, o Perito Médico poderá, a seu critério, solicitar informações adicionais ao médico assistente. Tais informações são de direito do Periciando, conforme diz o art. 112 do Código de Ética Médica, esclarecendo sobre o momento de atestar:

Capítulo X — Atestado e Boletim Médico. É vedado ao médico: Art. 112: Deixar de atestar atos executados no exercício profissional, **quando solicitado pelo paciente ou seu responsável legal**. Parágrafo único: O atestado médico é parte integrante do ato ou tratamento médico, sendo seu fornecimento um direito inquestionável do paciente, não importando em qualquer majoração dos honorários. (**n.g.**)

Apesar disso, o Perito Médico não fica adstrito ao que se apresenta no atestado. Atestados Médicos, quando utilizados para fins periciais, deverão ser emitidos conforme especifica a Resolução CFM 1.851/2008, com destaque para o que diz o seu art. 3º:

Na elaboração do atestado médico, o médico assistente observará os seguintes procedimentos: I — especificar o tempo concedido de dispensa à atividade, necessário para a recuperação do paciente; II — estabelecer o diagnóstico, quando expressamente autorizado pelo paciente; III — registrar os dados de maneira legível; IV — identificar-se como emissor, mediante assinatura e carimbo ou número de registro no Conselho Regional de Medicina. Parágrafo único. Quando o atestado for solicitado pelo paciente ou seu representante legal para fins de perícia médica deverá observar: I — o diagnóstico; II — os resultados dos exames complementares; III — a conduta terapêutica; IV — o prognóstico; V — as consequências à saúde do paciente; VI — o provável tempo de repouso estimado necessário para a sua recuperação, que complementará o parecer fundamentado do médico perito, a quem cabe legalmente a decisão do benefício previdenciário, tais como: aposentadoria, invalidez definitiva, readaptação; VII — registrar os dados de maneira legível; VIII — identificar-se como emissor, mediante assinatura e carimbo ou número de registro no Conselho Regional de Medicina.

Sabe-se, classicamente, que o médico que examina a pessoa, com o objetivo de tratá-la, foi escolhido de forma livre e, espontaneamente, lhe foi dada a demanda de um tratamento. O indivíduo é seu cliente.

Na Perícia Médica, ocorre o contrário, sendo que o Perito Médico é designado por uma autoridade a examinar a pessoa (Periciado) ou os documentos médico-legais para verificar o seu estado de saúde ou as sequelas de doenças, para que se dê efeito jurídico-administrativo a pleitos pertinentes que, muitas vezes, trarão consequências, com ganhos ou perdas para o Periciado.

Na qualidade de cliente, o indivíduo avaliado tem todo o interesse de informar ao médico sobre seus sintomas, referindo à verdade, pois tendo esperança, quase certeza, que o médico poderá descobrir o diagnóstico correto do seu problema e, subsequentemente, instituir tratamento para seu benefício. Na relação pericial, o indivíduo avaliado (Periciado) tem o interesse de obter um benefício, porém, com a diferença de que nem sempre tem esse direito, motivo pelo qual a autoridade lhe designou a necessidade de avaliação, e tal condição faz com que o Periciado só revele e preste ao Perito Médico as informações do seu interesse e que levem ao resultado pretendido.

Desta forma, poderá omitir e distorcer informações necessárias à conclusão pericial médica, que somente por meio da *expertise* do Perito Médico poderão ser detectadas.

Muitas vezes, o Periciado assume posturas conflitantes de comportamento e de atividade física, momentos antes e depois do exame pericial, sendo que estes fatores requerem atenção plena do Perito Médico antes mesmo do início da avaliação propriamente dita. Neste sentido, ensina Guilherme Cabral[63] (1986): "A observação da marcha, o modo como ele puxa a cadeira e se senta, e como nos cumprimenta e depois se despe para ser examinado, proporcionam ao examinador dados precisos" (p. 909).

Diz o Dr. João Salvador Reis Menezes — CRM/MG 24.811:

> Em nossa lida diária, seja na qualidade de médico perito, seja como assistente técnico em matéria médica pericial, encontramos um fenômeno interessante, bastante antigo, qual seja, o da simulação em perícias médicas. Simulação é "fingir o que não é" (Aurélio). Para o assunto aqui tratado é conceituada, pela Organização Mundial de Saúde (OMS), como 'a produção intencional ou invenção de sintomas ou incapacidades tanto físicas quanto psicológicas, motivadas por estresse ou incentivos externos'.

Ou seja, o Perito Médico deve estar preparado para verificar se não há uma motivação consciente, ou mesmo uma produção inconsciente de sintomas, ou uma tentativa de engodo, seja por sintomas exacerbados clínicos seja por indícios documentais etc., como de fato sempre deve se fazer numa Perícia Médica.

Falsidade de atestado médico

Art. 302 (CPB). Dar o médico, no exercício da sua profissão, atestado falso: Pena — detenção, de um mês a um ano.

Falsidade Ideológica

Art. 299 (CPB). Omitir, em documento público ou particular, declaração que dele devia constar, ou nele inserir ou fazer inserir declaração falsa ou diversa da que devia ser escrita, com o fim de prejudicar direito, criar obrigação ou alterar a verdade sobre fato juridicamente relevante: Pena — reclusão, de um a cinco anos, e multa. Parágrafo único. Se o agente é funcionário, e comete o crime prevalecendo-se do cargo, ou se a falsificação ou alteração é de assentamento de registro civil, aumenta-se a pena de sexta parte.

Falsificação de Documento Público — Falsidade material

Art. 297 (CPB). Falsificar, no todo ou em parte, documento público, ou alterar documento público verdadeiro: Pena — reclusão, de dois a seis anos, e multa. § 1º Se o agente é funcionário público, e comete o crime prevalecendo-se do cargo, aumenta-se a pena de sexta parte. § 2º Para efeitos penais, equiparam-se a documento público o emanado de entidade paraestatal, o título ao portador ou transmissível por endosso, as ações de sociedade comercial, os livros mercantis e o testamento particular.

Falsificação de Documento Particular — Falsidade Material

Art. 298 (CPB). Falsificar, no todo ou em parte, documento particular ou alterar documento particular verdadeiro: Pena — reclusão, de um a cinco anos, e multa.

No campo da técnica médica, na Classificação Estatística Internacional de Doenças e Problemas Relacionados à Saúde da Organização Mundial de Saúde (OMS), a simulação tem seu código próprio — Z 76-5 (pessoa fingindo ser doente; simulação consciente; simulador com motivação óbvia) — além do código F 68.1 (produção deliberada ou simulação de sintomas ou de incapacidades, físicas ou psicológicas), e aqui estamos falando, então, da simulação como uma produção intencional de sintomas (e até sinais) físicos e/ou psicológicos falsos (ou flagrantemente exagerados), sendo essa produção e motivação conscientemente compreendidas e desejadas pelo paciente, como bem abordada *in Cecil, Tratado de Medicina Interna*, que devemos diferenciar caso a caso. Não estamos falando aqui da somatização ou do transtorno doloroso persistente ou de outras entidades conhecidas e afins e que mantenham motivação inconsciente por parte do Periciado. Se o assunto é simulação ou exagero, naturalmente infere-se que o Periciado com doença verdadeira que repercuta também com verdadeira incapacidade laborativa está excluído desta classificação, porém, é nossa atribuição verificá-la, identificá-la ou excluí-la.

Embora possa parecer exceção, temos certo que não é. Em material disponibilizado para os Conselhos de Classe — publicação do CENTRO DA OMS PARA A CLASSIFICAÇÃO DE DOENÇAS EM PORTUGUÊS (CENTRO BRASILEIRO PARA A CLASSIFICAÇÃO DE DOENÇAS) — (MS/USP/OPAS-OMS) NÚCLEO DE ESTUDOS EM POPULAÇÃO E SAÚDE — NEPS/USP **ATESTADO MÉDICO FALSO** — Renato de Mello Jorge Silveira, São Paulo, 2001 — há uma citação onde o Prof. Dr. Ruy Laurenti (Professor da Faculdade de Saúde Pública da USP) diz ser de grande utilidade aos Conselhos Regionais e Federal de Medicina o que ali consta, e faz alusão como reforço pessoal.

---

(63) CABRAL, G. *Semiologia da função motora* — As bases do diagnóstico clínico. Livraria Atheneu — Livraria Interminas.

É tão comum, quase rotineiro, o médico afirmar, por exemplo, que alguém faltou ao serviço por doença quando, na realidade, era apenas para abonar uma falta (...).

Nas Escolas de Medicina, contudo, o que se observa, é que as noções de Direito aplicáveis na área de atuação do médico nem sempre são devidamente apresentadas ou a elas é dado o devido valor. Assim, é frequente os médicos desconhecerem as implicações legais que os atos de sua profissão vem a causar. Caso típico é o do fornecimento de atestados médicos. O que para os profissionais da Medicina pode parecer um mero ato de ofício é, na verdade, um ato complexo que, por vezes, traz implicações na seara jurídica. Uma falsa atestação é crime, trazendo, ao seu autor, sanções penais — palavras de Léo Meyer Coutinho: "o ato de atestar é muito mais sério do que possa parecer, não podendo ser tratado com a leviandade que frequentemente se observa. COUTINHO, Léo Meyer. *Código de Ética Médica Comentado*. São Paulo: Saraiva, 1994. p. 126.

Mais ainda diz o Dr. João Salvador Reis Menezes: "Dentro da medicina, a simulação é tema especialmente estudado pela Medicina Legal" e de fato, publicações sobre o tema mostram-nos o quanto são ingênuos (ou inexperientes ou mal-informados) aqueles que não conhecem (ou não reconhecem) a simulação nas perícias médicas. Tanto não são exceção, que o Delegado do CREMESP da cidade de Jundiaí recentemente publicou livro com o tema específico, livro, aliás, já esgotado na sua segunda edição — VASCONCELLOS, Luiz Phillippe Westin Cabral de. *A Simulação na Perícia Médica*. LTr, 2010.

Retornando aos conceitos do Dr. João Salvador Reis Menezes, temos que este reforça indicando que

desde os primeiros anos da formação médica os então acadêmicos aprendem, nos livros básicos de medicina, que o paciente apresenta-se ao médico clínico com intenção de cura de um mal; sua preocupação é a terapêutica que lhe restitua o bem-estar perdido (*in Exame Clínico*, Celmo Celeno Porto). Contudo, na perícia médica, ao contrário, a pessoa deseja se mostrar doente, portadora de grande incapacidade e, às vezes, digna de ajuda.

Alguns autores subdividem a simulação classificando-a em "tipos". Assim, por exemplo, para Mills e Lipian (citados em *Psiquiatria Forense* — Taborda, Chalub e Abdalla-Filho) a simulação pode ser: (a) pura: a falsificação de uma doença ou incapacidade quando ela não existe; **(b) parcial: o exagero consciente de sintomas que não existem**; ou (c) falsa imputação: a atribuição de sintomas reais a uma causa conscientemente entendida como não tendo relação com os sintomas. (**GRIFO MEU, PARA EVIDENCIAR QUE, DOS TRÊS, É O QUE ESTATISTICAMENTE MAIS OBSERVO NA MINHA PRÁTICA DIÁRIA DESDE 1999**.)

Para a questão do paciente simulador, dois conceitos se tornam particularmente importantes: o ganho secundário e o reforço ambiental. Pelo ganho secundário, o paciente busca um benefício no trabalho, um repouso adicional, uma vantagem pessoal etc., em detrimento aos do interesse coletivo, podendo advir graves consequências sociais, por exemplo, pela ausência no trabalho de um policial, de um professor, de um médico etc. O ganho secundário expressa as vantagens que o paciente pode alcançar usando um sintoma para manipular e/ou influenciar outras pessoas, até nas denunciações (que podem se mostrar indevidas), na solicitação de abonos etc.

Por meio da simulação ou do exagero, o Periciado tem a pretensão de controlar o examinador por meio de queixas (queixar-se de dor fortíssima que o obriga a manter as mãos junto ao corpo, por exemplo) e posturas (entrar no consultório mancando, dentre outros), ou mesmo tentando reforçar ou tornar verdadeiras suas queixas, optando por denunciações diversas, sempre tendo por finalidade "convencer" para o ganho secundário, ou apenas para punir o examinador, que supostamente lhe tirou o que pretendia obter, seja visando a abonos de faltas no trabalho ou mesmo perpetuar a percepção de um benefício previdenciário (estatuto ou CLT), ou quando não percebeu o que entendia como de direito — ainda que o quadro detectado no caso em questão, observado direta ou indiretamente na forma da lei, não seja considerado como determinante de incapacidade laborativa justificável e não faça jus a um determinado benefício que está pleiteando.

O reforço ambiental, que inegavelmente existe e é buscado na medida em que as organizações assim facultam, mesmo diante do ordenamento legal vigente, sendo fenômeno mundial, é explicado em capítulos do livro *Cecil, Tratado de Medicina Interna*.

Os mesmos mecanismos que favorecem o ganho secundário e o reforço ambiental estão presentes na chamada "neurose de compensação". Trata-se de "um quadro induzido, exacerbado ou prolongado, **como resultado de políticas sociais ou socioculturais" (grifo meu).** Políticas sociais adotadas por algumas instituições fazem surgir uma legião de pessoas com potencial comportamento de ganho secundário por "neurose de compensação", por exemplo, com denunciações exageradas — atingem a classe médica nos ditos "processos por erros médicos", que já chegam a beirar os limites do bom senso.

O *Manual Diagnóstico e Estatístico de Transtornos Mentais* (DSM-IV-TR) da American Psychiatric Association diz que:

> a característica essencial da simulação é a produção intencional de sintomas físicos ou psicológicos falsos ou amplamente exagerados, motivada por incentivos externos, tais como esquivar-se do serviço militar, **fugir do trabalho**, obter compensação financeira, evadir-se de processos criminais ou obter drogas. (grifo meu)

No nosso meio não é incomum a utilização deste procedimento para se ausentar do trabalho, compensar baixos salários etc., utilizando-se de exageros ou mesmo de fraudes com atestados médicos e/ou atestamentos graciosos. A própria OMS, em publicação médica especializada (psiquiatria), ensina que pessoas sob demanda em que a causa de pedir verse sobre "estar doente" não reconhecem nem aceitam sua capacidade (pois em estando capazes, não conseguirão o êxito que desejam em suas demandas).

Portanto, é certo que na relação médico/cliente exista uma clara relação de mútua confiança e empatia, e até exageros, enquanto na relação pericial existe o contrário: mútua desconfiança e, muitas vezes, antipatia.

O Perito Médico não pode, de maneira nenhuma, se deixar afetar pelo Periciado, em nenhum sentido. Tem que ser neutro para avaliar e ponderar os dados clínicos e a relação destes com os fatos e situações alegadas, se pretende bem concluir seu parecer, tendo como único norte a boa prática médica e o que prescreve a lei. Em tais casos, o Perito Médico tem que ficar prevenido para indicar simulação e mistificação por parte do Periciado. A técnica de análise pericial será sempre individual, peculiar da formação desse Perito Médico, realizando a anamnese, o exame clínico, solicitar exames etc., podendo ele, se for o caso, restringir-se à análise documental. Porém, é necessário enfatizar que, ao Perito Médico, muitas vezes, não interessa o que o Periciado diz ou apresenta, mas, sim, o que não revela. Sem dúvidas, somente a perspicácia desenvolvida pela *expertise* de anos de exercício da medicina pericial é que permitirá desvendar todas as nuances do caso para emitir e bem consubstanciar o seu parecer.

Por exemplo, na perícia trabalhista, para que isso ocorra é certo que o Perito Médico deverá conhecer o tipo da atividade inerente ao cargo ou função do Periciado e, sobretudo, investigar em que condições esta atividade é exercida, com estudos diretos ou indiretos, procurando reconstituir as situações de como se dava ou dá: "de pé ou sentado", "se há exigência ou não de prolongados esforços", "se há postura estática", "se requer movimentos repetitivos associados à má postura de execução", "atenção mental e/ou visual continuada", "condições ambientais de trabalho como conforto, iluminação, ruídos etc.". Quando for o caso, deverá considerar e, inclusive, adentrar nos aspectos pessoais do Periciado, incluindo os que envolvem o seu relacionamento social, pessoal, amoroso, de hábitos e costumes etc.

O que se espera como postura do Perito Médico é a austeridade, porém, pode e deve também ser atencioso, paciente e tolerante, mesmo que esteja diante de um simulador.

Não menos importante, vale considerar que, mesmo não estando adstrito ao conteúdo dos atestados e outros documentos (conforme regulamentado), o Perito Médico deve dar-lhes a devida atenção, analisando estes dados e/ou outros documentos médicos constantes em relatórios, exames etc., apresentados pelo Periciado ou pela outra parte de interesse no que se analisa. Deve inclusive citá-los no seu laudo, configurando-os como efetivamente observados e utilizados como elementos de ponderação para a conclusão da análise pericial.

Quanto aos aspectos relacionados às solicitações de dados complementares, como exemplo, trazemos dados do *Manual Para o Médico Perito Examinador de Candidatos a Motorista (Flávio Emir Adura e Antônio Francisco Sabbag, 5ª Edição de 2008),* atividade comum e corriqueira, não menos complexa para o Perito Médico que traz no Cap. 13 — Avaliação Neurológica, p. 66: "2. Para a avaliação será solicitado, obrigatoriamente, um relatório preenchido corretamente pelo médico assistente que acompanha o candidato[...]";

Cap. 14 — Avaliação Cardiorrespiratória, p. 71: "o examinador poderá valer-se de relatórios comprovadamente emitidos por médico assistente,[...]"; Cap. 17 — Avaliação Mental, p. 101: "— solicitação do laudo, parecer do psiquiatra assistente."; Cap. 18 — Exames Complementares, p. 104: "Pareceres de especialistas estão sendo solicitados com maior frequência e consideramos saudável essa prática, desde que o perito, sem eles, não consiga concluir seu laudo de maneira segura".

Os elementos apurados no exame pericial médico deverão ser registrados no laudo, em linguagem clara, objetiva, didática e adequada a não técnicos em medicina, pois, embora se constitua num componente médico-legal ou jurídico-administrativo, será analisado por leigos em medicina e servirá de base a todo o processo. Porém, não poderá conter:

- insuficiência e imprecisão nos dados;

- incoerência entre os dados semióticos e o diagnóstico firmado;

- indecisão e dúvida do Perito Médico — CONCLUSÃO NO CONDICIONAL.

Tratando-se de atividade de suporte para decisão de autoridade, não pode o Perito Médico, no parecer, exprimir-se de modo a estabelecer conflito entre o requerente (reclamante-autor) e/ou requerido (reclamado-réu) para com a autoridade que detém a atribuição decisória.

Nesse sentido, o Código de Ética Médica indica em seu art. 98:

É vedado ao médico: Deixar de atuar com absoluta isenção quando designado para servir como perito ou auditor, bem como ultrapassar os limites de suas atribuições e de sua competência.

Capítulo 12

AVALIAR O DANO

A avaliação de Danos Patrimoniais (físicos, mentais e sensoriais) faz parte da atividade do Perito Médico e, para tal, deve seguir bases científicas, e não empíricas.

Avaliar dano pelos Baremas Internacionais[64], segundo Borobia[65] (2006), é o procedimento adequado. Este advogado conceitualmente define o baremo, no âmbito da medicina-legal e da valoração do dano corporal, como uma relação de enfermidades ou de sequelas, à qual se assinala um valor — expressado em porcentagem ou em pontos — que representa uma perda funcional ou um valor econômico.

Embora útil e necessária, a consulta aos baremas não substitui, jamais, o método descritivo nem a função do Perito Médico, que fará a descrição da lesão e sua incidência sobre a funcionalidade da pessoa e sobre os atos da vida cotidiana, como apuração indispensável. O Baremo nada mais é que um instrumento que serve de ajuda ao Perito Médico, puramente indicativo, face ao qual deve adotar uma atitude crítica!

O Perito Médico deve, também, ao avaliar o dano, quando o prejuízo causado é suscetível de apreciação pecuniária, no caso à pessoa, limitar-se aos aspectos físicos, sensoriais e mentais, considerando sobre Capacidade Laborativa e Reabilitação Profissional. É certo que além do patrimônio, seu corpo (avaliação do Perito Médico), o indivíduo tem como seu patrimônio a sua moral — podendo advir dano moral[66], contudo, esta valoração é de avaliação exclusiva do Magistrado.

Em nosso meio é muito utilizada a Tabela da SUSEP — Baremo SUSEP, porém, como não é tabela médica e não tem valor científico, não é recomendável sua utilização pelos *experts* médicos, pois avalia apenas a porcentagem da importância segurada — porcentagem indenizatória pecuniária de um sinistro, todavia é fático e devemos reconhecer que sua utilização é feita em "larga escala". Cabe-nos alterar usos e costumes indevidos para valorizar a Perícia Médica como ciência. Como não é tabela técnica, se presta para uso de leigos, e, assim, o juiz pode utilizá-la a seu próprio critério de convencimento e convicção, todavia o médico dispõe de outras tabelas cientificamente elaboradas.

A valoração do dano corporal é, habitualmente, uma tarefa complexa, consequência da multiplicidade de elementos que integram o ser humano e dano físico ou mental propriamente ditos, como também do potencial laboral, que são susceptíveis de apreciação médica. Acrescenta-se o fato de que a Medicina não é uma ciência exata e que uma mesma situação pode ter significados e repercussões diferentes em dois indivíduos distintos.

A finalidade desta estimativa numérica é a reparação dos prejuízos não econômicos (dano físico ou mental ou laboral), considerando ainda a cultura e os costumes regionais distintos para que ocorra uma adequada harmonização, fazendo com que as noções sejam aceitas por todos, envolvendo parecer técnico e persuasão racional do juiz ou do designador da perícia.

---

(64) Os Baremas Internacionais podem e devem ser utilizados conforme definiu Barobia (2006, p. 259-267) e entre estes podem ser destacados: 1 — Argentino; 2 — Americano; 3 — Francês; 4 — Espanhol.

(65) Don César Borobia Fernández — Profesor Titular del Departamento de Toxicología y Legislación Sanitaria de la Universidad Complutense de Madrid — Vicepresidente de la Confederación europea de Expertos en Evaluación y Reparación del Daño Corporal — C.E.R.E.D.O.C.

(66) Matéria do Direito.

Consequentemente, é conveniente que se apliquem critérios uniformes a todos os casos; sem raciocínio, exame clínico apurado ou estudo documental, nada se obterá.

Ainda que restem críticas, os baremas, associados à aplicação da Clínica Médica — junto aos conceitos da especialidade Medicina Legal e Perícia Médica, Medicina do Trabalho e do Direito Médico —, são adequados e válidos como instrumento essencial para auxiliar na valoração dos danos pessoais.

Relembrando: — No estabelecimento da ligação do dano ao fato-nexo, devemos sempre ponderar pela miscelânea abaixo apresentada, obtida, com mais ênfase, pelos critérios epidemiológicos de Hill[67]:

1. Se a natureza da exposição foi clara e identificável;

2. Quanto à especificidade da relação causal e força da associação causal como fator desencadeante e de agravo;

3. Informação e consentimento;

4. Procedimentos de segurança;

5. Omissão;

6. Coerência entre a idade da lesão e a ocorrência dos fatos;

7. Grau e intensidade compatível com a produção ou agravo;

8. Dados do Prontuário Médico verossimilhantes ao que se alega;

9. Preexistência e danos anteriores;

10. Foi causa necessária, contributiva, ou necessária de agravo;

11. Se havia possibilidade de fazer de outra forma;

12. Se há aspectos epidemiológicos positivos;

13. Sinais de tolerância a procedimentos reconhecidamente de exposição a risco;

14. Ocorrência de ação concorrente.

Ainda:

• Sempre considerar se houve fator humano — fato da vítima;

• Sempre considerar sobre Condição e/ou Situação Insegura.

12.1. APLICAÇÃO DE VARIADAS DOUTRINAS E SUA UTILIZAÇÃO PELO PERITO MÉDICO

A interação metodológica de avaliação entre as doenças ou limitações, objetivadas a partir de uma lesão anatômica evidente ou de um transtorno funcional medido e/ou uma alteração psíquica constatada, é a base da avaliação pericial médica, porém, deve ser ponderada no contexto social do indivíduo, quer seja exclusivamente no âmbito laboral ou genericamente em todos os campos de relação da sua existência.

A partir dessa base, podemos entender que é necessário o direcionamento do exame clínico para a obtenção de dados anamnésticos, que embora sigam o padrão consagrado da semiologia médica, por meio da obtenção dos dados pessoais, queixa, história etc., devem, no exame físico, se associar a parâmetros de capacidades máximas e mínimas do padrão fisiológico — tabelas da normalidade, visando a ponderação das atividades que realizava, ou realiza etc.

Para análise dos valores obtidos, se justificam algumas considerações:

1. Os sintomas alegados, sem que se evidenciem em sinais físicos e/ou psíquicos que possam ser verificados durante o exame clínico, mesmo que obtidos através da história clínica ou nos resultados de exames complementares, devem ser consignados, porém, não devem ser considerados como quantificáveis na

---

(67) Austin Bradford Hill (Londres, 8 de julho de 1897 — 18 de abril de 1991) foi um epidemiologista e estatístico inglês, pioneiro no estudo do acaso do ensaio clínico — juntamente com Richard Doll, foi o primeiro a demonstrar a ligação entre o uso do cigarro e o câncer de pulmão.

avaliação final. Portanto, o real impedimento somente existirá se puder ser demonstrado de forma anatômica, fisiológica ou psicológica. Anormalidades somente poderão ser "valoradas" se acompanhadas de sinais, pois, se não repercutem minimamente no aspecto clínico, é porque não há, de fato, lesão (física ou mental) significativa, e objetivamente, não repercutirá, nem minimamente, como dano ou déficit, inclusive social, mensurável. O mesmo raciocínio deverá ser aplicado e considerado quanto aos resultados de exames, apesar dos sintomas que o indivíduo avaliado referir. Assim, por definição, as patologias que somente se manifestam com sintomas e alterações de exames, sem sinais clínicos (achados objetivos constados pela propedêutica médica) não serão tecnicamente determinantes de incapacidades que justifiquem impedimentos, especialmente os laborais, por não haver lesão significativa, visto que não repercute com dano ou déficit objetivos, exceto se for para ação preventiva — prevenção de agravos.

PATOLOGIA GERAL — DB-301, UNIDADE II, FOP/UNICAMP — ÁREAS DE SEMIOLOGIA E PATOLOGIA — "Sinais: Sinal vem do latim "*signalis*", que significa manifestação, indício ou **vestígio**. Os sinais são manifestações clínicas **visíveis e perceptíveis** pelo profissional, **através de seus sentidos naturais**."

Lembrando do Capítulo 2:

"É axiomático em medicina que, quando possível, sempre se deveria identificar uma única causa para todos os sintomas do paciente."

Nota do autor:

A. Exames subsidiários de *pouca especificidade* e *alta sensibilidade* trazem consigo altos índices de falso positivo — como é o caso das Eletroneuromiografias e Ultrassonografias — ou seja, exame em si não é reprodutível na sua integralidade — são chamados de exames executores dependentes; por esse motivo, somente se justificam uso para os critérios médico-legais os exames de Raio-X, Tomografia Computadorizada e Ressonância Nuclear Magnética, já que *não são executores dependentes*;

B. Do mesmo modo são sem valor médico-legal as técnicas propedêuticas dependentes da manifestação do próprio examinado, seja na manifestação de dor, capacidade de mobilidade e/ou na amplitude de movimentos, ou do executor da manobra, pois são intervenções subjetivas, frise-se que algumas influenciadas pelo próprio interessado em positivá-las ou negativá-las.

c. Descabe à prática médico-legal, apresentar ou pautar suas conclusões em informes e/ou em dados em que cada técnico poderá interpretar de forma diversa. *A intervenção subjetiva é que desqualifica a prova. O dado deve ser reprodutível*!

2. A história clínica deverá conter a maior quantidade de detalhes úteis possíveis, em especial aqueles relacionados aos órgãos e sistemas diretamente relacionados com as queixas apresentadas.

3. Deverá ser dada ênfase especial aos dados anotados nas fichas médicas apresentadas, onde constam os primeiros procedimentos realizados, ou seja, avaliar de forma detalhada os dados contidos nos prontuários médicos, dos diversos médicos assistentes deste indivíduo, se possível incluindo as avaliações realizadas nos consultórios e clínicas privadas, nos dados dos cadastros do sistema público de saúde, nos dados dos prontuários hospitalares, nos dados dos prontuários médicos ocupacionais etc., sempre verificando os tratamentos médico-cirúrgicos realizados, a evolução com os sinais físicos e psíquicos anotados, e as respostas às terapêuticas instituídas, às diversas terapias realizadas, tais como fisioterapia, terapia ocupacional etc. Deve-se também verificar as adaptações propostas, participação em programas de readaptação e/ou reabilitação etc. Contudo, o perito não deve ficar adstrito ao que se observou nestes dados.

Nota: é muito importante considerar que durante a vigência de processos clínicos agudos não se deve avaliar as capacidades ou incapacidades como definitivas. Devemos considerá-las como condição de pré-estabilização, conferindo parecer provisório, já com determinação do período necessário para a realização da nova avaliação. Esses prazos são variáveis, e mesmo diante de lesões maiores, não devem ser superiores a 60 (sessenta) dias, e mesmo que na evolução se evidenciem descobertas clínicas com repercussão funcional, ainda que não correspondam diretamente ao órgão ou sistema motivador da avaliação, estas devem ser consideradas, entretanto, não valoradas.

As patologias detectadas, que não tenham caráter constante, serão consignadas nos relatórios, porém não devem ser motivo de avaliações de quantificação no aspecto da capacidade e/ou incapacidade, salvo se desta indicação restarem apenas considerações a respeito da indicação, para programas específicos de reabilitação laboral, ou para designação de ações de prevenção — adaptação, trabalho restrito etc.

Os exames complementares, de laboratório, diagnósticos por imagens, eletrofisiológicos, testes psicológicos e outros serão considerados em seus resultados se estiverem diretamente relacionados com o momento de evolução das doenças. Serão aceitos com prévia comprovação de que realmente pertencem ao avaliado, que constam dos prontuários, que demonstram boa qualidade global na técnica de realização, se foram efetuados em serviços idôneos e se estão devidamente assinados pelos especialistas indicados, contudo deve-se ponderar sobre a repercussão física ou mental para efeitos de valoração.

Ressalta-se que dados clínicos (relatórios médicos complementares) e exames complementares se fazem necessários e podem ser solicitados pelo Perito Médico, pois auxiliarão na determinação dos percentuais de incapacidade. Todavia, não são obrigatórios e devem ser solicitados somente se forem imprescindíveis, pois deve prevalecer o conceito clássico da medicina de que "a ponderação clínica é sempre soberana".

Qualquer parecer deve ser fundamentado de modo a demonstrar que o Perito Médico atuou com o máximo de atenção, cuidado e consideração pelo bem maior envolvido, que é o bem-estar e a perspectiva do Periciando, sem, contudo, retirar ou conceder direitos.

Por isso, os Atestados Médicos apresentados aos Peritos Médicos, mesmo que não surtam efeito, são documentos subsidiários da maior relevância. Todavia, para sua efetiva utilidade, devem ser considerados com base na apresentação em conformidade com a Resolução CFM n. 1.658/2002, alterada pela Resolução n. 1.851/2008 no art. 3º, que normatiza a emissão de atestado médico e dá outras providências.

> Art. 3º Na elaboração do atestado médico, o médico assistente observará os seguintes procedimentos: I — especificar o tempo concedido de dispensa à atividade, necessário para a recuperação do paciente; II — estabelecer o diagnóstico, quando expressamente autorizado pelo paciente; III — registrar os dados de maneira legível; IV — identificar-se como emissor, mediante assinatura e carimbo ou número de registro no Conselho Regional de Medicina. Parágrafo único. Quando o atestado for solicitado pelo paciente ou seu representante legal para **fins de perícia médica** deverá observar: I — o diagnóstico; II — os resultados dos exames complementares; III — a conduta terapêutica; IV — o prognóstico; V — as consequências à saúde do paciente; VI — o provável tempo de repouso estimado necessário para sua recuperação, que complementará o parecer fundamentado do médico perito, a quem cabe legalmente a decisão do benefício previdenciário, tais como aposentadoria, invalidez definitiva, readaptação; VII — registrar os dados de maneira legível; VIII — identificar-se como emissor, mediante assinatura e carimbo ou número de registro no Conselho Regional de Medicina.

12.2. SOBRE BAREMO

Os Baremas Médicos foram elaborados mediante estudos de Anatomia, Fisiologia e Biomecânica, Fisiatria, Medicina Ocupacional e já são utilizados de forma consagrada, há anos, em diversos países.

Ainda que restem críticas, os Baremas apresentam uniformidade de critérios que, associados à aplicação da avaliação clínica apurada, são instrumentos adequados e válidos de essencial importância para auxiliar o Perito Médico na valoração dos danos pessoais. Vale ressaltar pela importância e não custa repetir, que os Baremas não substituem, jamais, o método descritivo nem a função primordial de ponderar tecnicamente a atuação do Perito Médico, como a descrição da lesão e sua incidência sobre a funcionalidade da pessoa e sua repercussão sobre os atos da vida cotidiana etc.

Na Espanha

Na Espanha, por definição legal, incapacidade temporária é a situação de saúde do trabalhador, independentemente da causa, que impeça temporariamente o desempenho de seu trabalho e tenha a duração máxima estabelecida por lei. A prestação econômica nesses casos corresponde a 75% da base reguladora, assim entendida como as cotas dos últimos 12 meses de trabalho. Esse direito se extingue num prazo de 18 meses, devendo ser determinado por alta médica com ou sem declaração de incapacidade permanente, aposentadoria ou morte do segurado. Para a atuação médica ter mais respaldo técnico, existem à disposição da classe tabelas de duração média dos diferentes processos patogênicos suscetíveis de gerar incapacidade, bem como tabelas com o grau de incidência desses processos nas diferentes atividades laborais.

Na Alemanha, Itália e Inglaterra

O advogado espanhol Cesar Borobia Fernandez apresentou, no II Congresso Nacional de Responsabilidade Civil, o Baremo Europeu de valoração do dano corporal, explicitando as indenizações por lesões na comunidade europeia, referindo as profundas diferenças entre os diferentes países europeus. Trata-se de um guia de uso exclusivo médico, com exaustivas normas de utilização, que estabelece uma terminologia sobre o que se deve avaliar.

Na Itália, a partir de baremos oficiais, as sequelas são contempladas segundo um percentual para quantificar o valor da dor e do prejuízo estético. De modo diferente, na Grã-Bretanha e Alemanha, é um juiz quem define tal quantificação com base numa descrição médica das doenças e sequelas. No direito italiano, o dano estético é indenizado independentemente da perda da capacidade de trabalho.

Na França

É utilizado o baremo para avaliação de incapacidade Melennec, que refere que existem três tipos de incapacidade: a física, a laboral e a de ganho. A incapacidade permanente pode ser expressa em percentagem, o que significa que o paciente perdeu um percentual da capacidade fisiológica total. Para essa avaliação, existem quatro leis da baremologia que devem ser seguidas.

- primeira: não empregar, nunca, o percentual de 100%, inclusive para enfermidades muito graves, pois a totalidade corresponde à morte;

- segunda: a fim de evitarem-se erros na avaliação da capacidade fisiológica, deve-se utilizar o seguinte raciocínio: se a pessoa vale 100 pontos de capacidade fisiológica, a soma das capacidades perdidas e das capacidades restantes deve ser igual a 100;

- terceira: para ser válido, um baremo fisiológico deve classificar as doenças segundo sua gravidade real, sendo que as enfermidades similares devem ter taxa de incapacidade idêntica;

- quarta: não existe proporcionalidade ou paralelismo entre a incapacidade fisiológica e a incapacidade laboral, devendo ser avaliadas separadamente.

Em Portugal

Com entendimento semelhante de que a incapacidade laboral é de complexa natureza, em Portugal é utilizada uma tabela nacional, cujo objetivo é propiciar bases de avaliação do déficit funcional decorrente de acidente de trabalho ou doença profissional com perda financeira, referendada pelo Decreto-lei n. 341/1993. Nesse país, os profissionais lançam mão da goniometria, utilizada largamente por médicos fisiatras como importante instrumento de mensuração e auxílio na avaliação da amplitude articular.

Nos Estados Unidos

A Associação Médica Americana publicou o *Guides to the Evaluation of Permanent Impairment*, respondendo a uma necessidade de padronização de procedimentos nessa área. Essas normas foram inicialmente publicadas no *Journal of American Medical Association* (JAMA), em 1958, sendo reunidas e publicadas na totalidade em 1971. Após essa data, ocorreram atualizações.

Organização Mundial de Saúde — Recomendações

Em 1976, a Organização Mundial de Saúde publicou a Classificação Internacional das Deficiências, Incapacidade e Desvantagens (*handicaps*), visando diminuir as controvérsias existentes a respeito das situações resultantes da doença. Essa publicação tornou-se um referencial por muitos anos, nos casos de avaliação de incapacidade, sendo reformulada, em 2001, com a Classificação Internacional de Funcionalidade, Incapacidade e Saúde (CIF).

A Organização Internacional do Trabalho (OIT), na Convenção 159, define "pessoa inválida como aquela que possui diminuição substancial das possibilidades de obter e conservar um emprego, devido a uma deficiência de caráter físico ou mental devidamente reconhecida". A proposta dessa instituição, vista como a tendência atual, seria a gestão da incapacidade, numa atitude proativa das empresas, em que haveria o concurso de uma equipe multidisciplinar composta de representantes da empresa (médicos, enfermeiras, chefes de recursos humanos, diretores de produção), representantes dos sindicatos, o médico-assistente, um reabilitador profissional e um fisioterapeuta.

No Brasil

No campo securitário, a Tabela da SUSEP[68] ordinariamente é utilizada no nosso meio, contudo, ressaltamos que tecnicamente não é útil para a avaliação de dano físico ou mental, pois avalia apenas % da IMPORTÂNCIA SEGURADA — percentil da valoração indenizatória pecuniária — de um sinistro. Não estabelece o correspondente científico entre Limitação (Física ou Mental) e o Dano (Físico ou Mental). Não é tabela Médica — não tem valor técnico-científico.

É tabela para uso de leigos, pois é elaborada por Atuários e apenas revela, como dito, a porcentagem da importância segurada — IS — e não incapacidade física ou mental. O Juiz e/ou o Administrador, por serem livres e leigos, podem utilizá-la a seu próprio critério de convencimento e convicção, porém, o Perito Médico não deve (deveria) utilizá-la, nem como referência nos laudos, visto que não é documento técnico.

Na Argentina

O Baremo Argentino[69] é, de todos eles, em meu critério, aquele que se mostra mais prático e objetivo no uso diário, além de ter sido consubstanciado por equipes de pesquisa médica contemporânea com reconhecimento internacional. Vale citar que este destaque internacional se mostrou na escolha da Argentina como país-sede do 1º Congresso Mundial de Avaliação de Dano Corporal — Buenos Aires, que ocorreu de 6 a 8 de outubro de 2006, realizado pela Academia Ibero-latinoamericana de Valoración del Daño Corporal, Cátedra de Medicina Legal y Deontologia Médica de la Facultad de Medicina de la UBA e Asociación Latino-americana de Medicina Legal y Deontologia Médica e Iberoamericana de Ciencias Forenses.

12.3. PROPOSTA: UM BAREMO BRASILEIRO A PARTIR DO BAREMO ARGENTINO

Tomando por base o Baremo Argentino, revisando-o com vistas a adaptá-lo às nossas características, faço proposta e tenho que as incapacidades originadas a partir das patologias e/ou lesões que afetam um ou diversos órgãos, membros e sistemas serão expressas nas tabelas em percentagem de Limitação Funcional (LF).

A partir da obtenção da percentagem de LF, aplica-se este índice sobre o valor de Capacidade Total (CT) do membro (CTm), ou órgão (CTo), ou sistema (CTs), e assim se obtém a porcentagem de Incapacidade Física Total (IFT) do membro, órgão ou sistema, respectivamente IFTm, IFTo e IFTs.

Vejamos os exemplos:

Base de dados para os cálculos, conforme se apresentam no Baremo Argentino:

- Limitação decorrente de hipertensão arterial = 30%;
- Capacidade Total do membro inferior (CTm) = 60%;
- Capacidade Total do órgão auditivo (CTo) = 61,6%.

Caso 1

Neste indivíduo foi constatada a Limitação Funcional por Hipoacusia de 4%, que resultou na seguinte IFTo:

- CTo = 61,60%; LF = 4%; **IFTo** = 61,60% x 4% = **02,46 %**

Caso 2

Neste caso foi constatado que o indivíduo apresenta patologias em órgãos e sistemas diferentes, com Doença ou Lesão no sistema (cardiovascular), membro (perna) ou órgão (audição):

---

(68) Disponível em: <http://www.gumiermotta.com>.
(69) O Baremo Argentino encontra-se disponível em: <http://www.gumiermotta.com.br>.

Aplicando os dados já determinados no Baremo Argentino, que utilizo como base supondo que a LF decorrente da hipertensão arterial seja de 30%, LF do joelho 12%, e a LF da audição 4%, então teremos:

- LF da hipertensão arterial com repercussão orgânica = 30,00 % (IFTs)

- LF do joelho de 12% do membro inferior (12% de 60% — CTm) = 07,20 % (IFTm)

- LF da hipoacusia — de 4% — (4% de 61,60% — CTo) = 02,46 % (IFTo)

- **Somatório das incapacidades = 39,66% — IFT**

Avançando conceitualmente, tem-se que a percentagem determinada nas amputações se manterá durante todo o período necessário e decorrido para fornecimento da órtese, reabilitação e reabilitação laboral. Uma vez conseguida esta última, o indivíduo será reavaliado a fim de se determinar o grau de recuperação funcional alcançado, revendo-se as percentagens correspondentes, de acordo com as tabelas e índices, sempre segundo critério médico, podendo se tornar plenamente válido, ou seja, recupera os 100% de Capacidade Física.

Observação 1: Os diversos estudos médicos ocupacionais têm demonstrado que das diversas patologias (qualquer que seja), cerca de 80% a 85% delas são resolvidas com recuperação total em torno de 90 dias[70]. No restante, 15% a 18%, aí incluídas as de maior gravidade, como as amputações, as "perdas duplas" etc., são reabilitadas (com ou sem programas específicos) em até 24 meses[71]. Somente em torno de 2%, decorrido este período, é que não serão reabilitadas.

Todo indivíduo em condições estáveis de saúde, incluindo os reabilitados profissionalmente e ativos, apresenta como Capacidade Total Esperada (CTE) a taxa de 100%, ou seja, o indivíduo ativo e devidamente adaptado com seus atributos físicos e mentais, com órteses, próteses, outros, apesar das limitações de ordem física e mental que possa apresentar, desde que estejam estabilizadas, tem capacidade de 100%, já que não devem ser discriminados.

Convenção sobre Direitos das Pessoas com Deficiência da ONU (CDPD[38]),

Art. 26 — **Habilitação e reabilitação.**

1. Os Estados Partes tomarão medidas efetivas e apropriadas, inclusive mediante apoio dos pares, para possibilitar que as pessoas com deficiência conquistem e conservem o máximo de autonomia e plena capacidade física, mental, social e profissional, bem como plena inclusão e participação em todos os aspectos da vida. Para tanto, **os Estados Partes organizarão, fortalecerão e ampliarão serviços e programas completos de habilitação e reabilitação, particularmente nas áreas de saúde, emprego, educação e serviços sociais, de modo que esses serviços e programas:**

a) Comecem no estágio **mais precoce possível** e sejam **baseados em avaliação multidisciplinar** das necessidades e pontos fortes de cada pessoa;

b) Apoiem a participação e a inclusão na comunidade e em todos os aspectos da vida social, sejam oferecidos voluntariamente e estejam disponíveis às pessoas com deficiência o mais próximo possível de suas comunidades, **inclusive na zona rural.**

2. **Os Estados Partes promoverão o desenvolvimento da capacitação inicial e continuada de profissionais e de equipes que atuam nos serviços de habilitação e reabilitação.**

Art. 27 — **Trabalho e emprego**

1. **Os Estados Partes reconhecem o direito das pessoas com deficiência ao trabalho, em igualdade de oportunidades com as demais pessoas.** Esse direito abrange o direito à oportunidade de se manter com um trabalho de sua livre escolha ou aceitação no mercado laboral, em **ambiente de trabalho que seja aberto, inclusivo e acessível a pessoas com deficiência.** Os Estados Partes salvaguardarão e promoverão a realização do direito ao trabalho, inclusive daqueles que tiverem adquirido uma deficiência no emprego, adotando medidas apropriadas, incluídas na legislação, com o fim de, entre outros:

a) **Proibir a discriminação baseada na deficiência com respeito a todas as questões relacionadas com as formas de emprego, inclusive condições de recrutamento, contratação e admissão, permanência no emprego, ascensão profissional e condições seguras e salubres de trabalho;**

---

(70) Dados no Curso de Avaliação Médico Legal da Incapacidade — D. M. de Reabilitação — HC — FMUSP — São Paulo, SP — novembro de 2006.

(71) Dr. E. Lyle Gross, médico especialista em Medicina Física e Reabilitação, Professor Adjunto da Universidade da Colúmbia Britânica em Vancouver — Canadá, apresentação no Curso de Avaliação Médico-Legal da Incapacidade — HC — FMUSP — São Paulo, SP — novembro de 2006.

b) Proteger os direitos das pessoas com deficiência, em condições de igualdade com as demais pessoas, às condições justas e favoráveis de trabalho, incluindo iguais oportunidades e igual remuneração por trabalho de igual valor, condições seguras e salubres de trabalho, além de reparação de injustiças e proteção contra o assédio no trabalho;

c) Assegurar que as pessoas com deficiência possam exercer seus direitos trabalhistas e sindicais, em condições de igualdade com as demais pessoas;

d) Possibilitar às pessoas com deficiência o acesso efetivo a programas de orientação técnica e profissional e a serviços de colocação no trabalho e de treinamento profissional e continuado;

e) **Promover** oportunidades de emprego e **ascensão profissional** para pessoas com deficiência no mercado de trabalho, bem como **assistência** na procura, obtenção e manutenção do emprego e **no retorno ao emprego**;

f) Promover oportunidades de trabalho autônomo, empreendedorismo, desenvolvimento de cooperativas e estabelecimento de negócio próprio;

g) Empregar pessoas com deficiência no setor público;

h) Promover o emprego de pessoas com deficiência no setor privado, mediante políticas e medidas apropriadas, que poderão incluir programas de ação afirmativa, incentivos e outras medidas;

i) Assegurar que adaptações razoáveis sejam feitas para pessoas com deficiência no local de trabalho;

j) Promover a aquisição de experiência de trabalho por pessoas com deficiência no mercado aberto de trabalho;

k) Promover reabilitação profissional, manutenção do emprego e programas de retorno ao trabalho para pessoas com deficiência.

Os órgãos, membros e sistemas também têm suas taxas máximas definidas, em valores variáveis, apresentados nas diversas tabelas, e são denominados de CTo, CTm e CTs.

Assim, uma vez constatada LF, ou IFT, também podemos constatar as capacidades do indivíduo. Nestes casos, deve-se utilizar o critério da Capacidade Residual (CR). Esta poderá ser do órgão, membro e sistema, respectivamente CRo, CRm e CRs, ou do indivíduo como um todo.

Observação 2: Após a reabilitação física do órgão ou membro afetado e decorrido o período de adaptação psicossocial, variável de 90 a 180 dias, se constatará a CRo ou CRm. Isso é feito por meio da somatória das incapacidades produzidas pelas lesões/patologias, subtraindo o total obtido da Capacidade Total Esperada (CTE), que é de 100% para todos os indivíduos que estejam em condições estabilizadas de bem-estar físico, mental e social.

Por exemplo:

• Órgão lesado: ouvido CTo = 61,6%

• Constatada hipoacusia de 4%, determina: LF = 4%

• IFTo = LF x CTo, ou seja, 4% de 61,6% = 2,46%

Se desejamos calcular a CRo, teremos:

CRo = CTo — IFTo

ou seja,

61,6% — 2,46% = 59,14%

Se desejamos calcular a CR do indivíduo, teremos:

IFTo = 2,46%

Assim,

CR = CTE — IFT

ou seja,

100% — 2,46% = 97,54%

Atenção: Supondo que este mesmo indivíduo, cuja CR agora é de 97,54%, venha a sofrer uma nova LF por lesão em outro órgão, e que esta seja de 2%, o cálculo seria:

- IFT = 2% x 97,56% = 1,95%;

Assim, a nova CR seria: CR = 97,56% — 1,95% = 95,61%

Contudo, se com o uso de Otofone houver correção da audição e o indivíduo demonstrar plena adaptabilidade, teremos:

- IFT = 2% x 100% = 2,0%;

Assim, a nova CR seria: CR = 100% — 2,0% = 98,0%

Os Fatores Complementares (FtC) são coeficientes de ponderações determinados conforme o nível de educação formal, a idade e a condição dos indivíduos.

Vejamos a seguir:

1. Fator Complementar Idade — FtCi

Idade cronológica	% de ponderação
< que 51 anos	0,0%
51-55 anos	5,0%
56-60 anos	7,5%
61 anos ou mais	10,0%

2. Fator Complementar Educação — FtCe

Nível de educação formal	% de ponderação
Universitário	2,5%
2º Grau	5,0%
1º Grau	7,5%
Analfabeto	10,0%

3. Fator Complementar de Dificuldade Laboral — FtCdl

Grau de Dificuldade Laboral	% de ponderação
Não há	0,0%
Leve	5,0%
Moderado	10,0%
Grande	15,0%

Nota: o Fator Complementar de Dificuldade Laboral (FtCdl) é opcional.

4. Fator Complementar Compensador — FtComp

- O Fator Complementar Compensador (FtComp) também é opcional, e poderá ser aplicado para "refinar" a incapacidade obtida, por meio da impressão pessoal do examinador quanto ao grau de deterioração geral do avaliado, segundo critérios médicos e do conceito de saúde definido pela Organização Mundial de Saúde (OMS), "bem-estar físico, mental e social". As percentagens de ponderação a serem aplicadas variam de 1% até 10%.

- Os percentuais de ponderações dos Fatores Compensadores serão aplicados sobre os percentuais de IFT apurada (somatório das diversas incapacidades físicas), obtendo-se os Fatores Complementares — FtCi, FtCe, FtCdl e FtComp, e estes se somam aritmeticamente à IFT, surgindo, desta soma, o grau de Incapacidade Total Ponderada (ITP) dos indivíduos.

Por exemplo:

• Aplicação do Fator Complementar:

Caso clínico: Trata-se de um indivíduo de 55 anos de idade e nível educacional de 1º Grau, com HA com IFTs 30%, LF de um joelho de 12%, LF de um ouvido de 4% e FtComp de 10% devido à baixa condição socio-econômica — grau máximo:

— Hipertensão arterial com repercussão orgânica= 30,00% — IFTs

— Limitação funcional do joelho de 12% do membro inferior (60%) .... = 07,20% — IFTm

— Hipoacusia — Limitação funcional de 4% — (61,60%) = 01,98% — IFTo

• **somatório total das incapacidades físicas = 39,66% — IFT**

— FtCi (55 anos — 5% de 39,66 = 1,98) ....= 01,98% — FtCi

— FtCe (1º Grau — 7,5% de 39,66 = 2,97) ....= 02,97% — FtCe

— FtComp (grau máximo — 10% de 39,66 = 3,96) ....= 03,96% — FtComp

• somatório total das incapacidades — ITP.. = 48,57% — ITP

Apuração:

• Capacidade total esperada...= 100%

• **ITP = 48,57%**

• **CR = 51,43%**

Este indivíduo tem CR = 51,43%, o que determina classificação como Limitadamente Capaz, ou Capaz com restrições:

a) Evitar deslocamentos constantes;

b) Não permanecer em pé por períodos superiores a 60 minutos, devendo permanecer sentado por 10 minutos a cada hora;

c) Não desempenhar trabalho que envolva estresse elevado e força física etc.

Também existe a possibilidade de se considerar a Capacidade Residual do órgão/membro — CRo/CRm, para avaliação de lesões em membros com lesões preexistentes, ou com múltiplas lesões no mesmo órgão.

Por exemplo:

• Limitação funcional de 12% no membro inferior (60%) já estabilizada determina que a Capacidade Residual do membro — CRm passe a ser de 52,80%, e não mais de 60%.

Logo, numa nova lesão, será assim considerada:

• Limitação funcional de 6% no membro inferior com CRm de 52,8% corresponde a IFTm = 3,16%, e não mais de 7,2%, como anteriormente.

INVALIDEZ

Pelos conceitos propostos, para se "calcular" o grau de invalidez (IVL), aquele que excede os limites da incapacidade física, psíquica ou psicofísica, posto que, a este, combinam-se ponderações apresentadas conforme o nível de educação formal, a idade que tenham os indivíduos, condições socioeconômicas, o grau de dependência de terceiros etc., fica possibilitada, de acordo com as seguintes indicações:

➤ A Incapacidade Total Ponderada Máxima (ITPM) será determinada quando houver sido detectado, por uma ou várias patologias, não importando o órgão ou sistema envolvido, o índice igual ou superior a 70% (setenta por cento).

➢ As ITPs que atingirem valores superiores a 70% — ITPM geralmente são acompanhadas de LF superiores a 75%.

➢ As ITPs com valores entre 55 e 70% geralmente representam LF que variam de 25% a 75%.

➢ As ITPs menores que 55%, geralmente não se observam LF ou, se presentes, não ultrapassam o índice de 25%.

Uma conceituação de grande significado é a das chamadas "perdas duplas". Esta avaliação somente terá valor quando os tratamentos forem finalizados ou que estejam esgotados os recursos terapêuticos para recuperação. Tais avaliações devem ser consideradas antes do início dos programas de reabilitação, e geralmente são utilizadas para estabelecimento de valores indenizatórios de caráter securitário, por exemplo, no caso de o indivíduo subitamente perder a visão, é fácil entender que a LF é elevada e certamente caberá indenização securitária, no entanto, ao longo do tempo, a maioria das pessoas, por diversos fatores compensatórios, recupera a capacidade de inserção social, incluindo a capacidade de trabalho, mesmo sendo cegas. Isso também vale para quem perdeu as duas mãos, ou um braço e uma perna etc.

De maneira geral, para fins de cálculo, utilizamos o seguinte quadro:

Sistema afetado	% de ITPM**
Ausência total de visão em ambos os olhos	100%
LF Total* do uso de ambos os membros superiores	100%
LF Total* do uso de ambas as mãos	100%
LF Total* do uso de ambos os membros inferiores	100%
LF Total* do uso de um membro superior e um membro inferior	100%
LF Total* do uso de uma das mãos e de um dos pés	100%
LF Total* do uso de ambos os pés	100%

* Inclui amputações.
** Até estabilização e reabilitação.

Nota: a Alienação Mental incurável é uma condição especial e deverá ser considerada sob os aspectos da capacitação para Hábitos da Vida Diária — Cotidiano (HVD-C).

Portanto, quando se trata de avaliação pericial médica, sabemos que o momento ideal da avaliação é o da estabilização do quadro clínico, oportunidade em que se apura a LF e a IFT, para que possa ser determinado o valor a ser indenizado, independente dos processos de reabilitação física, mental e social que possam ocorrer no futuro, ou que tenham ocorrido no passado.

Na observação pericial médica é muito importante o estabelecimento da definição dos conceitos de Perda Total, Perda Máxima, Perda Moderada ou Perda Leve.

➢ O conceito de Perda Total será aplicado quando a LF do órgão ou sistema superar 75%, acarretando ITPM de 100%, que corresponde à indenização em 100% da Importância Segurada (IS).

➢ A Perda Máxima será aplicada quando a ITP variar de 55% a 75%, e corresponderá à indenização de 75% da IS.

➢ A Perda Moderada será aplicada quando a ITP variar de 45% a 55%, e corresponderá à indenização de 50% da IS.

➢ A Perda Leve será aplicada quando a ITP variar de 25% a 45%, e corresponderá à indenização de 25% da IS.

Importante: não confundir % IS com % de LF e IFT.

Na questão das perdas duplas, o exemplo da constatação da Eficiência Visual, pode trazer melhor percepção. Vejamos o caso para um indivíduo que perdeu totalmente a visão de um olho, ou seja, ficou cego de um olho, porém, a visão no outro olho está totalmente preservada e tem acuidade de 100%. Aplicando a fórmula da A.M.A., obteremos seu índice de Eficiência Visual, e constataremos que é de 75%, ou seja, é um índice muito bom, que sequer sujeita esta pessoa a uso de lente corretiva, sendo que a ocorrência, praticamente, em nada irá alterar seu cotidiano. Índices de 50% ou mais, por vezes, sequer justifica uso de lentes corretivas.

EV (Eficiência Visual) BINOCULAR — Fórmula da A.M.A.:

$$EV = \underline{3 \text{ X (\% AV do melhor olho)} + \% \text{ AV do pior olho}}$$
$$4$$

$$EV = \underline{3 \text{ X (100\% AV do melhor olho)} + 0,0\% \text{ AV do pior olho}}$$
$$4$$

$$EV = \underline{300 + 0,0} = \textbf{75\%}$$
$$4$$

12.3.1. Proposta brasileira para avaliar a Capacidade laboral

De modo geral, será considerada capacidade para o trabalho da seguinte forma:

— O indivíduo que obtiver:

➢ CR superior a 30%.

➢ Será Plenamente Capaz o com CR igual ou superior a 75%.

➢ Será Moderadamente Capaz o com CR igual ou superior a 55% e menor que 75%.

➢ Limitadamente Capaz o com CR igual ou superior a 45% e inferior a 55%.

➢ Levemente* Capaz o com CR superior a 30% e inferior a 55%.

➢ **O com CR menor que 30% será considerado INCAPAZ.**

Quadro 11.4. Quadro das capacidades para o trabalho

% de CR	Capacidade para o Trabalho
= ou > 75%	Plenamente Capaz
= ou > 55% e < 75%	Moderadamente Capaz
= ou > 45% e < 55%	Limitadamente Capaz
= ou > 30% e < 45%	Levemente Capaz*
< 30%	Incapaz

* É quase-certa a necessidade de reabilitação profissional, para melhor adequação.

Comentários:

— O indivíduo considerado Plenamente Capaz é aquele que, com ou sem adaptações, com ou sem correção por órtese e/ou prótese, poderá desempenhar suas funções normalmente, sem restrições.

— O indivíduo considerado Moderadamente Capaz é aquele que, sem adaptação, com ou sem correção por órtese e/ou prótese, desempenhará plenamente suas funções com restrições genéricas, devendo ser claramente definidas, se de ordem física, mental, organizacional ou ergonômica.

— O indivíduo considerado Limitadamente Capaz é aquele que, com adaptação, com ou sem correção por órtese e/ou prótese, desempenhará suas funções com restrições específicas (atribuições e limitações).

Assim, genericamente, os indivíduos com CR = ou > que 55%, que inclui o Plenamente Capaz, o Moderadamente Capaz e o Limitadamente Capaz, apresentam capacidade de executar 70%, ou mais, das suas atividades.

— O indivíduo considerado Levemente Capaz é aquele que, com adaptação, com ou sem correção por órtese e/ou prótese, poderá desempenhar atividades laborais simples, com restrições específicas, que não envolvam qualquer nível de esforço, seja físico ou mental, estando indicado estudo complementar para Reabilitação Profissional.

Portanto, aqueles com CR variando entre 45% e 55% serão mantidos na mesma função, mas, necessariamente, com adaptações. Os com CR menor que 45% serão elegíveis para serem readaptados, e os com CR < 30%, analisados caso a caso.

Nota: além dos cálculos, é necessário considerar caso a caso e avaliar as possibilidades de reabilitação, após estabilização e adaptação às Limitações Funcionais. Não confundir com invalidez física!

Capítulo 13

ATOS DO PERITO I

O Perito Médico, em qualquer área de atuação, deverá estabelecer e adotar uma sistemática de trabalho, baseada nas suas características pessoais de formação, aliando um conjunto de medidas previamente planejadas, formatando sua rotina.

O planejamento da perícia se caracteriza por um conjunto de atividades preliminares que se iniciam no exame do Objeto submetido à sua apreciação, e deve, de maneira geral, envolver:

1. a tomada de conhecimento do conjunto de questões formuladas pelo juiz ou pelas partes;

2. abordar de forma inicial o Objeto de seus exames, com objetivo de formar uma visão geral de sua natureza e extensão e identificar a legislação aplicável;

3. identificar os pré-requisitos para a realização do trabalho pericial;

4. estimar os recursos e prazos envolvidos, bem como a necessidade de acesso a informações de diferentes fontes;

5. desenvolver plano detalhado do trabalho a ser desenvolvido;

6. subsidiar a proposta de honorários.

Deve, ainda, verificar e estabelecer:

1. natureza, oportunidade e extensão dos exames a serem realizados, vinculando-os com cada uma das questões ou quesitos que lhe forem formulados;

2. cronograma das atividades a serem desenvolvidas, incluindo todas as etapas da perícia até a entrega final do laudo;

3. extensão e condições da participação de outros profissionais no desenvolvimento dos trabalhos;

4. as especificações do trabalho fixadas na nomeação judicial;

5. necessidades de levantamento de documentos e informações junto às partes e/ou a terceiros etc.;

6. deslocamentos e viagens;

7. prazos necessários às respostas das partes.

Quanto ao valor dos honorários, o Perito Médico é livre para fixá-los, sendo conveniente a apresentação da sua planilha de cálculo para o caso específico, porém, deve ter em mente que o valor a ser requisitado para arbitramento pelo juiz será baseado:

1. na característica do Tribunal — Trabalhista, Cível ou Federal;

2. no costume do lugar;

3. na reputação profissional do perito;

4. nas possibilidades econômicas dos envolvidos;

5. no tempo despendido;

6. na importância e dificuldade médico-judiciária da ação.

Vejamos uma questão publicada no **SUPLEMENTO TRABALHISTA LTr** — Ano 49 — LTr Sup. Trab. 107/13 — p. 587, set. 2013:

Perícia Médica na Justiça Trabalhista e a celeridade processual — Falso dilema?

A Perícia Médica na Justiça do Trabalho, muitas vezes, traz a questão da vistoria in loco e os atos técnicos dos Peritos Médicos quando as dispensam.

Vejamos, e chamo a atenção, no sentido de que tal decisão técnica tem amparo no que diz o nosso Código de Processo Civil (CPC) — Lei n. 5.869 de 11 de janeiro de 1973 — Institui o Código de Processo Civil — no seu Art. 335: *"Em falta de normas jurídicas particulares, o juiz aplicará as regras de experiência comum subministradas pela observação do que ordinariamente acontece e ainda as regras da experiência técnica, ressalvado, quanto a esta, o exame pericial"*.

Ora, não obstante parecer óbvio, para melhor demonstrar esta tese, não custa ser redundante, e então trago a expressão explícita que não se pode admitir, se são *experts* os nomeados pelos Magistrados, que não tenham "experiência técnica". Sendo verdade que são experientes, pois o juízo foi diligente ao nomeá-los, e se estes ao realizarem seu mister — Perícia Médica (Avaliação Clínica), concluem que a vistoria in loco não é pertinente e/ou necessária para servir de base prospectiva para bem concluir, a lei vigente supra torna claro o amparo para que este assim venha a proceder.

Diante disso, descabe suscitar considerações de nulidade do Laudo e/ou das conclusões nele apostas na fase processual, tampouco se pode indicar que por tal decisão técnica, houve cerceamento de defesa.

Ao leigo na matéria técnica controvertida, há que diferenciar quando das solicitações e/ou designações da busca das provas relacionadas ao campo da Saúde e Segurança Ocupacional, que Perícia Médica difere de Perícia de Insalubridade, que também difere de Perícia Ambiental e da Perícia Ergonômica. A primeira é necessariamente retrospectiva e feita com base na propedêutica e semiótica médica; a segunda deverá comparar o que observa no momento contemporâneo com os dados da retrospecção com base numa Norma Regulamentar; as últimas (Ambiental e Ergonômica) são apenas ponderações contemporâneas de entendimento individual — são pareceres. Ou seja, de modo geral são quatro as modalidades de perícias que envolvem a Saúde Ocupacional e elas podem ser solicitadas, porém de forma específica, sempre ao tempo certo pelas partes, nas demandas judiciais trabalhista. Não se pode supor que a requisição de apenas uma, inclua os interesses de demonstração técnica de todas, haja vista que são eventos de bases científicas muito distintas.

Supor que a Perícia Médica inclui obrigatoriamente a vistoria in loco, de ambiente laboral ou ergonômica e que equivale a estas, é o mesmo que supor a obrigatoriedade do Perito Médico de solicitar para se realizar, por exemplo, um exame de ressonância magnética e que é este que define a conclusão médica. Tais decisões técnicas são exclusivas dos técnicos e não dos Magistrados.

Portanto, não se coaduna com os objetivos da Justiça Especializada, do âmago dos procedimentos da Justiça Trabalhista, optar-se pelo retardamento processual e por desbarato processual, com a indicação de nulidades processuais diante de perícias conclusas e/ou da designação de retorno à Primeira Instância, quando a parte alega sem ter pedido Perícia Ambiental, que a falta da vistoria in loco pela Perícia Médica, caracterizou cerceamento de defesa. Descabida é a alegação, pois se a solicitação foi somente pela prova pericial médica — Perícia Médica, e não se fez no tempo processual correto a solicitação da Perícia Ambiental, no máximo cabe à parte lamentar diante da não solicitação na exordial ou na contestação do remédio certo ("O direito de especificar provas extingue-se para o réu que, na contestação, deixou de fazê-lo". TFR-1ª Turma, Ag. 55.215 SP)**.**

Acórdão Processo 0138400-38.2008.5.15.0012

Da existência de doença ocupacional.

Ressalte-se, em primeiro lugar, não padecer de nulidade o laudo pericial de fls. 259/295, ao contrário do que sustenta a recorrente. Pelo contrário, no minucioso trabalho apresentado, o Sr. Perito, após exame e análise de documentos, detalhou todos os aspectos relativos à saúde do reclamante, à sua incapacidade, às funções por esse exercidas e às medidas que deveriam ter sido tomadas pela empresa. Considerando, ainda, não haver dúvidas de que a origem da moléstia não é o labor, não havia necessidade de vistoria no local do trabalho. É impertinente, assim, o pedido de realização de outra perícia, até porque a produção de prova desnecessária não se coaduna com os princípios da celeridade e utilidade processual. Nega-se provimento ao recurso, no particular, mantendo as conclusões emanadas pelo MM. Juízo a quo. JOSÉ PEDRO DE CAMARGO RODRIGUES DE SOUZA — Juiz Relator.

Visando o entendimento da célere atuação do Médico, o Conselho Federal de Medicina, conforme publicado no Diário Oficial da União, expressou sua indicação na RESOLUÇÃO CFM N. 1.488, DE 11 DE FEVEREIRO DE 1998.

> Diário Oficial União — Poder Executivo, Brasília, DF, n. 44, 6 mar. 1998. Seção 1, p. 150 — "CONSIDERANDO que todo médico, ao atender seu paciente, deve avaliar a possibilidade de que a causa de determinada doença, alteração clínica ou laboratorial possa estar relacionada com suas atividades profissionais, investigando-a da forma adequada e, *caso necessário, verificando o ambiente de trabalho;"*

Desse modo, de uma justiça que se exige ser célere e econômica, mais do que deve só pretender, para ser justa não pode vulnerar às simples alegações diante da decisão técnica de um experiente Auxiliar da Justiça — *expert*. Se o Magistrado não encontrou outros elementos suficientes para desconsiderar o Laudo Técnico apresentado, ao quais sequer estão adstritos, os Magistrados desta Justiça Especializada, para não manter equívocos d'outrora ou mesmo inovar em desfavor do que deve ter de melhor, se requer firmeza para manter-se na linha da celeridade e economia processual.

Como bem diz o Desembargador José Ernesto Manzi[72] em **Crônicas em Perícias Médicas, DORT & Reabilitação Profissional, 3. ed., LTr, p. 14-34:**

> *Uma observação inicial é inafastável. A autoridade do perito decorre do binômio conhecimento/ isenção. O perito deve estar técnica e eticamente apto a dar um parecer, o que nem sempre ocorre, senão em nossa imaginação, em razão de determinados condicionamentos[73].*
>
> *Por vezes, o conhecimento do experto é apenas imaginário para o receptor ou decorre — automaticamente — de algum título acadêmico que possui ou diz possuir (o que não é de se estranhar em um país em que, quem estiver de paletó e gravata adquire, automaticamente, o título de doutor). Somos condicionados a acreditar na opinião de quem pensamos ser um técnico em determinado assunto.*
>
> É evidente que, mesmo alguém conhecedor num determinado tema, se tiver qualquer interesse na resposta que dará, mesmo que não seja um interesse direto e sim simpatia, antipatia, piedade, espírito de corpo etc., pode ter sua autoridade comprometida.
>
> *Estas afirmações iniciais são necessárias, para que não caiamos na falácia do viés de autoridade, nos fechando a criticar o trabalho de um experto, como ele fosse infalível e o Juiz estivesse a ele vinculado, cegamente.*
>
> *O perito nomeado para apurar determinado fato, sob o foco científico, não pode apurar outros fatos, nem inserir no laudo temas que possam ampliar a controvérsia ou alterar-lhe o foco. Como a finalidade de sua atuação é o fornecimento de subsídios técnicos para a solução da lide, também ele fica jungido pela litiscontestação, salvo casos especialíssimos em que a própria jurisprudência afirma que sua atuação é ampla no objeto[74].*
>
> *O perito deve construir o seu laudo, também com base nos pedidos que justificaram a prova técnica, as normas legais normalmente aplicáveis aos casos congêneres (sem fazer juízos de valor ou decidir entre elas — se houver divergência doutrinária ou jurisprudencial que possa implicar em*

---

(72) Desembargador do TRT-SC. Juiz do Trabalho desde 1990, especialista em Direito Administrativo (La Sapienza — Roma), Processos Constitucionais (UCLM — Toledo — España), Processo Civil (Unoesc — Chapecó — SC — Brasil). Mestre em Ciência Jurídica (UNIVALI — Itajaí — SC — Brasil).

(73) Sobre as armadilhas à racionalidade, interessantes as seguintes obras: 1) DOBELLI, Rolf. A arte de pensar claramente. Editora Objetiva. 2) NAVEGA, Sérgio. Pensamento crítico e argumentação sólida. INTELIWISE. 3) CARRAHER, David. Senso crítico do dia a dia às ciências humanas. Cengage Learning. 4) CIALDINI, Robert. As armas da persuasão. Sextante. 5) MCRANEY, David. Você não é tão esperto quanto pensa. Leya.

(74) TST Enunciado n. 293 — Res. 3/1989, DJ 14.04.1989 — Mantida — Res. 121/2003, DJ 19, 20 e 21.11.2003. Perícia — Agente Nocivo Diverso do Apontado na Inicial — Adicional de Insalubridade — Causa de Pedir. A verificação mediante perícia de prestação de serviços em condições nocivas, considerado agente insalubre diverso do apontado na inicial, não prejudica o pedido de adicional de insalubridade.

MANUAL DE INICIAÇÃO & CONCEITOS EM PERÍCIAS MÉDICAS ◀ **179**

mais de um caminho, deve indagar o parâmetro a ser utilizado na aferição). O perito, quando referir que a doutrina de sua ciência[75] entende desta ou daquela maneira, deve indicar as fontes, da forma mais completa possível.

Já vi peritos usarem os termos, "é devido", "é indevido", "o autor tem razão", "o autor não tem razão etc.". Já vi testemunhas caírem no mesmo equívoco, expressando conceitos e não fatos... "fulano é culpado", "sicrano é desonesto" etc. O Juiz não deve admitir.

---

(75) O perito deve preocupar-se com o que dizem os especialistas na sua área de atuação e não o que dizem a jurisprudência e a doutrina jurídicas. Ao entrar nessa seara, ele torna-se um leigo e mais, um leigo com a presunção de ensinar especialistas.

Capítulo 14

ATOS DO PERITO II
PRÁTICA PERICIAL MÉDICA JUDICIAL — UM ROTEIRO PRÁTICO

O Perito Médico, na sua atividade diária, deverá observar atentamente uma rotina. Como sugestão, podemos considerar que no dia a dia adote o seguinte roteiro:

1. retire os autos no cartório ou acessado através da internet (Processo Judicial eletrônico — PJe) — no caso de atuação em serviços específicos, verificando o requerimento e a solicitação, além do prontuário apresentado;

2. estude o processo:

• leia a inicial (solicitação) com muita atenção;

• avalie cuidadosamente os documentos médicos juntados pelas partes;

• avalie se o assunto está em sua "zona de segurança"; anote possíveis dificuldades;

• leia a contestação (contraditório);

3. leia todos os quesitos e anote o que precisa investigar durante a perícia para bem respondê-los;

4. defina uma data para a perícia — atentar para o prazo — é recomendável comunicar no processo e, se houver, comunicar os Assistentes Técnicos;

5. estude o assunto;

6. crie um banco de dados dos assuntos relevantes;

7. elabore um roteiro daquilo que deverá fazer, por exemplo, anotações sobre exames que talvez necessite.

No dia da perícia, ao receber o periciado e os Assistentes Técnicos:

1. identifique atentamente o examinando — periciado;

2. faça a avaliação física geral de forma minuciosa, focando o objeto da perícia;

3. avalie exames que o paciente trouxer e, se for utilizá-los, junte-os posteriormente ao seu laudo e, se necessário, solicite mais exames;

4. se for o caso, entendendo que é necessário, faça a avaliação ambiental[76] de acordo com seu roteiro e o que recomenda o CFM na Resolução n. 1.488/98;

5. de posse de todas as anotações e exames, inicie a elaboração do laudo pericial médico, que deverá conter os seguintes tópicos:

• endereçamento (destinatário da Perícia Médica);

• Objeto da Perícia Médica;

---

(76) RESOLUÇÃO CFM n. 1.488, DE 11 DE FEVEREIRO DE 1998 — Diário Oficial União — Poder Executivo, Brasília, DF, n. 44, 6 mar. 1998. Seção 1, p. 150 — "CONSIDERANDO que todo médico, ao atender seu paciente, deve avaliar a possibilidade de que a causa de determinada doença, alteração clínica ou laboratorial possa estar relacionada com suas atividades profissionais, investigando-a da forma adequada e, **caso necessário, verificando o ambiente de trabalho**". Ver atualização pela **RESOLUÇÃO CFM 2.183/2018.**

- identificação da ação e partes;
- preâmbulo;
- histórico;
- avaliação física e mental do autor;
- se for o caso, relatório da avaliação do local de trabalho;
- discussão;
- respostas aos quesitos;
- conclusão, incluindo considerações quanto ao nexo causal ou concausal.

A formatação sugerida é:

- folha A4 — 75g/m²;
- margem esquerda 4 cm;
- margem direita 2 ou 3 cm;
- 10 espaços entre o endereçamento e a identificação da ação e partes;
- letra compatível com "ARIAL 12"; espaçamento duplo;
- apresentação impecável do laudo;
- fotos com resolução adequada;
- se houver fotos coladas, rubricá-las também;
- todas as folhas rubricadas.

Lembre-se: — São partes integrantes (mínimas) do Laudo Pericial Médico:

1. Preâmbulo;
2. Histórico;
3. Descrição;
4. Discussão e considerações;

• De todos, é o item que esclarece a lógica do raciocínio técnico desenvolvido que fundamenta a convicção técnica e remete à conclusão contextualizada.

5. Conclusão;
6. Quesitos e respostas.

Didaticamente, as atividades ocorrem da seguinte forma:

- Na justiça trabalhista:

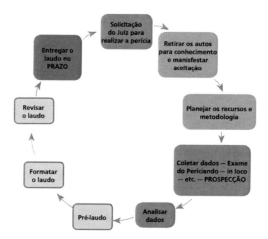

- Na justiça cível:

Nota: Com o novo CPC, os artigos se alteraram, porém, o fluxograma se mantém.

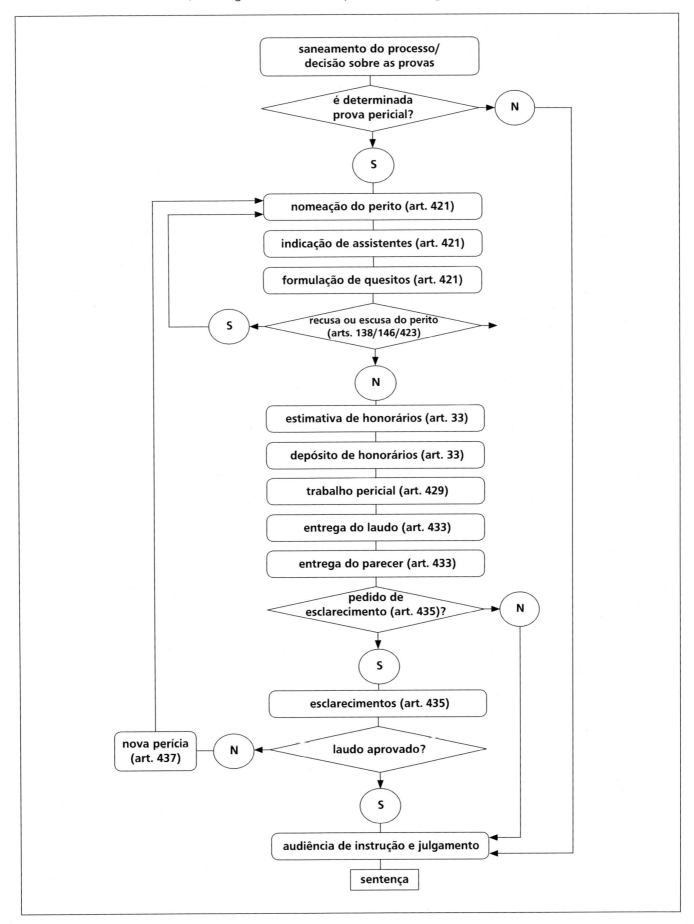

MANUAL DE INICIAÇÃO & CONCEITOS EM PERÍCIAS MÉDICAS ◀ 183

14.1. MODELO ESQUEMÁTICO DE LAUDO

Laudo Pericial Médico

Dr. CRM

Folha n. x/y

Autoridade Requisitante:

Processo:

Reclamante/Requerente/Autor:

Reclamado/Requerido/Réu:

[...]

10 espaços

Objeto do Laudo Pericial

O Objeto do Laudo Pericial...

Identificação do Periciando

Periciado(a)/Reclamante/Requerido/Autor/Réu:

Documentos: RG: CPF:

Data de nascimento: Idade: Estado Civil:

Escolaridade:

Profissão:

Situação Previdenciária atual:

Data e Local da Avaliação Pericial

Avaliação Clínica realizada em...

Parte de Obtenção de Dados

Introdução:

Metodologia e Lógica Utilizada

Foi utilizada...

Parte I — Avaliação Pericial Clínica

I.I — Antecedentes Laborais comprovados:

I.II — Antecedentes Mórbidos, atividades em geral e condição de vida de familiares:

I.III — Queixa e Duração:

I.IV — Histórico:

I.V — Medicamentos em Uso:

I.VI — Exame Físico:

— Geral:

— Específico:

I.VII — Exames Complementares apresentados durante avaliação clínica:

I.VIII — Dados complementares

I.IX — Hipóteses Diagnósticas estabelecidas:

I.X — Esclarecimentos sobre Diagnósticos

Parte II — Avaliação Pericial Documental — Parte Analítica

Avaliação Pericial Analítica do Nexo Causal.

— Considerações quanto à vistoria:...

Parte III — Conclusão quanto ao Nexo Causal

Concluo que...

Parte IV — Referências técnicas utilizadas na feitura do laudo

Bibliografia...

Parte V — Comentários Pessoais — Discussão

Considerei...

Parte — VI — Conclusão Final

Concluo que...

Parte VII — Respostas às Determinações específicas do Juiz

1 — Pergunta?

Resposta: Esclareço...

Parte VIII — Respostas aos Quesitos das partes

1 — Pergunta?

Resposta: Esclareço...

Parte — IX — Anexos Diversos

...

Parte X — Firmamento

Por terem sido estas ...

Local, ...

Dr. CRM Perito Médico Total de Folhas Z numeradas de X/Y, impressas somente na frente Dados de endereço do Perito Rua ...

14.2. PROPOSTA PARA O ITEM CONCLUSÃO SE NA JUSTIÇA ESPECIALIZADA

1. Concluir terminativamente* indicando se foi ou não foi caracterizado o **Acidente de Trabalho/Doença Relacionada ao Trabalho**;

2. Concluir terminativamente* indicando se ficou ou não caracterizado o **nexo médico** (Nexo técnico);

2.1 — Se apontou nexo de **causa** ou de **concausa**, deve-se fundamentar, apresentando resposta às perguntas:

A. A natureza da exposição foi clara e identificável?

B. Houve especificidade da relação causal e força da associação causal como fator desencadeante ou de agravo?

C. O grau e a intensidade do agente foram compatíveis com a produção da doença e/ou agravo?

D. Houve informação e consentimento — da vítima? Do agente? Agente solicitou consentimento? Foi prévio ao ato?

E. Realizaram-se procedimentos de segurança?

F. Houve omissão? Houve inépcia? De quem?

G. Há coerência entre a idade da lesão e a ocorrência dos fatos?

H. Há dados no prontuário médico verossimilhantes ao que se alega?

I. Havia preexistência e danos anteriores?

J. Foi causa necessária; foi causa contributiva; foi causa necessária de agravo?

K. Havia como fazer de outra forma?

L. Há aspectos epidemiológicos positivos — outros casos conhecidos no mesmo local?

M. Havia sinais de tolerância a procedimentos reconhecidamente de exposição a risco?

N. Houve ação concorrente?

O. Havia condição e/ou situação insegura reconhecida?

3. Indicar se houve incapacidade temporária;

4. Indicar e quantificar se há dano patrimonial (Físico ou Mental) — nunca inferir sobre moral ou existencial;

5. Indicar e quantificar se há dano estético;

6. Indicar se há INVALIDEZ LABORAL DEFINITIVA:

a) Não obstante a existência ou não de dano físico ou mental, **NÃO HÁ INVALIDEZ LABORAL** E NÃO SE REQUER MUDANÇA DE FUNÇÃO, sendo suficiente a adoção de medidas de ADAPTAÇÃO ou TRABALHO RESTRITO para permitir reintegração.

ou,

b) **É PARCIAL** (UNI OU MULTIPROFISSIONAL) SENDO ELEGÍVEL E NECESSARIAMENTE SE REQUER SUBMISSÃO A PROCESSOS DE **REABILITAÇÃO PROFISSIONAL**.

ou,

c) **É PARCIAL** (MULTIPROFISSIONAL) SENDO **INELEGÍVEL** PARA SUBMISSÃO A PROCESSOS DE REABILITAÇÃO PROFISSIONAL, **PELO PRAZO DE 5 ANOS**.

ou,

d) **É TOTAL** (OMMINIPROFISSIONAL) REQUERENDO **APOSENTAÇÃO LABORAL**.

7. Indicar se há invalidez para os hábitos da vida diária — **DEPENDÊNCIA DE TERCEIROS**.

*Não se deve aceitar conclusão no condicional.

Capítulo 15

PERÍCIAS MÉDICAS "EM DIVERSAS ÁREAS"

A iniciação em Perícias Médicas exige a revisão de alguns conceitos e apresentação de outros complementares, e assim, temos que em todas as áreas de atuação do Perito Médico, alguns atributos pessoais são de grande relevância na sua atividade.

A saber:

1. Sólida formação clínica;

2. Conhecimento da legislação pertinente;

3. Conhecimento de profissiografia;

4. Disciplina técnica e administrativa;

5. Integridade e independência de atitudes;

6. Facilidade de comunicação, expressão descritiva e de relacionamento.

15.1. PERÍCIA TRABALHISTA JUDICIAL E ADMINISTRATIVA

De modo geral as perícias trabalhistas devem ser orientadas pela Lei n. 5.584, de 26 de junho de 1970 — Normas de Direito Processual do Trabalho, em associação com o Código de Processo Civil (LEI N. 5.869, DE 11 DE JANEIRO DE 1973), às normas expressadas pelo Conselho Federal de Medicina — Código de Ética Médica (RESOLUÇÃO CFM N. 1.931/2009) e outras resoluções.

Nas perícias trabalhistas, como roteiro para o estabelecimento do nexo causal, podemos destacar como elemento de orientação a Resolução do CFM n. 1.488, de 11 de fevereiro de 1998 — utilizada como referência em diversas Varas do Trabalho que regulamentam esta liberdade de atuação e definem a escala de prioridades:

Diário Oficial da União; Poder Executivo, Brasília, DF, n. 44, 6 mar. 1998. Seção 1, p. 150

CONSIDERANDO que todo médico, ao atender seu paciente, deve avaliar a possibilidade de que a causa de determinada doença, alteração clínica ou laboratorial possa estar relacionada com suas atividades profissionais, investigando-a da forma adequada e, **caso necessário, verificando o ambiente de trabalho...**

Art. 2º Para o estabelecimento do nexo causal entre os transtornos de saúde e as atividades do trabalhador, além do exame clínico (físico e mental) e os exames complementares, **quando necessários**, deve o médico considerar: I — **a história clínica e ocupacional, decisiva em qualquer diagnóstico e/ou investigação de nexo causal**; II — o estudo do local de trabalho; III — o estudo da organização do trabalho; IV — os dados epidemiológicos; V — a literatura atualizada; VI — a ocorrência de quadro clínico ou subclínico em trabalhador exposto a condições agressivas; VII — a identificação de riscos físicos, químicos, biológicos, mecânicos, estressantes e outros; VIII — o depoimento e a experiência dos trabalhadores; IX — os conhecimentos e as práticas de outras disciplinas e de seus profissionais, sejam ou não da área da saúde. (grifo meu)

Esta regulamentação foi modificada pela Resolução CFM n. 1.810/2006[77], ao alterar o art. 12 da Resolução n. 1.488, de 11 de fevereiro de 1998, publicada em 6 de março de 1998, que normaliza a Perícia Médica e a atuação do perito e do assistente técnico: Art. 1º — O art. 12, que passou a vigorar com a seguinte redação:

---

(77) Resolução CFM n. 1.488/1998 Modificada pela Resolução CFM n. 1.810/2006 e Modificada pela Resolução CFM n. 1.940/2010 — Art. 12. O médico de empresa, o médico responsável por qualquer programa de controle de saúde ocupacional de empresa e o mé-

Art. 12. O médico de empresa, o médico responsável por qualquer programa de controle de saúde ocupacional de empresa e o médico participante do serviço especializado em Segurança e Medicina do Trabalho não podem atuar como peritos judiciais, securitários, previdenciários ou assistentes técnicos, nos casos que envolvam a firma contratante e/ou seus assistidos (atuais ou passados).

Nota: Ver atualização pela **RESOLUÇÃO CFM 2.183/2018.**

Reiterando a necessidade de o Perito Médico agir com plena autonomia, muito mais relevante que a vistoria *in loco* é o estudo do Prontuário Médico Funcional, documento médico onde constam registros desvinculados da lide — ver considerações em Capítulos anteriores. Ademais, a modalidade comumente adotada para a vistoria, sem rigor de isolamento da área desde o evento, é feita em condições duvidosas, como já dissemos em outros capítulos.

Da doença laboral

Veja que o Sr. Perito faz referência a tais documentos em seu laudo pericial (fl. 231). O Sr. Perito, contudo, a par dos exames e parecer médico apresentados, **tem liberdade profissional de diagnosticar o periciando com sua consciência e experiência profissional o determinarem**. E veja, que, o Sr. Perito acabou esclarecendo que mesmo da análise de tais documentos, o laudo pericial ficava ratificado (fl. 302, quesito 4). Processo TRT 15ª Região — 0191600-57.2008.5.15.0012 JOÃO BATISTA DA SILVA — Juiz Relator. (meu grifo)

Leitura recomendada:

***Comitê Gestor Nacional do Programa Trabalho Seguro** — DIRETRIZES SOBRE PROVA PERICIAL EM ACIDENTES DO TRABALHO E DOENÇAS OCUPACIONAIS — PROGRAMA TRABALHO SEGURO.*

Propõe sugestões de diretrizes para a avaliação e a elaboração da prova pericial em questões referentes ao meio ambiente, segurança e saúde do trabalho.

CONSIDERANDO que a efetividade dos direitos sociais, dentre eles a do direito à saúde, na forma prevista pelo artigo 6º da Constituição Federal, e dos direitos de solidariedade, em que se destaca o direito ao meio ambiente saudável, na forma preconizada pelos arts. 7º, inciso XXII, e 225 da Constituição Federal, impõem ao Estado o dever de utilizar os mecanismos que lhe são próprios para coibir a nocividade à saúde daquele que depende de sua força de trabalho para o seu sustento;

CONSIDERANDO que a prova pericial, no contexto em que a jurisdição constitui atividade essencial do Poder Judiciário e desdobramento instrumental do binômio Justiça e Saúde, desponta como mecanismo de dimensão reparatória e preventiva a viabilizar uma prestação jurisdicional efetiva, na dicção do art. 5º inciso XXXV da Constituição Federal, para fins de tutela de valores essenciais à vida, referentes à incolumidade física, mental e psíquica do trabalhador, à sua saúde e ao meio ambiente do trabalho saudável, exigindo a atuação vívida do magistrado na sua realização e avaliação;

CONSIDERANDO que a prova pericial, a par de fundamentar as decisões judiciais, tem igualmente vocação para orientar a prevenção de danos à saúde, porquanto é apta a indicar a existência dos agentes que contribuíram para a ocorrência do acidente ou para a eclosão da doença e, desta forma, apontar medidas para a readaptação isenta de riscos e para a readequação do meio ambiente onde também operam outros trabalhadores suscetíveis aos mesmos gravames;

CONSIDERANDO que o extenso e complexo arcabouço normativo, de caráter multidisciplinar, aplicável na produção da prova pericial, torna pertinente a capacitação dos operadores do direito do trabalho em torno das metodologias nele previstas;

CONSIDERANDO os termos do art. 21-A, da Lei n. 8.213/91, do Decreto n. 6.042/07, das Instruções Normativas ns. 98/2003 e 31/2008 do Instituto Nacional de Serviço Social — INSS, da Instrução Normativa n. 88/2010 do Ministério do Trabalho e Emprego — MTE, da Resolução n. 1488/98 do Conselho Federal de Medicina — CFM, da Resolução n. 8/12 do Conselho Federal de Psicologia — CFP; CONSIDERANDO a preponderância de perícias judiciais versando sobre acidentes típicos, distúrbios osteomusculares e transtornos mentais;

CONSIDERANDO as pesquisas e estudos realizados pelo Comitê Gestor Nacional do Programa Trabalho Seguro, constituído nos termos da Resolução n. 96, de 23 de março de 2012 do Conselho Superior da Justiça do Trabalho;

CONSIDERANDO a pertinência do debate em torno do valor atribuído aos honorários periciais e da sua forma de pagamento, porquanto questões referentes à destinação orçamentária e aos óbices processuais relacionados ao adiantamento dos honorários processuais constituem sérios entraves para a viabilização da própria perícia, quadro que vem concorrendo para afastar do âmbito de atuação da Justiça do Trabalho muitos profissionais qualificados para a realização desse imprescindível mister;

---

dico participante do serviço especializado em Segurança e Medicina do Trabalho não podem atuar como peritos judiciais, securitários, previdenciários ou assistentes técnicos, nos casos que envolvam a firma contratante e/ou seus assistidos (atuais ou passados). (Redação aprovada pela Resolução CFM n. 1.810/2006) (Por ordem judicial — Proc. 2007.34.00.032067-4 — este artigo não se aplica aos médicos integrantes dos quadros da Copel) (Por ordem judicial — Proc. 2009.34.00.003451-8 — este artigo não se aplica aos médicos integrantes dos quadros da Funasa) (Por ordem judicial — Proc. 2009.34.00.037277-2 — este artigo não se aplica aos médicos integrantes dos quadros da Transpetro) (Por ordem judicial — Proc. 2010.50.01.0010250-5 — este artigo não se aplica aos médicos integrantes dos quadros da Codesa). Ver atualização pela **RESOLUÇÃO CFM 2.183/2018.**

O Comitê Gestor Nacional do Programa Trabalho Seguro:

S U G E R E:

CAPÍTULO I — DO PERITO

SEÇÃO I

DISPOSIÇÕES GERAIS

Art. 1º Nas perícias em matéria de acidente do trabalho e doenças ocupacionais deverão ser nomeados peritos que atendam as normas legais e ético-profissionais para análise do objeto de prova, tais como médicos, psicólogos, fisioterapeutas, fonoaudiólogos, terapeutas ocupacionais, engenheiros, dentre outros, sem prejuízo da nomeação de mais de um profissional, ainda que não se trate de perícia complexa, nos moldes do art. 431-B do Código de Processo Civil.

SEÇÃO II

CAPACITAÇÃO EM PROVA PERICIAL EM ACIDENTE DO TRABALHO E DOENÇA OCUPACIONAL

Art. 2º Deverão ser viabilizados, quando possível, cursos e outros meios de aperfeiçoamento para peritos, servidores e magistrados da Justiça do Trabalho.

Art. 3º A nomeação de peritos em processos judiciais priorizará, sempre que possível, os profissionais que participem dos cursos e outros meios de aperfeiçoamento oferecidos pelos órgãos da Justiça do Trabalho ou entidade parceiras.

CAPÍTULO II — DA PROVA PERICIAL

SEÇÃO I

DISPOSIÇÕES GERAIS

Art. 4º A fundamentação a ser utilizada pelo perito para avaliação do nexo causal e da incapacidade deverá pautar-se em critérios técnicos adequados, devendo levar em consideração, especialmente, em relação aos: a) acidentes típicos, a Instrução Normativa n. 88/2010 e o Guia de Análise — Acidentes de Trabalho, ambos do Ministério do Trabalho e Emprego; b) distúrbios osteomusculares, a Instrução Normativa n. 98/2003 do INSS e as normas regulamentadoras do MTE, notadamente a NR-17 e seu Manual de Aplicação; c) transtornos mentais, o Manual de Procedimento para Serviços de Saúde do Ministério da Saúde e a Enciclopédia da Organização Internacional do Trabalho (OIT).

Art. 5º O perito deverá mencionar no laudo pericial apresentado ao juízo se o agravo à saúde ou a incapacidade possuem natureza acidentária diante da constatação do nexo técnico epidemiológico entre o trabalho e o agravo, decorrente da relação entre a atividade econômica preponderante da empresa segundo a Classificação Nacional de Atividades Econômicas — CNAE e a entidade motivadora da incapacidade elencada na Classificação Internacional de Doenças — CID, com referências nos termos do art. 21-A da Lei n. 8.213/91, conforme a redação da Lei n. 11.430/06 e Decreto n. 6.042/07. Parágrafo único — A perícia poderá deixar de considerar o nexo técnico epidemiológico quando dispuser de informações ou elementos circunstanciados e contemporâneos ao exercício da atividade que evidenciem a inexistência de nexo técnico entre o agravo à saúde a as condições de trabalho, tomando como referência os termos da Lei n. 11.430/06 e art. 6º da IN n. 31/2008 do INSS.

Art. 6º Em seu relatório, o perito apresentará conclusões técnicas pertinentes à sua investigação que possam subsidiar o Juiz, nos limites legais de sua atuação profissional, sem adentrar no mérito das decisões, que são exclusivas às atribuições dos magistrados.

SEÇÃO II — DA INVESTIGAÇÃO PERICIAL

Art. 7º A perícia judicial realizada nas ações indenizatórias ajuizadas perante a Justiça do Trabalho contemplará, para a avaliação do nexo causal entre os agravos à saúde e as condições de trabalho, além do exame clínico físico e mental e dos exames complementares, quando necessários:

I — a história clínica e ocupacional, decisiva em qualquer diagnóstico e/ou investigação de nexo causal;

II — o estudo do local de trabalho;

III — o estudo da organização do trabalho;

IV — os dados epidemiológicos;

V — a literatura técnica específica atualizada;

VI — a ocorrência de quadro clínico ou subclínico em trabalhador exposto a condições agressivas à saúde;

VII — a identificação dos riscos existentes no meio ambiente do trabalho;

VIII — o depoimento e a experiência dos trabalhadores;

IX — os conhecimentos e as práticas de outras disciplinas e de seus profissionais, sejam ou não da área da saúde;

X — A capacitação dos trabalhadores ou outros aspectos de gestão de segurança e saúde do trabalho que influenciaram a ocorrência do evento.

XI — relatar se havia medidas de prevenção que poderiam ter evitado a agressão e/ou lesão ao trabalhador, bem como as medidas de proteção que poderiam ter reduzido as suas consequências;

Parágrafo único. Havendo necessidade de realização de exames complementares, o perito poderá solicitá-los, nos termos do artigo 429 do Código de Processo Civil.

Art. 8º Para fins de investigação das causas dos acidentes de trabalho típicos e das doenças ocupacionais, devem ser analisados os fatores subjacentes e latentes, nos termos da Instrução Normativa n. 88/2010 e o Guia de Análise — Acidentes de Trabalho, ambos do Ministério do Trabalho e Emprego.

§ 1º Entende-se como fatores imediatos as razões óbvias da ocorrência de um evento adverso, evidenciadas na proximidade das consequências;

§ 2º Por fatores subjacentes compreendem-se razões sistêmicas ou organizacionais menos evidentes, porém necessárias para que ocorra um evento adverso;

§ 3º Por fatores latentes, têm-se as condições iniciadoras que possibilitam o surgimento de todos os outros fatores relacionados ao evento adverso. Frequentemente são remotas no tempo e no que se refere à hierarquia dos envolvidos, quando consideradas em relação ao evento. Geralmente envolvem concepção, gestão, planejamento ou organização.

Art. 9º A omissão do perito em proceder à vistoria do local de trabalho, a avaliação e descrição da organização do trabalho, das incapacidades e funcionalidades, dentre outras matérias constantes das normas regulamentadoras e dos documentos técnicos aplicáveis, notadamente os termos da NR-17 e do seu Manual de Aplicação em se tratando de doenças osteomusculares, poderá acarretar a designação de segunda perícia, nos termos do art. 337 e seguintes do CPC.

Art. 10. Durante a análise de acidentes, as informações prestadas pelas partes devem ser cotejadas com as demais circunstâncias que envolvem o evento, sempre que estiverem presentes, isolada ou conjuntamente, as seguintes situações:

I — ausência de testemunhas;

II — falta de preservação do local da ocorrência;

III — ocorrência em locais onde não existam postos de trabalho fixos, tais como estradas e áreas rurais;

IV — participação determinante de fatores socioambientais, tais como violência urbana ou fenômenos meteorológicos.

SEÇÃO III — DA AVALIAÇÃO DA PROVA PERICIAL EM MATÉRIA DE ACIDENTE DO TRABALHO E DOENÇA OCUPACIONAL

Art. 11. Considera-se agravo à saúde: a lesão, a doença, o transtorno de saúde, o distúrbio, a disfunção ou a síndrome de evolução aguda, subaguda ou crônica, de natureza clínica ou subclínica, inclusive morte, independentemente do tempo de latência.

Art. 12. Na avaliação da incapacidade poderão ser utilizados, de forma conjugada, a Classificação Internacional de Doenças (CID-10) e outros documentos nacionais ou internacionais de reconhecida idoneidade e qualificação técnico-científica para este fim, devendo o perito definir se a incapacidade é parcial ou total, permanente ou provisória. Parágrafo Único — Se o perito constatar a presença de fator não ocupacional, deverá detalhar o grau ou intensidade da contribuição desta para a incapacidade laboral.

CAPÍTULO III — DAS PROVIDÊNCIAS DECORRENTES DAS PROVAS PERICIAIS

Art. 13. Caso pertinente, o magistrado poderá enviar ofícios aos órgãos responsáveis pelo sistema legal de segurança e saúde do trabalhador, para que seja garantida, integralmente, a dignidade da pessoa, o que inclui a sua reabilitação física e profissional, bem como a reordenação do ambiente do trabalho, de modo a eliminar os agentes agressivos e, quando isto se revelar inviável, a neutralizá-los, além de outras medidas.

Brasília, 25 de fevereiro de 2014.

Comitê Gestor Nacional do Programa Trabalho Seguro — Tribunal Superior do Trabalho (TST).

15.2. PERÍCIA ADMINISTRATIVA — DEMAIS ÁREAS

As avaliações periciais médicas são utilizadas em diversos aspectos médico-legais e administrativos. Contemporaneamente, temos a chamada Perícia Médica Administrativa, ramo de atuação da especialidade Medicina Legal e Perícia Médica que contém peculiaridades ímpares que, por si sós, já a caracterizam como atuação médica desvinculada da perícia criminal. Todavia, não há nenhum prejuízo ao Médico Legista em realizá-la desde que se mostre familiarizado com a atividade e devidamente atualizado, ou seja, que demonstre ser especializado neste outro ramo pericial.

As Perícias Médicas Administrativas realizadas em prefeituras, órgãos de trânsito, seguradoras etc. podem ser decisivas em várias situações, como, por exemplo, nos processos de licenças médicas, de aposentadoria, em questões extrajudiciais etc. Assim, o Perito Médico deve ter como certo que os efeitos nestas concessões são atos específicos de administradores, de agentes públicos ou privados etc., ou seja, é específica como atribuição de uma autoridade, e nunca sua. Seu parecer e conclusão se destinam a auxiliar os demandantes na resolução das dúvidas ou litígios. Destarte, o perito deve limitar-se a fazer referência somente ao objeto do que lhe foi solicitado, nunca à sua concessão ou não ao que foi requerido, tampouco deve concluir se houve negligência, imprudência ou imperícia, pois isso está fora de sua alçada.

Existem outras áreas de atuação, algumas delas específicas e regulamentadas de forma peculiar, que devem ser conhecidas caso a caso, por exemplo, como temos na Perícia Médica determinada pelo CONTRAN (Conselho Nacional de Trânsito), indicada para ser realizada por Perito Médico com título de especialista em Medicina do Tráfego, confirmando que o Ato de Dirigir é complexo, pois envolve aspectos de ordem física, mental e psicológica, incluindo aspectos de cognição por aprendizado mínimo e específico. Para esses casos, orientamos aqueles que desejarem adquirir melhor conhecimento, inicialmente observarem o que diz o Manual de Medicina de Tráfego[78] — CREMESP — Conselho Regional de Medicina do Estado de São Paulo, 2003, e depois poderá se aprofundar no tema, sempre considerando que os índices exigidos pelo CONTRAN devem ser seguidos com bom senso técnico.

15.3. PERÍCIAS SECURITÁRIAS

As Normas Regulatórias da Perícia Securitária são determinadas pela SUSEP — Superintendência de Seguros Privados —, autarquia vinculada ao Ministério da Fazenda que é o órgão responsável pelo controle e fiscalização dos mercados de seguro, previdência privada aberta, capitalização e resseguro. As normas regulatórias são definidas por Portarias e Circulares.

Entre outras, as relacionadas e de maior interesse em Perícias Médicas são:

Circular SUSEP 17/92:

Art. 2º As garantias do seguro dividem-se em básica e adicionais.

§ 1º A garantia básica é a MORTE.

§ 2º São garantias adicionais:

I — INDENIZAÇÃO ESPECIAL DE MORTE POR ACIDENTE — IEA é a garantia de pagamento de um capital proporcional ao da garantia básica, limitado a 100% desta, em caso de morte por acidente.

II — INVALIDEZ PERMANENTE TOTAL OU PARCIAL POR ACIDENTE — IPA, é a garantia do pagamento de uma indenização proporcional à garantia básica, limitada a 200% desta relativa à perda, redução ou à impotência funcional definitiva, total ou parcial, de um membro ou órgão em virtude de lesão física, causada por acidente.

III — INVALIDEZ PERMANENTE TOTAL POR DOENÇA — IPD, é a antecipação do pagamento da indenização relativa à garantia básica em caso de invalidez permanente total, consequente de doença.

Art. 3º As garantias referidas nos incisos I e II do § 2º art. 2º regem-se sempre pelo que dispõem as Normas de Acidentes Pessoais, inclusive as de resseguro, no que diz respeito às garantias de Morte e Invalidez Permanente, respectivamente.

Parágrafo único. A seguradora, ao conceder essas garantias adicionais, deve incluir sempre o conceito de acidente pessoal, os riscos cobertos e excluídos, a tabela para o cálculo da indenização e o conceito de invalidez permanente, bem como outras definições atinentes, todas extraídas das Normas de Acidentes Pessoais.

Art. 4º A invalidez permanente prevista nas garantias mencionadas nos incisos II e III do § 2º do art. 2º, deve ser comprovada através de declaração médica.

Parágrafo único. Divergências sobre a causa, natureza ou extensão das lesões, bem como a avaliação da incapacidade, devem ser submetidas a uma junta médica constituída de 3 (três) membros, sendo um nomeado pela seguradora, outro pelo segurado e um terceiro, desempatador, escolhido pelos dois nomeados. Cada uma das partes pagará os honorários do médico que tiver designado; os do terceiro serão pagos, em partes iguais, pelo componente e pela seguradora.

Art. 5º Considera-se invalidez permanente total por doença aquela para a qual não se pode esperar recuperação ou reabilitação com os recursos terapêuticos disponíveis no momento de sua constatação.

---

(78) Disponível em: <http://www.cremesp.org.br/library/modulos/publicacoes/pdf/medicina_trafego.pdf>.

§ 1º Consideram-se também como total e permanentemente inválidos os componentes segurados portadores de doença em fase terminal atestada por profissional legalmente habilitado.

RISCOS EXCLUÍDOS

Art. 6º Estão excluídos da cobertura do seguro os eventos ocorridos em consequência:

I — do uso de material nuclear para quaisquer fins, incluindo a explosão nuclear provocada ou não, bem como a contaminação radioativa ou exposição a radiações nucleares ou ionizantes.

II — de atos ou operações de guerra, declarada ou não, de guerra química ou bacteriológica, de guerra civil, de guerrilha, de revolução, agitação, motim, revolta, sedição, sublevação ou outras perturbações da ordem pública e delas decorrentes.

III — de doenças preexistentes à contratação do seguro não declaradas no cartão-proposta, quando este é exigido.

Resolução n. 117/2004 — RESOLVEU:

Art. 5º Considerar-se-ão, para efeitos desta Resolução, os conceitos abaixo:

I — **acidente pessoal: o evento com data caracterizada, exclusivo e diretamente externo, súbito, involuntário, violento, e causador de lesão física, que, por si só e independente de toda e qualquer outra causa, tenha como consequência direta a morte, ou a invalidez permanente, total ou parcial, do segurado, ou que torne necessário tratamento médico, observando-se que**:

a) incluem-se nesse conceito:

a.1) **o suicídio, ou a sua tentativa, que será equiparado, para fins de indenização, a acidente pessoal, observada legislação em vigor;**

a.2) os acidentes decorrentes de ação da temperatura do ambiente ou influência atmosférica, quando a elas o segurado ficar sujeito, em decorrência de acidente coberto;

a.3) os acidentes decorrentes de escapamento acidental de gases e vapores;

a.4) os acidentes decorrentes de sequestros e tentativas de sequestros; e

a.5) os acidentes decorrentes de alterações anatômicas ou funcionais da coluna vertebral, de origem traumática, causadas exclusivamente por fraturas ou luxações, radiologicamente comprovadas.

b) **excluem-se desse conceito:**

b.1) **as doenças, incluídas as profissionais, quaisquer que sejam suas causas, ainda que provocadas, desencadeadas ou agravadas, direta ou indiretamente por acidente, ressalvadas as infecções, estados septicêmicos e embolias, resultantes de ferimento visível causado em decorrência de acidente coberto;**

b.2) **as intercorrências ou complicações consequentes da realização de exames, tratamentos clínicos ou cirúrgicos, quando não decorrentes de acidente coberto;**

b.3) **as lesões decorrentes, dependentes, predispostas ou facilitadas por esforços repetitivos ou microtraumas cumulativos, ou que tenham relação de causa e efeito com os mesmos, assim como as lesões classificadas como: Lesão por Esforços Repetitivos — LER, Doenças osteomusculares Relacionadas ao Trabalho — DORT, Lesão por Trauma Continuado ou Contínuo — LTC, ou similares que venham a ser aceitas pela classe médico-científica, bem como as suas consequências pós-tratamentos, inclusive cirúrgicos, em qualquer tempo; e**

b.4) **as situações reconhecidas por instituições oficiais de previdência ou assemelhadas, como "invalidez acidentária", nas quais o evento causador da lesão não se enquadre integralmente na caracterização de invalidez por acidente pessoal, definido no inciso I deste artigo.**

Resolução n. 302/2005

Art. 5º A invalidez permanente prevista nas coberturas mencionadas nas Seções III, IV e V deste Capítulo deve ser comprovada através de declaração médica.

Parágrafo único. A aposentadoria por invalidez concedida por instituições oficiais de previdência, ou assemelhadas, não caracteriza por si só o estado de invalidez permanente de que tratam as Seções III, IV e V deste Capítulo.

Art. 6º No caso de divergências sobre a causa, natureza ou extensão de lesões, bem como a avaliação da incapacidade relacionada ao segurado, a sociedade seguradora deverá propor ao segurado, por meio de correspondência escrita, dentro do prazo de 15 (quinze) dias, a contar da data da contestação, a constituição de junta médica.

§ 1º A junta médica de que trata o *caput* deste artigo será constituída por 3 (três) membros, sendo um nomeado pela sociedade seguradora, outro pelo segurado e um terceiro, desempatador, escolhido pelos dois nomeados.

§ 2º Cada uma das partes pagará os honorários do médico que tiver designado; os do terceiro serão pagos, em partes iguais, pelo segurado e pela sociedade seguradora.

§ 3º O prazo para constituição da junta médica será de, no máximo, 15 (quinze) dias a contar da data da indicação do membro nomeado pelo segurado.

Da Cobertura de Morte

Art. 10. A denominação de qualquer plano de seguro como de vida, exceto quando prevista a cobertura por sobrevivência, está condicionado ao oferecimento da cobertura de morte por causas naturais e acidentais.

Da Cobertura de Invalidez Permanente por Acidente

Art. 11. A cobertura de invalidez permanente por acidente garante o pagamento de uma indenização relativa à perda, à redução ou à impotência funcional definitiva, total ou parcial, de um membro ou órgão por lesão física, causada por acidente pessoal coberto.

Art. 12. Após conclusão do tratamento, ou esgotados os recursos terapêuticos disponíveis para recuperação, e constatada e avaliada a invalidez permanente quando da alta médica definitiva, a sociedade seguradora deve pagar uma indenização, de acordo com os percentuais estabelecidos nas condições gerais e/ou especiais do seguro.

§ 1º Não ficando abolidas por completo as funções do membro ou órgão lesado, a indenização por perda parcial é calculada pela aplicação, à percentagem prevista no plano para sua perda total, do grau de redução funcional apresentado.

§ 2º Na falta de indicação exata do grau de redução funcional apresentado, e sendo o referido grau classificado apenas como máximo, médio ou mínimo, a indenização será calculada, na base das percentagens de 75%, 50% e 25%, respectivamente.

§ 3º Nos casos não especificados no plano, a indenização é estabelecida tomando-se por base a diminuição permanente da capacidade física do segurado, independentemente de sua profissão.

§ 4º Quando do mesmo acidente resultar invalidez de mais de um membro ou órgão, a indenização deve ser calculada somando-se as percentagens respectivas, cujo total não pode exceder a 100% (cem por cento).

§ 5º Havendo duas ou mais lesões em um mesmo membro ou órgão, a soma das percentagens correspondentes não pode exceder à da indenização prevista para sua perda total.

§ 6º Para efeito de indenização, a perda ou maior redução funcional de um membro ou órgão já defeituoso antes do acidente, deve ser deduzida do grau de invalidez definitiva.

§ 7º A perda de dentes e os danos estéticos não dão direito à indenização por invalidez permanente.

Art. 13. Se, depois de paga indenização por invalidez permanente por acidente, verificar-se a morte do segurado em consequência do mesmo acidente, a importância já paga por invalidez permanente deve ser deduzida do valor do capital segurado por morte, se contratada esta cobertura.

Da Cobertura de Invalidez Laborativa Permanente Total por Doença

Art. 15. Garante o pagamento de indenização em caso de invalidez laborativa permanente total, consequente de doença.

§ 1º Para todos os efeitos desta norma é considerada invalidez laborativa permanente total por doença aquela para a qual não se pode esperar recuperação ou reabilitação, com os recursos terapêuticos disponíveis no momento de sua constatação, para a atividade laborativa principal do segurado.

§ 2º Atividade laborativa principal é aquela através da qual o segurado obteve maior renda, dentro de determinado exercício anual definido nas condições contratuais.

§ 3º Consideram-se também como total e permanentemente inválidos, para efeitos da cobertura de que trata este artigo, os segurados portadores de doença em fase terminal atestada por profissional legalmente habilitado.

Da Cobertura de Invalidez Funcional Permanente Total por Doença

Art. 17. Garante o pagamento de indenização em caso de invalidez funcional permanente total, consequente de doença, que cause a perda da existência independente do segurado.

§ 1º Para todos os efeitos desta norma é considerada perda da existência independente do segurado a ocorrência de quadro clínico incapacitante que inviabilize de forma irreversível o pleno exercício das relações autonômicas do segurado, comprovado na forma definida nas condições gerais e/ou especiais do seguro.

§ 2º Consideram-se também como total e permanentemente inválidos, para efeitos da cobertura de que trata este artigo, os segurados portadores de doença em fase terminal atestada por profissional legalmente habilitado.

Nota: Suicídio — Evento securitário

Novo Código Civil — Art. 798. O beneficiário não tem direito ao capital estipulado **quando o segurado se suicida nos primeiros dois anos de vigência inicial do contrato**, ou da sua recondução depois de suspenso, observado o disposto no parágrafo único do artigo antecedente.

Código de 1916: "Art. 1440. A vida e as faculdades humanas também se podem estimar como objeto segurável, e segurar, no valor ajustado, contra os riscos possíveis, como o de morte involuntária, inabilitação para trabalhar, ou outros semelhantes. Parágrafo único — Considera-se morte voluntária a recebida em duelo, bem como o **suicídio premeditado** por pessoa em seu juízo."

Súmula n. 105 do STF — Salvo se tiver havido premeditação, o suicídio do segurado no período contratual de carência não exime do pagamento do seguro.

Portanto, pela norma e contrato é indiferente se é voluntário (premeditado) ou involuntário. O suicídio encontraria cobertura somente após dois anos de vigência do contrato. Entretanto, para o judiciário é outro o entendimento. Vejamos o caso abaixo:

— Beneficiário de segurado que se suicidou receberá indenização. O Tribunal negou recurso proposto pela Generali Brasil Seguros, que terá de pagar a apólice para o beneficiário de um segurado que cometeu suicídio no período de carência do contrato. Fonte | TJGO — Sexta-feira, 03 de maio de 2013. A 2ª — Câmara Cível do Tribunal de Justiça do Estado de Goiás (TJGO) negou recurso proposto pela Generali Brasil Seguros, que terá de pagar a apólice para o beneficiário de um segurado que **cometeu suicídio no período de carência do contrato**. O relator do processo, desembargador Zacarias Neves Coêlho, negou os argumentos da seguradora de que o suicídio teria sido premeditado, uma vez que ele fez dois contratos de crédito dois meses antes de sua morte, somando ao fato de que estaria endividado. Para o relator, entretanto, segundo **jurisprudência do Superior Tribunal de Justiça (STJ) o suicídio nesse período inicial de vigência do seguro não exime a empresa do dever de indenizar**. Para que ela não seja responsável pela indenização, ele observou, é necessário que **comprove inequivocamente a má-fé ou premeditação do segurado**. "O fato de o seguro de vida ser cláusula acessória de empréstimos rurais firmados com terceiros é prova robusta de que o segurado, no momento da celebração do contrato, não premeditara o suicídio, o que assegura ao beneficiário o direito ao recebimento da indenização", disse. A ementa recebeu a seguinte redação: "Agravo Interno na Apelação Cível. Ação de Cobrança. Indenização. Seguro de Vida. Alegação de Suicídio Voluntário. Sinistro Ocorrido nos Dois Primeiros Anos da Vigência do Contrato. Ausência de Premeditação. Indenização Devida. Honorários Advocatícios de Sucumbência. 1. Consoante entendimento sedimentado na jurisprudência do Superior Tribunal de Justiça, a ocorrência de suicídio no período inicial de dois anos de vigência do contrato de seguro, por si só, não exime a seguradora do dever de indenizar. Para que ela não seja responsável por tal indenização, é necessário que comprove inequivocamente a má-fé ou premeditação do segurado. 2. O fato de o seguro de vida ser cláusula acessória de empréstimos rurais firmados com terceiro é prova robusta de que o segurado, no momento da celebração do contrato, não premeditara o suicídio, o que assegura ao beneficiário o direito ao recebimento da indenização. 3. Incomportável pedido de redução da verba advocatícia de sucumbência quando fixado o seu valor em observância aos critérios do art. 20, §3º, do CPC, à luz dos princípios da razoabilidade e da proporcionalidade. 4. Inexistindo nos autos argumentos novos capazes de infirmar os fundamentos que alicerçaram a decisão agravada, impõe-se sua manutenção. Agravo interno desprovido." Processo n. 201190395320

Nota: Tabela SUSEP disponível em: <http://www.gumiermotta.com.br>.

15.4. PERÍCIA NO SERVIÇO PÚBLICO

Para atuar como Perito Médico no serviço público, além de todos os requisitos e conhecimentos técnicos já citados, deve-se ter uma cota de astúcia e perspicácia para expressar sua atitude de boa-fé, pelos princípios que regem as atividades administrativas públicas, que são legalidade, impessoalidade, moralidade, eficiência e publicidade[79], pois a boa-fé, embora por má intenção de poucos, nem sempre está presente nas manifestações das partes no sistema público. Portanto, insta a máxima atenção quanto à simulação e/ou omissão.

---

(79) **CONSTITUIÇÃO FEDERAL. Art. 37. "**A administração pública direta e indireta de qualquer dos Poderes da União, dos Estados, do Distrito Federal e dos Municípios obedecerá aos princípios de legalidade, impessoalidade, moralidade, publicidade e eficiência (...)".

15.4.1. Perito Médico em Perícia para fins do controle do Absenteísmo no Serviço Público — Conceitos Operacionais

Os atos periciais médicos nos órgãos públicos, União, Estado ou Município, são regulamentados na forma de leis e decretos, e visam atendimento de Servidores regidos pelo Estatuto dos Funcionários Públicos e/ou os regidos pela Consolidação das Leis do Trabalho.

Esta atribuição tem a finalidade de garantir que as atividades periciais médicas sejam padronizadas, com vistas especificamente na avaliação das condições de saúde dos Servidores. Geralmente se destinam para fins de verificação se está ou não justificada a falta ao trabalho por licença médica, na CLT (nestes para verificar se há incapacidade laboral no período do 1º ao 15º dia anterior a cobertura de responsabilidade do INSS, e ao mesmo tempo se está ou não justificado período a partir do 16º dia em diante, justificando encaminhamento para obtenção de benefício previdenciário, acidentário ou não), para verificação de quadro clínico indicativo de aposentadoria por doença acidentária, por doença grave etc., ou para avaliar a possibilidade de Readaptações Profissionais.

No aspecto da Readaptação Profissional, em todos os níveis do setor público, assim como no INSS, atualmente existem Programas de Readaptação Profissional que são desenvolvidos por equipes técnicas próprias, associadas ou não aos Institutos de Regimes Próprios de Previdência.

Os Serviços de Perícias Médicas Oficiais, como são conhecidos, devem ter como responsável técnico, profissional médico com reconhecida *expertise* em Medicina Legal e Perícia Médica, pois irá coordenar uma equipe de Peritos Médicos. Também coordenará as equipes de Readaptação Profissional, multidisciplinar, que irão desenvolver e/ou garantir a manutenção da inclusão sociolaboral dos Servidores se diante de incapacidade UNIPROFISSIONAL, objetivando melhor controle e adequação do trabalho ao homem. Tais equipes, geralmente, são compostas por Psicólogos, Pedagogos, Assistentes Sociais, Médicos, Técnicos de Segurança, considerando que pode ser ampliada com a inclusão de outros profissionais, se assim se mostrar necessário.

Comumente, o responsável técnico — Perito Médico, está administrativamente subordinado ao Ministro, Secretário de Estado ou Secretário Municipal e os demais profissionais que atuam no setor estão subordinados, técnica e administrativamente, a este responsável técnico. Toda esta equipe desenvolverá as seguintes atividades:

1. exames periciais médicos;

2. emissão de pareceres periciais médicos para instrução de procedimentos de sindicância ou de processos administrativos disciplinares;

3. representação como Assistentes Técnicos em questões periciais médicas, no âmbito da Justiça Civil, Trabalhista ou outras em que for pertinente sua atuação, em apoio aos Procuradores Jurídicos;

4. elaboração e proposição de atos e normas que regulem o funcionamento do Serviço de Perícias ou a implantação de novas normas técnicas ou métodos, com vistas à eficiência e racionalização das atividades do setor.

Geralmente estes setores compreendem os seguintes serviços:

I — Serviço Central — Composto pelo Diretor Responsável Técnico, que exercerá a direção técnica e administrativa, ficando responsável pelo:

a) estabelecimento de normas e procedimentos a serem observados pelos diversos setores, unidades e entidades atualmente constituídas e pelos que vierem a se constituir e que passem a fazer parte do referido Serviço, observada as leis e os decretos que a regulamentaram;

b) estudo, elaboração e aprovação de normas para a padronização de técnicas, métodos e rotinas de trabalho, relacionadas com as atividades do referido Serviço;

c) elaboração e adaptação necessária e periódica de toda a legislação existente sobre perícias médicas;

d) encaminhamento das orientações e supervisão de sua aplicação, pelos órgãos que compõem o referido Serviço, quando da execução de suas atividades;

e) orientar a composição da Junta Médica Oficial;

f) dar deferimento ou indeferimento e/ou encaminhamento dos pareceres;

g) convocação e efetivo encaminhamento dos casos para avaliação da Junta Médica Oficial;

h) encaminhamento do parecer da Junta Médica Oficial ao Serviço de Readaptação;

i) indicação para nomeação de membro do grupo de Perícias Médicas, para atuar como Assistente Técnico (perito) para fins judiciais;

j) organizar o funcionamento do setor de Perícias Médicas;

k) emissão de parecer, quando solicitado, para efeitos de julgamento de processos administrativos;

l) encaminhamento de indicação a autoridade constituída, de médicos para compor o Serviço de Junta Médica, podendo estes profissionais ser da lista de médicos do referido Sistema, de reconhecida especialização e/ou de credenciados;

m) receber os casos do SESMT (Serviço de Engenharia de Segurança e Medicina do Trabalho) na forma regulamentar, avaliando a propriedade de encaminhamento a Junta Médica Oficial;

n) direcionamento administrativo das questões relacionadas aos servidores lotados nos órgãos relacionados ao Sistema.

II — Serviço Pericial:

Tem como atividades principais:

a) executar os exames periciais médicos, em observância ao exercício da boa medicina e em especial respeito às leis e normas do Código de Ética Médica;

b) promover a avaliação de documentos como atestados e relatórios médicos, exames, dentre outros, visando regular a aplicação da Lei;

c) realizar a revisão e a vistoria dos laudos periciais médicos, emitidos por médicos particulares ou outros órgãos médicos oficiais, nos casos de afastamento do trabalho;

d) emitir parecer conclusivo em Laudo Pericial Médico, que será anexado ao prontuário médico do servidor, bem como emitir o "Laudo Pericial Médico — Avaliação de Incapacidade" e o "Laudo de Avaliação de Invalidez/Readaptação — LAIR";

e) indicar ao Diretor Responsável Técnico os casos sugestivos de avaliação pela Junta Médica Oficial;

f) realizar inspeções médicas domiciliares e hospitalares;

g) demais atividades pertinentes ao Serviço, determinadas pelo Diretor Responsável Técnico.

III — Serviço de Apoio Administrativo

Terá as seguintes competências:

a) encaminhar para Perícia Médica, os Servidores que requeiram justificar falta ao trabalho — licença para tratamento de saúde, repouso gestante, bem como aqueles que solicitem adaptação, readaptação, aproveitamento, reversão, aposentadoria por invalidez, inclusive das acidentárias e emissão de laudos médicos;

b) proceder de forma imediata, às conclusões periciais, junto ao Departamento de Recursos Humanos, da Secretaria — Ministério — Setor da Administração, para fins de cômputo de faltas, descontos e justificativas dos afastamentos;

c) demais atividades pertinentes ao Serviço, determinadas pelo Diretor Responsável Técnico.

IV — Serviço de Readaptação

É o serviço subordinado que conta com uma equipe multidisciplinar, composta por: Médico (sugiro que seja Médico do Trabalho), Assistente Social, Pedagogo, Psicólogo, Técnico de Segurança do Trabalho, que terão seus trabalhos coordenados pelo Diretor Técnico Responsável que será o Gestor do Programa de Readaptação, tendo as seguintes competências:

a) executar providências necessárias, determinadas por Junta Médica Oficial;

b) avaliar, adequar, promover treinamentos e cursos, estabelecer relacionamentos entre órgãos e departamentos da Administração Pública, visando o bem-estar e adequação necessária na readaptação funcional do Servidor Público e sua reintegração à nova atividade, com desempenho pleno e adequado, com base na edição periódica e renovada do Programa de Readaptação Profissional;

c) demais atividades pertinentes ao Serviço, determinadas pelo Diretor Responsável Técnico, a quem caberá a emissão do parecer final do processo de readaptação, com vistas à manifestação da Junta Médica Oficial.

V — Serviço de Junta Médica Oficial.

É o serviço convocado pelo Diretor Responsável Técnico, tendo as seguintes competências:

a) observar as solicitações apresentadas, promover a análise documental e dos prontuários, requisitar relatórios complementares, avaliar exames, promover a avaliação do servidor por exame clínico, direto e indireto, dentre outros, em respeito às boas normas da medicina, da Medicina Legal e Perícia Médica e ao Código de Ética Médica e Resoluções do Conselho Federal e Regional de Medicina;

b) emitir Laudo Pericial Médico, com as conclusões e encaminhamentos necessários;

c) emitir LAIR, para as providências do Núcleo de Apoio Administrativo;

d) demais atividades pertinentes ao Serviço, determinadas pelo Interlocutor da Perícia Médica.

15.4.1.1. Base para sugestão de prazos nos afastamentos

Recomenda-se que, para comprovar como Justificada a Falta ao Trabalho nos afastamentos por motivo de saúde do Servidor, entre outros aspectos se dê ênfase e observe os seguintes critérios:

— Todos os afastamentos deverão ser obrigatoriamente requisitados pelos Servidores e/ou por seus representantes em formulário próprio — **REQUERIMENTO**. Nestes sempre deverá ser acostado o Atestado Médico Oficial emitido pelo médico assistente do Servidor, necessariamente elaborado nos termos da Resolução do Conselho Federal de Medicina n. 1.851/ 2008, haja vista o que lá está definido no seu art. 3º, parágrafo único[80], informando o respectivo Código Internacional de Doenças 10ª edição — CID-10 — do respectivo atendimento prestado e/ou, quando for o caso, por Atestado Odontológico;

Nota: Os Servidores admitidos sob regime da Consolidação das Leis do Trabalho — CLT, também terão, sob as mesmas bases, seus REQUERIMENTOS avaliados a efeito pelo setor de perícias médicas.

O prazo de entrega do **REQUERIMENTO** de licença médica é variável, de 48 a 72 horas, porém, é mais eficaz se no máximo de 48 horas. As exceções geralmente são previstas nos regulamentos, assim como a forma que se deve adotar para se fundamentar as Justificativas de Atrasos, pautando os critérios clássicos ditos "MOTIVOS DE FORÇA MAIOR", excluído, de plano a hipótese que decorra de negligência do Servidor. Considera-se FORÇA MAIOR o evento que, por ausência de qualquer intenção do Servidor, impõe obstáculo intransponível à entrega do documento dentro do prazo legal.

---

(80) Parágrafo único. Quando o atestado for solicitado pelo paciente ou seu representante legal para fins de perícia médica deverá observar: **I — o diagnóstico;** II — os resultados dos exames complementares; III — a conduta terapêutica; IV — o prognóstico; V — as consequências à saúde do paciente; VI — o provável tempo de repouso estimado necessário para a sua recuperação, que complementará o parecer fundamentado do médico perito, a quem cabe legalmente a decisão do benefício previdenciário, tais como: aposentadoria, invalidez definitiva, readaptação; VII — registrar os dados de maneira legível; VIII — identificar-se como emissor, mediante assinatura e carimbo ou número de registro no Conselho Regional de Medicina.

A — Licença Doação de Sangue.

É autorizado na forma da lei, mas também sujeito à avaliação pericial indireta dos documentos acostados ao REQUERIMENTO, considerando no máximo de abonos por ano conforme a lei; recomenda-se que seja pactuada previamente a data junto ao setor de lotação do Servidor, salvo motivo de força maior, para que não ocorra solução de continuidade na prestação de serviços à comunidade pelo não comparecimento do Servidor ao trabalho.

CLT — 473 — IV — por um dia, em cada 12 (doze) meses de trabalho, em caso de doação voluntária de sangue **devidamente comprovada**; (Inciso incluído pelo Decreto-lei n. 229, de 28.2.1967) — Se estatutário, ver o que consta especificamente a respeito na Lei (Estatuto). Nota: Vale lembrar que somente médicos e dentistas podem atestar, sendo então que um Atestado de Doação de Sangue emitido por Enfermeiro é documento válido, contudo poderá não surtir efeito para fins de abono, ademais se há norma que sujeita a avaliação sob critérios obrigatórios de perícia médica, deve-se observar critérios da Resolução CFM 1851/08.

"**devidamente comprovada**" sob os critérios das Leis Federais vigentes n. 605/49 e n. 8213/91, respectivamente "§ 1º A doença será comprovada mediante atestado passado por médico da empresa ou por ela designado e pago" e "A empresa que dispuser de serviço médico, próprio ou em convênio, terá a seu cargo o exame médico e o abono das faltas correspondentes ao período referido no § 3º, (aos 15 primeiros dias) somente devendo encaminhar o segurado à perícia médica da Previdência Social quando a incapacidade ultrapassar 15 (quinze) dias.", **exige manifestação por parte do médico**. Se considerarmos que onde se faz coleta de sangue, há que se ter um médico e este, lá estando, poderá atestar sem maiores dificuldades — Código de Ética Médica — Capítulo X — DOCUMENTOS MÉDICOS — É vedado ao médico — Art. 91. Deixar de atestar atos executados no exercício profissional, quando solicitado pelo paciente ou por seu representante legal.

B — Licença por motivo de doença em pessoa da família:

Esta é também uma condição prevista em muitos estatutos, nem sempre alcançando analogicamente os regidos pela CLT. Neste caso, o pertinente atestado médico que será anexado ao REQUERIMENTO para justificar incapacidade laborativa para ajuda a familiar, motivados por doença em pessoa da família (ascendente, descendente, irmão ou cônjuge) deverá ser expedido em nome da pessoa doente (recomenda-se que seja o primeiro nome a constar no atestado) devendo também constar o Código Internacional de doenças (CID), grau de parentesco e ser complementado com os dados que indiquem a necessidade da assistência pessoal e permanente do Servidor em questão junto ao enfermo. Sem prejuízo dos procedimentos de Perícia Médica, incluindo avaliação indireta, recomenda-se apuração por membro da equipe multidisciplinar, no caso recomendamos que seja a Assistência Social.

C — Licença-Maternidade:

A Servidora gestante tem direito à licença-maternidade de 120 dias. O início do afastamento do trabalho será determinado com base no REQUERIMENTO, observando-se o que consta no atestado médico. A solicitação poderá ser feita 30 dias anteriores ao nascimento ou na data do parto. Vale lembrar que o atestado médico para licença gestante que será acostado ao REQUERIMENTO, por óbvio deverá constar o seu nome completo, se possível o Número Funcional e a data sugerida para início do benefício, com sugestão do prazo do afastamento previsto em lei (120 dias).

D — Prorrogação da Licença-Maternidade:

Os Servidores terão direito de requerer a ampliação do benefício devendo fazê-lo até o final do primeiro mês após o parto, mediante preenchimento de formulário de solicitação REQUERIMENTO junto ao setor da sua lotação, obrigatoriamente anexando a certidão de nascimento do seu filho. Os dois meses adicionais de licença serão concedidos imediatamente após o período de 120 dias previsto (convém verificar legislação específica em cada nível ou localidade). A solicitação poderá ser feita *30 dias anteriores ao nascimento ou na data do parto*, respeitando o prazo geral estabelecido para requerer, pois, se não houver caracterização de FORÇA MAIOR, poder-se-á promover descontos. Vale lembrar que o atestado médico para licença gestante que será acostado ao **REQUERIMENTO**, por óbvio deverá constar o seu nome completo, se possível o Número Funcional e a data sugerida para início do benefício (data limite é a data do parto!), com sugestão do prazo do afastamento previsto em lei (120 dias).

15.4.1.2. O requerimento de licença médica

REQUERIMENTO será recebido e protocolizado pelo setor de Recepção do Serviço de Perícias e é a quem cabe a competência e responsabilidade pelo recebimento de todos os documentos e é também a quem caberá receber, analisar, encaminhar e devolver, quando for o caso, toda e qualquer documentação recebida, sem realizar qualquer análise e/ou verificação do conteúdo técnico dos mesmos, apenas verificará os aspectos administrativos exigidos.

É responsabilidade da Recepção do Serviço verificar se todos os dados contidos nos REQUERIMENTOS estão em conformidade com a finalidade que se destina, devolvendo-os aos interessados quando detectado erro ou omissão. Recebido o documento, lançará os dados no SISTEMA DE PERÍCIAS MÉDICAS de acordo com a licença requerida que poderão gerar, preferencialmente a perícia direta, contudo, também poderá ser somente possibilitada a indireta.

A perícia direta deverá ser agendada de preferência no mesmo dia ou no máximo, no dia seguinte ao da protocolização do REQUERIMENTO para um dos peritos singulares. Em qualquer situação, todos os requerimentos (e os respectivos atestados) serão submetidos à avaliação do Perito Médico (perícia direta ou perícia indireta — Auditoria).

15.4.1.3. Perícia hospitalar — perícia residencial

Da mesma forma, para solicitá-las, deverá ser preenchido o REQUERIMENTO ao SETOR DE PERÍCIAS MÉDICAS, e terá trâmite para manifestação do Diretor Técnico ou seu representante técnico (Perito Médico) que fará a devida análise, que poderá alcançar uma das seguintes conclusões:

— Parecer favorável sugerindo como justificado um determinado prazo — conforme requerido poderá ser total, apenas parcial, ou injustificado na sua totalidade;

— Poderá designar avaliação *in loco* por Perito Médico singular e, mediante análise de relatório entregue por este, o Diretor Técnico fará suas reconsiderações;

— Poderá designar avaliação *in loco* por Assistente Social e, mediante análise de relatório entregue por este, o Diretor Técnico fará suas reconsiderações;

— Poderá designar agendamento de exame médico pericial direto, indicando data, por um dos Peritos Médicos do setor.

— Poderá designar agendamento de avaliação pela Junta Médica Oficial;

15.4.1.4. Das avaliações periciais em geral

O resultado de efeito e não do conteúdo das avaliações realizadas, será comunicado publicamente no Diário Oficial do Município ou outra forma pertinente de transparência e publicidade de dados. No caso do Servidor ter se submetido a exame pericial médico direto, o resultado da perícia será disponibilizado no sistema de controle no ato através do documento intitulado "LAUDO PERICIAL MÉDICO — AVALIAÇÃO DE INCAPACIDADE", cujo acesso aos dados será oportunamente estabelecido.

Para todo Servidor submetido a exame pericial médico recomenda-se a expedição de um "Laudo de Avaliação de Invalidez/Readaptação — LAIR", documento administrativo, cuja síntese de relatos da avaliação constituirá fundamentação que será então apresentada aos Agentes Públicos, preservando todos os dados do sigilo médico, para que esses (os Agentes públicos) possam concluir deferindo ou indeferindo.

Solicitações fora do prazo legal

Considera-se FORÇA MAIOR o evento que, por ausência de qualquer intenção do Trabalhador, impõe obstáculo intransponível à entrega do documento dentro do prazo legal.

Somente nas situações em que estiver evidenciado e constatado por provas documentais etc., que o atraso se verificou por motivo de FORÇA MAIOR, se dará análise técnica por perícia médica.

A classificação de FORÇA MAIOR deverá ser analisada e dada previamente em seu mérito, pelo jurídico da empresa (ou outro designado), sendo processada a devida notificação ao Trabalhador em caso de deferimento ou indeferimento, para, posteriormente se efetivar o encaminhamento às considerações do *Serviço de Perícias Médicas,* os casos deferidos.

15.4.1.5. Recurso ou reconsideração

Como de praxe no Serviço Público, são cabíveis quando:

— Não comparecimento à perícia agendada por motivo de FORÇA MAIOR;

— Retificações de licenças médicas mediante apresentação de novas justificativas técnicas documentadas.

15.4.2 Critérios da capacidade laborativa

A presença da doença, por si só, não significa a existência de incapacidade laborativa. O que importa é repercussão que o quadro acarreta ou acarretará no desempenho das atividades laborativas analisadas ao critério do Perito Médico.

Na avaliação da capacidade laborativa e suas consequências, como no caso da concessão ou não do deferimento do REQUERIMENTO solicitando a licença médica, assim como da sua suspensão, o Perito Médico deverá levar em conta a relação objetiva e demonstrável entre a patologia apresentada com a sua repercussão física ou mental em relação às características da profissiografia e a real possibilidade de realizar, ao menos, cerca de 70% das atividades inerentes e típicas da atividade;

15.4.3 Critérios da incapacidade laborativa

A verdadeira incapacidade para o trabalho, entendendo por incapacidade laborativa a impossibilidade de desempenho do Servidor para a maioria das atividades específicas ao seu cargo, função ou emprego (não realiza 70% das atividades inerentes e típicas da atividade), deve ser objetivamente decorrente das alterações patológicas, ou, consequentes aos agravos apresentados, e/ou, os que com alta probabilidade surgirão, pois, deverão ser sempre considerados, dentro do critério de avaliação da incapacidade, a possibilidade do labor vir a trazer agravamento da doença, bem como o risco de vida para o trabalhador ou para terceiros. Isso deve sempre ser ponderado no sentido científico — há ou não há doutrina especificando contra-indicação — de que a continuidade do trabalho possa acarretar, sob as condições em que ele é normalmente executado pelo Servidor, considerando:

a) considerar-se-á como parcial o grau de incapacidade que ainda permita o desempenho de atividade laboral, sem risco de vida, para si ou terceiros, ou agravamento maior.

b) considerar-se-á incapacidade total a que gera a impossibilidade de desempenho de atividade laboral que não permite atingir a média de rendimento, alcançada em condições normais, pelos demais Servidores do cargo, função ou emprego do examinado — realizar 70% das atribuições.

Quanto à duração — a incapacidade laborativa pode ser temporária ou permanente:

a) considera-se temporária a incapacidade para a qual se pode esperar recuperação dentro de prazo previsível ou mediamente estimável;

b) considera-se incapacidade permanente aquela insuscetível de ser superada com os recursos da terapêutica, adaptação, trabalho restrito, readaptação e reabilitação disponíveis à época da avaliação pericial.

Quanto à profissão — a incapacidade laborativa pode ser:

a) uniprofissional — é aquela em que o impedimento alcança apenas uma atividade específica;

b) multiprofissional — é aquela em que o impedimento abrange diversas atividades profissionais;

c) omniprofissional — é aquela que implica a impossibilidade de desempenho de toda e qualquer atividade laborativa. Esse conceito tem caráter teórico, já que poder-se-á aplicar inúmeras medidas de inclusão sociolaboral a favor do trabalhador interessado.

A incapacidade laborativa não pode ser baseada em dados de caráter subjetivo. Se necessário, será objetivamente analisada por estudos das atribuições e posto de trabalho específico, buscando um fator direto ou indireto que possa influenciar na saúde da pessoa.

Não se pode confundir Invalidez Física (ou Mental) com Invalidez Laboral!

Doença Incapacitante

É o agravo físico ou mental que pode advir pelo exercício do trabalho, o que produz incapacidade para desempenhar as tarefas da vida diária, considerando-se também que as laborais estão no contexto das atividades da vida diária de todas as pessoas, ponderadas como atividades normais do ser humano. Então, o conceito de Doença Incapacitante é relativo, não absoluto, pois, se essa incapacidade pode ser superada ou reversível, quando passível de adaptação, trabalho restrito, reabilitação ou readaptação, a doença não será incapacitante, por exemplo, é o que ocorre com os portadores de hipertensão arterial controlada, ou, se a incapacidade for irreversível, o que surge quando as opções de superação ou reversibilidade não são efetivas, por exemplo, hipertensão arterial não controlada mesmo com atenção médica e terapêutica adequada, a mesma doença será incapacitante. Quando a incapacidade for apontada como decorrente de doença incapacitante, o seu agravo (ou sua constatação) deverá ser acompanhado de sinais e sintomas demonstráveis — demonstrar sob bases objetivas a instabilidade clínica da doença, com efeito, para que este portador de doença incapacitante não possa exercer a maioria de suas atividades habituais e não apenas um restrito conjunto delas que não afetam o rendimento médio esperado de 70% das atribuições inerentes e típicas da função.

15.5. OUSADIA DOS SERVIDORES EM RELAÇÃO AO DIREITO ADMINISTRATIVO

Todos sabemos que o Direito Administrativo tem suas clássicas regulamentações, e muitas das questões foram muito bem definidas pelo eminente doutrinador Hely Lopes Meireles. Porém, nós servidores, como profissionais técnicos (médicos, psicólogos, pedagogos, assistentes sociais, médicos do trabalho, engenheiros de segurança, técnicos de segurança no trabalho e muitos outros), diretamente envolvidos nas questões da Administração Pública, com visão contemporânea do que envolve o Servidor Municipal, Estadual ou Federal, não podemos deixar de reivindicar aos Operadores do Direito, juízes, promotores e advogados, aqui incluindo nossos próprios procuradores, a devida atualização de conceitos para que efetivamente a contemporaneidade da "Gestão de Pessoas" surta efeito mesmo sob a égide do Direito Administrativo, especialmente quando surgem limitações físicas ou mentais para o adequado desempenho destes em seus cargos, visto que na atualidade são exigidos de todos os profissionais, quer sejam eles de empresas privadas ou públicas, funções múltiplas nem sempre típicas de seus cargos de origem.

Reconhecemos e entendemos que o acesso ao Cargo Público se faça exclusivamente por meio de Concursos Públicos, porém, quando surgem limitações físicas e mentais, quer sejam decorrentes de Acidentes de Trabalho ou mesmo pela inerente evolução degenerativa da saúde dos servidores, é necessária a aplicação dos conceitos contemporâneos ditos de Readaptação e/ou Reabilitação Profissional. Todavia, invariavelmente alguns profissionais envolvidos nestas atividades se mostram ou se mantêm "engessados" pelo conceito do chamado "desvio de função", que, a meu ver, é conceito errôneo e incorreto. Ora, o entendimento de que a perda da capacidade para o pleno exercício da função inerente ao cargo, em decorrência de limitação física ou mental, gera a chamada "invalidez laboral" é ultrapassado e completamente fora do contexto mundial de "Inclusão Social". O Servidor, como qualquer trabalhador que tenha impossibilidades de desempenho adequado para seu cargo de origem, mas que detenha competência e capacitações para continuar a ser reconhecido como detentor de Cargo Público, mesmo que para outras funções, deve ser estimulado a desenvolver e adquirir novos conhecimentos e habilidades para ser mantido na ativa, garantindo sua cidadania como indivíduo produtivo incluído na sociedade contemporânea, sem que deva carregar qualquer estigma de estar em "desvio de função", haja vista que sua função continua a mesma — Servidor Público.

Não se pretende que sejam beneficiados com privilégios de qualquer ordem, pelo contrário, pretende-se desenvolver no servidor novas competências e habilidades detectadas por intermédio de uma avaliação criteriosa e multidisciplinar, que poderá ser periodicamente auditada, tanto do ponto de vista técnico quanto administrativo, rechaçando por completo qualquer possibilidade de clientelismo. O que se pretende é evitar sua exclusão social precoce, principalmente pelas consequências que geram no próprio indivíduo, e também para otimizar os custos sociais oriundos desta exclusão.

A administração de pessoas no setor privado parece ser mais simples que no setor público e isso nos faz pensar: estamos lidando com seres humanos diferentes? Realmente existem duas classes: "*homo sapiens privados*" e "*homo sapiens publicos*"?

Não, não existem diferenças e quem diz isto é nossa Constituição Federal. E como profissional técnico, s.m.j., além dos conhecimentos específicos da minha atividade, entendo que nossa Lei Maior faculta o enfrentamento, já tardio, do chavão "desvio de função". Reitero que não se pretende criar facilitadores visando desvios e/ou privilégios, mas sim permitir readaptações em funções compatíveis com as limitações e capacidades atuais dos servidores afetados por algum problema de ordem física ou mental, em atividades que lhes permitam expressão do máximo das suas capacidades, sendo certo que tudo isso deve ser regulamentado e expresso em documentos técnicos.

Evitar tais esforços apenas por dificuldade de adequação do Direito Administrativo é penalizar o ser humano, especialmente este que se dedica a servir a comunidade em uma longa carreira profissional. Não me conformo e não aceito tal inércia ou falta de ousadia. Então, nós, técnicos envolvidos em readaptação e/ou reabilitação profissional, devemos pôr "mãos à obra" com coragem e ousadia.

Vê-se que no Serviço Público, o Perito Médico deverá ter perfil apropriado, para agir com firmeza e para suportar pressão externa (vereadores, sindicatos etc.) e interna (chefias, secretários, procuradores, prefeito etc.), e, neste sentido, em reforço, vejamos o que diz o CREMESP — Resolução n. 126, 31 de outubro de 2005, alterada pela Resolução n. 167, de 25 de setembro de 2007.

Art. 5º O médico na função de perito não deve aceitar qualquer tipo de constrangimento, coação, pressão, imposição ou restrição que possam influir no desempenho de sua atividade, que deve ser realizada com absoluta isenção, imparcialidade e autonomia, podendo recusar-se a prosseguir no exame e fazendo constar no laudo o motivo de sua decisão.

O Perito Médico no Serviço Público basicamente atua em duas áreas:

1. Controle do absenteísmo: avaliação da Capacidade ou Incapacidade laboral. É perícia contemporânea — revela o estado do momento — não se trata de avaliação retrospectiva.

2. Controle de benefício de invalidez:

• Integral — Doença Grave ou Doença Ocupacional; ou

• Proporcional.

Como referência, deverá utilizar algum Baremo, geralmente se adota uma Lei ou Decreto específico que definirá as normas de enquadramento. Se não houver, um padrão deverá ser previamente adotado como referência, visando padrão fixo para ponderações.

Durante a avaliação propriamente dita, deverá fazer a análise dos documentos médicos — Atestados e Declarações Médicas — apresentados. Deve colher, mesmo que breve, o histórico, e realizar, de preferência, a Perícia Direta — examinando diretamente o Periciado. Todavia, não sendo possível, poderá utilizar o recurso da Perícia Indireta. Ainda, tenha como certo que quem dá efeito ou não ao atestamento externo não é o Perito Médico, mas, sim, a norma, visto que o Perito Médico não recusa e/ou torna inválido qualquer atestamento. Apenas avalia os documentos e o Periciado, direta ou indiretamente, e, ao seu critério, irá incluir seu parecer, indicando de forma administrativa a sua conclusão. Frise-se que nunca deverá atuar validando ou invalidando qualquer documento médico.

Com base nesta informação técnica, o Administrador Público, que é livre para decidir, é quem determinará o efeito do que foi a ele requerido e subsidiariamente encaminhado para ser avaliado pelo Perito Médico do Serviço Público.

Em tempo, é certo que o Administrador Público, assim como o juiz, não está adstrito à verdade técnica. Destarte, o Perito deve apresentar a sua percepção técnico-científica, sem adentrar no Direito ou na Norma.

Readaptação no Serviço Público: O que falta e quando vamos nos convencer?

De forma recorrente, verifico a questão: Em empresa pública, o fato de alterar a função do empregado não fere o previsto na Constituição no Art. 37, que trata do impedimento de transposição de carreira a não ser por meio de CONCURSO PÚBLICO?

A carreira do Servidor não se altera, será sempre Servidor Público!

Aqueles que, por fator de influência sobre sua saúde, perdem a capacidade laborativa original, se indicada a Readaptação Profissional, por obrigação se deve aplicar em seu benefício o conceito de Deficiência Física. Deste modo, a Convenção sobre Direitos das Pessoas com Deficiência da ONU (CDPD), tratado internacional de direitos humanos do qual o Brasil é signatário, tem efeitos na hierarquia legal vigente, notadamente nas normas infraconstitucionais incompatíveis. Tal Convenção trata a habilitação e reabilitação profissional, no artigo 26, e lá se indica que devem ser tomadas providências para possibilitar que as pessoas com deficiência conquistem e conservem o máximo de autonomia e plena capacidade física, mental, social e profissional, bem como plena inclusão e participação em todos os aspectos da vida.

Avança, na questão do emprego e trabalho, apontando que devem ser organizadas e implementadas medidas para se atingir ao objetivo de manter a pessoa que adquiriu uma deficiência o direito de continuar no trabalho (art. 27, item 1), mediante a promoção da reabilitação profissional, e a manutenção do emprego e dos programas de retorno ao trabalho para pessoas com deficiência (art. 27, item 1, k). Portanto, o "direito de continuar no trabalho" e "direito de retorno ao trabalho", é direito fundamental para a pessoa com deficiência, haja vista que é o esteio para a independência do cidadão.

Portanto, não há outra forma de se entender a questão ao modo contemporâneo, além daquela em que o Concurso Público habilita a Cargo Público. O readaptado continua no Cargo Público, portanto, não havendo desvio de função, e por ser seu direito constitucional, lhe cabe disponibilização de função que lhe seja compatível.

Assim, se lhe perguntarem "Se ao readaptar Servidores, corremos risco agindo dessa forma?", tenho a indicar que corremos risco sim, o risco de sermos corretos em tratá-los como todos deveriam ser tratados, ou seja, com o máximo de respeito aos seus direitos de inclusão social!

Alguém já disse e não custa lembrar: A coragem é que dignifica o homem!

15.6. A NÃO ACEITAÇÃO DOS ATESTADOS MÉDICOS PELAS EMPRESAS PARTICULARES

Da mesma forma que a previdência social realiza, por meio do seu corpo de Peritos Médicos, avaliações no sentido da concessão de benefícios a partir do 16º dia de afastamento, é lícito e justo que as empresas que adotarem no seu Regimento Interno e vierem a constituir, na base da lei, corpo médico especificamente nomeado para este fim — Peritos Médicos, o façam. Essas empresas podem, sim, digo mais, devem realizar a avaliação para verificar se está ou não justificada a falta ao trabalho do 1º ao 15º dia, inclusive decidindo se está ou não justificado afastamento que requeira avaliação do órgão previdenciário.

Não se pode negar, e de fato aí estão a efeito às providências acertadas da Associação Paulista de Medicina a adoção da Certificação Digital para a emissão dos atestados médicos, condição que reconhece que as fraudes com atestados médicos não são incomuns. Pergunto: — Somos tão inocentes em reconhecer que na praça da Sé, centro de São Paulo, se compra atestado médico para todas as necessidades?

Também acertadamente, o Conselho Federal de Medicina, por intermédio do seu Conselheiro Dr. Hélbio Bonifácio Ferreira, vem, desde 2007, de Brasília para todo o Brasil, divulgando em diversos Cursos, Jornadas e Congressos a caracterização do FALSO ATESTADO e do ATESTADO MÉDICO GRACIOSO.

Não bastasse tudo isso, forçoso é reconhecer que, com raríssimas exceções, as escolas médicas não ensinam e não desenvolvem formação objetiva nos estudantes de Medicina para treiná-los e, de fato, formar médicos com habilitação suficiente e adequada para reconhecer o que é doença e o que é incapacidade laboral, atestando de forma suficiente.

Relevante e atual o assunto, que o CREMESP, contando entre outros com especialista com amplo conhecimento da matéria, com o que destacamos os especialistas em Medicina Legal e Perícias Médicas como autores, Dr. Mário Mosca Filho, Dr. Enrico Supino, Dr. Mário Jorge Tsuchiya e Dr. Jarbas Simas, é publicado o livro *Atestado Médico — Pratica e Ética*, 2013[81], que ajudará a corrigir esta grave distorção.

Quantos de nós, incluindo os médicos, quando autônomos ou patrões, acometidos de doenças, às vezes, até com febre, diarreia, mal-estar, com membro "engessado", comparecemos ao trabalho e produzimos adequadamente. Porém, nós — os médicos — quando atestamos para outros trabalhadores, somos mais complacentes do que somos conosco. Isso reflete que há, sim, exageros, tanto para menos, aos nos julgarmos super-homens, quanto para mais, quando superestimamos incapacidades. Alguns, não tenho dúvidas, assim fazem até mesmo por algum viés ideológico — empresa poderosa e trabalhador frágil.

Ora, não cabe ao médico assistente, aquele que deve acreditar e valorizar tudo o que o paciente lhe conta, para agir a seu favor, ser considerado ente totalmente isento e exato para expressar atestamentos para afastamentos do trabalho. É certo que emite documento válido, com fé pública, todavia, também é certo que o que consta em tal documento, pode não surtir o efeito que se destina, se obedecida a hierarquia legal.

Por muitos anos atuando no serviço público, especificamente no setor de perícias para avaliação de incapacidades laborativas para afastamentos nos primeiros 15 dias, constato atestamentos dos mais diversos médicos, e tenho como certo que é necessária, justa e adequada a avaliação pericial médica nesses casos. Tal prática — auditoria — está reduzindo o número de encaminhamentos ao INSS e a necessidade de Reabilitação Profissional, pois possibilita ação pericial médica de intervenção precoce, determinando evitação de eventuais agravos à saúde relacionados ao trabalho.

Portanto, se na forma da lei o órgão previdenciário está autorizado a fazê-lo a partir do 15º dia, e de fato o faz, a lei também facultou que a empresa o faça do 1º ao 15º dia. Se até hoje não fez, por tudo o que envolve esta avaliação, tenho como certo que já perdeu precioso tempo, recursos e oportunidade de tratamento com equidade para com o funcionário que não utiliza deste expediente, que evidentemente fica sobrecarregado pelo que usa. Não tenho dúvidas de que estas empresas devem, ao menos, refletir se não está na hora de dar esta providência a efeito.

Para isso, como instrumentos lícitos, temos as leis vigentes (desde 1949[82], reforçadas em 1991[83]), e os pareceres do Tribunal Superior do Trabalho, diga-se que já tendo completado duas décadas (1988[84] e 2002[85]), que reconhecem que cabe ao médico designado para este atestamento e, recentemente embasados pela Associação Médica Brasileira e pela recém-criada Associação Brasileira de Medicina Legal e Perícias Médicas, que iniciou a certificação de especialistas médicos em Medicina Legal e Perícias Médicas, temos os profissionais com *expertise* para atuar neste campo.

Tudo isso propicia que um antigo remédio se torne de real valor para um novo tempo.

15.7. ABONO DE FALTAS NO TRABALHO

A Lei n. 605/49, regulamentada pelo DECRETO n. 27.048, no art. 12, §§ 1º e 2º, dispôs sobre as formas de abono de faltas mediante atestado médico:

"Constituem motivos justificados:

§ 1º A doença será comprovada mediante atestado passado por médico da empresa ou por ela designado e pago.

§ 2º Não dispondo a empresa de médico da instituição de previdência a que esteja filiado o empregado, por médico do Serviço Social da Indústria ou do Serviço Social do Comércio, por médico de repartição federal, estadual ou municipal, incumbido de assunto de higiene ou saúde, ou, inexistindo na localidade médicos nas condições acima especificadas, por médico do sindicato a que pertença o empregado ou por profissional da escolha deste".

---

(81) Disponível em: <http://www.cremesp.org.br/library/modulos/publicacoes/pdf/atestado_medico_pratica_etica.pdf>.
(82) Lei n. 605/1949.
(83) Lei n. 8.213/1991.
(84) Súmula TST n. 282.
(85) Súmula TST n. 15.

A Lei n. 2.761/56 alterou o art. 6º, § 2º, que passou a ter a seguinte redação:

A doença será comprovada mediante atestado de médico da instituição da previdência social a que estiver filiado o empregado, e, na falta deste e sucessivamente, de médico do Serviço Social do Comércio ou da Indústria; de médico da empresa ou por ela designado; de médico a serviço de representação federal, estadual ou municipal incumbido de assuntos de higiene ou de saúde pública; ou não existindo estes, na localidade em que trabalhar, de médico de sua escolha.

Tal alteração, porém, somente traz efeito a partir do 15º dia de afastamento, pois, como sabemos, o médico da previdência social somente regula o período a partir do 16º dia, e, pela inexistência de médicos "do Serviço Social do Comércio ou da Indústria", novamente se dá a efeito o que definia a Lei n. 605/49 no seu texto original, tendo isso expresso no art. 60, § 4º da Lei n. 8.213/91:

A empresa que dispuser de serviço médico, próprio ou em convênio, terá a seu cargo o exame médico e o abono das faltas correspondentes ao período referido no § 3º, (aos 15 primeiros dias) somente devendo encaminhar o segurado à perícia médica da Previdência Social quando a incapacidade ultrapassar 15 (quinze) dias.

Se foi uma vontade da Lei, friso que é a própria CLT, sabe-se que ela tem como efetivo tribunal guardião da sua aplicação as Varas do Trabalho, na ação dos Magistrados de 1º e 2º graus quando a questão versa especificamente sobre o tema — falta ao trabalho — ou se por analogia quando houver conveniência do uso.

Assim sendo, pergunto:

— Não seria legítimo ao juízo também adotá-la e fazê-la a efeito?

— Não se poderia adotá-la, em prejuízo da indicação da Perícia Médica, visando à celeridade processual, não só do ponto de vista da sequência hierárquica, mas em função do elemento essencial que esta Lei definiu, ou seja, o da acreditação neste ato médico?

Tentando responder:

Como médico, entendo que, em tese, até se poderia adotá-la, haja vista que é clássica a apresentação de que o Atestado Médico tem fé pública, porém, algumas ponderações são necessárias, visto que os tempos atuais assim exigem.

Do ponto de vista do que preconizam os Conselhos de Classe dos Médicos, temos o que diz a Resolução CREMESP n. 126, de 31 de outubro de 2005, no seu art. 1º:

Perito médico é a designação genérica de quem atua na área médica legal, realizando exame de natureza médica em procedimentos administrativos, e processos judiciais, securitários ou previdenciários; atribuindo-se esta designação ao médico investido por força de cargo/função pública, ou nomeação judicial ou administrativa, ou ainda por contratação como assistente técnico das partes.

O art. 2º diz:

As causas de impedimentos e suspeição aplicáveis aos auxiliares da Justiça se aplicam plenamente aos peritos médicos. § 1º É vedado ao médico do trabalho de empresa/instituição atuar como perito ou assistente técnico em processo judicial ou procedimento administrativo envolvendo empregado/funcionário ou ex-empregado/funcionário da mesma empresa. § 2º É vedado ao médico, qualquer que seja a especialidade, atuar como perito em face de servidores da mesma instituição e mesmo local de trabalho, exceto se compuser corpo de peritos exclusivos para esta função ou na função de assistente técnico. § 3º Constitui infração ética expressa no art. 120 do Código de Ética Médica, Resolução CFM n. 1.246/1988, o médico ser perito ou assistente técnico em processo judicial ou procedimento administrativo, envolvendo seu paciente ou ex-paciente.

Na Resolução CREMESP n. 76, de 2 de julho de 1996, no art. 7º encontramos o seguinte:

Caberá aos médicos do trabalho (como tal reconhecidos por Lei), especialmente aqueles que atuem na empresa como contratados, assessores ou consultores em saúde do trabalhador: a — A corresponsabilidade com os outros médicos que atuem na empresa e que estejam sob sua supervisão, por todos os procedimentos que envolvam a saúde do trabalhador, especialmente com relação à ação coletiva de promoção e proteção à sua saúde. b — Responsabilidade solidária com o empregador, no caso de agravos à saúde desses trabalhadores.

Portanto, diante do rigor de pensamento expresso pelos médicos, já encontramos fundamentação de que não poderia ser o Médico do Trabalho da RECLAMADA o avaliador.

Corrobora este entendimento a determinação do Conselho Federal de Medicina na Resolução CFM n. 1.488, de 11 de fevereiro de 1998, diga-se e frise-se, modalidade pela qual habitualmente os doutos Magistrados determinam como base a realização das avaliações periciais médicas. Esta Resolução, no art. 5º, diz:

Os médicos do trabalho (como tais reconhecidos por lei), especialmente aqueles que atuem em empresa como contratados, assessores ou consultores em saúde do trabalhador, serão responsabilizados por atos que concorram para agravos à saúde dessa clientela conjuntamente com os outros médicos que atuem na empresa e que estejam sob sua supervisão nos procedimentos que envolvam a saúde do trabalhador, especialmente com relação à ação coletiva de promoção e proteção à sua saúde.

No art. 6º consta:

São atribuições e deveres do perito-médico de instituições previdenciárias e seguradoras: I — avaliar a capacidade de trabalho do segurado, através do exame clínico, analisando documentos, provas e laudos referentes ao caso; II — subsidiar tecnicamente a decisão para a concessão de benefícios; III — comunicar, por escrito, o resultado do exame médico-pericial ao periciando, com a devida identificação do perito-médico (CRM, nome e matrícula); IV — orientar o periciando para tratamento quando eventualmente não o estiver fazendo e encaminhá-lo para reabilitação, quando necessária.

No art. 12 consta:

O médico de empresa, o médico responsável por qualquer Programa de Controle de Saúde Ocupacional de Empresas e o médico participante do Serviço Especializado em Segurança e Medicina do Trabalho não podem ser peritos judiciais, securitários ou previdenciários, nos casos que envolvam a firma contratante e/ou seus assistidos (atuais ou passados)." O art. 12 foi reformado pela Resolução CFM n. 1.810/2006 — "Art. 1º O art. 12 da Resolução CFM n. 1.488, de 11 de fevereiro de 1998, passa a vigorar com a seguinte redação: Art. 12. O médico de empresa, o médico responsável por qualquer programa de controle de saúde ocupacional de empresa e o médico participante do serviço especializado em Segurança e Medicina do Trabalho não podem atuar como peritos judiciais, securitários, previdenciários ou assistentes técnicos, nos casos que envolvam a firma contratante e/ou seus assistidos (atuais ou passados).

Fica claro que o atestamento do Médico do Trabalho deve ser respeitado e levado a efeito pelas empresas, mas também fica evidente que o Médico do Trabalho atuando a mando da empresa tem impedimentos éticos para fazer o que possibilita a CLT, no sentido de atuar de forma a regular e avaliar pedidos de afastamentos como justificativa e abono de faltas, incluindo as suas próprias indicações, típica finalidade pericial médica, para dar embasamento ao administrador (setor de RH) visando o efeito pecuniário a que se destina esta avaliação.

Vale também a reflexão da eminente ministra Corregedora do Conselho Nacional de Justiça, Eliana Calmon[86], sobre frase atribuída ao ministro Aliomar Baleeiro: "Lobo não come lobo".

Assim sendo, são duas as situações:

1º — Os documentos emitidos por Médicos do Trabalho são legais e devem surtir efeito na empresa em que atua, com as restrições do Código de Ética Médica vigente — Capítulo IX — SIGILO PROFISSIONAL — É vedado ao médico: Art. 76. Revelar informações confidenciais obtidas quando do exame médico de trabalhadores, inclusive por exigência dos dirigentes de empresas ou de instituições, salvo se o silêncio puser em risco a saúde dos empregados ou da comunidade.

Nota: Se não pode revelar dados ao empregador, não terá isenção para atuar como avaliador para fins de abono, ou terá?

2º — O Médico do Trabalho de Empresa não pode atuar como Perito Médico, nem para a própria empresa e menos ainda como Perito do Juiz.

Em 2013, o CFM baixa resolução trazendo modificações que podem indicar alterações neste entendimento:

Resolução n. 2015/2013 — publicada no Diário Oficial da União, dia 17.05.2013.

(...) CONSIDERANDO as frequentes demandas judiciais que questionam a proibição de atuação do médico de empresa como assistente técnico desta, (...) resolve:

Art. 1º O art. 12 da Resolução CFM n. 1.488, de 11 de fevereiro de 1998, passa a vigorar com a seguinte redação:

"Art. 12. O médico de empresa, o médico responsável por qualquer programa de controle de saúde ocupacional de empresa e o médico participante do serviço especializado em Segurança e Medicina do Trabalho não podem atuar como peritos judiciais, securitários ou previdenciários nos casos que envolvam a firma contratante e/ou seus assistidos (atuais ou passados)";

Art. 2º Esta resolução entra em vigor na data de sua publicação

Art. 3º Revoga-se o artigo 12 da Resolução CFM n. 1.488, de 11 de fevereiro de 1998, publicada no DOU de 6 de março de 1998, Seção I, p.150.

ROBERTO LUIZ D'AVILA — Presidente do Conselho

---

(86) *Justiça & Cidadania*, ed. 121, p. 11, ago. 2010.

Contudo, o Código de Ética Médica no Capítulo IX — SIGILO PROFISSIONAL, diz que *"É vedado ao médico: Art. 76. Revelar informações confidenciais obtidas quando do exame médico de trabalhadores, inclusive por exigência dos dirigentes de empresas ou de instituições, salvo se o silêncio puser em risco a saúde dos empregados ou da comunidade."*, condição que limita, se não inviabiliza, a atuação do médico de empresa como Assistente Técnico desta. Como este atuaria sem quebrar o sigilo?

Se desejar, a empresa, assim como o juízo, deverá constituir ou socorrer-se de corpo exclusivo e independente de Peritos Médicos.

E por que isso, além de necessário, é muito importante?

Sabemos que a avaliação médica feita pelo médico assistente do trabalhador expressa em atestado feito ao interesse do trabalhador, ainda sujeito ao conhecimento específico e convicção pessoal de quem os emite, é documento válido, contudo, parcial. Pode um médico assistente entender que, do seu ponto de vista técnico de formação e pessoal, é necessário um tempo de recuperação muito maior ou muito menor, visto que não conhece com detalhes as atividades e posto de trabalho específicos que são disponibilizados ao trabalhador, variando em muito os dias que podem ser solicitados com os que devem ser concedidos pela real necessidade de recuperação requerida para se estabilizar o quadro clínico. Também, o Médico do Trabalho, por extremo rigor de ponderação, poderá atestar a menos, visando a proteger a empresa, ou mesmo deixar de atestar o que deveria ter observado e não o fez e que também não pode revelar — C.E.M. Art. 76.

Assim, na forma ética, para que os atestados médicos possam ter força de consubstanciar justificativas de afastamento decorrentes de doenças, sejam ocupacionais ou não, é requerido corpo de Peritos Médicos independente que observará se se fez constar nos atestados[87] os requisitos, que de tão relevantes, estão definidos e constam em Resolução do Conselho Federal de Medicina — "Resolução CFM n. 1.851/2008 que regulamenta a expedição de atestados médicos", dizendo o seguinte:

a) especificar o tempo concedido de dispensa à atividade, necessário para a recuperação do paciente; b) estabelecer o diagnóstico, quando expressamente autorizado pelo paciente; c) registrar os dados de maneira legível; d) identificar-se como emissor, mediante assinatura e carimbo ou número de registro no Conselho Regional de Medicina. **Quando o atestado for solicitado pelo paciente ou seu representante legal para fins de perícia médica deve observar**: a) o diagnóstico; b) os resultados dos exames complementares; c) a conduta terapêutica; d) o prognóstico; e) as consequências à saúde do paciente; f) o provável tempo de repouso estimado necessário para a sua recuperação; g) registrar os dados de maneira legível; h) identificar-se como emissor, e tudo isso deve ser observado com a máxima atenção, pelo corpo constituído para a finalidade exclusiva da Perícia Médica.

Novamente pode-se perguntar: quem tem capacidade e isenção para interpretar tais dados, inclusive para identificar se não há responsabilidades referentes a doenças relacionadas ao trabalho?

Mais uma vez tentando responder, como já dito, sabemos que é certo que o Médico do Trabalho não tem tal isenção, nem na sua atuação na empresa, até por limitação ética, nem na sua atuação no juízo.

Afinal, quem as teria?

Somente um corpo técnico de Peritos Médicos independente que se fizesse comprovar capacitação e imparcialidade caso a caso, como na prática se faz nas Varas Trabalhistas.

Diante dessas considerações, é possível entender o valor da Perícia Médica, dita independente e imparcial, feita por Peritos Médicos que devem provar sua capacitação constantemente, não somente por ocasião da submissão a um concurso público ou uma vinculação empregatícia. Se assim fosse, além de tudo o que afeta o corporativismo de classe e relações de interesse, na prática, quem de fato daria efeito ao solicitado? Na justiça, quem julgaria a causa? O Perito Médico ou o Magistrado? Haveria submissão do Juízo ao parecer do Perito Médico? Como se estabeleceria esta relação?

O que permanece, ao longo destes anos todos sem melhor entendimento, é a questão de até que ponto chega e surte efeito a acreditação prevista na lei vigente.

Sem soberba, proponho como resposta o entendimento de que todos os documentos médicos, incluindo os ocupacionais, devem ser entendidos e, como de fato na imensa maioria das vezes são emitidos em total desconexão com uma lide, considerados como válidos, devendo indicar as empresas a surtir o efeito a que se destinam. Porém, também devem ser avaliados no contexto da responsabilidade profissional, podendo até

---

(87) Disponível por Certificação Digital pela Associação Paulista de Medicina: <http://www.apm.org.br/atestadodigital>.

mesmo haver situações em que a tipificação do ocorrido (dano — acidente e/ou doença ocupacional — incapacidade laborativa) se deu por ação ou entendimento exclusivo sem mais bem fundamentada consideração do emitente do atestado.

O que isso tem de importância?

A falta de tal entendimento cria um vácuo diretamente prejudicial ao trabalhador, pois não se mensura a responsabilidade do Médico Assistente com o Médico do Trabalho, do Médico do Trabalho para com o Trabalhador, ou deste Médico do Trabalho para com a Empresa e da Empresa para com suas responsabilidades de saúde e segurança, como ato médico realizado, com o trabalhador. Muitos destes casos acabam num limbo previdenciário socialmente injusto.

Nesse sentido, o CREMESP já se manifestou, friso que há muito tempo, na Resolução CREMESP n. 76/1996.

Por derradeiro, podemos considerar também se é lícito que o médico da empresa no exercício da função específica de Perito Médico desconsidere os 15 dias se o Perito do INSS concedeu prazo a partir do 16º dia.

Em resposta, vejamos uma fundamentação do TST:

Ao contrário do afirmado pelo Reclamante, a C. Turma, ao dar provimento ao Recurso de Revista da Reclamada, excluindo da condenação o pagamento dos dias descontados em virtude do não reconhecimento do atestado fornecido pelo Autor, fez prevalecer a jurisprudência deste Eg. Tribunal Superior, como se lê da Súmula n. 282/TST: "Abono de faltas. Serviço médico da empresa — Ao serviço médico da empresa ou ao mantido por esta última mediante convênio compete abonar os primeiros 15 (quinze) dias de ausência ao trabalho. Brasília, 20 de novembro de 2006. MARIA CRISTINA IRIGOYEN PEDUZZI Ministra-Relatora.

Portanto, pelo bem da saúde do trabalhador, entendo que cabe uma profunda reflexão neste sentido.

15.8. ABSENTEÍSMO POR FATOR SAÚDE — MITO DA DIFICULDADE GERENCIAL

Como vimos, é lícito ao administrador, na presença de dúvida técnica fundamentada, solicitar documentação médica adicional, solicitando, inclusive, a realização de perícia médica, quando se requisita justificativa de falta ao trabalho.

Código Civil:

Art. 231. Aquele que se nega a submeter-se a exame médico necessário não poderá aproveitar-se de sua recusa.

Art. 232. A recusa à perícia ordenada pelo juiz poderá suprir prova que se pretendia obter com o exame.

Omissão ou desconhecimento não pode encobrir ou validar justificativas para perpetuar o mito da dificuldade encontrada por gestores de pessoal e de médicos para desenvolver ações efetivas a fim de se terem sob controle os índices de absenteísmo por motivos de saúde nos seus locais de trabalho.

É certo que, por natureza própria, a saúde das pessoas é afetada por eventos imprevisíveis, e muitas situações influenciam o absentismo no trabalho e também trazem consequências que ultrapassam os limites da própria empresa. Para melhor entender, vejamos, por exemplo, a afetação que ocorre no sistema público de saúde quando um membro da equipe de plantonistas de uma determinada unidade de saúde falta, ou na Segurança Pública quando um guarda civil que estava designado para um circuito de ronda falta ao trabalho, ou na atenção educacional quando uma professora também falta ao trabalho. Não só o gestor sente os efeitos desta ausência, mas a própria sociedade, pois nem sempre se tem tempo hábil para escalar substitutos.

Na empresa privada não é diferente, embora os efeitos mais diretos sejam outros, *e.g.*, maior carga de trabalho para a equipe com menor número de profissionais, menor produtividade setorial etc.

Seja no sistema público, seja no privado, o absentismo no trabalho aumenta os custos (subsídio por doença, pagamentos acima dos estipulados etc.) e, por conseguinte, pode ter um efeito negativo no custo final dos produtos ou mesmo na destinação das verbas orçamentárias públicas, sem contar o caráter de efeito negativo dos excessos nas alegações de incapacidades laborativas, que podem afetar as relações entre colegas de trabalho (sobrecarga) e ao mesmo tempo gerar a desconfiança dos empregadores e de toda a sociedade.

Não tenho estes números exatos, mas pelos dados dos estudiosos no assunto na comunidade europeia, o absentismo no trabalho tem também um efeito negativo na economia das nações. Lá, há décadas, os governos já não suportavam os elevados custos da invalidez gerados pelos excessos observados no descontrole dos índices de absenteísmo por saúde, e passaram a agir com significativo rigor. Mas se por lá ainda hoje é significativo o custo disso, quem dirá por cá.

No nosso meio, a ausência ao trabalho tem seus maiores índices encontrados nas faltas chamadas de curta duração, de 1 a 3 dias, coincidindo com período em que há maior dificuldade de controle, variando em alguns lugares ou regiões e que vai até 7 dias. As faltas consideradas de média duração variam de 8 a 40 dias, e as de longa duração são superiores a 40 dias.

Dados da FUNDAÇÃO EUROPEIA PARA A MELHORIA DAS CONDIÇÕES DE VIDA E DE TRABALHO indicam que a doença não significa necessariamente ausência no trabalho. Lá, embora os trabalhadores com problemas de saúde em geral faltem ao trabalho com mais frequência e durante períodos mais longos do que os trabalhadores "saudáveis", há trabalhadores com problemas de saúde que não faltam mais por isso. Constato o mesmo por aqui.

Fato é que quando foram adotados procedimentos mais severos no controle do absentismo, intensificando as inspeções por perícias médicas aos trabalhadores, os índices de adoecimento não aumentaram, e até apresentaram, em alguns setores, significativa baixa, validando a manutenção como absolutamente necessária, à medida de controle.

Isso reflete que o absentismo no trabalho é um fenômeno complexo, cujas causas são múltiplas e numerosos os fatores que o influenciam. No nosso meio, com frequência elevada, encontro nos atestamentos médicos ("graciosos?") um caminho para resolver a má relação com chefias, com colegas etc., fatos que nem em tese se caracterizam como problema de saúde do trabalhador.

Vale citar que, por diversos estudos e pela nossa experiência pessoal, temos que as causas mais frequentes relacionadas ao absenteísmo não são por motivação de saúde:

1ª — INSATISFAÇÃO NO TRABALHO;

2ª — FALTA DE COMPROMETIMENTO COM RESULTADOS;

3ª — FALTA DE IDENTIFICAÇÃO COM A TAREFA;

4ª — AUSÊNCIA DE SUPERVISÃO EFICIENTE/TRATAMENTO INJUSTO;

5ª — FALTA DE MOTIVAÇÃO PARA O TRABALHO;

6ª — AUSÊNCIA DE *FEEDBACK*;

7ª — MÁS RELAÇÕES INTERPESSOAIS E INTERSETORIAIS;

8ª — ABSENTEÍSMO-DOENÇA.

Em relação aos índices, como aceitável e normal para trabalhadores com idade variando entre 18 e 45 anos, temos que até 4 faltas por motivação médica/odontológica anuais para os homens e 5 faltas anuais para as mulheres, são aceitáveis. Abaixo dos 18 e acima de 45 anos de idade, até 6 para ambos os sexos. Acima disso, já podemos falar em trabalhador PRÉ-ABSENTA e ABSENTA CONTUMAZ. Este último é o trabalhador de ambos os sexos com idade variando entre 18 e 45 anos que tem mais de 7 faltas por motivação médica/odontológica anuais e nos com idade abaixo de 18 e acima de 45 anos de ambos os sexos com mais de 8 faltas.

Dessa forma, para enfrentar este mito, como foi feito lá na Europa, temos aqui que regular, com rigor, a análise das justificativas das faltas ao trabalho, por meio de Perícias Médicas, não só a partir do 16º dia, como faz a previdência social. Tampouco podemos deixar a critério do médico assistente do trabalhador. Devemos adotar o que há anos diz a lei, muitas vezes omitida de aplicação, ou seja, observar a hierarquia[88] de tipifi-

---

(88) Lei n. 605/1949, no art. 12, §§ 1º e 2º, dispõe sobre as formas de abono de faltas mediante atestado médico: "Constituem motivos justificados: § 1º: A doença será comprovada mediante **atestado passado por médico da empresa ou por ela designado e pago**. § 2º: Não dispondo a empresa de médico da instituição de previdência a que esteja filiado o empregado, por médico do Serviço Social da Indústria ou do Serviço Social do Comércio, por médico de repartição federal, estadual ou municipal, incumbido de assunto de higiene ou saúde, ou, inexistindo na localidade médicos nas condições acima especificadas, por médico do sindicato a que pertença o empregado ou por profissional da escolha deste".

cação dos médicos para avaliação das justificativas por motivos de saúde. Lá diz que do 1º ao 15º dia[89] esta avaliação estará a cargo do médico designado pela empresa. Vale ressaltar que a Lei especifica a necessidade de constatar "**doença**" — "A **doença** será comprovada...", podendo levar ao entendimento que *check-up*, procedimentos estéticos, preventivos etc., não estão contemplados para justificar falta ao trabalho. Lá na lei diz que do 1º ao 15º dia[81] esta avaliação estará a cargo do médico designado pela empresa.

Decidido adotar o que a lei faculta fazê-lo, devesse também adotar a efeito na formalidade prática de uma Perícia Médica; não recomendo fazer como uma atividade complementar do Médico do Trabalho que presta serviços na empresa, como funcionário ou mesmo prestador de serviços, pois vale lembrar que embora contratado e pago pela empresa, o Médico do Trabalho lá está para agir em favor do trabalhador e terá como de fato a prática mostrar que tem dificuldade em realizar tal tarefa. Se não bastar, devemos ponderar que terá impedimentos de ordem da ética médica vigente.

Superada esta questão, e tendo já designado o corpo de Peritos Médicos, estes atuarão por meio das técnicas periciais chamadas de Perícia Direta e Perícia Indireta, nas pertinentes avaliações. Sempre que possível, recomendamos priorizar as chamadas Perícias Diretas, porém, em inúmeras situações, notadamente nas faltas de curta duração, aquelas que variam de 1 a 3 dias — frise-se que as mais frequentes — devido ao tempo já passado e ausente a "expressão clínica" — e naquelas em que o trabalhador, por motivos de força maior, não pode comparecer à avaliação, *e.g.*, quando está internado, acamado etc., se realizará por meio da metodologia das Perícias Indiretas.

Tudo isso considerado, o Perito Médico examinador, após analisar todos os parâmetros obtidos na Perícia Direta, pela avaliação clínica, física e mental, e/ou na Perícia Indireta, pela análise dos exames subsidiários, análise de relatórios, da leitura dos atestados médicos apresentados, dos dados contidos nos prontuários e outros documentos, poderá estabelecer o Grau da Incapacidade, utilizando em seu auxílio baremas de referência. Por prática, sugerimos três modelos, sendo um baseado na doença diagnosticada, outro na expressão clínica observada e outro no grau de interferência nas atividades da vida diária.

15.9. GRAUS DE INCAPACIDADE COM BASE EM ANÁLISE NOSOLÓGICA

- **Grupo I** — patologia **não requer tratamento específico (simples orientação)** — **todas as atividades da vida diária podem ser realizadas**. Geralmente, **não há necessidade de afastamento**.

- **Grupo II** — patologia **requer tratamento específico**, mas **todas as atividades da vida diária podem ser realizadas**. Pode haver necessidade de **0 a 3 dias de afastamento**.

- **Grupo III** — patologia **requer tratamento específico**, porém, **ocorre interferência ocasional nas atividades da vida diária**. Geralmente, há necessidade *relativa* de **até 3 e/ou, eventualmente em casos especiais, de até 10 dias de afastamento**.

- **Grupo IV** — patologia **requer tratamento específico e atenção continuada, ocorrendo interferência nas atividades da vida diária**. Geralmente, há necessidade de **5 a 15 dias de afastamento**.

- **Grupo V** — patologia **requer tratamento específico e atenção continuada, ocorrendo interferência nas atividades da vida diária, sobrepondo risco/agravo temporário para si e/ou terceiros**. Necessidade presente de **10 a 30 dias ou mais tempo de afastamento**.

---

(89) Lei n. 8.213/91: art. 60, § 4º "**A empresa que dispuser de serviço médico, próprio ou em convênio, terá a seu cargo o exame médico e o abono das faltas correspondentes ao período referido no § 3º** (aos 15 primeiros dias), somente devendo encaminhar o segurado à perícia médica da Previdência Social quando a incapacidade ultrapassar 15 (quinze) dias". Esta lei traz alterações que somente têm efeito a partir do 15º dia de afastamento, tendo que o Perito Médico da previdência social somente regula o período a partir do 16º dia. Portanto, na prática, novamente dá a efeito o que definia a Lei n. 605/49 no seu texto original, que havia sido alterado pela **Lei n. 2.761/56**.

15.10. GRAU DE INCAPACIDADE PELA EXPRESSÃO CLÍNICA

Aplicam-se nos quadros agudos, moderados e graves. Também se aplicam quanto ao tipo de procedimento terapêutico e/ou diagnóstico realizado e/ou evento acontecido, em processo mórbido preexistente ou não.

- **Fase I** — patologia cursa com **crises agudas passageiras** — Geralmente, **não há necessidade de afastamento.**

- **Fase II** — patologia cursa com **crises agudas leves**/recorrentes — **realização de procedimentos não invasivos e/ou não cruentos, exceto sutura simples (endoscopia etc.) — 1 a 5 dias de afastamento.**

- **Fase III** — patologia cursa com **crises agudas leves/moderadas — realização de procedimentos invasivos cruentos simples (suturas em áreas críticas e contaminadas; vídeoscopia etc.).** Geralmente de **5 a 10 dias de afastamento.**

- **Fase IV** — patologia cursa com **crises agudas moderadas — crises agudas em patologias crônicas — internações — pós-operatório sem complicações — quadros infecciosos** — Geralmente de **10 a 15 dias de afastamento.**

- **Fase V** — patologia cursa com **crises agudas graves — internação hospitalar com risco — pós-operatório em procedimentos de grande porte ou com complicações.** Geralmente de **15 a 30 dias de afastamento.**

- **Fase VI** — patologia cursa com **crises agudas e graves em doenças crônicas — agravos em doenças crônicas — quadros debilitantes e/ou significativamente limitantes do convívio social — doença infecciosa grave e/ou recorrente — outras doenças graves com repercussões clínicas objetivas** — Geralmente mais que **30 dias de afastamento — pode requerer ponderação quanto à indicação de Reabilitação/Invalidez.**

15.11. GRAU DE INTERFERÊNCIA NAS ATIVIDADES DA VIDA DIÁRIA

Deve, o Perito Médico, ponderar vários aspectos, incluindo a verificação do Grau de Autonomia para higiene pessoal, alimentação, ir e vir, integração social etc.

Sempre deverá adotar uma tabela padrão ou criar uma tabela própria, não deixando de citar as referências bibliográficas em que se baseou.

Atividade	Grau de autonomia
Higiene pessoal	
Vestir-se	
Pentear-se	
Calçar sapatos	
Preparar alimentos	
Arrumação do lar	
Assistir TV	
Telefonar	
Ler jornal	
Ir à padaria ou mercadinho	
Dirigir (ato complexo)	
Uso de transporte coletivo	
Passar roupa	

Atividade	Grau de autonomia
Fazer compras no supermercado	
Caminhar pela casa	
Sentar-se à mesa	
Outros	
Pontuar cada item de 0 a 5 — Observação: somatório de pontos e sugestão de ponderação: — Avaliação dos pontos: 17 pontos = autonomia plena; 34 pontos = autônomo; 51 pontos = moderada dependência de terceiros; 68 pontos = importante dependência de terceiros; 85 pontos = sem autonomia — total dependência de terceiros.	

15.12. PERÍCIA MÉDICA — AUDITORIA MÉDICA

A atividade de Auditoria Médica, que pode ser entendida como uma Perícia Médica — Perícia Médica Indireta, está incluída no conceito de Auditoria em Saúde. Tais procedimentos visam à garantia da qualidade da Assistência Médica e Hospitalar e/ou afins, tendo por base ou respeitando as normas técnicas, éticas e administrativas.

A função do auditor não é meio de redução de custos, mas sim a de garantir a qualidade da assistência prestada ao custo adequado!

Código de Ética Médica — Capítulo XI

AUDITORIA E PERÍCIA MÉDICA

É vedado ao médico:

Art. 93. Ser perito ou auditor do próprio paciente, de pessoa de sua família ou de qualquer outra com a qual tenha relações capazes de influir em seu trabalho ou de empresa em que atue ou tenha atuado.

Art. 94. Intervir, quando em função de auditor, assistente técnico ou perito, nos atos profissionais de outro médico, ou fazer qualquer apreciação em presença do examinado, reservando suas observações para o relatório.

A razão de se realizar a Perícia Médica ou Auditoria Médica está na tradução dos elementos científicos, para leigos, tornando-os apreciáveis para decisão, por exemplo, de um direito, ou de autorizações, custeio etc. É procedimento de Meio e não de Resultado!

São qualificações necessárias para atuação como Auditor Médico:

1. Conhecimento técnico;

2. Compromisso com a atualização profissional;

3. Conhecimento dos processos administrativos;

4. Conhecimento das leis e códigos que regem a assistência à saúde;

5. Atuação ética.

Sua atuação terá foco:

a) Na qualidade do atendimento prestado ao paciente e a necessidade da hospitalização;

b) Análise dos procedimentos médicos de alto custo, órtese, prótese e materiais especiais;

c) Análise dos prontuários, exames, prescrições e documentos;

d) Identificar irregularidades (negociação de glosas);

e) Atuação preventiva junto a entidades hospitalares e à classe médica;

f) Constatação se os serviços cobrados são compatíveis com os realizados (a fatura hospitalar e seus elementos, diárias, taxas, materiais, medicamentos etc.);

g) Atuação corretiva, com análise qualitativa e quantitativa de custos, nas próprias entidades hospitalares;

h) Na auditoria e análise pré, per e pós-pagamento de faturas médicas;

i) Fornecimento de relatórios gerenciais;

j) Evitação de pagamentos indevidos (tabelas hospitalares);

k) Na melhoria da assistência ao paciente ou ao seu dependente (qualidade de atendimento).

Nos seus relatórios, poderá fazer constar como parecer:

a) Crítica e análise do pós-faturamento;

b) Compatibilidade entre internações por procedimentos;

c) Custo por diagnóstico;

d) Diagnóstico por paciente;

e) Produtividade dos hospitais;

f) Produtividade por convênios;

g) Demonstrativo de custos;

h) Evolutivo de custo;

i) Tipo de tratamento;

j) Gráficos gerenciais por hospitais e convênios.

Terá como linhas de atuação:

a) Auditoria Médica Externa (internação até a fatura);

b) Vistorias técnicas em hospitais, Casas de Saúde e Clínicas com emissão de parecer técnico;

c) Análise de faturas médicas hospitalares, ambulatoriais e de pronto-socorro;

d) Negociações e/ou avaliações de contratos e tabelas.

Os itens de uma auditoria de Contas Médicas Hospitalares incluem a observação de:

a) Resumo Clínico da Internação:

• Identificação

• Dados da internação

• Diagnósticos

b) Diárias;

c) Taxas;

d) Gases;

e) Exames;

f) Hemoderivados;

g) Equipamentos;

h) Materiais;

i) Materiais de alto custo;

j) Medicações;

k) Medicações de alto custo;

l) Serviços;

m) Honorários;

n) Fisioterapia;

o) Procedimentos;

p) Valores referenciais;

q) Avaliação da Qualidade;

r) Motivo das Glosas;

s) Considerações Gerais.

Áreas de atuação:

➢ Auditoria Médica Externa (da internação até a apresentação da fatura);

➢ Vistorias técnicas em hospitais, Casas de Saúde e Clínicas com emissão de parecer técnico;

➢ Análise de faturas médicas hospitalares, ambulatoriais e de pronto-socorro;

➢ Subsidiar dados técnicos para negociações e/ou avaliações de contratos e tabelas.

Na década de 60, a política de saúde do País nos remetia às caixas de assistência e benefícios de saúde, que atendiam seus associados e dependentes por categoria profissional, nos saudosos Institutos IAPI, IAPTEC, IPASE, IAA, IAPB etc. Para outros restava apenas a classificação como indigentes.

Na década de 70 surge o INAMPS, depois INPS, substituídos pelo INSS e SUS. Também nesta década surge a UNIMED, outros convênios médicos e os planos de saúde, iniciando um processo progressivo de profissionalização no setor. Daí surge a necessidade das auditorias médicas.

A Auditoria Médica, como consideramos, é uma atividade profissional do médico que atua analisando dados, sugerindo controles e autorizações dos procedimentos médicos, hospitalares e afins, quer sejam quando das finalidades de diagnose e condutas terapêuticas propostas e/ou já realizadas etc.

Todas estas atividades, sem dúvida, são símiles a uma ação pericial médica, pois requer rigor e respeito à autonomia profissional e aos preceitos éticos para com o profissional ou entidade auditada. Na atuação, o profissional deve se ater aos limites e normas éticas que ditam as diversas profissões envolvidas e as ações de relações humanas e sociais, no mais elevado grau da moralidade.

Comumente são atividades desenvolvidas na área médica hospitalar — convênios, ou em sistemas de autorização e controle, regulação etc., seja no setor privado ou público. Entre outras ações, como já dito, envolvem a conferência da conta médico hospitalar, compatibilidade dos procedimentos realizados com as necessidades de intervenção ao bem do paciente e se os custos estão dentro de um determinado padrão, ou analisando documentos relacionados etc., visando o sentido de encontrar falhas ou perdas, podendo sugerir correções no sentido e finalidade de se buscar a melhor adequação da prestação do serviço técnico ao bem maior do paciente que é a sua saúde e bem-estar.

A inserção deste procedimento como rotineiro contribui para a elevação dos padrões técnicos e administrativos dos serviços e profissionais de saúde, permitindo sensível melhoria das condições hospitalares e dos demais serviços de saúde, e, consequentemente, melhor atendimento à clientela, seja no setor privado ou público.

É atividade que segue normas da Legislação, dos Códigos de Éticas das diversas áreas de saúde envolvidas demandada pelos Conselhos de Classe, e de Pareceres de Sociedades Científicas, das boas Normas Administrativas etc. Envolve estudo e análise técnica minuciosa, pode-se dizer que é uma perícia médica, envolvendo conhecimento de custos e custeios, sem prescindir da necessária astúcia, perspicácia e imparcialidade, todavia, está consagrado ao profissional que a realiza a denominação de Auditor Médico.

Perfil do Auditor Médico

Do Auditor Médico se requer discrição, rigor de observação ética, equilíbrio profissional, conhecimento técnico, honestidade, e tudo mais o que caracteriza um bom Perito Médico, como vimos em outros capítulos.

Em algumas situações atuará como um Assistente Técnico que visa subsidiar orientação à parte, ou fazer respeitar o estabelecido em contrato entre as partes envolvidas, por exemplo, Hospital x SUS, Usuário x Plano de Saúde x Prestadores de Serviços etc. Visa, pela informação técnica que apresenta, a manutenção, o equilíbrio do sistema, garantia da qualidade pelos serviços de saúde oferecidos e prestados.

De modo geral, suas ações podem ser classificadas em:

1. Quanto à Amplitude:

Global ou Específica

2. Quanto ao Gênero:

Técnica ou Administrativa

3. Quanto à Função:

Liberatória ou Ordenadora, Analisadora ou Fiscalizadora

4. Quanto ao Tipo:

Pré-Auditoria ou Operativa, Analítica ou Mista

5. Quanto à espécie:

Educativa ou Orientadora, Controladora

O Auditor Médico deve conhecer a Lei Federal n. 9.656/98 e outras derivadas que regulamentam os planos e seguros de saúde, as resoluções dos diversos Ministérios e Secretaria de Estado em matérias afins e o que estas dispõem quanto aos serviços, quer sejam nos Planos Ambulatoriais, Hospitalares etc. Também deverá conhecer e ter boa habilidade de compreender e aplicar bem a indicação que consta da **Resolução CFM 1.614/01:**

> ➤ A auditoria do ato médico constitui-se em importante mecanismo de controle e avaliação dos recursos e procedimentos adotados, visando sua resolubilidade e melhoria na qualidade da prestação dos serviços.

> ➤ A auditoria médica caracteriza-se como ato médico, por exigir conhecimento técnico pleno e integrado da profissão.

> ➤ O médico, no exercício da auditoria, deverá ser regularizado no Conselho Regional de Medicina da jurisdição onde ocorreu a prestação do serviço auditado. As empresas de auditoria médica e seus responsáveis técnicos deverão estar devidamente registrados nos Conselhos Regionais de Medicina e de Enfermagem das jurisdições onde seus contratantes estiverem atuando.

> ➤ Na função de auditor, o médico deverá identificar-se, de forma clara, em todos os seus atos, fazendo constar, sempre, o número de seu registro no Conselho Regional de Medicina. Deverá ainda, o médico na função de auditor, apresentar-se ao Diretor Técnico ou substituto da unidade, antes de iniciar suas atividades.

> ➤ O Diretor Técnico ou Diretor Clínico deve garantir ao médico/equipe auditora todas as condições para o bom desempenho de suas atividades, bem como o acesso aos documentos que se fizerem necessários.

> ➤ O médico, na função de auditor, se obriga a manter o sigilo profissional, devendo, sempre que necessário, comunicar a quem de direito e por escrito suas observações, conclusões e recomendações, sendo-lhe vedado realizar anotações no prontuário

do paciente. ***É vedado ao médico, na função de auditor, divulgar suas observações, conclusões ou recomendações, exceto por justa causa ou dever legal.***

➤ O médico, na função de auditor, não pode, em seu relatório, exagerar ou omitir fatos decorrentes do exercício de suas funções. Poderá o médico, na função de auditor, solicitar por escrito ao médico assistente, os esclarecimentos necessários ao exercício de suas atividades. Concluindo haver indícios de ilícito ético, o médico, na função de auditor, obriga-se a comunicá-los ao Conselho Regional de Medicina.

➤ O médico, na função de auditor, tem o direito de acessar, *in loco*, toda a documentação necessária, sendo-lhe vedada a retirada de prontuários ou cópias da instituição, podendo, se necessário, examinar o paciente, desde que devidamente autorizado pelo mesmo, quando possível, ou por seu representante legal.

➤ Havendo identificação de indícios de irregularidades no atendimento do paciente, cuja comprovação necessite de análise do prontuário médico, é permitida a retirada de cópias exclusivamente para fins de instrução da auditoria. O médico assistente deverá ser antecipadamente cientificado quando da necessidade do exame do paciente, sendo-lhe facultado estar presente durante o exame. O médico, na função de auditor, só poderá acompanhar procedimentos no paciente com autorização do mesmo, ou de seu representante legal e/ou do seu médico assistente. ***É vedado ao médico, na função de auditor, autorizar, vetar, bem como modificar procedimentos propedêuticos e/ou terapêuticos solicitados, salvo em situação de indiscutível conveniência para o paciente, devendo, neste caso, fundamentar e comunicar por escrito o fato ao médico assistente.***

➤ O médico, na função de auditor, encontrando impropriedades ou irregularidades na prestação do serviço ao paciente, deve comunicar o fato por escrito ao médico assistente, solicitando os esclarecimentos necessários para fundamentar suas recomendações.

➤ O médico, na função de auditor, quando integrante de equipe multiprofissional de auditoria, deve respeitar a liberdade e independência dos outros profissionais sem, todavia, permitir a quebra do sigilo médico. É vedado ao médico na função de auditor, transferir sua competência a outros profissionais, mesmo quando integrantes de sua equipe.

➤ Não compete ao médico, na função de auditor, a aplicação de quaisquer medidas punitivas ao médico assistente ou instituição de saúde, cabendo-lhe somente recomendar as medidas corretivas em seu relatório, para o fiel cumprimento da prestação da assistência médica. ***É vedado ao médico, na função de auditor, propor ou intermediar acordos entre as partes contratante e prestadora que visem restrições ou limitações ao exercício da Medicina, bem como aspectos pecuniários.***

➤ O médico, na função de auditor, não pode ser remunerado ou gratificado por valores vinculados à glosa.

O Auditor Médico utilizará no dia a dia das atividades alguns elementos de ajuda, entre eles destacamos e recomendamos tê-los às mãos:

— O Contrato firmado entre as partes envolvidas;

— O CID — 10 e a informação quanto ao diagnóstico da doença do caso;

— Tabelas de honorários médicos (AMB, CBHPM, GREMES/CIEFAS etc.) ou a Tabela de negociação adotada (Taxas e Diárias);

— Tabelas de valores BRASÍNDICE;

— Dicionários de especialidades farmacêuticas e de Genéricos;

— A Conta Hospitalar e afins;

— Os Prontuários Médicos com os relatórios médicos e de enfermagem:

I. Período de internação;

II. Procedimentos realizados e datas;

III. Medicamentos e materiais especiais ou de alto custo;

IV. Relatório de registros do uso de Sangue e hemoderivados;

V. Relação das terapias especiais realizadas;

VI. Tempo, atividades e procedimentos em UTI;

VII. Dados registrados das Intercorrências.

VIII. Boletins, fichas de atendimentos, exames subsidiários, laudos dos médicos.

Modelo de Relatório

Relatório de Auditoria Médica Hospital/Convênio

Instituição:

Nome:

Acomodação/Leito:

Enfermaria:

Apto./Quarto/Suíte:

Uso de Berçário:

Uso de UTI:

Paciente

Nome:

Idade: — Sexo:

N. Doc. Identidade

Endereço/Telefone:

Internação

Data:

Motivo:

Caráter (Urgência / Eletiva)

Internações anteriores (N. de dias):

Condição atual de saúde:

Tipo de Tratamento:

Clínico

Cirúrgico

Obstétrico

Pediátrico

Equipe

Clínico/Cirurgião:

1. o Auxiliar:

2. o Auxiliar:

3. o Auxiliar:

Anestesista / Tipo Anestesia:

Intensivista:

Outros especialistas:

Instrumentador e auxiliares:

Materiais e Medicamentos

Uso de oxigênio / duração:

Uso de descartáveis:

Medicamentos:

Grau de satisfação

Atendimento Médico:

Atendimento de Enfermagem:

Nutrição / Copa / Cozinha:

Conforto / Higiene:

Prontuário Médico

Médico(s) assistente(s):

Diagnóstico / Procedimento(s) solicitado(s):

Exames realizados

Cópias/Originais — Descrição:

Serviço Próprio? Serviço terceirizado?

Serviços Especializados

Diagnóstico justifica solicitação? Confirmam diagnóstico?

TC

RNM

USG

Angiografia

Hemodinâmica diagnóstica

Outros

Evolução médica

Prescrição Médica vs. Relatório de Enfermagem

Efetividade dos cuidados de enfermagem

Procedimento(s) realizado(s).

Data

Cirurgia.

Descrição.

Horário especial?

Considerações:

Tratamento compatível com diagnóstico?

Internação e os procedimentos se justificam? E os Medicamentos especiais utilizados? E os Materiais utilizados?

Terapias:

Oxigênio: caráter / máscara / sob pressão

Sangue e hemoderivados

Fisioterapia

Hemodiálise

Nutrição Enteral / Parenteral

Procedimentos Especializados Específicos

Litotripsia

Quimioterapia

Radioterapia

Outras

UTI:

Data de admissão:

Data da alta:

Data de Alta hospitalar:

Dados da Guia de Internação ou Ofício de Internação

Número:

Diagnóstico(s) / Procedimentos(s):

Requisitante:

Credenciado? Não credenciado?

Eletiva. N. dias autorizados / Acomodação.

São Paulo, xx de xxx de xxxx

Médico Auditor

Nome:

CRM:

Conclusão / Opinião / Observações

Barema de referência

HIPÓTESE DIAGNÓSTICA E TEMPO MÉDIO/INTERNAÇÃO CASOS *CIRÚRGICOS NÃO COMPLICADOS*

ADENOAMIGDALECTOMIA **1 dia**

APENDICECTOMIA **2 a 3 dias**

ARTROPLASTIA DE QUADRIL **5 a 7 dias**

CATARATA **1 dia**

CESÁRIA **2 dias**

COLECISTECTOMIA **2 a 3 dias**

COLEDOCOPLASTIA **4 a 6 dias**

COLPOPERINEOPLASTIA **2 dias**

CURETAGEM UTERINA **1 dia**

DESVIO DE SEPTO **1 dia**

ENXERTO ÓSSEO **4 a 5 dias**

ENXERTO TENDINOSO **2 a 3 dias**

FRATURA DE BACIA **4 a 5 dias**

GASTRECTOMIA **3 a 5 dias**

HEMORROIDECTOMIA **2 dias**

HERNIORRAFIAS **1 dia**

HISTERECTOMIA **2 a 3 dias**

LAMINECTOMIA **4 a 6 dias**

LESÃO LIGAMENTAR CIRÚRGICA **2 a 3 dias**

MASTECTOMIA AMPLIADA **3 a 4 dias**

MENISCECTOMIA **1 a 2 dias**

MIOMECTOMIA **2 a 3 dias**

NEFRECTOMIA **3 a 5 dias**

OOFORECTOMIA **2 a 3 dias**

PARTO A FÓRCEPS **2 a 3 dias**

PARTO NORMAL **1 dia**

PATELECTOMIA **1 a 2 dias**

POSTECTOMIA **1 dia**

PROSTATECTOMIA **3 a 5 dias**

SAFENECTOMIA **1 a 2 dias**

SINUSECTOMIA **1 dia**

TIREOIDECTOMIA **2 a 3 dias**

VARICOCELECTOMIA **1 dia**

DIAGNÓSTICO TEMPO MÉDIO/INTERNAÇÃO CASOS _CLÍNICOS NÃO COMPLICADOS_

A. V. C. ISQUÊMICO **4 a 6 dias**

ABORTAMENTO **1 dia**

BRONCOPNEUMONIA **4 a 5 dias**

CRISE HIPERTENSIVA **2 a 3 dias**

DIABETES DESCOMPENSADO **4 a 5 dias**

DIARRÉIA INFANTIL/DESIDRATAÇÃO **2 a 3 dias**

DOENÇA INFLAMATÓRIA PÉLVICA **2 a 3 dias**

ECLÂMPSIA **2 a 3 dias**

EDEMA AGUDO DE PULMÃO **2 a 3 dias**

ESTADO DE MAL ASMÁTICO **2 a 3 dias**

FLEBITE E TROMBOFLEBITE **2 a 3 dias**

HEMORRAGIAS DIGESTIVAS **2 a 3 dias**

HIPEREMÊSE GRAVÍDICA **1 a 2 dias**

INFARTO AGUDO DO MIOCÁRDIACO **4 a 6 dias**

INSUFIC. CORONARIANA/SÍNDROME INTERMEDIÁRIA **3 a 4 dias**

INSUFIC. CARDÍACA CONGESTIVA **4 a 5 dias**

LABIRINTOPATIAS AGUDAS **1 a 2 dias**

LITÍASE RENAL **1 a 2 dias**

MEMBRANA HIALINA **5 a 6 dias**

PANCREATITE **4 a 6 dias**

PIELONEFRITE **3 a 4 dias**

PREMATURIDADE **6 a 8 dias**

QUIMIOTERAPIA **1 dia**

SEPTICEMIA **5 a 7 dias**

TRAUMATISMO CRÂNIO-ENCEFÁLICO NÃO CIRÚRGICO **2 a 3 dias**

RELAÇÃO DE MATERIAIS USADOS EM ESTUDOS HEMODINÂMICOS E SUAS POSSIBILIDADES MÁXIMAS DE REUTILIZAÇÃO

CATETERISMO CARDÍACO

Cateter Sones **04 vezes**

Cateter Judkins CD / CD **04 vezes**

Cateter Pigtail **04 vezes**

Cateter Cobra **04 vezes**

Cateter NIH **04 vezes**

Cateter Lehmonn **04 vezes**

Cateter Cournand **04 vezes**

Introdutor com ou sem válvula **02 vezes**

Dilatador **04 vezes**

ANGIOPLASTIA

Cateter Balão Convencional **02 vezes**

Cateter Balão Especial **02 vezes**

Cateter Balão Septostomia **02 vezes**

Cateter Balão Valvoplastia **02 vezes**

Rotor **04 vezes**

Indeflator **04 vezes**

Torque device **04 vezes**

Torneira 5 vias **04 vezes**

ESTUDO ELETROFISIOLÓGICO

Cateter Quadripolar **05 vezes**

Considerações gerais:

É muito importante considerar que o Direito Médico, assim como toda a base do Direito, funda-se na busca do razoável. Sabemos que o razoável não é absoluto, mas relativo. Então, no aspecto da saúde, notadamente ao que se refere ao SUS (Sistema Único de Saúde) envolvendo medicamentos e procedimentos de alto custo etc., não deveria ser diferente. Não podemos deixar de ter em mente que o razoável é o que a sociedade pode dispor. Assim sendo, é justificado considerar como ela quer dispor do que será considerado como RAZOÁVEL, rechaçando medidas e/ou conclusões arbitrárias e/ou autoritárias!

Leitura recomendada:

Leis e Decretos — Legislação sobre Saúde:

Decreto Federal n. 20.931/32 (Dispõe sobre a fiscalização do exercício da medicina);

Lei Federal n. 3.268/57 (Dispõe sobre os Conselhos de Medicina);

Decreto Federal n. 44.045/58 (Dispõe sobre o regulamento dos Conselhos de Medicina);

Decreto-Lei n. 211/70 (Dispõe sobre as condições de funcionamento dos estabelecimentos de saúde);

Decreto Federal n. 77.052/76 (Dispõe sobre a fiscalização sanitária);

Lei Federal n. 8.142/80 (Dispõe sobre a organização do SUS);

Constituição Federal de 1988;

Lei Federal n. 8.080/90 (Lei orgânica da saúde);

Lei Federal n. 9.431/97 (Dispõe sobre o controle das infecções hospitalares);

Lei Federal n. 9.656/98 (Dispõe sobre os planos e seguros privados de assistência à saúde);

Lei Federal n. 11.000/04 (Altera dispositivos da Lei n. 3268/57);

Lei Federal n. 12.842/13 (Dispõe sobre o exercício da Medicina) alterada pela Lei Federal n. 13.270/2016;

Lei Federal n. 13.270/16;

Decreto Estadual/SP n. 12.342/78;

Decreto Estadual/SP n. 12.479/78;

Lei Estadual/SP Complementar n. 791/95 (Estabelece o Código de Saúde no Estado de São Paulo);

Lei Estadual/SP n. 10.083/98 (Dispõe sobre o Código Sanitário do Estado de São Paulo);

Lei Estadual/SP n. 10.241/99 (Dispõe sobre direitos dos usuários dos serviços e ações de saúde no Estado de São Paulo).

Portarias Ministeriais, Estaduais, Municipais e Resoluções ANVISA:

MS n. 3.432/98 e n. 332/00 (Unidades de Tratamento Intensivo);

MS n. 2.616/98 (Dispõe sobre a obrigatoriedade da manutenção, pelos hospitais do país de Programa de Controle de Infecções Hospitalares);

Portaria SVS/MS n. 453/98 (Dispões sobre proteção radiológica em radiodiagnóstico);

MS n. 2.048/02 (Atendimento de urgência e emergência);

MTE n. 485/05 (NR 32 — Segurança e saúde no trabalho em serviços de saúde);

ANVISA RDC n. 57/10 (Dispõe sobre procedimentos hemoterápicos);

ANVISA/DC n. 283/05 (Aprova o Regulamento Técnico que define normas de funcionamento para as Instituições de longa permanência para idosos, de caráter residencial);

ANVISA/DC n. 302/05 (Dispõe sobre Regulamento Técnico para funcionamento de Laboratórios Clínicos);

ANVISA/DC n. 220/06 (Regulamenta o funcionamento de bancos de tecidos músculoesqueléticos e de bancos de pele de origem humana);

ANVISA/DC n. 220/04 (Aprova o Regulamento Técnico de funcionamento dos Serviços de Terapia Antineoplásica);

ANVISA n. 154/04 e alterações (Estabelece o Regulamento Técnico para o funcionamento dos Serviços de Diálise).

Resoluções do CFM:

N. 1.931/09 (Código de Ética Médica);

N. 1.342/91 (Diretor clínico e técnico);

N. 1.352/92 (Diretor clínico e técnico);

N. 1.598/00 e **N. 1952/10** (Responsabilidades médicas com as pessoas com transtornos mentais);

N. 1.886/08 (Regulamenta a prática de atos cirúrgicos ambulatoriais);

N. 1.451/95 (Estruturas para o atendimento em pronto-socorro);

N. 1.481/97 (Diretrizes sobre o Regimento Interno do Corpo Clínico);

N. 1.490/98 (Composição da equipe cirúrgica);

N. 1.595/00 (Proíbe a vinculação da prescrição médica);

N. 1.605/00 (Dispõe sobre o sigilo das informações no prontuário);

N. 1.897/09 (Código Processo Ético Profissional);

N. 1.638/02 (Define prontuário médico, comissão de prontuário);

N. 1.657/02 e atualizações (Comissão de Ética Médica);

N. 1.802/06 (Dispõe sobre a prática do ato anestésico);

N. 1.821/07 (Digitalização e guarda de informações);

N. 2.062/13 (Dispõe sobre a interdição ética, total ou parcial, do exercício ético-profissional do trabalho dos médicos em estabelecimentos de assistência médica ou hospitalização de qualquer natureza, quer pessoas jurídicas ou consultórios privados, quando não apresentarem as condições exigidas como mínimas na Resolução CFM n. 2.056/13 e demais legislações pertinentes);

N. 2.121/15 (Adota as normas éticas para a utilização das técnicas de reprodução assistida — sempre em defesa do aperfeiçoamento das práticas e da observância aos princípios éticos e bioéticos que ajudarão a trazer maior segurança e eficácia a tratamentos e procedimentos médicos — tornando-se o dispositivo deontológico a ser seguido pelos médicos brasileiros e revogando a Resolução CFM n. 2.013/13);

N. 2.127/15 (Estabelece critérios para a ocupação da função de diretor técnico que será aplicada em Postos de Saúde da Família, Unidades Básicas de Saúde, Caps I e II, Caps i, Postos de Perícias Médicas da Previdência Social e Serviços de Hematologia e Hemoterapia, quando de sua inscrição nos Conselhos Regionais de Medicina).

Resoluções do CREMESP:

N. 43/93 (Cria Departamento de Fiscalização);

N. 70/95 (Cria a Comissão de Revisão de Prontuários);

N. 71/95 (Regulamenta atividade da UTI);

N. 74/96 (Dispõe sobre plantão de disponibilidade de trabalho);

N. 83/98 (Dispõe sobre as comissões de ética médica);

N. 111/04 (Dispõe quanto aos procedimentos que o médico deve cumprir em relação aos estabelecimentos denominados casas de parto);

N. 114/05 (Dispõe sobre comissão de revisão de óbitos);

N. 170/07 (Ementa: define e regulamenta as atividades das Unidades de Terapia Intensiva);

N. 274/15 (Ementa: disciplina a responsabilidade técnica no âmbito da atenção primária à saúde).

Capítulo 16

PERÍCIAS MÉDICAS NOS DORT

Os Distúrbios Osteomusculares Relacionados ao Trabalho, classicamente denominados, tanto na área médica como no campo dos Operadores do Direito, como "DORT" (que também, por vezes, são entendidos como sinônimo de LER — Lesão por Esforço Repetitivo), são um conjunto de patologias que incluem, essencialmente, síndromes dolorosas que têm como uma de suas diversas causas a forma como se realizam as atividades de trabalho.

A nomenclatura Lesões por Esforços Repetitivos (LER) começou a ser utilizada no final da década de 1950, para designar um conjunto de patologias, síndromes e/ou sintomas musculoesqueléticos que acometem particularmente os membros superiores, relacionando-se o seu surgimento ao processo de trabalho (SANTOS FILHO; BARRETO, 1998).

Tal conceituação, simplificada, foi consagrada pelo uso no âmbito médico e do direito, embora imprecisa e, atualmente, considerada por alguns como inadequada. Todavia, é possível, sem modificar este uso consagrado, entendê-la complementando as informações, observando e considerando alguns conceitos técnicos e processuais — como, de fato, se espera que ocorra com quem lida no campo do Direito Médico, especialmente no que contemporaneamente se denomina Direito Médico Trabalhista, agregando estas complementações elucidativas, de forma sistemática — quando da sua utilização, especialmente na forma da sua apresentação nos laudos dos Peritos Médicos.

16.1. PERÍCIA MÉDICA NOS DORT

"DORT", negá-lo ou mesmo modificá-lo por ser inadequado ou impreciso, não se justifica nem é o mais apropriado, pois isso, certamente, irá gerar confusão e imprecisão — mais controvérsias, dificultando a correta interpretação dos elementos da técnica médica pelo leigo e, consequentemente, poderá, por exemplo num processo judicial, não surtir o devido efeito jurídico esperado. Portanto, toda a "energia" que se dispensaria para modificá-lo conceitualmente, por ser desnecessária e não consensual, deve se empregar na sistematização da informação para a formação adequada de especialistas na matéria, visando a compor um quadro de auxiliares da justiça com a devida *expertise*, mas sensibilizados para a forma ideal de apresentar os "DORT" aos Magistrados. Ao longo do tempo, naturalmente, a utilização do termo irá se aperfeiçoar, agregando gradativamente elementos técnicos atualizados e comuns às duas áreas de atuação, Medicina e Direito.

16.1.1. Característica dos DORT

1. Algumas atividades de trabalho envolvem movimentos e posições (incluindo as estáticas e sem tempo suficiente de recuperação) que certamente irão trazer transtorno funcional como consequência, e sabendo que há um caráter sequencial de evolução destes transtornos que se manifestam progressivamente, como classicamente já definidos nas fases de I a IV, pode-se verificar se é um diagnóstico em condição clínica inicial ou terminal, e, também, se é necessária alguma providência efetiva, quer seja na condição de trabalho, quer na emissão de documentos de notificação obrigatórios;

2. Os DORT constatados na fase I, sob o ponto de vista médico, não caracterizam participação ativa das partes — trabalhador e empresa — nem sequer Acidente ou Doença do Trabalho típicos e, mesmo

que guardem alguma relação com a atividade (nexo), admite-se que o quadro clínico tenha se revelado por uma predisposição do trabalhador e/ou uma inadequação não previsível da condição de trabalho específico para esse determinado trabalhador diante das medidas preventivas genéricas e, por não haver dano, por vezes, leva à não emissão da CAT (Comunicação de Acidente no Trabalho), o que no meu entendimento é um erro.

Comentários: Tal erro, até mesmo escusável, pode ser entendido como conduta "preventiva" adotada por algumas empresas, tendo em vista os conflitos da nomenclatura, para evitar caracterização da sua participação nesta ocorrência, pois alguns, médicos e advogados, e também o nosso sistema previdenciário, pelo NTEP, possibilitam o erro de reconhecer que a emissão da CAT nos casos de DORT leva à interpretação da existência de nexo e, portanto, culpa ou dolo. Ora, se há susceptibilidade e imprevisibilidade, afirmo que não é possível ocorrer culpa de nenhuma das partes pela ocorrência do "DORT"! Então, neste caso, o correto, por não haver dano, tampouco culpa, mas apenas suspeição da ocorrência do DORT, se requerer, obrigatoriamente, a emissão da CAT, pois essa deve ser emitida à simples suspeição, sem receios, todavia, nesta notificação deve-se evidenciar a predisposição do trabalhador e a impossibilidade da previsibilidade, enfatizando a ausência de dano (deficiência); oportunamente se revela o que se pode chamar de "quase acidente", situação sem nenhuma participação das partes — empresa ou trabalhador — ou dano objetivo permanente mensurável;

3. Já os DORT constatados na fase II podem caracterizar Acidente ou Doença do Trabalho típicos, se for verificado que guardam alguma relação com a atividade laboral (nexo) e, ao mesmo tempo, for verificado, por avaliação médica, que há inadequação previsível na condição de trabalho, sem ou com recorrência de exposição a fatores inadequados. Neste caso, deve emitir-se a CAT, porém, por não haver dano físico (deficiência) permanente, obrigatoriamente na emissão da CAT deverá se evidenciar se não houve ou houve recorrência de exposição a fatores inadequados.

Nota: Também é tido como certo que quando os DORT atingem a fase II, obrigatoriamente impõem, aos setores de Saúde e Segurança das empresas, imediatas providências no sentido de se eliminar por completo os fatores de exposição, seja de má postura, movimento incorreto, elementos que possam contribuir para o surgimento de agravos, caracterizando esta providência a chamada *adaptação laboral*. Não havendo possibilidade de eliminação dos fatores de exposição, sabe-se que se deve promover a imediata mudança de função laboral dos trabalhadores envolvidos;

4. Como dito, sabendo que os transtornos funcionais decorrentes do trabalho apresentam caráter sequencial de evolução, e que nas fases I e II não se observa lesão ou dano objetivo permanente), só sintomas, e que as patologias diagnosticadas e relacionadas como DORT, numa destas fases (I ou II) caracterizam-se apenas como disfunção física, considera-se que elas são passíveis de recuperação completa, facilitando, em muito, a análise e julgamento da matéria;

5. Já os transtornos funcionais classificados como DORT pertencentes à fase III são caracterizados por lesão presente, entretanto, podem não denotar dano permanente. Há dano, transitório, pois este pode regredir e se estabilizar apenas com tratamento clínico e afastamento do fator de exposição ocupacional;

6. Os diagnósticos DORT classificados como fase IV, esses sim se caracterizam por já haver lesão com dano permanente, que pode não evoluir, mas também não irá regredir. Nos tempos atuais é inadmissível que ainda ocorram casos que atingem esta fase!

Portanto, os DORT indenizáveis são os que estão na fase IV, pois com dano permanente!

16.1.2. Fases dos DORT como paradigmas para outras DRT

Tal forma de apresentação evolutiva não é exclusiva de condições osteomusculares e pode, ou melhor, deve ser aplicada também nos chamados Distúrbios Relacionados ao Trabalho (DRT) — inclusive quando dos distúrbios mentais — que, na verdade, são toda e qualquer doença que guarde relação com o trabalho desenvolvido.

Para fins de ilustração, vamos considerar um indivíduo que fuma cinco cigarros por dia há 6 meses, outro há 2 anos, outro há 5 anos e outro há 30 anos, apenas ponderando aspectos relacionados à instalação de uma doença chamada Enfisema Pulmonar, que se caracteriza por lesão (dano objetivo permanente) do alvéolo pulmonar de forma definitiva, análoga à fase IV dos DORT. Assim, temos:

1. É certo que todos os fumantes, sejam os iniciantes ou os antigos, apresentam alguma alteração sobre os alvéolos pulmonares;

2. Também é certo, e podemos entender, que aquele que fuma há 6 meses está numa fase inicial — fase I — e, se deixar de fumar, praticamente nenhuma repercussão terá sofrido e seus alvéolos pulmonares estarão normais;

3. O que fuma há 2 anos ainda está na fase inicial, porém, está na fase II, e também é certo, e podemos entender, que sofreu um maior efeito nocivo (maior tempo de exposição) que aquele que fuma há 6 meses. Nesse é possível que já tenha ocorrido, por exemplo, uma alteração nos brônquios, causando bronquite reversível, mas ainda sem qualquer alteração alveolar. Se este indivíduo parar de fumar, provavelmente, sua recuperação será praticamente completa. Também é fácil de entender que mesmo sem ter uma lesão permanente, se continuar fumando, suas chances de vir a desenvolver a lesão alveolar são cada vez maiores — aumenta muito o risco de instalação de um dano! Portanto, se imediatamente parar de fumar, vai evitar o surgimento de dano objetivo permanente;

4. O que fuma há 5 anos está na fase III, sua bronquite já pode ter características de bronquite crônica, com algum grau de falta de ar (dano fisiológico), indicando já algum dano alveolar (dano físico mínimo). Se interromper o hábito de fumar, ao longo do tempo (anos), poderá recuperar-se dos efeitos da bronquite crônica, e sua falta de ar desaparecerá. Portanto, há lesão, há dano, mas este não repercute de forma permanente, todavia, existe e está latente e sujeito efetivamente a reexposição;

5. O que fuma há 30 anos está na fase IV (terminal), pois além de a bronquite crônica já ser do tipo catarral, terá grande número de alvéolos lesados (dano físico moderado a grave, contudo objetivo e permanente), com frequência é acometido por falta de ar (dano fisiológico), condição que, mesmo parando de fumar, não regredirá; ou seja, o dano é irreversível e sua repercussão clínica (sintomas) também. Com a interrupção do hábito de fumar, cessará a progressão das lesões alveolares, mas não repercutirá em melhora, ou seja, não recuperará a capacidade pulmonar de outrora.

O exemplo apresentado contém imprecisões da técnica médica, propositadamente demonstradas, pois não se espera que leigos saibam o que é Enfisema Pulmonar. Todavia, mesmo com as expressões do rigor exigido pela técnica médica, a demonstração apresentada em fases não chega a comprometer o devido entendimento evolutivo para os médicos, e é de extrema valia para os não-médicos. O demonstrado facilita o entendimento da situação, tornando compreensível a condição clínica para a oportuna quantificação, não só do aspecto clínico, mas também, quando for o caso, para embasar a questão indenizatória ou criminal deste dano, por advogados e juízes.

Assim, se os médicos, especialmente os Peritos Médicos e Assistentes Técnicos, usarem esta classificação nos diagnósticos relacionados com DORT e outras condições assemelhadas, permitirão, facilmente, aos advogados magistrados e outros leigos, o devido entendimento.

Dessa forma, nessa classificação em fases de evolução, há facilidade no reconhecimento da real condição dos trabalhadores classificados como DORT e nas DRT sendo aplicada, espera-se que facilite a adoção de medidas de Saúde e Segurança no Trabalho, e que estas sejam, de fato, instituídas no ambiente laboral.

Sendo melhor entendidas e facilmente identificadas, a comparação e a aplicação destas questoes conforme normatizadas em legislação e/ou quando associadas a outras medidas da ciência, por exemplo, a ergonômica, propostas pelos médicos do trabalho visando à prevenção de doenças, definitivamente permitirão uma melhor compreensão para efeitos administrativos e/ou judiciais. Ora, instruindo-se desta forma, pela facilidade didática de entendimento, certamente há que se abandonar argumentações empíricas, para que, de fato, adotem-se as medidas propostas pelos técnicos do Setor de Saúde Ocupacional. Também, e ao mesmo tempo, a inépcia das equipes que deveriam agir em prevenção, será facilmente reconhecida, gerando um fator moderador de observância de controle na eficácia das medidas de prevenção e correção em Saúde Ocupacional.

No mesmo caminho, com o devido entendimento da condição, quiçá os Operadores do Direito possam contribuir com a diminuição das demandas judiciais trabalhistas, por vezes indevidas e inadequadas.

16.1.3. DORT nos laudos médicos periciais

Para que se possa entender de que forma os DORT são caracterizados nos laudos periciais é importante e imprescindível para o perito conhecer o que a literatura médica tem a dizer sobre este grupo que engloba grande número de patologias, atualizando-se frequentemente. Porém, no laudo, não deve avançar em detalhes na defesa de algumas teses científicas, por não ser este o momento adequado, pois o que se espera de um laudo pericial é uma conclusão definitiva, a mais clara e objetiva possível. Trazer ao campo jurídico controvérsias técnicas da ciência médica em nada ajuda na elucidação do caso.

A Perícia Médica deve se embasar em dados já razoavelmente consagrados e aplicá-los no que couber, especificamente no caso em avaliação, facilitando o entendimento do juiz, por exemplo, adotando-se a apresentação em fases como proposto.

Os DORT são polemizados, até mesmo na literatura médica, não havendo consenso sobre suas classificações, inclusive diante de posições doutrinárias opostas, tanto quanto os diagnósticos das patologias que compõem este grupo; quanto a definição da sua etiologia, são complexos, complicados e exigem uma formação multiprofissional para entendê-los. Todavia, por ser fato, devemos conhecer a Norma Técnica do INSS, baixada em Ordem de Serviço INSS n. 606, de 5 de agosto de 1998, nomeados como LER (Lesão por Esforços Repetitivos) o que chamamos DORT, da seguinte forma:

> uma síndrome clínica caracterizada por dor crônica, *acompanhada ou **não** por alterações **objetivas***, que se manifesta principalmente no pescoço, cintura escapular e/ou membros superiores em decorrência do trabalho, podendo afetar tendões, músculos e nervos periféricos (Brasil, 1998). — **grifos do autor**

Vale ressaltar que isso somente se aplica, se for excluída as outras causas!

Inequívoco que a constatação de patologias do grupo dos DORT é essencialmente clínica e baseia-se na história clínico-ocupacional detalhada, no exame físico dirigido, na análise das condições de trabalho, *in loco* ou não, em dados epidemiológicos e, algumas vezes, realizada com auxílio de exames complementares, o que nem sempre é fácil do leigo entender.

Os estudos sobre prevalência e incidência das patologias que englobam os DORT mostram resultados muito variados, tanto em relação às regiões geográficas das empresas, onde ocorrem, quanto às ocupações dos trabalhadores acometidos. Não restam dúvidas que são mais frequentes em mulheres. Entretanto, observa-se que as queixas de dor nos membros superiores aumentaram dramaticamente ao longo das últimas décadas em todo o mundo, mesmo diante de disponibilização de ambiente e condição laboral adequada e segura. É um paradoxo a ser considerado!

Em nosso país, segundo o Relatório Anual (Brasil, 1998) do Núcleo de Referência em Doenças Ocupacionais do Instituto Nacional de Seguridade Social emitido em 1993, de um total de 906 casos de avaliação de doença ocupacional, nada menos de 550 eram casos de DORT (60,71%). Em 1994, de um total de 963 casos de avaliação de doença ocupacional, os casos de DORT corresponderam a 554 (57,53%). E em 1995, de um total de 1.643 casos analisados, os DORT corresponderam a 1.160 casos (ou 70,6%). Mesmo que antigo e que se considere como dados não cientificamente controlados, serve para reflexões no momento contemporâneo para que não se venha a perder a atenção preventiva.

Ainda segundo os dados apresentados por este órgão, há uma grande predominância de DORT entre trabalhadores de atividades de escritório e de bancos, justamente onde não estão expostos a cargas e forças físicas. No total, as atividades desenvolvidas em escritório contribuem com aproximadamente 68% dos casos de DORT, ficando os outros 32% para as indústrias. A grande predominância de ocorrências é entre mulheres (3:1) e mais de 70% dos casos atingem pessoas entre 20 e 39 anos, em plena idade reprodutiva e de máximo vigor físico, com faixa salarial predominante de 3 a 5 salários mínimos. Hoje já se reconhece que muitos destes dados foram afetados por quadros classificados como DORT símile, por exemplo, quando da ocorrência de Fibromialgia e Síndrome Miofascial, quadros confirmados pela ciência que não são desencadeados e/ou relacionados ao trabalho, além da inegável supernotificação por fatores ideológicos.

A definição não precisa que é, às vezes, esperada pelos Operadores do Direito com boa certeza, leva a sérias controvérsias quanto à origem e às causas dos DORT. Além disso, a multicausalidade dos DORT e a multidisciplinaridade que se exige para sua constatação, associadas à influência dos fatores sociais em sua gênese, proporcionam um ambiente de desconfiança por parte de todos.

Oliveira (1998) relata que:

> a teoria da multicausalidade da LER serve para consolidar a medicina científica contemporânea, sendo de indiscutível eficácia social e individual para estabelecer as bases no seu reconhecimento como doença do trabalho, mas é insuficiente para explicar a patologia como um todo (p. 403).

Ribeiro (2003), após realizar estudo detalhado sobre DORT no setor bancário, afirmou:

> mesmo que tenham uma expressão morfofuncional localizada, são um adoecimento do corpo inteiro, isto é, biológico, psíquico e social. Sua localização decorre das exigências do trabalho e do modo individual do sujeito "andar na vida", de elaborar as agressões físicas e psíquicas oriundas da realidade concreta; mas sua coletivização e domiciliação, mais do que isso, revelam algo que vai mal em nosso mundo global. Ou seja, há outra dimensão antrópica onde as demais estão contidas. (p. 1901-24)

O reconhecimento dos DORT gera, muitas vezes, conflitos, não só relacionados ao trabalho, mas pessoais e familiares, uma vez que amigos e familiares dos portadores desse quadro, muitas vezes, entendem a dor, que é um fenômeno subjetivo, como possível simulação para um ganho secundário, pecuniário, beneficiário ou sentimental, e até científico.

Referindo-se ao aspecto familiar, Codo (1995) relata: "os trabalhadores relatam nos grupos de diversas maneiras pelas quais a desconfiança e o rechaço desconfirmam a veracidade de sua doença". (p. 355)

Codo continua:

> Pelas próprias características de invisibilidade da doença, o diagnóstico da LER ou a confirmação de seu nexo com o trabalho é negado apesar de todos os sintomas relatados pelos pacientes, do contexto de trabalho onde estavam inseridos e dos diagnósticos positivos fornecidos por outros profissionais de saúde. (p. 355)

Entretanto, no campo científico, a maioria dos autores considera os fatores sociais e psicológicos como importantes componentes na gênese dos DORT, porém é imprescindível a existência concomitante de fatores físicos como movimentos repetitivos incorretos, posições monótonas, exigências de força, presença das posições e os movimentos inadequados realizados durante o trabalho, que superem a capacidade fisiológica do músculo, o que ocorre quando a postura (estática) ou o movimento (dinâmico) é inadequado (não fisiológico) e que tem que ser considerado caso a caso — não se pode generalizar as consequências.

O diagnóstico das patologias que poderão ser classificadas como DORT, e a própria classificação como sendo estas do grupo dos DORT, também exige um conhecimento multidisciplinar, pois, além de envolver uma anamnese clínica detalhada, associada a um exame físico minucioso, normalmente estas patologias se apresentam de forma muito subjetiva, através de queixas de dor, quase sempre dissociada de uma estrutura anatômica específica, variando amplamente com o tipo, gênero, idade e profissão do trabalhador.

Para Buono Neto (2004):

> Um dos elementos mais frequentes para a sua caracterização é a dor, sendo esta em geral insidiosa, de início remoto, sem data precisa de instalação. Algumas vezes o paciente relata que teve início após certo período de sobrecarga. Sua localização varia dependendo da estrutura comprometida, sendo, por vezes, pouco definida, sugerindo distúrbio neurológico central. Quando precisa, traduzindo comprometimento de um músculo, tendão ou nervo específico, a dor pode ser reproduzida por manobras no exame físico. A duração da dor tende a ser mais breve no início, surgindo ao fim do expediente e aliviando com o repouso noturno, mas com o tempo passa a ser mais duradoura, até tornar-se contínua nos casos graves. (p. 437-62)

Sendo de difícil caracterização e diagnóstico complicado, certo é que não se pode excluir que os DORT podem ser agravados pela manutenção dos fatores estressantes, associados a uma ineficácia e/ou ineficiência e, às vezes, incompetência da aplicação da Medicina do Trabalho, não correspondendo às exigências que deveriam ser disponibilizadas para o bem-estar do trabalhador e o que se espera da aplicação dos efeitos dos conhecimentos desta especialidade médica.

16.1.4. Reabilitação incluindo DORT

Quando já instaladas, são várias as terapêuticas utilizadas pelos pacientes portadores de doenças que compõem o grupo classificado como DORT, que vão desde o uso de anti-inflamatórios até terapias alternativas, como acupuntura. Todavia, o mais importante da terapia é retirar os fatores causadores, promovendo trabalho adaptado na rotina de trabalho do trabalhador, evitando a progressão ou agravos, sem introduzir novos fatores de risco, como, por exemplo, fatores mentais, que podem ocorrer devido a longos períodos de afastamento laboral, o que contribui para a consequente dessocialização no ambiente de trabalho, ou mesmo designando trabalho restrito.

A reabilitação destes pacientes que se encontram nas fases III e IV, principalmente os da IV, e naqueles com longo tempo de afastamento laboral é muito complexa, sem dúvida, porém possível; é o elemento mestre que permite a devida solução extrajudicial, e deve envolver necessariamente uma equipe multidisciplinar. Deve ser realizada com a devida competência pelos Serviços de Saúde no Trabalho das empresas empregadoras na designação de "Trabalho Adaptado", depois "Trabalho Restrito", ou busca por um novo posto de trabalho para a mudança de função (Reabilitação propriamente dita), e quando isso, de fato, não for possível de ser realizado na própria empresa, deverá realizá-lo em conjunto com o órgão previdenciário. Infelizmente, a aceitabilidade dos empresários para reabilitar e mesmo empregar pessoas portadoras de doenças classificadas no grupo dos DORT, reabilitando-as em novas funções, é baixa, pois existe até o receio de que o reabilitado esteja em busca de ganhos secundários.

A dificuldade do trabalho de Reabilitação Profissional com os portadores de patologias que podem ser classificadas como DORT está inteiramente relacionada a múltiplos fatores, por exemplo, os sociais, previdenciários, administrativos, trabalhistas, individuais, legais, dentre outros, muitas vezes, agravada pelo afastamento laboral por longo período e, até em definitivo, concedido por meio de aposentadoria por invalidez, que concretiza o processo de dessocialização, o que é muito grave e inadequado. Se instituído de forma precoce, o sucesso da reabilitação profissional é quase certo!

16.2. O PROCESSO TRABALHISTA TENDO OS DORT COMO PARADIGMA

Uma vez estigmatizado, aposentado, ou mesmo segregado, o trabalhador, normalmente ainda em idade produtiva, se vê prejudicado, ou seja, com seu direito lesado busca, pelos meios judiciários, uma indenização por danos decorrentes da sua condição. Para isso, alega prejuízos materiais, morais e até estéticos, decorrentes de uma conduta negligente do empregador, alegando que este não adotou as medidas de proteção e segurança laborais exigidas em legislação complementar.

Couto (1998) cita Carneiro, por meio de um estudo minucioso realizado em 650 processos dessa natureza em Belo Horizonte e Contagem, afirmando que este autor concluiu que:

> ao estipular o montante, o advogado do reclamante geralmente alega que o trabalhador não tem condições de conseguir outro emprego em decorrência da lesão dos membros superiores, e por isso mesmo solicita em juízo que seja estipulado um valor equivalente anual com benefícios porventura existentes vezes o número de anos que o trabalhador ainda teria até que completasse 65 anos de idade; além disso, o advogado solicita que seja estipulado um valor a título de ressarcimento por danos morais. Cada processo desse tipo está estimado, em média, em R$ 70 mil, havendo alguns casos de até R$ 200 mil. (p. 17-66)

Mais recentemente, por oportuno, temos o entendimento do Tribunal Regional do Trabalho da 15ª Região, abaixo transcrito, que diz:

EMENTA: DANO MORAL. DOENÇA OCUPACIONAL. INDENIZAÇÃO. O princípio da dignidade da pessoa humana foi adotado como fundamento da República do Brasil, conforme dispõe o art. 1º, III, da CF/1988. Portanto, constituindo a essência dos direitos fundamentais, de modo que é forçoso concluir que, se a finalidade maior da CF é tutelar a pessoa humana — a quem reconheceu direitos fundamentais —, a autonomia das relações privadas, inclusive as relações de trabalho, encontra limites na preservação da dignidade da pessoa humana. Note-se que a CF/1988, ao tutelar o meio ambiente (*caput* do art. 225), tinha como finalidade a proteção da vida humana, como valor fundamental, de sorte que, ao considerar incluído o local de trabalho no conceito de meio ambiente, constatamos que a proteção constitucional se volta à prevenção dos riscos ambientais para resguardar a saúde físico-psíquica do trabalhador enquanto cidadão. Apesar de não ser pacífica a questão da responsabilidade civil do empregador frente ao dano à saúde ou vida do empregado decorrente da agressão ao ambiente de trabalho, há, ainda, a previsão do Código Civil de 2002 que, apesar de concebido na década de 1970, adotou a responsabilidade objetiva fundada na teoria do risco na hipótese de atividade que, ao ser normalmente exercida, oferecer risco potencial da ocorrência de dano a direitos de outrem (parágrafo único do art. 927). Sendo assim, com supedâneo no parágrafo único do art. 927 do novo Código Civil e art. 7º, *caput* que estipulou e assegurou outros direitos além dos previstos em seus incisos, a tendência atual da jurisprudência é inclinar-se pelo reconhecimento da responsabilidade do empregador independente de culpa ou dolo no caso do empregado vir a exercer atividade perigosa ou que o exponha a riscos (Processo TRT/15ª Região n. 02011-2001-093-15-00-6, Recurso Ordinário, Origem: 6ª Vara do Trabalho de Campinas).

Portanto, a teoria da responsabilidade objetiva explicitada transfere para a empresa o fardo da prova. Assim, no sentido prático, é o empregador quem acaba tendo de comprovar que procedeu de forma correta e adequada sob os aspectos relativos à aplicação das normas e programas de saúde ocupacional, o que nos parece ser o caminho correto, principalmente diante do que se exige a ser disponibilizado se houver assessoria adequada em Saúde Ocupacional.

16.2.1. Habilidades do Perito Médico diante, inclusive, dos DORT

Nesses casos, as habilidades exigidas do Perito Médico vão além da avaliação clínica, que, sem dúvida, sempre deve ser bem-feita em todos os casos. Entretanto, especialmente nestes do grupo dos DORT, o elemento central de atenção do bom Perito Médico está na ponderação quanto ao tripé mestre da Saúde e Segurança no Trabalho:

1. Aplicação dos "Programas de Prevenção" — não somente ter programas — estes devem estar implantados à efeito;

2. Disponibilização de "Ambiente Físico" adequado — conduta proativa das equipes que compõem o quadro do setor de Saúde e Segurança, sem omissões ou inépcias;

3. Fornecimento de trabalho em "Condições Ergonômicas" sob os aspectos Cognitivo, Físico e Organizacional.

O conhecimento amplo, multidisciplinar, aliado a procedimentos feitos com a necessária diligência, por meio de perícias diretas ou indiretas, permite ao Perito Médico, efetivamente, "reconstituir" como se exercia o trabalho no caso em discussão. Fica claro que o perito age, também, buscando todas as evidências necessárias para que possa, de forma correta, caracterizar a questão.

> Um grande avanço vem ocorrendo na formação do Médico do Trabalho no Brasil, conforme se observa através de alguns cursos de residência médica. Segundo Silveira (2004), a residência médica constitui um bom caminho ao permitir uma formação prática e teórica mais completa, atendendo satisfatoriamente às exigências do mercado de trabalho. (p. 4-10)

A Medicina Legal e Perícia Médica é especialidade médica reconhecida pelo Conselho Federal de Medicina (CFM), através da fusão das duas entidades, Associação Brasileira de Medicina Legal — ABML e Sociedade Brasileira de Perícias Médicas — SBPM, doravante representadas pela Associação Brasileira de Medicina Legal e Perícias Médicas — ABMLPM, pela Associação Médica Brasileira (AMB) e pela Comissão Nacional de Residência Médica (Resolução CFM n. 1.973, de 14.7.2011. SBPM, 2.013), nos parece a ideal escolha para avaliar os DORT e, mesmo sendo *experts*, porém, o Perito Médico deve estar atento à soberba, tanto em relação aos seus colegas médicos quanto em relação aos advogados. Também não deve esperar que todos concordem integralmente com suas ponderações.

Deve, sim, ter humildade para aceitar que o juiz, e até os advogados das partes, mesmo não tendo formação técnica específica, possam não adotar em parte ou no todo a sua observação e/ou conclusão, pois, como sabemos, a finalidade da avaliação pericial não é o julgamento da causa, mas sim a expressão técnica de uma condição, do ponto de vista dos elementos colhidos para análise da causa específica do que um determinado Perito Médico está avaliando ou avaliou. Vale lembrar que quem julga é o Juiz, e neste sentido o laudo deve facilitar esta difícil tarefa, e nunca dificultá-la, contudo, deve expressar no seu conteúdo a característica individual de quem o elaborou.

Como sempre, os laudos periciais são de suma importância para as decisões judiciais em processos trabalhistas por danos decorrentes das doenças, em especial as do grupo dos DORT. Entretanto, embora normalmente o laudo deva fornecer informações além do nexo entre a patologia alegada, o trabalho que se realizava e a existência dos danos, muitos deles ainda não fornecem de forma adequada e detalhada a expressão de tais informações. Ademais, muitos também são omissos em manifestar aspectos quanto ao cumprimento das normas legais e da boa prática de segurança e medicina do trabalho, incluindo aquelas definidas pela própria empresa pontualmente no PCMSO e PPRA, dentre outros programas. Isso deve ser corrigido!

Os peritos médicos, assim procedendo, farão constar no laudo pericial as variáveis possíveis ocorridas durante essa relação de trabalho desenvolvido, podendo as partes confrontá-las com as normas legais, bem como as normas da boa prática de segurança e medicina do trabalho, podendo requerer do perito ou dos Assistentes Técnicos informações quanto ao cumprimento destas normas nos moldes propostos para o estabelecimento do Nexo Causal a fim de fornecer ao juiz informações detalhadas sobre a conduta genérica do autor (reclamante) e do réu (reclamada).

É nesse sentido que a apresentação dos DORT em fases se mostra como forma adequada de classificação, apesar das críticas vindas da área médica, porém, todos os elementos complexos que são utilizados pelos Peritos Médicos nas avaliações pertinentes se darão de forma especial quando oferta o seu entendimento ao Magistrado e/ou às partes — leigos técnicos. Se pode ser menos relevante no aspecto da técnica médica, certamente esta classificação não o é para o Magistrado, que regula aspectos de interesses difusos, facilitando a linguagem e entendimento técnico de todas as partes envolvidas nas demandas.

Neste sentido, mostra-se muito oportuna e interessante a manifestação sobre Saúde Ocupacional emitida pela Dra. Elisabeth Costa Dias, na publicação *Patologia do Trabalho* (1999, cap. 4, p. 83, § 7º), na qual diz:

> Neste processo, alguns ingredientes são imprescindíveis: a disposição para sonhar, para conviver com a incerteza e a diferença, para inventar, para estudar, para o diálogo e a construção e a informação ágil, fácil, disponível, descomplicada, pronta para ser utilizada, sob todas as formas hoje disponíveis de difusão e veiculação. (Mendes, 1999)

Por último, a destreza técnica em associar o parâmetro clínico e o das tabelas de sugestão irá se aprimorar no dia a dia da atividade pericial médica, tornando-as de fácil utilização prática, permitindo aplicações equânimes, em todas as perícias que realizar.

Capítulo 17

RESPONSABILIDADE MÉDICA CIVIL OU CRIMINAL

Como já apresentamos quando do aspecto da perícia trabalhista, pela sua relevância, não custa rever o que a Resolução CREMESP n. 76, de 2 de julho de 1996, no art. 7º, diz:

Caberá aos médicos do trabalho (como tal reconhecidos por Lei), especialmente aqueles que atuem na empresa como contratados, assessores ou consultores em saúde do trabalhador: a — A corresponsabilidade com os outros médicos que atuem na empresa e que estejam sob sua supervisão, por todos os procedimentos que envolvam a saúde do trabalhador, especialmente com relação à ação coletiva de promoção e proteção à sua saúde. b — A responsabilidade solidária com o empregador, no caso de agravos à saúde desses trabalhadores.

Tal resolução, aprovada na 1.822ª Reunião Plenária, realizada em 2 de julho de 1996, mesmo que se tenha o entendimento de que órgão de classe possa ter excedido suas prerrogativas ao editá-la, é vigente e, na ausência de outra entendo que, por analogia, também deve ser adotada como parâmetro de pensamento da classe dos médicos, diante da sua prática profissional em qualquer área de atuação.

Ao Perito Médico, além dos casos de imputação do crime de falsa perícia, também cabe a da responsabilidade médica, civil ou criminal, comum a todos os médicos, que deve ser considerada quando ocorre a culpa com as seguintes conotações:

1. Culpa *stricto sensu*: o agente não queria o resultado lesivo alcançado por sua ação/omissão, mas por ele é responsabilizado, uma vez que agiu com imprudência, negligência ou imperícia. Diz-se que a conduta do agente foi culposa.

2. Culpa por dolo: o agente quis o resultado que sua ação/omissão alcançou ou, ao menos, assumiu os riscos de produzi-lo por meio de sua conduta. Diz-se como conduta dolosa.

Se a conduta adotada pelo médico no exercício de sua atividade causar dano ao paciente em decorrência de negligência, imprudência ou imperícia, apurada por oportuna Perícia Médica, diz-se que foi uma conduta culposa e o profissional poderá vir a ser processado tanto na esfera cível quanto na criminal.

Quando a conduta do médico em relação ao paciente caracteriza-se como um fato previsto na legislação penal pátria como crime, que é o caso da falsa perícia, instaura-se um procedimento investigatório que visa recolher provas e evidências quanto à autoria e materialidade do fato alegado.

Neste segundo caso, demandará:

1. Inquérito policial, que poderá ser mero procedimento administrativo e apenas investigatório, antecedendo a ação penal. É presidido pelo delegado de polícia (Federal [Perícia Trabalhista — Perícia no Juizado Especial Federal — Justiça Federal] ou Civil) e tem o intuito de ouvir as testemunhas, a vítima e o suspeito, que, nesta fase, é tratado por "indiciado". Pode ser indiciado de diversas formas:

a) mediante auto de prisão em flagrante;

b) portaria;

c) notícia-crime;

d) por requerimento da vítima;

e) mediante requisição de promotor ou juiz;

f) ou ainda, por meio de representação da vítima, nos crimes de ação penal privada.

Nota: durante o inquérito policial, não é obrigatória a presença do advogado do médico ou do Perito Médico, em face da natureza meramente inquisitiva do inquérito. Porém, a prática demonstra que a presença deste profissional (advogado) acompanhando o interrogatório do cliente e tomando conhecimento das provas colhidas poderá prevenir possíveis abusos, inclusive com a adoção de medidas judiciais, se for o caso, como exemplo, a impetração de um *habeas corpus*.

2. Relatório que será encaminhado ao promotor público para o oferecimento da denúncia ou queixa-crime. A autoridade policial não tem a prerrogativa de arquivar o inquérito, pois esta atribuição é do juiz, a pedido do Ministério Público.

3. Oferecimento da denúncia que, sendo aceita pelo juiz, dá início à ação penal e o indiciado passa a ser "réu".

Quando o médico se torna réu:

1. Inicia-se a fase denominada "Instrução Criminal", na qual o réu é intimado, tomando conhecimento da ação e da data que foi marcada pelo juiz para o seu interrogatório.

Nota: durante o interrogatório, não é indispensável a presença do advogado, visto ser ato privativo do juiz. Entretanto, sempre é mais conveniente que o advogado esteja presente para melhor instruir o seu cliente e fiscalizar a lei, entretanto, não pode intervir nas respostas dadas por ele às perguntas formuladas pelo juiz.

2. Prazo para a defesa prévia, em que o advogado do réu alega sua inocência e arrola as testemunhas, sem antecipar a tese de defesa. Também são inquiridas as testemunhas de acusação e de defesa.

3. O Ministério Público e a defesa poderão requerer diligências. Trata-se de fase de pedido de esclarecimentos, colher elementos complementares ou novos, juntar, solicitar ou requisitar folha de antecedentes e certidões, dentre outras coisas.

4. Concluídas as fases anteriores, inicia-se o prazo para o oferecimento das alegações finais, que é o momento em que cada qual fará as argumentações para convencer o juiz da tese defendida. Caso o juiz entenda necessário, poderá solicitar novas diligências, por exemplo, a oitiva de uma nova testemunha.

5. Por último, será proferida a sentença, contendo:

a) Um resumo do que foi alegado pela acusação e pela defesa;

b) A motivação do juiz;

c) O fundamento legal de sua decisão; e

d) O dispositivo que condenará ou absolverá o réu.

A responsabilidade civil é independente da criminal, conforme preceitua o Código Civil brasileiro, em seu art. 935. Porém, quando as questões **relativas à existência do fato ou sua autoria forem decididas na esfera criminal, não poderão mais ser questionadas na esfera cível.**

Portanto, quando condenado na esfera criminal, o médico ainda poderá ser responsável pela indenização na esfera cível. A absolvição no processo criminal influi diretamente na ação cível, nos casos em que o juiz fundamentar a sentença afirmando que o agente praticou o ato em estado de necessidade, legítima defesa, estrito cumprimento do dever legal ou exercício regular de direito, conforme art. 65 do Código de Processo Penal brasileiro.

As questões éticas são apuradas diante dos seus pares, CRM/CFM. Nos julgamentos feitos pelo CRM, não há vinculação quanto à indenização. Entretanto, tal julgamento é considerado por nossos juízes como prova circunstancial muito importante.

Responsabilidade Penal Médica

O tema responsabilidade penal médica foi considerado desde as primeiras civilizações e tem como característica fundamental a afetação de bens jurídicos essenciais do ser humano, em especial a saúde.

De início, a medicina foi mais uma arte que objetivava a beneficência, caridade, o bem-estar das pessoas, e o seu exercício foi de tal importância que aqueles que a exerciam foram elevados à categoria de sacerdotes. Nesse sentido, o escritor Diodoro da Sicília narra o fato de que, no Egito, havia o *Livro Sagrado*, contendo conhecimentos e regras de conduta, inclusive o dever de registrar as ocorrências, o curso da enfermidade, com a maior quantidade possível de dados (talvez tenha sido o primeiro prontuário médico). Se ocorresse o evento morte, o médico devia demonstrar que seguiu os ensinamentos do *Livro Sagrado*, sendo presumida sua culpa quando havia violado as regras ali contidas.

Desde então, já havia a obrigação de meio.

Na Grécia, a responsabilidade médica passava por um rigoroso controle exercido conforme o Juramento de Hipócrates.

Em Roma, estava prevista a responsabilidade e punição no caso de abandono dos cuidados após uma intervenção, imperícia nas operações e ainda na má administração de medicamentos.

Na época moderna, o Código Civil Francês consagrou a regra da "irresponsabilidade médica", evitando qualquer sujeição dos profissionais a regras preordenadas, por exemplo, "os médicos e cirurgiões não são responsáveis pelos erros que possam cometer de boa-fé no exercício de sua arte". A justificativa consistia na ideia de que não se devia obstar o progresso da ciência com regulamentos de ação. Outro argumento consistia na afirmativa de que os juízes não tinham conhecimento suficiente para julgar a conduta médica.

17.1. APURAÇÃO DA RESPONSABILIDADE CIVIL MÉDICA

Com a promulgação do Código de Defesa do Consumidor (BRASIL, 2003), uma nova relação se estabeleceu entre os médicos (prestadores de serviço) e os pacientes (consumidores).

> A consequência desta nova lei, aliada ao melhor acesso à informação pela população quanto aos seus direitos, bem como a maior opção para escolha de um serviço de saúde (aumento do número de profissionais), foi a elevação da frequência de ações ético-legais geradas contra profissionais. SILVA & MALACARNE, 1999-a, p. 305; SILVA & MALACARNE, 1999-b, p. 311; SILVA, 2000, p. 17.

Se na demanda judicial apresentada restar constatado pelo juiz a verossimilhança das alegações ou a hipossuficiência do "acusador" provar, poderá decidir pela inversão do ônus da prova em favor deste, que ficará dispensado da comprovação do defeito, da ocorrência, do dano e do nexo causal — art. 6º, VIII, CDC. Insistimos em lembrar que por verossimilhança entende-se algo semelhante à verdade e hipossuficiente como sendo a incapacidade de fazer prova. Deste modo, o juiz aplicando o Código de Defesa do Consumidor[90], o que pode fazer somente no momento da Sentença, certo é que cabe ao médico fazer prova de que não errou!

Diante disso, como o médico se defende?

O conceito de defesa do médico inclui a análise dos seguintes documentos:

• A petição do Autor;

• O Prontuário Médico — excepcionalmente, poderá ser apresentado em sua defesa (do médico), mesmo sem o consentimento do paciente;

• O depoimento pessoal do Médico — pode ajudar ou prejudicar, portando deve-se ponderar com muito cuidado;

• Análise dos anexos ao prontuário do paciente;

• Demonstração em Perícia Médica (pode ajudar ou prejudicar; porém, sua realização será solicitada pelas partes ou pelo juízo);

• Estabelecimento da Tese — Conceito de defesa;

• Estabelecimento da Tese — Conceito de recurso.

Tecnicamente, a defesa do médico é apoiada em três elementos:

• Depoimento do médico (fazê-lo com bom preparo);

---

(90) A inversão do ônus da prova é um direito conferido ao consumidor para facilitar sua defesa no processo civil e somente neste.

- Análise do prontuário;

- Estudo da petição do autor da demanda.

Atenção: O direito de especificar provas extingue-se para o réu que, na contestação, deixou de fazê-lo (TFR-1ª Turma, Ag. 55.215 SP).

Como já dito, o Prontuário Médico é de suma importância, visto ser este documento médico-legal que guarda o conceito de documento imparcial e isento, pois foi elaborado de forma desconectada dos interesses pessoais da lide; é frio, concreto, incontestável! Para assim ser considerado, deve ter sido elaborado dentro do que recomenda a boa prática médica e por regulamentação consolidada em resoluções e recomendações dos conselhos federal e estaduais de medicina.

Também é função do Perito Médico a apresentação de "Eximentes de Responsabilidade"; porém, o juiz é livre para aproveitá-los, ou não, no todo ou em parte. Entre os eximentes, podemos citar o fato e a culpa da vítima.

Trabalho apresentado no I Congresso Paulista de Medicina Legal e Perícia Médica — Leal, LPFF, 2012, São Paulo:

> Médicos são condenados em 20% das ações; totalmente procedente em 8%; parcialmente procedente em 12%; laudo coincidiu com a sentença em 16%; 4% é a discordância do Juiz em relação ao indicado no laudo pericial.

CARRASCO, Baltazar Guajardo — 2. ed. 2005 — Chile:

> "En menos del 10% de los casos que llegan a la justicia se logra establecer responsabilidad de algún integrantes del equipo médico; en el 60% nunca se establece la existencia de un delito, y en el resto se determina negligencia, pero no se identifica o los culpados".

17.2. FATO DA VÍTIMA

A relação médico-paciente supõe um modelo interativo e com a cooperação de ambos. Na prática, há certa resistência em se considerar a não culpa em razão do princípio *favor victimae*, o que não é pacífico, considerando os diversos graus de conduta para se avaliar o fato da vítima como eximente de responsabilidade. São várias as razões:

- A relação do médico com o paciente pode durar muito tempo, ficando praticamente impossível estabelecer com segurança o que corresponde a cada um;

- Existem atos anteriores, concomitantes e posteriores ao tratamento a se considerar;

- Em geral, há uma vontade diminuída do paciente ou chegando a ser inexistente, como caso de pacientes psiquiátricos, e nem sempre há colaboração dos familiares, ocorrendo até a necessidade de tratamento em ambiente fechado;

- Algumas enfermidades não podem ter sucesso no tratamento se não se cuidar de certas dependências: hábito do fumo, regime alimentar etc.;

- O paciente tem dever de informar ao médico sobre os dados relevantes de sua enfermidade, como princípio de boa-fé na relação estabelecida, especialmente por se tratar de sua saúde. Deve informar dados ordinários, por exemplo, antecedentes de risco, enfermidades anteriores, hábitos, e tudo o que é importante para o diagnóstico médico. A omissão destas informações pode levar ao erro médico;

- O paciente tem o dever de seguir o tratamento; não o fazendo, exime o médico de responsabilidade;

- A questão anterior se torna crítica quando o paciente tem sua vontade diminuída por alguns hábitos: é fumante, obeso, sedentário, ansioso etc.;

- O déficit de conduta é causa de insucesso nos tratamentos. Assim, mesmo com o sucesso do tratamento, a enfermidade pode retornar segundo o comportamento, por exemplo, estresse, diabetes, fumo etc.

O que se discute é se as indicações do médico sobre dieta, redução de peso, medicação são corretas para o caso e se o fato de o paciente não seguir a prescrição contribuiu para o resultado danoso. O médico, nestes casos, deve indicar especialista — dietólogo, psicólogo etc. Podemos citar a Condição Preexistente e o Abandono de Tratamento, todavia, através de registros médicos fidedignos e atualizados.

Para que exista imputabilidade, o ato deve provir de pessoa imputável. No caso de pacientes psiquiátricos que se suicidam estando sob custódia de uma clínica, o fato gera polêmica e não tem sido aceita a tese da "ilicitude objetiva", uma vez que o suicídio é ato contrário ao Direito Objetivo.

A Lei Penal pune o constrangimento da pessoa em condições normais. Todavia, não se considera como tal:

- A intervenção cirúrgica sem o consentimento do paciente ou representante legal, se realizada em iminente perigo de vida;

- Uso da coação para evitar suicídio.

O paciente tem o dever de evitar que sua situação se agrave e de procurar sempre diminuir as possibilidades de recorrência após o tratamento feito. Se o agravamento provém de ato do paciente por sua conduta, é certo que não deve ser responsabilizado o médico.

O procedimento do médico em relação à transfusão de sangue em pessoas que professam a religião "Testemunha de Jeová" deve ser pautado pelo princípio constitucional da Inviolabilidade do direito à vida.

17.2.1. Conceituando

1. Imprudência, do latim *imprudentia*, é a falta de atenção, o descuido ou a imprevidência; é o resultado do ato do agente, são as consequências de seu ato ou de sua ação, as quais devia e podia prever. Logo, o fundamento essencial está na desatenção culpável que dá ensejo a um determinado mal que poderia e deveria ser previsto pelo agente.

"Ejemplos de imprudencia:

Contagio de enfermedades infecciosas, al asistir enfermos contagiosos y aquellos inmunes aún.

Realizar actos médicos sin utilidad. En el caso de operaciones estas deben ser necesarias.

No atar al enfermo durante la anestesia en camillas angostas o de operaciones. Ensayos terapéuticos con drogas no suficientemente experimentadas y sin datos de su farmacología, indicaciones o dosis.

Radiodermitis por extraccíon de cuerpos extraños metálicos. No advertir los riegos mutilantes de una operación en tumores de miembros.

Hacer operaciones mutilantes con diagnóstico de cáncer con solo exámenes clínico y macroscópico preoperatorios."

Fonte: ACHAVAL, Alfredo. Manual de Medicina Legal. Prática Forense, 2ª edición actualizada, Abeledo-Perrot, Buenos Aires, Argentina, 1978.

2. Negligência, do latim *neglegentia*, de *neglegera*, consiste em desprezar, ou desatender, ou não dar o devido cuidado. Em síntese, compreende a desatenção quando da execução de determinados atos, dando oportunidade a resultados danosos que não aconteceriam se houvesse diligência, ou pela não diligência precisa para a execução de certo ato. Uma vez comprovado que a precaução omitida compreendia aquela que não se podia atender, não se pode admitir formalmente a negligência. Esse preceito remonta ao direito romano "*Negligens non dicitur, qui non potest facere*" — Não se diz negligente aquele que não pode fazer.

"Ejemplos de negligencia:

Obtener consentimiento de los pacientes sin informar adecuadamente. Para ser válido el consentimiento dado para proceder, debe ser inteligente o informado, con una comprensión de qué es y los riegos que trae.

Olvidar instrumentos quirúrgicos em cavidade por no ponerles lavado.

Asepsia no controlada de instrumental o propia por deficiente lavado.

Iniciar una operación no urgente sin el recurso humano necesario o por no tenerlo (anestesista) hacer técnica diferente.

Examen deficiente y error de diagnóstico como consecuencia.

No concurrir al control postoperatorio del paciente.

No advertir los riesgos de fracturas en la convulsoterapia.

No advertir los riegos previsibles normalmente (los excepcionales inquietarían excesivamente)."

Fonte: ACHAVAL, Alfredo. Manual de Medicina Legal. Prática Forense, 2ª edición actualizada, Abeledo-Perrot, Buenos Aires, Argentina, 1978.

3. Imperícia ocorre quando se constata a falta de conhecimentos ou de habilidade para o ato realizado.

"Ejemplos de impericia:

No saber diagnosticar ni tratar lós casos de urgência.

Errores graves de diagnóstico com exámenes completos.

No advertir luego de operaciones con fracasos totales o parciales que La enfermedad o riesgo continúa.

Erros groseros de dosis o de indicación terapéutica.

Erros groseros en el diagnóstico precoz de lesiones progresivas (sin olvidar que su curso no altera la obligación de medios del médico y no de resultados).

Fallas groseras de técnica operatória.

Indicaciones de vuelvo sin cabinas presurizadas em enfermos com trombosis coronárias agudas.

No indicar antibióticos o quimioterapia em um postoperatorío febril."

Fonte: ACHAVAL, Alfredo. Manual de Medicina Legal. Prática Forense, 2ª edición actualizada, Abeledo-Perrot, Buenos Aires, Argentina, 1978.

Capítulo 18

CAPACIDADE LABORAL — CONTROLE DO ABSENTEÍSMO DE CURTO E MÉDIO PRAZO

Outro tipo de Dano que pode ser mensurado pelo Perito Médico, é resultante da avaliação de Capacidade Residual para o Trabalho diante ou não de eventuais Danos Patrimoniais (físicos, mentais e sensoriais) e, para tal, também deve seguir bases científicas, e não empíricas.

Esta atividade pericial médica, diante das taxas de absenteísmo elevadas no setor público e privado, no mundo, vem se ampliando nos últimos anos e no nosso meio avança rapidamente, haja vista a possibilidade daquilo que o médico assistente atesta, não surtir efeito administrativo para justificar determinados abonos ou benefícios.

O ato médico se resumia na relação entre uma confiança (a do cliente) e uma consciência[91] (a do médico). As circunstâncias hoje estão mudadas. As relações sociais massificaram-se, distanciando o médico do seu paciente. A própria denominação dos sujeitos da relação foi alterada, passando para usuário e prestador de serviços, tudo visto sob a ótica de uma sociedade de consumo, cada vez mais consciente de seus direitos, reais ou fictícios, e mais exigente quanto aos resultados. Ruy Rosado de Aguiar Júnior — Universitas/Jus, n. 5, p. 149-192, jan./jun. 2000.

Diante dessa modificação de relação e o número elevado de fraudes em atestados médicos, não só na Previdência Social (INSS), mas naqueles dos regimes próprios de previdência da União, Estado e Município, tais órgãos estão desenvolvendo seus Serviços de Perícias Médicas, visando melhor controle. Algumas empresas privadas também apontam com providências nesta mesma direção.

Devemos destacar que o Conselho Federal de Medicina se manifestou (Parecer AJ n. 18/87), indicando que atestados médicos emitidos em desconformidade com o que é relacionado em Lei é um documento válido, porém ineficaz para a finalidade a que se destina. É o caso do atestado médico para fins de justificação de faltas do empregado junto ao empregador que deve seguir os ditames da legislação sobre a matéria.

Bioética clínica, CREMESP 2008:

Análise de atestado emitido por outro médico

Sobre o assunto há muitos questionamentos, entre eles, *se o atestado emitido por um profissional médico regularmente inscrito no Cremesp não deveria ser aceito rotineiramente?*

Manifestação do departamento jurídico do Cremesp, por ocasião do Parecer Consulta n. 68.176, especifica "sim, em tese, deveria ser aceito. Entretanto, estes casos recorre-se à Lei de n. 605/49 (Consolidação das Leis Trabalhistas/CLT) que diz, no seu art. 6º, § 2º, que informa que a doença será comprovada mediante atestado médico da instituição de previdência social a que estiver filiado o empregado e, na falta deste e sucessivamente, de médico do Serviço Social do Comércio ou da Indústria; de médico da empresa ou por ela designado; de médico a serviço de repartição federal, estadual ou municipal incumbida de assuntos de higiene ou de saúde pública; ou não existindo estes, na localidade em que trabalhar, de médico da sua escolha".

Neste campo, para atuar de forma contemporânea, o Perito Médico deverá compreender a evolução na sua forma de atuação e um paradigma interessante que foi largamente utilizado, que atualmente tem sua importância modificada, mas ainda serve muito bem como modelo didático para as atividades periciais propriamente ditas, foi o chamado Teste de Waddell — TW.

---

(91) REALE, Miguel. *Código de Ética Médica*. RT v. 503, p. 47.

Teste de Waddell[92] positivo:

— Examinado realiza manobras incompatíveis quando não se sente observado;

— Irradiações e manifestações regionais não coincidentes e possíveis;

— Dor ao toque superficial;

— Manifestações inesperadas nos testes de estimulação;

— Verbalização desproporcional à lesão.

A técnica de observação do TW deve ser adaptada à aplicação em perícias médicas, incluindo a realização de procedimentos durante a examinação de órgão ou segmento corporal, tomando por base a inspeção (movimentação e amplitude de movimentos do segmento corporal ou de todo o corpo), palpação (resposta ao simples toque), percussão (resposta incompatível) e a ausculta do examinado (verbalização).

"El simulador no coopera para realizar exámenes de laboratório o de gabinete..." — SILVA, Hernán Silva — Psiquiatria forense, 1ª ed. Editorial Jurídica de Chile, p. 248.

A falta de cooperação durante a examinação clínica é fática, muitas vezes alegando dores insuportáveis, incapacidades impossíveis e inconsistentes com o estádio músculo esquelético etc., com o que o perito médico deve ficar muito atento.

Os "sinais de Waddell" (SW) foram observados quando utilizados na avaliação de portadores de doenças da coluna, no sentido de tentar avaliar as influências de fatores psicogênicos sobre a manifestação subjetiva de dor associada com o grau de afetação anatomofuncional desses pacientes. Como dito, com ressalvas, também são úteis em perícias médicas para fins de avaliação da capacidade laboral.

Logo, sugerimos a sua utilização tomando as indicações apresentadas pelo Professor Waddell como de importância e que podem auxiliar nas avaliações, contudo, não pode ser utilizada e sequer entendida como parâmetro isolado, tampouco quando o teste é positivo, não se deve entender como patognomônico de simulação, ou que, tendo sua aplicação, por si só permitirá ao Perito Médico excluir ou incluir caracterizações nosológicas, físicas ou mentais. Esses parâmetros devem ser utilizados na associação com um apurado exame clínico, obtendo-se fatores de relevância na história clínica e buscando na propedêutica completa, como dito, incluindo a INSPEÇÃO[93], PALPAÇÃO, PERCUSSÃO E AUSCULTA, a obtenção de outros dados objetivos.

Na propedêutica, como aliados do Perito Médico, dois aspectos são muito relevantes a se inspecionar no trabalhador:

1º — As alterações tróficas dos músculos;

2º — A presença de processo inflamatório vigente.

Sabemos que o sistema muscular dos vários segmentos corporais, já aos 10 dias de imobilização, inicia a apresentação de comemorativos clínicos objetivos, surgindo hipotrofia[94] que pode ser mensurada. Progredindo a imobilização, gradativamente nas semanas, a hipotrofia se intensifica, podendo se manifestar já após um período de 90 a 120 dias como atrofia franca. Ao longo desta evolução, podem se somar e se sobrepor sinais de hipotonia e até atonia muscular.

Desse modo, conhecendo este padrão fisiológico, e tendo a aplicação do Teste de Waddell, nos exige uma melhor observação não somente do segmento corporal que se examina, mas também uma avaliação mais atenta, incluindo ao menos um sumário do exame psíquico e cognitivo do trabalhador examinado, já ressalvado que o TW não pode ser objetivamente relacionado como indicativo de simulação, lembrando que é

---

(92) Gordon Waddell, DSc, MD, FRCS, Orthopedic Surgeon, Glasgow — *The Back Pain Revolution*. 2. ed. — Centre for Psychosocial and Disability Research, University of Cardiff, UK.

(93) "A observação da marcha, o modo como ele puxa a cadeira e se senta, e como nos cumprimenta e depois se despe para ser examinado, proporcionam ao examinador dados precisos". O TW, nas suas 4 considerações, inclui os principais aspectos da propedêutica: inspeção, palpação, percussão e ausculta.

(94) Estudos em fisiologia (ratos) evidenciam que no 3º dia de imobilização já se nota afetação por hipotrofia — Chinguiu, Luciano — Tese de mestrado — UNIMEP, 2.008.

apenas um conjunto de procedimentos que nos alerta e pode, na associação com os dados objetivos, permitir ponderar objetivamente quanto ao grau de incapacidade laboral do indivíduo.

Rotineiramente, devemos utilizar, na prática da técnica pericial, a verificação se o trabalhador avaliado guarda Boa, Regular ou Má capacidade para:

— compreender e comunicar-se nas atividades do cotidiano;

— compreender o que se está apresentando;

— deambular livremente;

— se dirige — moto ou carro;

— se tem memória e juízo de valor preservados;

— se apresenta disfunção de órgãos ou sistemas — e se o quadro está estabilizado ou há instabilidade;

— se o quadro é crônico, crônico agudizado — agravado ou agudo;

— se há feridas e/ou risco de sangramento ou rupturas: pequeno, médio, grande;

— se o quadro está em regressão ou progressão;

— se há aspectos do trabalho inevitáveis que podem agravar o quadro;

— se a doença é contagiosa e se está na fase infectante;

— se apresentou boa resposta à terapêutica.

Por conseguinte, fica claro que nas perícias médicas para controle do absenteísmo laboral, a máxima destreza do Perito Médico irá se desenvolver com melhora da sua capacidade em inspecionar o paciente, no conjunto de associação de todos os seus segmentos corporais, incluindo atitudes e hábitos, momentâneos e do cotidiano.

O outro aspecto interessante a observar nestas ocasiões está relacionado à constatação da vigência de processo inflamatório — Edema (Tumoração — Hematoma), Rubor, Calor, Perda Funcional e DOR — e outros sinais subsidiários que podem ser vistos em exames subsidiários. Deve-se compreender que a inflamação incapacitante não pode ser considerada existente exclusivamente diante da alegação de dor! Nesta atividade, a constante observação dos elementos epidemiológicos obtidos nos estudos e trabalhos médicos é moto--contínuo para bem atuar.

18.1. TRABALHO — ADOECIMENTO

O papel do trabalho na determinação e evolução do processo saúde-doença dos trabalhadores é citado por diversos autores, que indicam que estas questões têm implicações éticas, técnicas e legais, que se refletem sobre a organização e o provimento de ações de saúde para esse segmento da população, na rede oficial de serviços de saúde — SUS, para a previdência e para os empregadores, privados e públicos.

Os trabalhadores também podem adoecer por causas diretamente relacionadas ao trabalho, como consequência da profissão que exercem ou exerceram, ou pelas condições adversas em que seu trabalho é ou foi realizado. Assim, o padrão de adoecimento e morte dos trabalhadores resultará de quatro grupos de causas:

A — doenças comuns, aparentemente sem nenhuma relação com o trabalho;

B — doenças comuns (crônico-degenerativas, infecciosas, neoplásicas, traumáticas etc.) eventualmente modificadas no aumento da frequência de sua ocorrência ou na precocidade de seu surgimento em alguns trabalhadores, sob determinadas condições de trabalho;

C — doenças comuns que têm o espectro de sua etiologia ampliado ou tornado mais complexo pelo trabalho — efeito aditivo — ou multiplicam (efeito sinérgico) as condições provocadoras ou desencadeadoras destes quadros nosológicos;

D — agravos à saúde específicos, tipificados pelos acidentes do trabalho e pelas doenças profissionais (MENDES; DIAS, 1999).

As Doenças Relacionadas ao Trabalho são distúrbios, físicos e mentais, que guardam relação com a atividade laboral habitualmente exercida, e se dividem em dois grupos:

1. Doença Profissional — é aquela que decorre do exercício do trabalho peculiar de determinadas categorias profissionais arroladas em relação feita pelo Decreto n. 3.048/1999 (Anexo II), ou, caso comprovado, por avaliação médica, o nexo causal entre a doença e a lesão, ou ainda, aquela que é reconhecida pela Previdência Social, independentemente de constar na relação (Art. 20, § 2º, Lei n. 8.213/1991). Nesse grupo se aplicam os três conceitos definidos por Schilling, como veremos a seguir, o Fator Causal típico (Acidente de Trabalho), o Fator Contributivo e o Fator de Agravo — Concausa.

2. Doença do Trabalho é aquela adquirida ou desencadeada em função de condições especiais em que o trabalho é realizado e com ele se relacione diretamente, estando elencada no referido Anexo II do Decreto n. 3.048/1999, ou reconhecida pela Previdência Social. Neste grupo também se aplicam os conceitos de Schilling, inclusive o chamado acidente de trabalho típico.

Em nosso meio, a nomenclatura Acidente de Trabalho pode abranger as duas condições, daí se sugere a nomenclatura de Doenças Relacionadas ao Trabalho para as duas situações.

Além disso, a legislação vigente equipara a Acidente de Trabalho, nos termos do art. 21, inciso I, da Lei supramencionada, a chamada CONCAUSA. Igualmente, sabemos que se equipara a Acidente de Trabalho, conforme o disposto no art. 21, inciso II, o acidente sofrido pelo segurado no local e no horário do trabalho em consequência de atos cometidos por terceiros ou companheiro de trabalho; por ato de pessoa privada do uso da razão; e por desabamento, inundação, incêndio e outros casos fortuitos ou decorrentes de força maior. Somam-se os do inciso III, em que a doença é proveniente de contaminação acidental no exercício de sua atividade, e os do inciso IV, que é o acidente sofrido, ainda que fora do local e horário de trabalho, mas decorrente de serviços praticados a favor da empresa, bem como o sofrido no percurso da residência para o local de trabalho ou deste para aquela, conhecido como o acidente *in itinere*.

Sabemos por diversos estudos médicos, inclusive os de saúde ocupacional, que das diversas patologias, incluindo a agudização em doenças crônicas (quaisquer que sejam), cerca de 80% a 85% delas são resolvidas, sem necessariamente terem gerado incapacidade laboral por todo o período de doença, definitivamente com recuperação total em torno de 90 dias[95]. No restante, 15% a 18%, aí incluídas as de maior gravidade, como as amputações, as "perdas duplas" etc., são reabilitadas (com ou sem programas específicos) em até 24 meses[96], ou seja, os processos de reabilitação devem se iniciar e se completar dentro deste prazo. Destarte, somente em torno de 2%, decorrido este período, correspondem a indivíduos que não serão reabilitados, o que levará à sua aposentação.

A partir dessa base, podemos entender que é necessário o direcionamento do exame clínico, considerando os sintomas alegados, sem que se evidenciem em sinais físicos e/ou psíquicos que possam ser constatados durante o exame clínico, mesmo quando obtidos por meio da história clínica ou nos resultados de exames complementares, devem ser consignados (anotados nas fichas de avaliação), **porém, não devem ser considerados como quantificáveis na avaliação final**. Portanto, o real impedimento, físico ou mental, somente existirá se puder ser demonstrado de forma anatômica, fisiológica ou psicológica, pois estas anormalidades somente poderão ser "valoradas" se acompanhadas de sinais. Se não repercutem minimamente no aspecto clínico, é porque não há, de fato, lesão (física ou mental) significativa. O mesmo raciocínio deverá ser aplicado e considerado quando da análise dos resultados de exames.

Assim, por definição clássica da Medicina Legal, **as patologias que somente se manifestam com sintomas e alterações de exames, sem repercutir em sinais clínicos mensuráveis, não serão tecnicamente determinantes de incapacidades, especialmente as laborais.**

---

(95) Dados no Curso de Avaliação Médico-Legal da Incapacidade — D. M. de Reabilitação — HC — FMUSP — São Paulo, SP — novembro de 2006.

(96) Dr. E. Lyle Gross, médico especialista em Medicina Física e Reabilitação, Professor-adjunto da Universidade da Colúmbia Britânica em Vancouver — Canadá, apresentador no Curso de Avaliação Médico-Legal da Incapacidade — HC — FMUSP — São Paulo, SP — novembro de 2006.

É fato que os processos mórbidos apresentam-se de forma variada, por motivos individuais, dos agentes etiológicos, da fonte de contaminação, dos fatores desencadeantes etc., enfim, várias são as situações externas e também internas (endógenas) peculiares de cada pessoa, que regem, reagem e se exteriorizam na apresentação e evolução de diferentes condições clínicas. Uns, mesmo quando expostos a uma condição semelhante e/ou igual à de outro, reagem de forma diferente, demonstrando que um mesmo processo de resposta fisiológica ou mórbida se dará de forma diversa em indivíduos diferentes, ainda que muito semelhantes.

Diante dessas considerações, alguns critérios genéricos podem ser utilizados para facilitar o raciocínio do Perito Médico, entre estes está a ponderação sobre os chamados **CRITÉRIOS DE AVALIAÇÃO DO GRAU DE INCAPACIDADE LABORATIVA,** que repercutem em dias de afastamento laboral.

18.2. INCAPACIDADES ASSOCIANDO BASES CLÍNICAS

Ao modo contemporâneo de visão inclusiva e positiva, deveríamos tratar a questão posta de outra forma, a saber, CAPACIDADES ASSOCIANDO BASES CLÍNICAS, eliminando o uso, sempre que possível, do termo INCAPACIDADES. Por exemplo, a Perícia Médica do INSS deveria expressar que busca verificar Capacidades Laborativas e não a Incapacidade Laborativa. Parece insignificante a troca do termo, porém, se considerarmos as oportunas e necessárias garantias de inclusão sociolaboral, poder-se-á modificar paradigmas ao bem dos trabalhadores com mais idade, com doenças degenerativas etc. Contudo, para melhor entendimento, sendo o uso do termo INCAPACIDADE ainda muito comum, assim abordaremos a questão, ficando o alerta para que gradativamente passemos a utilizar a forma positiva de expressão.

Nesses casos, a incapacidade pode ser classificada em:

1. Temporária: quando a recuperação é esperada dentro de um prazo previsível e bem definido, geralmente com 80% a 85% dos casos resolvidos em 90 dias, limitadas a 2 anos.

2. Definitiva para atividades específicas — adaptável: quando a recuperação ocorre, mas há sequela estabilizada definitiva, acarretando limitação para determinadas atividades, sendo possível a sua reabilitação em outra atividade. Nessas situações, a idade, a capacidade de aprendizado, o nível de instrução, e outros, devem ser atentamente observados.

3. Definitiva e permanente — inadaptável: quando não ocorre recuperação, ou ela ocorre de forma parcial, ou o grau de sequela, ou as características do indivíduo não permitem realização de processo de reabilitação. É muito importante destacar que, embora a incapacidade seja definitiva e permanente (Invalidez Laboral), pode não caracterizar concomitante invalidez física.

Neste momento, é muito importante caracterizarmos a invalidez. Para fins de melhor entendimento, vou dividi-la em duas:

• Incapacidade laboral — invalidez laboral: é aquela em que a Incapacidade Total Ponderada (ITP) é igual ou superior a 70%, e/ou quando a Capacidade Residual (CR) é menor que 30%. Não implica, necessariamente, que o indivíduo ao atingir estes níveis esteja inválido para os Hábitos da Vida Diária — Cotidiano (HVD-C). Tenho a sugerir que não seja utilizada a nomenclatura "invalidez laboral", preferindo classificá-la como incapacidade laboral, para que o termo invalidez laboral não venha supor a invalidez total. Ainda, o conceito de definitivo só se aplicaria no caso da ocorrência da incapacidade para os hábitos da vida diária, pois os avanços da medicina, os processos de reabilitação física e mental, já muito bem definidos na fisiatria e no avanço dos programas de reabilitação, permitem reavaliações periódicas e obtenção de capacitações que num determinado momento não se permitiria.

• Invalidez total (Física e Laboral): é aquela em que o indivíduo está incapaz para os hábitos da vida diária e do cotidiano, com dependência total de terceiros para sua existência, incluindo a incapacidade laboral (invalidez laboral). Desta forma, para receber a classificação excludente de inválido, o indivíduo deverá ter sido acometido por doença grave, que repercute em prognóstico reservado e é totalmente incapacitante, determinando a importante dependência de terceiros para a manutenção dos hábitos da vida diária; especialmente daqueles inerentes à manutenção da existência, como o de ter perdido o controle das eliminações, perdido a capacidade de expressar com clareza as necessidades básicas, ou de poder manter sua higiene pessoal com autonomia, bem como alimentar-se e deslocar-se sem a necessidade da intervenção de terceiros, e/ou ser alienado mental.

18.3. INCAPACIDADES

Incapacidade Laborativa é conceituada como a impossibilidade de desempenho de atividades específicas de cargos ou funções, decorrente de alterações patológicas, físicas e mentais, consequentes a doenças ou acidentes, relacionados ou não ao trabalho.

Nos critérios de avaliação de Incapacidade Laborativa, como já vimos, mesmo sendo estes apenas de ordem técnica no campo da medicina, devem-se considerar não só os conhecimentos inerentes à profissão que o indivíduo avaliado exercia pelos critérios da Profissiografia, definidos por diversas instituições, incluindo aqueles que constam da Classificação Brasileira de Ocupações (CBO), bem como os da Fundação Faria Lima — CEPAM, mas o perito também deve utilizar os conhecimentos das exigências biomecânicas para a atividade em avaliação, observando as questões pertinentes quanto à ergonomia física e cognitiva (elementos psíquicos típicos para o exercício das diversas profissões). Deverá também ter conhecimento dos dispositivos legais que regulamentam as avaliações que lhe forem determinadas — por exemplo, se diante de um Servidor Municipal, Estadual etc. — uma Lei (Municipal, Estadual, Federal, Previdenciária) ou Normas etc.

Como já apresentamos, a incapacidade pode ser classificada sob o critério temporal e, deste modo, será:

• Temporária: quando a recuperação do indivíduo será plena, quer seja física e/ou mental, e é esperada dentro de um prazo previsível;

• Permanente: neste caso poderá ser:

— Inadaptável: quando a condição física e mental que o afeta não propicia a possibilidade de Reabilitação ou Readaptação Profissional em cargo ou função compatível com seu estado atual, ou seja, a condição o torna insusceptível para o exercício de diversas atividades profissionais, ou para os atos da vida diária;

A Incapacidade Permanente Inadaptável torna iminente a indicação da aposentadoria laboral por invalidez, pois esta torna o indivíduo incapaz de prover a sua subsistência por não conseguir desenvolver nenhuma profissão — invalidez omniprofissional[97].

— Adaptável: quando a condição física e mental acarreta limitação permanente, porém, apenas para um[98] cargo ou função específico, sendo possível e palpável a Reabilitação ou Readaptação Profissional em cargo ou função compatível com seu estado atual, sendo obrigatória a possibilidade da recuperação (reabilitação pessoal) com plena autonomia, física e mental, para os hábitos da vida diária. Exemplo: Indivíduo que ficou cego dos dois olhos.

Outra forma de classificação pode ser feita com o conceito funcional, considerando-se como total ou parcial e tendo o entendimento de que a Incapacidade Funcional Total é geradora de incapacidade laboral omniprofissional e a Incapacidade Funcional Parcial é uniprofissional. Este entendimento é facilitado pelo critério de incapacidade total, porém não o é para o parcial, quando a tarefa pode ser executada pelo indivíduo sem risco de vida ou agravamento da doença, tendo como base a relação e a forma com que se fará um determinado trabalho. Por exemplo, um indivíduo com uma incapacidade funcional parcial de um dos membros superiores poderá acarretar uma baixa produtividade, trazendo menor eficiência e poderá caracterizar a incapacidade total para um cargo ou função, mas não necessariamente para outro cargo ou função que não exija produtividade.

A Incapacidade Funcional Total é a impossibilidade de desempenho de atividades específicas para os Hábitos da Vida Diária, do cotidiano, decorrentes de alterações patológicas, físicas e mentais, consequentes a doenças ou acidentes, relacionados ou não ao trabalho.

Como critério na avaliação pericial médica da incapacidade, deve-se sempre ponderar a possibilidade da ocorrência do agravamento da doença ou da limitação do indivíduo, bem como as possibilidades passadas,

---

(97) Omniprofissional = qualquer tipo de atividade profissional.
(98) Uniprofissional = um tipo específico de atividade profissional.

atuais e futuras destas terem afetado e/ou se ainda poderão trazer riscos, incluindo os da vida pessoal do avaliado e/ou qualquer outro tipo de risco em relação a terceiros, indicando-as de forma preventiva ou de constatação efetiva da sua ocorrência. Essa constatação deve ser verificada dentro das condições em que este trabalho ou atividade habitualmente está ou estava sendo executado, no sentido da possibilidade de ter ocorrido ou futura ocorrência destes agravos.

De forma não menos importante, deve-se ponderar sobre os malefícios que o afastamento do trabalho ou do convívio social podem acarretar ao indivíduo, como fator de desequilíbrio da tríade bem-estar físico, mental e social e na sua "qualidade de vida".

Assim, o critério aqui adotado e demonstrado para a avaliação da incapacidade no exame pericial foi preferencialmente expressado na forma temporal, por se ter o entendimento de que esta classificação acompanha a dinâmica evolutiva contemporânea, tanto dos aspectos da terapêutica como dos conceitos socioculturais e de reinserção social.

18.4. CRITÉRIOS DE AVALIAÇÃO PELO GRAU DE INCAPACIDADE LABORATIVA E NECESSIDADE DE DIAS DE AFASTAMENTO LABORAL

Nesse caso, o perito médico examinador, após analisar todos os parâmetros que julgou necessários para sua ponderação — avaliação clínica, exames subsidiários, análise de relatórios, atestados médicos, prontuários e outros documentos — aliados aos dados verificados no exame clínico, estabelecerá o Grau da Incapacidade, variando de Grau I (ausente e/ou sem significado) a Grau 5 (muito intensa e significante).

18.4.1. Graus de incapacidade com base em análise nosológica

• **Grupo I** — patologia **não requer tratamento específico (simples orientação) — todas as atividades da vida diária podem ser realizadas**. Geralmente, **não há necessidade de afastamento**.

• **Grupo II** — patologia **requer tratamento específico**, mas **todas as atividades da vida diária podem ser realizadas**. Pode haver necessidade de **0 a 3 dias de afastamento**.

• **Grupo III** — patologia **requer tratamento específico**, porém, **ocorre interferência ocasional nas atividades da vida diária**. Geralmente, há necessidade *relativa* de **até 3 e/ou, eventualmente em casos especiais, de até 10 dias de afastamento**.

• **Grupo IV** — patologia **requer tratamento específico e atenção continuada, ocorrendo interferência nas atividades da vida diária**. Geralmente, há necessidade de **5 a 15 dias de afastamento**.

• **Grupo V** — patologia **requer tratamento específico e atenção continuada, ocorrendo interferência nas atividades da vida diária, sobrepondo risco/agravo temporário para si e/ou terceiros**. Necessidade presente de **10 a 30 dias ou mais tempo de afastamento**.

18.4.2. Critérios de avaliação pela forma de apresentação da incapacidade laborativa

Expressão clínica em quadros agudos, moderados e graves, bem como o tipo de procedimento terapêutico e/ou diagnóstico realizado e/ou evento acontecido, em processo mórbido preexistente ou não.

• **Fase I** — patologia cursa com **crises agudas passageiras** — Geralmente, **não há necessidade de afastamento**.

• **Fase II** — patologia cursa com **crises agudas leves**/recorrentes — **realização de procedimentos não invasivos e/ou não cruentos, exceto sutura simples (endoscopia etc.) — 1 a 5 dias de afastamento**.

• **Fase III** — patologia cursa com **crises agudas leves/moderadas — realização de procedimentos invasivos cruentos simples (suturas em áreas críticas e contaminadas; vídeoscopia etc.)**. Geralmente de **5 a 10 dias de afastamento**.

• **Fase IV** — patologia cursa com **crises agudas moderadas — crises agudas em patologias crônicas — internações — pós-operatório sem complicações — quadros infecciosos** — Geralmente de **10 a 15 dias de afastamento**.

• **Fase V** — patologia cursa com **crises agudas graves — internação hospitalar com risco — pós-operatório em procedimentos de grande porte ou com complicações**. Geralmente de **15 a 30 dias de afastamento**.

• **Fase VI** — patologia cursa com **crises agudas e graves em doenças crônicas — agravos em doenças crônicas — quadros debilitantes e/ou significativamente limitantes do convívio social — doença infecciosa grave e/ou recorrente — outras doenças graves com repercussões clínicas objetivas** — Geralmente mais que **30 dias de afastamento — pode requerer ponderação quanto à indicação de Reabilitação/Invalidez**.

18.4.3. Critérios de avaliação do grau de interferência da incapacidade nas atividades da vida diária

Deve, o Perito Médico, ponderar vários aspectos, incluindo a verificação do Grau de Autonomia para higiene pessoal, alimentação, ir e vir, integração social etc.

Sempre deverá adotar uma tabela padrão ou criar uma tabela própria, não deixando de citar as referências bibliográficas em que se baseou.

Vejamos como aplicá-la pelo exemplo a seguir:

Atividade	Grau de autonomia
Higiene pessoal	
Vestir-se	
Pentear-se	
Calçar sapatos	
Preparar alimentos	
Arrumação do lar	
Assistir TV	
Telefonar	
Ler jornal	
Ir à padaria ou mercadinho	
Dirigir (ato complexo)	
Uso de transporte coletivo	
Passar roupa	
Fazer compras no supermercado	
Caminhar pela casa	
Sentar-se à mesa	
Outros	

Pontuar cada item de 0 a 5 — Observação: somatório de pontos e sugestão de ponderação: — Avaliação dos pontos: 17 pontos = autonomia plena; 34 pontos = autônomo; 51 pontos = moderada dependência de terceiros; 68 pontos = importante dependência de terceiros; 85 pontos = sem autonomia — total dependência de terceiros.

Além desses parâmetros, é esperado que os Peritos Médicos tenham conhecimentos mais aprofundados quanto aos conceitos de Capacidade, Capacidade Residual, Deficiência, Limitação, *Handicap* e outros.

18.5. CRITÉRIOS PARA ESTADIAMENTO DA DEFICIÊNCIA

A padronização de procedimentos é um desejo não só do administrador, mas também de muitos Peritos Médicos, visando facilitar análises comparativas. Na atividade médica, o estabelecimento de protocolos parece bastante razoável em diversas situações. Todavia, é necessário ressaltar que tais procedimentos não podem ser rígidos, estanques e obrigatórios.

É certo que sirvam de referência, porém, devem ser utilizados sem que o Perito Médico abandone o raciocínio hipocrático e a soberania da sua ponderação clínica sobre a subsidiária, mesmo quando se depara com tecnologias mais modernas.

É fato que os processos mórbidos apresentam-se de forma variada, por motivos individuais, dos agentes etiológicos, da fonte de contaminação, dos fatores desencadeantes. Enfim, várias são as situações externas e também internas (endógenas) peculiares que regem, reagem e se exteriorizam na apresentação e evolução de diferentes condições clínicas. Uns, mesmo quando expostos a uma semelhante e/ou igual à de outro, reagem de forma diferente, demonstrando que um mesmo processo de resposta fisiológica, ou mórbida, se dará de forma diversa em indivíduos diferentes, ainda que muito semelhantes.

Sendo de real importância para algumas pessoas a obtenção de determinados benefícios com esta classificação, por exemplo, concursos públicos, benefícios fiscais, inclusão para direção veicular etc., é importante para os médicos em geral melhor entendê-la. Do mesmo modo e até com maior rigor e minúcias, o Perito Médico, pois da sua conclusão, poder-se-á encerrar sonhos e possibilidades ou mesmo referendar fraudes.

Mais uma vez destacamos que a experiência e a capacidade de análise individual do Perito Médico é o que lhe permite estabelecer o diagnóstico, o nexo causal ou concausal, os tratamentos recomendados como adequados, o dano, a deficiência etc.

18.6. REFLEXÃO SOBRE MODELOS DE OBSERVAÇÃO: O MÉDICO E O SOCIAL

Uma variedade de modelos conceituais foram propostos para compreender e explicar a incapacidade e a funcionalidade. Esses modelos podem ser expressos em uma dialética de "modelo médico" *versus* "modelo social".

De modo geral podemos entender o modelo médico como aquele que considera a incapacidade como um problema da pessoa, causado diretamente pela doença, trauma ou outro estado de saúde, que requer assistência médica fornecida por meio de tratamento profissional. Os cuidados em relação à incapacidade visam à cura ou ao ajuste do indivíduo e mudança de comportamento, diante da repercussão física ou mental constatada.

O modelo social de incapacidade, por sua vez, considera a questão principalmente como um problema criado socialmente e, basicamente, como uma questão da integração plena do indivíduo à sociedade. Neste entendimento, sugerem que a incapacidade não é um atributo de um indivíduo, mas sim um conjunto complexo de condições, muitas das quais criadas pelo ambiente social. Assim, o enfrentamento do problema requer ação social e é responsabilidade da sociedade como um todo fazer as modificações ambientais necessárias. Portanto, é uma questão de atitude ou ideologia que requer mudanças sociais que, em nível político, transformam-se em questões de direitos humanos.

Penso que o ideal é juntarmos os dois modelos, tudo aquilo que pode contribuir para a inclusão social plena do indivíduo, tal e qual como fazemos para aquele que não recebe tal classificação.

Exemplos clássicos:

1. Deficiência que não resulta em limitação da capacidade nem em problemas de desempenho:

• Uma criança nasce sem uma unha. Esta má-formação é uma deficiência de estrutura que não interfere com a função da mão da criança ou no que a criança é capaz de fazer com aquela mão, de maneira que não há limitação da capacidade da criança. De maneira similar, pode não haver nenhum problema de desempenho — como brincar com outras crianças sem ser importunada ou excluída da brincadeira — devido a essa má-formação. Portanto, a criança não tem limitações de capacidade ou problemas de desempenho.

2. Deficiência que não resulta em limitação da capacidade, mas em problemas de desempenho:

• Uma criança diabética tem uma deficiência de função: o pâncreas não funciona adequadamente para produzir insulina. O diabetes pode ser controlado com medicação. Quando as funções do corpo (níveis de insulina) estão sob controle, não há limitações de capacidade associadas à deficiência. No entanto, a criança com diabetes tende a ter um problema de desempenho na socialização com amigos ou colegas quando o ato de comer está envolvido, já que ela deve limitar sua ingestão de açúcar. A falta de comida apropriada criaria, então, uma barreira. Portanto, a criança teria uma falta de envolvimento na socialização no ambiente atual, exceto se fossem tomadas medidas para garantir o fornecimento de alimentação adequada, apesar de nenhuma limitação de capacidade.

• Outro exemplo é o de um indivíduo com vitiligo na face, mas nenhuma outra queixa física. Este problema estético não resulta em limitações de capacidade. No entanto, o indivíduo pode viver em um local onde o vitiligo pode ser erroneamente visto como lepra e, assim, considerado contagioso. Portanto, no ambiente atual da pessoa, esta atitude negativa é uma barreira ambiental que leva a problemas significativos de desempenho nas interações interpessoais.

3. Deficiência que resulta em limitações da capacidade e — dependendo das circunstâncias — em problemas ou não de desempenho:

• Uma variação significativa no desenvolvimento intelectual é uma deficiência mental. Ela pode resultar em uma limitação relativa de várias capacidades da pessoa. Os fatores ambientais, no entanto, podem afetar o grau do desempenho individual em diferentes domínios da vida:

a) Por exemplo, uma criança com deficiência mental pode enfrentar poucas desvantagens em um ambiente em que as expectativas não são altas para a população em geral e onde ela poderia realizar uma gama de tarefas simples e repetitivas, porém necessárias. Nesse ambiente, a criança teria um bom desempenho em diferentes situações de vida.

b) Uma criança similar que cresce em um ambiente competitivo e com alta expectativa escolar pode enfrentar mais problemas de desempenho em várias situações da vida, se comparada com a primeira criança.

Nota: este exemplo destaca duas questões. A primeira é que a norma ou padrão populacional em relação ao qual a funcionalidade individual é comparada deve ser apropriado ao ambiente atual real. A segunda é que a presença ou ausência de fatores ambientais pode ter um impacto facilitador ou limitador sobre essa funcionalidade.

4. Deficiência por fato anterior que não resulta em limitação da capacidade, mas mesmo assim causa problemas de desempenho:

• Um indivíduo que se recuperou de um episódio psicótico agudo, mas que porta o estigma de ter sido um "paciente mental", pode enfrentar problemas de desempenho no domínio do trabalho ou das interações interpessoais devido às atitudes negativas das pessoas no seu ambiente. O envolvimento da pessoa no trabalho e na vida social é, portanto, restrito.

5. Diferentes deficiências e limitações da capacidade resultando em problemas similares de desempenho:

• Um indivíduo pode não ser contratado para um emprego porque a extensão da sua deficiência (quadriplegia) é vista como um obstáculo à realização de algumas das exigências do trabalho (utilizar um computador com um teclado manual). O local de trabalho não tem as adaptações necessárias para facilitar o desempenho dessas exigências do trabalho por parte da pessoa (por exemplo, *software* de reconhecimento de voz que substitui o teclado manual).

• Outro indivíduo, com uma quadriplegia menos grave, pode ter a capacidade de realizar as tarefas necessárias, mas pode não ser contratado porque a cota de contratação de pessoas com incapacidade já foi preenchida.

• Um terceiro indivíduo, capaz de realizar as atividades necessárias no trabalho, pode não ser contratado porque tem uma limitação de atividade que é atenuada pela utilização de uma cadeira de rodas, mas o local de trabalho não é acessível a cadeira de rodas.

• Por último, um indivíduo em uma cadeira de rodas pode ser contratado para o trabalho, ter capacidade de realizar o trabalho e, de fato, realizá-lo no contexto de trabalho. Não obstante, esse indivíduo ainda pode ter problemas de desempenho no domínio das interações interpessoais com colegas de trabalho porque o acesso às áreas de descanso não está disponível. Este problema de desempenho na socialização no local de trabalho pode impedir o acesso a oportunidades de promoção.

Nota: todos os quatro indivíduos enfrentam problemas no domínio do trabalho devido à interação de diferentes fatores ambientais com sua condição de saúde ou deficiência. No caso do primeiro, as barreiras ambientais incluem falta de acomodação no local de trabalho e, provavelmente, atitudes negativas. O segundo indivíduo enfrenta atitudes negativas em relação ao emprego de pessoas incapacitadas. O terceiro enfrenta falta de acesso ao ambiente físico, e o último enfrenta atitudes negativas relacionadas à incapacidade em geral.

6. Deficiência presumida que resulta em problemas marcantes no desempenho sem limitação da capacidade:

• Um indivíduo vem trabalhando com pacientes com AIDS. Essa pessoa é saudável, mas tem de se submeter a testes periódicos de HIV. Ele não tem limitações de capacidade. Apesar disso, as pessoas que o conhecem socialmente suspeitam que ele pode ter adquirido o vírus e o evitam. Isso leva a problemas significativos do desempenho da pessoa no domínio das interações sociais e vida comunitária, social e cívica. Seu envolvimento é restringido por causa das atitudes negativas adotadas pelas pessoas no seu ambiente.

7. Deficiências que atualmente não estão classificadas em normas resultando em problemas de desempenho:

• Uma mulher cuja mãe faleceu de câncer de mama. Ela tem 45 anos e, recentemente, submeteu-se a testes voluntários e descobriu que carrega o código genético que a coloca no grupo de risco de câncer de mama. Ela não tem problemas na função ou estrutura do corpo ou limitação de capacidade, mas tem seu seguro-saúde recusado pela companhia por causa do seu risco maior de contrair câncer de mama. Seu envolvimento no domínio de cuidar da sua saúde é restrito devido à política da empresa de seguro-saúde.

18.7. INCLUSÃO LABORAL E SOCIAL

Vencer os preconceitos e a resistência dos empregadores e mesmo dos profissionais da área é a maior dificuldade a ser enfrentada por aqueles profissionais que constatam que toda e qualquer pessoa, desde que receba o suporte adequado, tem condições de trabalhar e de ser recompensada proporcionalmente aos resultados por ela apresentados (BUENO, 2004, p. 5-8).

Nesse mesmo sentido, a Declaração Universal dos Direitos do Homem e do Cidadão, produzida pela Assembleia Geral das Nações Unidas, em 10 de dezembro de 1948, diz: "todo homem tem direito ao trabalho, à livre escolha de emprego, a condições justas e favoráveis de trabalho e à proteção contra o desemprego". Assim, os programas de readaptação e reabilitação profissional devem ser enfatizados e sempre tentados, apesar das resistências iniciais que possam ser observadas, visando:

• desenvolver o potencial físico, psicológico, educacional, profissional e social do indivíduo;

• promover a inclusão social e/ou garantir a sua manutenção;

• enfatizar valores e promover ética, humanismo, pluralismo e responsabilidade social;

• permitir ao trabalhador, incluindo o considerado "Levemente Capaz", atingir realização profissional e pessoal;

• garantir integração plena e ativa do trabalhador, incluindo o "Levemente Capaz", na comunidade interna — relacionada ao local de trabalho — e externa, sociedade civil, à qual pertence por direito e em relação à qual tem responsabilidades e deveres.

Então, mais útil é o trabalho técnico do Perito Médico se nos manifestarmos informando sobre Capacidade para o Trabalho, e não pela Incapacidade (forma positiva de indicação visando atender critérios de inserção laboral nos termos preconizados pela ONU), ponderando sob os conceitos da verificação da "Capacidade Residual mesmo diante de dano físico, mental ou sensorial, temporário ou permanente".

Uma reflexão:

Deficientes e o Exercício da Profissão de Motorista

De acordo com a Portaria DENATRAN n. 659, de 17 de dezembro de 2009, todos os veículos podem ser adaptados, inclusive os de carga, tração e os coletivos de passageiros, dando condições para que seus condutores possam exercer a profissão de motoristas nas categorias "C", "D" ou "E".

Isto se deu por ação do Presidente do Conselho Nacional de Trânsito — CONTRAN, que atendendo a decisão do Juízo da 10ª Vara Cível de São Paulo, em ação promovida pelo Ministério Público Federal, publicou a Deliberação n. 61 em 17 de dezembro de 2009, retirando a vedação desse tipo de atividade para condutores com veículos adaptados com a revogação da Resolução n. 80/98. A Deliberação foi referendada pela Resolução n. 267/2008 e, complementando, o DENATRAN publicou a Portaria n. 659 em 17 de dezembro de 2009, alterando o anexo da Resolução n. 292/2008 para permitir a modificação em todos os veículos para serem conduzidos por portadores de necessidades especiais.

Deste modo, com a edição da norma, ficaram atendidas às determinações da Procuradoria da República do Estado de Pernambuco, bem como da Ação Civil Pública proposta pelo Ministério Público Federal do Estado de São Paulo. (Autos n. 2007.61.00.031449-0 Naturezas: AÇÃO CIVIL PÚBLICA Autor: MINISTÉRIO PÚBLICO FEDERAL — MPF — Ré: UNIÃO FEDERAL)

Por efeito, muitos dos Motoristas Profissionais que pretendiam aposentadoria por invalidez junto ao INSS já podem ser devidamente inseridos em Programas de Readaptação bem mais simples, podendo ser mantidos na mesma função.

Deste modo, basta avaliação médica pela Banca específica do DETRAN — CIRETRAN definindo as necessárias adaptações e, posteriormente, demonstração das práticas de direção veicular em veículo adaptado diante de avaliador de percurso, para consequentemente ter a concessão da habilitação com tais restrições. Em seguida, quando for o caso, também poderão ser avaliados em exame admissional, periódico ou demissional, pelos Médicos do Trabalho, caracterizando ou não a qualificação de Motorista Profissional.

Por ser necessária a ponderação na prática, trago a consideração no sentido do entendimento que não se justifica exigir, por exemplo, do Taxista (que entendo ser um Motorista Profissional) habilitação nas categorias C, D e E, se o veículo que irá dirigir assim não o exigir, ainda mais, por ser este, tal e qual aquele que utiliza no cotidiano. O que se deve exigir nestes casos é que o candidato a este reconhecimento — Motorista Profissional classe B — seja habilitado de forma definitiva — CNH e não portador de permissão (1º ano de habilitação), que não tenha cometido nenhuma infração grave ou gravíssima ou seja reincidente em infrações médias durante os últimos doze meses, e que tenha aptidão em exame médico e psicológico e seja aprovado em exame de curso especializado e em curso de treinamento de prática veicular em situação de risco para a categoria B.

Aos que já eram habilitados em outras categorias, C, D e E — Motorista Profissionais de Veículos Pesados —, aos empregadores caberá a disponibilização de veículos com as adaptações indicadas na Carteira Nacional de Habilitação, ou a designação para dirigir veículos na categoria B — Motorista Profissional de Veículos Leves.

Por rigor, tendo em vista os altos índices de acidentes de trânsito em nosso meio, estes — todos os Motoristas Profissionais — ainda deverão se submeter à examinação específica do Médico do Trabalho, tanto para os Celetistas, quanto para os autônomos, através de exames admissionais e periódicos com frequência anual, como já se faz nas empresas (CLT) e por exigência e disponibilização de profissionais a fazê-lo pelos órgãos de trânsito municipais, para os Motoristas Profissionais Autônomos.

Deste modo, Motorista Profissional seria aquele trabalhador que além de ter habilitação do estado — ser possuidor de CNH — para qualquer categoria (B, C, D e E), com ou sem restrições, que guardasse aptidão física e mental específica para cada um dos níveis de atuação — Carros de Passeio, ou

Caminhões, ou Vans — Ônibus ou Veículos Articulados, condição a ser considerada com frequência anual pelo Médico do Trabalho das empresas ou daqueles designados pelo órgão de trânsito municipal. Assim, além do rigor da habilitação pelo estado, renovável em até 5 anos, teríamos um maior rigor por exigência de reavaliação anual. Por exemplo, tal condição permitiria ao Motorista Profissional da categoria E, ao ser "rebaixado" para categoria B, continuar no pleno exercício de sua profissão, se não para a categoria E, agora para veículos de outra categoria, por exemplo, a B, como estará a fazer em seu cotidiano, utilizando toda sua expertise adquirida ao longo do tempo, atuando na própria empresa (ou mesmo como Taxista Autônomo), tendo mantida, na plenitude, sua inclusão social, sua autoestima e seus justos ganhos salariais.

No sentido de que os Deficientes Físicos, e aqui incluo os limitados fisicamente (mesmo aqueles acometidos por DORT), podem manter-se como Motoristas Profissionais, foi favorável a sentença, demonstrando que aquele que apresenta restrição em sua CNH, não deve ser considerado com minus valia, pelo contrário, ao ter sido aprovado com restrição, provou que, quando lhe foi ofertada a acessibilidade, fez de forma igual a qualquer outro indivíduo, com suficiente capacidade de propiciar a ele e a terceiros a necessária segurança no sistema viário, como dito na sentença "o bem maior do trânsito".

Pela relevância, abaixo transcrevo partes desta sentença judicial:

Autos n. 2007.61.00.031449-0 — Natureza: AÇÃO CIVIL PÚBLICA

Autor: MINISTÉRIO PÚBLICO FEDERAL — MPF

Ré: UNIÃO FEDERAL

Fundamentação — Quanto ao Mérito.

"Não havendo outras preliminares a serem apreciadas, analiso o mérito, reconhecendo a presença dos pressupostos processuais, com a observância das garantias constitucionais do devido processo legal, do contraditório e da ampla defesa (art. 5º, incisos LIV e LV, da Constituição da República).

A controvérsia refere-se à previsão veiculada no item 10.3 do Anexo I da Resolução n. 51/1998, do Conselho Nacional de Trânsito (CONTRAN), com a redação imprimida pela Resolução n. 80/1998, do mesmo colegiado, nos seguintes termos (fls. 118/129): "10.3. Ao condutor de veículos adaptados será vedada a atividade remunerada."

Preambularmente, cumpre registrar que o inciso XXXI do art. 7º da Constituição Federal proíbe qualquer forma de discriminação em relação aos trabalhadores portadores de deficiência. Outrossim, a Lei Federal n. 7.853/1989 estabeleceu "normas gerais que asseguram o pleno exercício dos direitos individuais e sociais das pessoas portadoras de deficiências, e sua efetiva integração social" (art. 1º). Para balizar estas normas, o § 1º do mesmo art. 1º do Diploma Legal em apreço assegurou a igualdade de tratamento e de oportunidade às pessoas portadoras de deficiências. Especificamente em relação ao Poder Público e aos seus respectivos órgãos, o art. 2º, caput, da Lei federal n. 7.853/1989 estipulou o dever de assegurar às pessoas portadoras de deficiência o pleno exercício dos direitos básicos, inclusive o trabalho, a fim de propiciar-lhes o bem-estar pessoal, social econômico. E no parágrafo único, inciso III, alíneas "b" e "c", do mesmo dispositivo legal constaram: "Parágrafo único. Para o fim estabelecido no caput deste artigo, os órgãos e entidades da administração direta e indireta devem dispensar, no âmbito de sua competência e finalidade, aos assuntos objetos esta Lei, tratamento prioritário e adequado, tendente a viabilizar, sem prejuízo de outras, as seguintes medidas: (...) III — na área da formação profissional e do trabalho: (...). b) o empenho do Poder Público quanto ao surgimento e à manutenção de empregos, inclusive de tempo parcial, destinados às pessoas portadoras de deficiência que não tenham acesso aos empregos comuns; c) a promoção de ações eficazes que propiciem a inserção, nos setores públicos e privado, de pessoas portadoras de deficiência"; As aludidas normas revelam a existência de um regime jurídico diferenciado para as pessoas portadoras de deficiência, com o objetivo de propiciar o exercício pleno de direitos individuais e sociais, que são impedidos exatamente por causa da insuficiência física. Sob outro aspecto, tais normas não outorgaram simples privilégios às pessoas portadoras de deficiência. A distinção de tratamento visa prestigiar, em verdade, o primado constitucional da igualdade (art. 5º, caput, da Constituição da República), ou seja, a fim de permitir que aqueles que não tenham a plena higidez física possam desfrutar dos mesmos direitos individuais e sociais previstos no ordenamento jurídico brasileiro, com paridade de condições com as demais pessoas, afastando-se juridicamente os obstáculos impostos pela natureza orgânica. Acerca desta distinção de tratamento, sob o prisma da igualdade, destaco a preleção de Alexandre de Moraes: "A desigualdade na lei se produz quando a norma distingue de forma não razoável ou arbitrária um tratamento específico a pessoas diversas. Para que as diferenciações normativas possam ser consideradas não discriminatórias, torna-se indispensável que exista uma justificativa objetiva e razoável, de acordo com critérios e juízos valorativos genericamente aceitos, cuja exigência deve aplicar-se em relação à finalidade e efeitos da medida considerada, devendo estar presente por isso uma razoável relação de proporcionalidade entre os meios empregados e a finalidade perseguida, sempre em conformidade com os direitos e garantias constitucionalmente protegidos. Assim, os tratamentos normativos diferenciados são compatíveis com a Constituição Federal quando verificada a existência de uma finalidade proporcional ao fim visado". (grafei) (in "Direitos Humanos Fundamentais", 4. ed., Atlas, p. 92/93) Destarte, a proibição veiculada no item 10.3 do Anexo I da Resolução n. 51/1998 (com a redação alterada pela

Resolução n. 80/1998) do CONTRAN discriminou as pessoas portadoras de deficiência de forma desproporcional, pois não foram levadas em consideração as normas citadas acima e sequer foi explicitada a motivação que implicou na adoção de tal restrição. Aliás, era necessária a indicação da motivação, o contrário da omissão visualizada na Resolução n. 80/1998 do CONTRAN, conforme bem advertido por Maria Sylvia Zanella Di Pietro: "Entendemos que a motivação é, em regra, necessária, seja para os atos vinculados, seja para os atos discricionários, pois constitui garantia de legalidade, que tanto diz respeito ao interessado como à própria Administração Pública; a motivação é que permite a verificação, a qualquer momento, da legalidade do ato, até mesmo pelos demais Poderes do Estado." (grafei) (in "Direito Administrativo", 19. ed., Atlas, p. 221) Sem a exposição dos motivos que inclinaram o CONTRAN a proibir o exercício de atividade remunerada a condutores de veículos automotores com deficiência física, não é possível sequer reconhecer a legalidade, sob o aspecto formal, da Resolução impugnada pelo MPF na presente ação civil pública. Outrossim, verifico que o CONTRAN pretendeu regulamentar matéria que é reservada privativamente à competência legislativa da União Federal (art. 22, inciso XI, da Carta Magna). Para tanto, no preâmbulo da Resolução n. 80/1998 foram invocadas as atribuições conferidas pela Lei federal n. 9.503/1997 (Código de Trânsito Brasileiro — CTB), que especificamente no seu art. 12, inciso I, dispõe: "Art. 12. Compete ao CONTRAN: I — estabelecer as normas regulamentares referidas neste Código e as diretrizes da Política Nacional de Trânsito"; Quanto à atribuição regulamentadora do CONTRAN, verifico que foi restrita às previsões expressas no corpo do Código de Trânsito Brasileiro — CTB. E nem poderia ser diferente, pois este órgão federal não tem competência legislativa e, por isso, qualquer inovação fora dos parâmetros legais viola diretamente o princípio inscrito no art. 5º, inciso II, da Constituição da República: "Art. 50 Todos são iguais perante a lei, sem distinção de qualquer natureza, garantindo-se aos brasileiros e aos estrangeiros residentes no País a inviolabilidade do direito à vida, à liberdade, à igualdade, à segurança e à propriedade, nos termos seguintes: (...) II — ninguém será obrigado a fazer ou deixar de fazer alguma coisa senão em virtude de lei; (grafei) Uadi Lammêgo Bulos destaca bem regulamentar, em contraste com o princípio da legalidade: "O poder regulamentar é um poder administrativo limitado e circunscrito a exercício de sua função normativa, subordinando-se aos limites de competência executiva. Não se coloca no patamar do Poder Legislativo. Não pode criar tampouco modificar ou extinguir direitos e obrigações. Também não detém o condão de adiar a execução da lei nem de suspendê-la. Sujeita-se ao império da legalidade, dada a proeminência das leis sobre ele". (in "Curso de Direito Constitucional", 2. ed., Saraiva, p. 427) No Capítulo XIV do Código de Trânsito Brasileiro — CTB — foi regulada a habilitação para a condução de veículos automotores e elétricos, ou autorização para ciclomotores. E ao longo dos arts. 140 a 160 foram expressamente dispostas as matérias que poderiam ser regulamentadas pelo CONTRAN, a saber: 1) processo de habilitação (art. 141, caput, do CTS); 2) normas de aprendizagem para condução de veículos automotores e elétricos, ou ciclomotores (art. 141, caput, do CTS); 3) reconhecimento de habilitação obtida em outro país (art. 142 do CTS); 4) exame de noções de primeiros socorros (art. 147, inciso IV, do CTB); 5) aplicação de exames de habilitação, exceto os de direção veicular, por entidades públicas ou privadas credenciadas pelo órgão executivo de trânsito dos Estados e do Distrito Federal (art. 148, caput, do CTS); 6) cursos de direção defensiva e primeiros socorros aos condutores com habilitação a renovar (art. 150, caput, do CTS) ou para condutores contratados para operar frota de veículos de empresa (parágrafo único do mesmo dispositivo legal); 7) punição a instrutores e examinadores que não estejam identificados em prontuário de candidato à habilitação (art. 153 do CTS); 8) autorização para aprendizagem (art. 155, parágrafo único, do CTS), inclusive com a estipulação da carga horária mínima correspondente (art. 158, § 2º, do CTS); 9) credenciamento de autoescolas e de outras entidades destinadas à formação de condutores (art. 156 do CTS); 10) exercício das atividades de instrutor e examinador (art. 156 do CTS); 11) Carteira Nacional de Habilitação (art. 159, caput e § 3º, do CTS); e 12) exames para condutor condenado por delito CTS. Conforme se infere, nenhum dos dispositivos legais pertinentes conferiu ao CONTRAN a atribuição de regulamentar a habilitação por parte de condutores com deficiência física. Logo, é inegável que o item 10.3 do Anexo I da Resolução n. 51/1998 (com a redação alterada pela Resolução n. 80/1998) do CONTRAN extrapolou os limites da lei. Em decorrência, as pessoas portadoras de deficiência física, que pretendam obter a habilitação para a condução de veículos automotores e atividade remunerada, deverão observar, inicialmente, os requisitos previstos no art. 140 do CTB: "Art. 140. A habilitação para conduzir veículo automotor e elétrico será apurada por meio de exames que deverão ser realizados junto ao órgão ou entidade executivos do Estado ou do Distrito Federal, do domicílio ou residência do candidato, ou na sede estadual ou distrital do próprio órgão, devendo o condutor preencher os seguintes requisitos: I — ser penalmente imputável; II — saber ler e escrever; III — possuir Carteira de Identidade ou equivalente". Tendo em vista que para o exercício de atividade remunerada qualquer condutor deverá estar habilitado nas categorias "C", "D" ou "E" (art. 143, incisos III, IV e V, do CTB), deverão ser respeitadas também as seguintes regras estipuladas nos arts. 143, § 1º, 145 e 147, caput e incisos I, III, IV e V, e §§ 2º a 5º, da lei em comento, in verbis: "Art. 143. Os candidatos poderão habilitar-se nas categorias de A a E, obedecida a seguinte gradação: (...) § 1º. Para habilitar-se na categoria C, o condutor deverá estar habilitado no mínimo há um ano na categoria B e não ter cometido nenhuma infração grave ou gravíssima, ou ser reincidente em infrações médias, durante os últimos doze meses". "Art. 145. Para habilitar-se nas categorias D e E ou para conduzir veículo de transporte coletivo de passageiros, de escolares, de emergência ou de produto perigoso, o candidato deverá preencher os seguintes requisitos: I — ser maior de vinte e um anos; II — estar habilitado: a) no mínimo há dois anos na categoria B, ou no mínimo há um ano na categoria C, quando pretender habilitar-se na categoria D; e b) no mínimo há um ano na categoria C, quando pretender habilitar-se na categoria E; III — não ter cometido nenhuma infração grave ou gravíssima ou ser reincidente em infrações médias durante os últimos doze meses; IV — ser aprovado em curso especializado e em curso de treinamento de prática veicular em situação de risco, nos termos da normatização do CONTRAN. "Art. 147. O candidato à habilitação deverá submeter-se a exames realizados pelo órgão executivo de trânsito, na seguinte ordem: I — de aptidão física e mental; II — (VETADO); III — escrito, sobre legislação de trânsito; IV — de noções de primeiros socorros, conforme regulamentação do CONTRAN; V — de direção veicular, realizado na via pública, em veículo da categoria para a qual estiver habilitando-se. (...) § 2º. O exame de aptidão física e mental será preliminar e renovável a cada cinco anos, ou a cada três anos para condutores com mais de sessenta e cinco anos de idade, no local de residência ou domicílio do examinado. § 3º. O exame previsto no § 2º incluirá avaliação psicológica preliminar e complementar sempre que a ele se submeter o condutor que exerce atividade remunerada ao veículo, incluindo-se esta avaliação para os demais candidatos apenas no exame referente à primeira habilitação. § 4º. Quando houver indícios de deficiência física, mental, ou de progressividade de doença que possa diminuir a capacidade para conduzir o veículo, o prazo previsto no § 2º poderá ser diminuído por proposta do perito examinador. § 5º. O condutor que exerce atividade remunerada ao veículo terá essa informação incluída na sua Carteira Nacional de Habilitação, conforme especificações do Conselho Nacional de Trânsito — CONTRAN". Advirto que o próprio § 4º do art. 147 do CTB, acima transcrito, ressalva que pessoas com deficiência podem ser submetidas a exame de aptidão física e mental, porém com a possibilidade de os intervalos para a renovação serem diminuídos por indicação de perito examinador. Como consequência lógica, os veículos a serem conduzidos por pessoas com deficiência devem estar com as adaptações necessárias para suprir a ausência da plena higidez física, a fim de propiciar a proteção do direito maior no trânsito, qual seja, a segurança de todos.

Por tais razões, o item 10.3 do Anexo I da Resolução n. 51/1998 (com a redação alterada pela Resolução n. 80/1998) do CONTRAN deve ser declarado ilegal e extirpado definitivamente do ordenamento jurídico brasileiro.

Todavia, observo que desde a aludida Deliberação n. 61 do Presidente do Conselho Nacional de Trânsito — CONTRAN (fl. 320) o dispositivo ilegal mencionado não foi reeditado. Tanto que, supervenientemente à propositura da presente demanda, o CONTRAN editorou a Resolução n. 267, de 15 de fevereiro de 2008, revogando expressamente as Resoluções ns. 51/1998 e 80/1998 e passando a regulamentar o exame de aptidão física e mental e a avaliação psicológica também às pessoas portadoras de deficiência.

Assim, entendo que a pretensão articulada pelo Ministério Público Federal na presente ação civil pública deve ser acolhida em parte, para condenar a ré a manter a Resolução n. 267/2008 e proibir que qualquer outro ato administrativo subsequente venha a restaurar a ilegal expressão: "Ao condutor de veículo adaptado será vedada a atividade remunerada". Justifica-se, desse modo, a integral manutenção da decisão que deferiu parcialmente a antecipação de tutela.

(...)

Dispositivo

Ante o exposto, JULGO PARCIALMENTE PROCEDENTES os pedidos formulados pelo Ministério Público Federal — MPF, para condenar a União Federal, por intermédio do Conselho Nacional de Trânsito — CONTRAN, a manter os termos da Resolução n. 267/2008 deste colegiado, com a abstenção de editar qualquer outro ato administrativo que proíba a habilitação de pessoas com deficiência para as categorias profissionais ("C", "D" e "E").

São Paulo, 08 de julho de 2.011

Danilo Almasi Vieira Santos

Juiz Federal Substituto". *(meus grifos)*

18.8. RESUMO DA CLASSIFICAÇÃO DO CONTRAN PARA AS CATEGORIAS DE DIREÇÃO VEICULAR:

Categoria "ACC":

Condutor de veículo motorizado de 02 (duas) ou 03 (três) rodas, com potência até 50 cilindradas, com ou sem carro lateral.

CATEGORIA "A":

Condutor de veículo motorizado de 02 (duas) ou 03 (três) rodas, com ou sem carro lateral.

CATEGORIA "B":

Condutor de veículo motorizado, não abrangido pela categoria A, cujo peso bruto total não exceda a 3.500 kg e cuja lotação não exceda a 08 (oito) lugares, excluído o do motorista.

CATEGORIA "C":

Condutor de veículo motorizado utilizado em transporte de carga, cujo peso bruto total exceda a 3.500 kg.

CATEGORIA "D":

Condutor de veículo motorizado utilizado no transporte de passageiros, cuja lotação exceda a 08 (oito) lugares, excluído o do motorista.

CATEGORIA "E":

Condutor de combinação de veículos em que a unidade tratora se enquadre nas categorias "B", "C" ou "D" e cuja unidade acoplada, reboque, semirreboque, trailer ou articulada tenha 6.000kg (seis mil quilogramas) ou mais de peso bruto total, ou cuja lotação exceda a 8 (oito) lugares.

MOTOR-CASA*	**Até 6 toneladas categoria B**, acima de 6 toneladas categoria C, caso o motor-casa tenha acima de 8 passageiros excluindo o motorista, categoria D.

* Lei n. 12.452 alterou o art. 143 do Código de Trânsito Brasileiro:

"II — Categoria B — condutor de veículo motorizado, não abrangido pela categoria A, cujo peso bruto total não exceda a três mil e quinhentos quilogramas e cuja lotação não exceda a oito lugares, excluído o do motorista. § 2º São os condutores da categoria B autorizados a conduzir veículo automotor da espécie motor-casa, definida nos termos do Anexo I deste Código, cujo peso não exceda a 6.000 kg (seis mil quilogramas), ou cuja lotação não exceda a 8 (oito) lugares, excluído o do motorista.

V — Categoria E — condutor de combinação de veículos em que a unidade tratora se enquadre nas categorias B, C ou D e cuja unidade acoplada, reboque, semirreboque, trailer ou articulada tenha 6.000 kg (seis mil quilogramas) ou mais de peso bruto total, ou cuja lotação exceda a 8 (oito) lugares."

IMPORTANTE:

1 — O trator de roda, o trator de esteira, o trator misto ou o equipamento automotor destinado à movimentação de cargas ou execução de trabalho agrícola, de terraplenagem, de construção ou de pavimentação **só podem ser conduzidos na via pública por condutor habilitado na categoria C, D ou E**.

2 — Para conduzir veículo de **transporte coletivo de passageiros**, de **escolares**, de **emergência** ou de **produto perigoso**, o candidato deverá preencher os seguintes requisitos:

— Ser maior de vinte e um anos;

— Estar habilitado:

— No mínimo há dois anos na categoria B, ou no mínimo há um ano na categoria C, quando pretender habilitar-se na categoria D; e

— No mínimo há um ano na categoria C, quando pretender habilitar-se na categoria E;

— Não ter cometido nenhuma infração grave, gravíssima, ou ser reincidente em infração média durante os últimos doze meses.

— Ser aprovado em curso especializado e em curso de treinamento de prática veicular e em situação de risco, nos termos da normatização do CONTRAN.

3 — Exercício de atividade remunerada como motorista ("Motorista Profissional") tem como requisito ser **aprovado em exame médico e psicológico em cada renovação**.

Capítulo 19

REFERÊNCIAS TÉCNICAS PARA APLICAÇÃO DO BAREMO BRASILEIRO

BASEADO COM ÊNFASE NAS INDICAÇÕES DA SOCIEDADE BRASILEIRA DE CARDIOLOGIA[99]; SERVIÇO MUNICIPAL DE PERÍCIAS MÉDICAS DA PREFEITURA DE PIRACICABA; MANUAL DE PERÍCIAS MÉDICAS NO SERVIÇO FEDERAL E OUTRAS

19.1. ALIENAÇÃO MENTAL — DEPRESSÃO E NEUROSES

Em apresentação para Peritos Médicos da Secretaria de Estado da Saúde de São Paulo, o Prof. Dr. José Manoel Bertolote, Psiquiatra do Departamento de Neurologia, Psicologia e Psiquiatria da Faculdade de Medicina de Botucatu — UNESP e Perito do COSTSA — UNESP, tratando do tema "Síndromes psiquiátricas" apresentou e indicou alguns parâmetros que se deve adotar para realização na abordagem dos exames psíquicos:

Roteiro do EXAME PSÍQUICO:

1. ASPECTO: Verificar aparência se: descuidado, despenteado, trajes em desalinho, sujos ou atípicos, características físicas incomuns.

2. POSTURA: Verificar se flácida, rígida, tensa, inadequada, indiferença, bizarra.

3. MOVIMENTAÇÃO: Verificar se aumentada, ou diminuída, acelerada ou lentificada, inquietação, agitação, estupor, tiques, tremores, estereotipias. Verificar se irrequieto.

4. NÍVEL DE CONSCIÊNCIA: Verificar quanto a sonolência, torpor, coma, turvação, estreitamento.

5. ESTADO COGNITIVO: Verificar quanto a atenção, memória, orientação e inteligência. Orientação em relação a si, ao tempo e ao espaço. Atenção espontânea e da concentração. Memória de fixação e de evocação recente/remota; confabulações. Rendimento intelectual (prejuízo leve, moderado ou grave).

6. PENSAMENTO: Verificar FALA/DISCURSO quanto a CURSO se diminuído ou aumentado, lentificado ou acelerado; FORMA se com fuga de ideias, desagregação, bloqueios, mutismo, tartamudez, prolixidade, falta de objetividade, ecolalia, perseverações; CONTEÚDO se com fobias, obsessões, delírios, ideação suicida.

7. SENSO/PERCEPÇÃO: Verificar se com ilusões ou alucinações verdadeiras ou Pseudoalucinações em curso ou passadas.

8. AFETIVIDADE: Quanto a humor, emoções, afetos. Humor deprimido ou exaltado. Se presente ansiedade, medo, raiva, comportamento de hostilidade, ambivalência afetiva, embotamento, labilidade ou inadequação afetiva.

---

(99) Consenso Nacional sobre Cardiopatia Grave da Sociedade Brasileira de Cardiologia — abril de 1993. A Sociedade Brasileira de Cardiologia (SBC), reunida em Angra dos Reis, de 2 a 4 de abril de 1993, com a participação de 40 cardiologistas, estabeleceu considerações e critérios para a classificação da Cardiopatia Grave, como Consenso Nacional da Sociedade Brasileira de Cardiologia.

9. VOLIÇÃO/PRAGMATISMO/PSICOMOTRICIDADE: hipobulia, abulia, hiperbulia, obediência automática, ecopraxia, negativismo, estupor, compulsividade, agitação psicomotora, ambitendência, dificuldade para tomar decisões, prejuízo nas atividades pragmáticas.

10. JUÍZO CRÍTICO: Em relação ao mundo real. Em relação a si. Em relação à doença — dificuldade ou exagero em admitir a existência de problemas psíquicos.

Como eu faço:

Não é incomum ao médico expressar dificuldade em realizar uma avaliação psíquica. Para alguns peritos médicos, não é diferente.

Uma boa orientação para os "não psiquiatras" acredito ser as que aprendi nos meus saudosos tempos de internato.

Para encorajar — facilitar — encare-as como "conversa", sem perder o foco que se trata de uma avaliação médica.

Essas avaliações, geralmente, envolvem algumas formalidades, como marcar data (às vezes, datas!) com horário predefinido para se proceder à avaliação. Isso possibilita preparação para "conversar" com o avaliado sobre várias coisas, e, geralmente, terá duração de cerca de uma hora.

Durante a "conversa" (examinação ativa coordenada pelo perito médico), faça anotações!

É muito importante que a pessoa avaliada **não se reprima e não se envergonhe de nada.** Então, deixe bem claro que essa "conversa" será **totalmente confidencial e necessária** para possibilitar o seu entendimento técnico para bem concluir.

Devemos "conversar" abordando questões sobre os sentimentos e reações a várias situações vivenciadas por aqueles que estamos avaliando.

Conduzir "conversa" apressada e indiferente, abordando questões fechadas (seguindo rígida revisão de sistemas), com muita frequência impede que a pessoa avaliada revele informações de valor técnico, especialmente se em perícia médica.

Encaminhar a "conversa" com o examinado sobre questões abertas, deixando-os contar suas histórias com as próprias palavras, possibilitam entender as circunstâncias sociais associadas ao caso de interesse e possibilitam conhecer as reações emocionais e permitem mais bem qualificada interação perito-periciando.

Na "conversa" devemos abordar sobre pensamentos indesejados ou incômodos, comportamento indesejável, incluindo o quanto isso afeta ou interferem na vida social, interpessoal (incluindo assuntos da intimidade) e no trabalho. Às vezes, esboçar confronto — verificar *insight*. Entender a personalidade[100] e o temperamento[101] do avaliado é essencial.

O perfil de personalidade pode trazer traços de resiliência, consciência ou de centrar-se em si mesmo, de dependência, de baixa tolerância à frustração e pode mostrar os mecanismos de enfrentamento que geralmente o examinado utiliza. A "conversa" pode revelar obsessões (pensamentos ou impulsos indesejados e perturbadores), compulsões (urgência para realizar atos irracionais ou aparentemente inúteis), delírios (crenças falsas e fixas), ilusões (interpretação errônea — confusão de aparência com realidade — confusão de falso com verdadeiro) e também pode determinar se é expresso sintomas físicos (p. ex., cefaleia, dor abdominal), além de outros sintomas mentais (p. ex., comportamentos fóbicos, depressão) ou comportamentos sociais (p. ex., isolamento, rebeldia) etc.

A "linguagem corporal" pode revelar evidências de atitudes e sentimentos negados ou não referidos, por exemplo, se está inquieto ou anda para frente e para trás apesar de negar ansiedade etc. Então, com a atenta observação comportamental durante a "conversa" pode-se obter evidências de transtornos mentais ou físicos.

---

(100) Qualidade ou condição de ser uma pessoa. Conjunto de qualidades que define a individualidade de uma pessoa moral. Aspecto visível que compõe o caráter individual e moral de uma pessoa, segundo a percepção alheia.
(101) Conjunto dos traços psicológicos e morais que determinam a índole de um indivíduo. Modo de ser ou agir.

A definição do estado psíquico surge da avaliação de vários domínios, incluindo discurso, expressão emocional, pensamento e percepção, e das funções cognitivas. Dirigir alguns questionamentos, breves e padronizados, podem ajudar, incluindo aqueles especialmente delineados para avaliar orientação espacial, temporal e de memória, e outros com algum destaque, como veremos.

A **aparência geral** deve ser avaliada no transcorrer da "conversa" e pode ajudar a determinar várias coisas, entre elas, se as pessoas examinadas são incapazes de cuidar de si mesmos, se não conseguem ou relutam em seguir normas sociais (p. ex., vestem roupas socialmente inapropriadas) ou se fizeram (fazem) abuso de substâncias, se tentaram se autolesionar (p. ex., apresentam odor etílico, cicatrizes sugerindo abuso de drogas intravenosas ou lesões autoinfligidas).

O **discurso** pode ser avaliado pela observação da espontaneidade, sintaxe, velocidade e volume da voz utilizados na "conversa". Por exemplo: "Um paciente com depressão pode falar lenta e suavemente, enquanto um paciente em mania pode falar rápido e alto".

A **expressão emocional** pode ser avaliada pelo tom de voz, postura, gestos com as mãos e expressão facial. O humor (emoções que o paciente relata) e o afeto (estados emocionais que o entrevistador percebe) devem ser bem ponderados. Discrepâncias entre humor e afeto são ótimas pistas de alterações psíquicas.

O **pensamento e as percepções** vão além do que apenas é comunicado, sendo relevante maneira como é comunicado. O conteúdo anormal pode vir na forma de delírios (crenças falsas e fixas), ideias de referência (noções de que acontecimentos cotidianos têm significado especial ou um sentido pessoalmente relevante ou direcionado ao paciente) ou obsessões (ideias, sentimentos, impulsos, preocupações persistentes). As ideias devem estar conectadas e direcionadas a um objetivo e se as transições de um pensamento são lógicas, pois, os psicóticos ou maníacos podem ter pensamentos desorganizados ou fuga de ideias abrupta.

As **funções cognitivas** do estado de alerta; atenção ou concentração; orientação sobre lugar e tempo; memória; pensamento abstrato; crítica e juízo.

Isso observado, e findo o tempo estabelecido, interrompa a avaliação, mas não se apresse em dar o diagnóstico. Apenas considere se necessário algum encaminhamento de urgência no momento, por exemplo, se com ideação suicida etc.

Reveja suas anotações, se necessário, faça nova avaliação remarcando data e hora e, só então, libere o examinado.

Se entender que tem dados suficientes, busque na sua boa doutrina de referência comparação de elementos propedêuticos que possa associar os achados anotados durante a "conversa" com as diversas síndromes dos quadros mentais como a Ansiedade, Depressão, Distúrbios Bipolar (fases), Esquizofrenia etc. Com o tempo, número de casos, leitura doutrinária recorrente e experiência, o perito médico terá facilitado esse processo de avaliação.

Não tenho dúvidas que, no mínimo, uma *hipótese diagnóstica sindrômica*[102] (diagnóstico clínico) surgirá e possibilitará expressar um parecer técnico com boa fundamentação e objetividade.

Voltando aos ensinamentos do Prof. Dr. José Manoel Bertolote, ele também apresentou dados de como se mostram os exames psíquicos em certas situações:

➢ **Exame psíquico de paciente com TRANSTORNO DE ANSIEDADE GRAVE**

1. Hipervigil, bem cuidado, orientado auto e alopsiquicamente. Dificuldade para fixar a atenção.

2. Sem alterações de memória de fixação e de evocação. Sem déficits intelectuais.

3. Sinais físicos de ansiedade (torce as mãos, sudorese, taquicardia), com pouca modulação do humor.

4. Sem alterações da volição; pragmatismo prejudicado pela ansiedade.

---

(102) As hipóteses diagnósticas podem ser SINDRÔMICAS (CLÍNICA — SINAIS E SINTOMAS), ETIOLÓGICAS, PATOLÓGICAS, TOPO-GRÁFICAS E ANATÔMICAS.

5. Sem alterações da sensopercepção.

6. Pensamento acelerado, com fixação no (fato ansiogênico).

7. Juízo crítico preservado.

Nota: Algumas características ansiosas, para definição diagnóstica, se exige pelo menos dois dos seguintes sintomas durante a maioria dos dias:

1. Sentir-se tenso;

2. Sentir-se inquieto;

3. Dificuldade de concentração devido a preocupações;

4. Medo que algo terrível aconteça;

5. Sensação de que pode perder o controle sobre si mesmo.

Condição de gravidade:

- Leve: dois sintomas;

- Moderado: três sintomas;

- Moderado a grave: quatro ou cinco sintomas;

- Grave: quatro ou cinco sintomas com agitação motora.

➢ Exame psíquico de paciente com DEPRESSÃO LEVE/MODERADA

1. Vigil, aparência pouco cuidada, orientado auto e alopsiquicamente.

2. Sem alterações de memória de fixação e de evocação. Sem déficits intelectuais.

3. Humor deprimido, com modulação pobre.

4. Hipobúlico (diminuição da energia) e hipopráxico (sem iniciativa para relatar a história).

5. Sem alterações da sensopercepção.

6. Pensamento lentificado, sem outras alterações de forma; conteúdo fixado em ideias de desvalia, culpa, ruína e desesperança.

7. Juízo crítico preservado.

Nota: Depressão requer cinco (05) ou mais dos sintomas presentes por pelo menos duas semanas e pelo menos um dos sintomas tem que ser: **humor deprimido** ou **perda de interesse ou prazer**. São sintomas:

1. **Humor deprimido** na maioria dos dias, quase todos os dias (p. ex.: sente-se triste, vazio ou sem esperança) por observação subjetiva ou realizada por terceiros (Nota: em crianças e adolescentes pode ser humor irritável);

2. Acentuada **diminuição do prazer** ou interesse em todas ou quase todas as atividades na maior parte do dia, quase todos os dias (indicado por relato subjetivo ou observação feita por terceiros);

3. Perda ou ganho de **peso** acentuado sem estar em dieta (p.ex. alteração de mais de 5% do peso corporal em um mês) ou aumento ou diminuição de apetite quase todos os dias (Nota: em crianças, considerar incapacidade de apresentar os ganhos de peso esperado);

4. **Insônia** ou hipersônia quase todos os dias;

5. **Agitação** ou **retardo psicomotor** quase todos os dias (observável por outros, não apenas sensações subjetivas de inquietação ou de estar mais lento);

6. **Fadiga** e **perda de energia** quase todos os dias;

7. **Sentimento de inutilidade** ou **culpa excessiva** ou inadequada (que pode ser delirante), quase todos os dias (não meramente autorrecriminação ou culpa por estar doente);

8. Capacidade diminuída de pensar ou concentrar-se ou indecisão, quase todos os dias (por relato subjetivo ou observação feita por outros);

9. Pensamentos de morte recorrentes (não apenas medo de morrer), ideação suicida recorrente sem um plano específico, ou tentativa de suicídio ou plano específico de cometer suicídio;

Importante: Inevitavelmente, a boa classificação requer o exercício de julgamento clínico baseado na história do indivíduo e as normas culturais e que a ocorrência de episódio depressivo maior não é melhor explicada por transtorno esquizoafetivo, esquizofrenia, transtorno delirante ou outro transtorno especificado ou não do espectro esquizofrênico e outros transtornos psicóticos e que não houve nenhum episódio de mania ou hipomania anterior.

➢ **Exame psíquico "normal"**

1. Vigil, bem cuidado, orientado auto e alopsiquicamente.

2. Sem alterações de memória de fixação e de evocação. Sem déficits intelectuais.

3. Normotímico, com boa modulação do humor.

4. Sem alterações da volição e do pragmatismo.

5. Sem alterações da sensopercepção.

6. Sem alterações da forma e do curso do pensamento, que não apresenta nenhum conteúdo predominante.

7. Juízo crítico preservado.

Outros indicadores nessas avaliações, conforme Prof. Guido Arturo Palomba — Saraiva, 2016 — p. 80, especialmente quando se avalia questões relacionadas às interdições, é o estudo buscando verificar sobre as "atividades úteis que a pessoa vem executando, dosagem medicamentosa de manutenção, intercorrências psiquiátricas, discernimento atual de assuntos políticos, econômicos, financeiros, juízo crítico sobre o mal do qual padece e modos *vivendi* atual".

Imputável, semi-imputável & inimputável.

O termo imputar significa atribuir culpa ou dolo, só pode ser utilizado em relação à outra pessoa. O considerado "imputável" é aquele sobre quem podemos atribuir alguma coisa, seja uma culpa, uma responsabilidade.

Duas situações são determinantes para a classificação entre a pessoa e o ato:

➢ a situação voluntária (volitiva — volia = vontade),

➢ a situação involuntária (ou impulsiva, casual).

Não havendo como se responsabilizar dos atos, será dita inimputável. Entre o estado de imputável e inimputável os casos considerados semi-imputáveis. A semi-imputabilidade ou de Responsabilidade Diminuída surge nos casos fronteiriços, isto é, nas pessoas que não têm em sua plenitude, as capacidades intelectivas e volitivas. Aparece nas formas menos graves de oligofrenia e de doenças mentais. Deve-se considerar que a semi-imputabilidade não exclui a culpabilidade, sendo tão somente uma causa especial de diminuição de pena.

A imputabilidade está condicionada à saúde mental e à normalidade psíquica. É condição de quem tem a capacidade de realizar um ato com pleno discernimento e com a vivência de direcionar suas atitudes, com o juízo da realidade e o controle da vontade (volição), tendo mais conhecimento do que prática.

Para haver o dolo é necessária a presença de:

➢ consciência do ato (elemento psíquico),

➢ vontade (elemento psíquico),

➢ conhecimento do ato (conforme a normativa).

"Para haver a culpa, sem dolo, deve haver ausência ou prejuízo de um ou mais desses três elementos. Grosso modo, poderíamos ainda dizer que a culpa pode existir independente da consciência e o dolo não". BALLONE, Geraldo José — *Imputabilidade* — in. PsiqWeb, Internet, disponível em: <www.psiqweb.med.br>, revisto em 2005.

O juízo crítico da realidade requer integridades do processamento mental e intelectual. O processamento mental é a cognição e o processamento intelectual é a inteligência (prática).

Teoricamente, para haver imputabilidade há necessidade, *sine qua non*, de haver integridade da cognição.

A não imputabilidade ou a inimputabilidade surge quando não se pode atribuir ao agente a culpa (ou dolo). Ocorre se a pessoa que não tem condições de discriminar a natureza "errada" da ação, ou não tem consciência plena do que está fazendo ou não tem nenhum domínio sobre sua volição (vontade).

Nesses casos, deve-se considerar a chamada Teoria Finalista da Ação, que sugere que toda a ação humana consciente é dirigida para um fim, toda a ação humana é a tradução de um propósito, reflete uma intenção consciente.

Apesar do filósofo Kant ter afirmado que "não é necessário ser médico para determinar se uma pessoa é alienada Mental, basta um pouco de bom senso", poderíamos acrescentar que também "não é necessário ser médico para determinar se uma pessoa está normal, bastando um pouco de bom senso". Mas a questão não diz respeito apenas a esses dois extremos do vasto espectro da existência humana. O que nos preocupa são os variadíssimos casos situados entre esses dois extremos; a doença franca e o normal evidente. BALLONE, Geraldo José — *Imputabilidade* — in. PsiqWeb, Internet, disponível em: <www.psiqweb.med.br>, revisto em 2005.

Psicopatologia Forense.

Psiquiatria Forense é o campo da medicina que auxilia a justiça e a imputabilidade e inimputabilidade é classificação exclusivamente jurídica e não médica que considera "insuficiência das faculdades mentais, a alterações mórbidas das faculdades mentais ou a um estado de inconsciência (de juízo) necessários para a compreensão do aspecto criminoso do ato e para a pessoa autodeterminar-se e dirigir suas ações". BALLONE, Geraldo José — *Imputabilidade* — in. PsiqWeb, Internet, disponível em: <www.psiqweb.med.br>, revisto em 2005.

A medicina oferta os subsídios para facilitar a decisão do juiz. Não cabe ao Perito Médico atestar a imputabilidade! Deve atestar a qualidade da consciência crítica e das faculdades mentais, e só! Cabe à justiça a decretação de imputabilidade ou não.

De importância, tem-se que a:

[...] psiquiatria tem que se esforçar muito para detectar numa pessoa, aqui e agora, alguma absoluta carência de sentimentos, sobre o certo e o errado e da noção de valores, suficiente para colocá-la totalmente à margem dos atributos comuns à maioria das outras pessoas. A prática psiquiátrica tem mostrado, cotidianamente, que mesmo durante um surto esquizofrênico as noções de legitimidade e legalidade estão presentes na maior parte do tempo e na maioria dos pacientes.

[...] devemos ter em mente que a consciência de ser livre é um atributo da normalidade mental. Para que a pessoa não consiga controlar seus impulsos e nem dominar suas decisões, é preciso que se estabeleça nela um preciso diagnóstico psiquiátrico. Não basta a alegação vaga e imprecisa de que "não consigo me controlar", sem que haja qualquer patologia constatada por critérios do CID.10 ou do DSM.IV.

[...] Os tribunais britânicos não aceitavam o ponto de vista romano, de que a loucura era punição suficiente para o criminoso insano. Em vez disso, o acusado inglês era considerado "culpado, mas louco", e mantido em custódia sob severa vigilância.

[...] A Deficiência Mental (Retardo ou Oligofrenia) é uma situação que interfere tanto na Consciência quanto no Conhecimento. O surto psicótico, por sua vez, interfere na Consciência, enquanto os transtornos impulsivos na Vontade, e assim por diante.

[...] Alterações da Consciência

Tem ou não uma qualidade ética, estética e moral da personalidade. A consciência em si, no aspecto quantitativo diz respeito à excitabilidade do sistema nervoso central aos estímulos externos e internos, sendo mais uma avaliação da neurologia que da psiquiatria propriamente dita: a pessoa está vigil, dormindo, em coma etc. No aspecto qualitativo ou da qualidade da consciência, verificando a capacidade de integração dos estímulos internos-externos, passados e presentes, escala de valores, prioridades etc. Os casos patológicos capazes de comprometer significativamente a qualidade da consciência são os estados psicóticos agudos, as oligofrenias (deficiência ou retardo mental), os chamados estados crepusculares, as intoxicações por substâncias com efeito no Sistema Nervoso Central (álcool, cocaína, metais pesados etc.) e os comprometimentos orgânicos cerebrais, como por exemplo, as demências. A natureza e a direção do ato volitivo, ou seja, a questão da vontade ou da atividade voluntária é uma das mais complexas do universo psíquico. Parece impossível dizermos, exatamente, se essa determinada pessoa foi subjugada pela sua vontade (ou falta dela) ou se, ao contrário, cedeu aos seus impulsos motivada apenas pela busca de (seu) prazer.

[...] Alterações do Entendimento, prejuízo funcional cerebral (déficit intelectual, arteriosclerose, sequela neurológica etc.) ou não.

[...] Psicoses

quando há perda severa da racionalidade consensual

[...] Retardo Mental.

Fonte: Ballone GJ — Imputabilidade — in. PsiqWeb, Internet, disponível em: <www.psiqweb.med.br>, revisto em 2005. **Geraldo José Ballone**, médico psiquiatra, professor de psiquiatria da Faculdade de Medicina da PUCCAMP durante 21 anos.

De importância, Prof. Palomba indica que até nos casos de esquizofrenia que se manifesta brandamente é possível se levantar interdição, ou seja, esses não são obrigatoriamente interditados, pois, "o perito observará apenas o assim chamado "defeito esquizofrênico" (prejuízo da capacidade crítica, indiferença de humor, embotamento afetivo), que são manifestações ditas negativas da doença, em contraposição às manifestações positivas (alucinações e delírio), que obrigatoriamente terão de estar ausentes. Não custa lembrar que não é o paciente que conclui que houve ou há alucinações e/ou delírios, mas o perito médico diante dos fatos e contextos contemporâneos.

"Quando o perito vai ouvir a vítima, é preciso ter em mente as mesmas preocupações quando da oitiva de testemunhas e acusados, no que diz respeito à credibilidade e confiabilidade do relatado, pois a prática diz que mentalmente aparecem casos de falta de veracidade propositadamente ditos, ou até mesmo a mentira patológica dos histéricos, mitômanos, imaturos e débeis mentais". Deve-se então "sopesar os dados obtidos em face do conjunto dos demais fatos e circunstâncias, que para logo a verdade, ou a certeza da inverdade total ou parcial, aparece naturalmente" — Prof. Guido Arturo Palomba. Perícia na Psiquiatria Forense. São Paulo: Saraiva, 2016. p. 178.

Alienação Mental

Considera-se alienação mental o estado mental consequente de uma doença psíquica, em que ocorre uma deterioração dos processos cognitivos, de caráter transitório ou permanente, de tal forma que o indivíduo acometido torna-se incapaz de gerir sua vida social. Assim, um indivíduo alienado mental é incapaz de responder legalmente por seus atos na vida social, mostrando-se inteiramente dependente de terceiros no que tange às diversas responsabilidades exigidas pelo convívio em sociedade. O alienado mental pode representar riscos para si e para terceiros, sendo impedido, por isso, de qualquer atividade funcional, devendo ser obrigatoriamente interditado judicialmente. Em alguns casos, torna-se necessária a sua internação em hospitais especializados visando, com o tratamento, a sua proteção e a da sociedade.

É importante que se façam algumas ponderações. Considerar um indivíduo como alienado mental é decretar sua "morte social", já que a interdição ou curatela é uma sentença de exclusão social, visto que o que caracteriza o homem como ser social é sua inserção na sociedade enquanto participante de um pacto social, no qual os indivíduos se obrigam, por força de lei, ao respeito mútuo, à observância de direitos e deveres para com a sociedade. Um alienado mental será excluído de tal definição de homem, também por força da lei, que intima os indivíduos a uma postura de respeito aos seus pares na vida social. Aplicar a lei, quando diante de um ilícito, significa reconvocar o infrator ao mundo dos homens; significa não permitir a "lei da selva", onde tudo pode; significa não permitir um retorno à animalidade. A aplicação da lei é uma exigência e uma necessidade que o homem impõe se quer pensar-se homem. Aqui, trata-se de necessidade enquanto conceito de lógica, isto é, aquilo que não pode ser de outra forma. O alienado mental, ou seja, o indivíduo destacado e estranho à sua própria mente, é também um indivíduo estranho e destacado da sociedade, isto é, deixa de fazer parte dela ao ser impedido de submeter-se aos desígnios da lei. Deixa de ser sujeito de suas ações para tornar-se objeto das ações de outros.

A definição de alguém como alienado mental exige uma enorme responsabilidade do Perito Médico. Para além das benesses pecuniárias que o enquadramento em alguma lei possa acenar, deve, antes de tudo, o Perito Médico, examinar e refletir sobre a possível sentença que poderá vir a ser aplicada, no contexto da exclusão de um indivíduo do mundo dos homens e sua alienação num mundo à parte.

Nunca é demais lembrar a possibilidade de se recorrer a uma simples procuração quando um indivíduo se encontra impossibilitado de gerir sua vida econômica (nas fases críticas de um quadro psicótico, por exemplo). A curatela deve deixar-se exclusivamente para os casos em que não há possibilidades de recuperação da faculdade de juízo por parte do doente, ou a crise se mostra tão intensa que indica a necessidade de interdição. Mesmo diante de quadros psicóticos graves (esquizofrenia, PMD (Bipolar) e paranoia, por exemplo) ou quadros confusionais com grandes alterações da consciência (infecciosos, vasculares, tóxicos, degenerativos ou mistos), o Perito Médico deve examinar e avaliar com bastante rigor se é conveniente e apropriado o enquadramento do indivíduo como alienado mental.

Depressão e Neuroses

Lembramos que o simples diagnóstico de tais quadros não é indicativo de enquadramento em incapacidade ou invalidez. A Prof. Dra. Hilda Clotilde Penteado Morana, mestre e doutora em Psiquiatria, Médica do Instituto de Psiquiatria do Hospital das Clínicas da FMUSP e Médica Perito do Instituto de Medicina Social e Criminologia de São Paulo — Imesc — com mais de 20 anos de experiência como psiquiatra forense — em novembro de 2009, na cidade de São Paulo, durante o I Congresso da Federação de Medicina Pericial do Estado de São Paulo, conceituou que "Doença mental nunca tem causa no trabalho, todavia condições latentes podem ser manifestadas pelas determinantes de formas e condições do labor". Também a Prof. Dra. Vera Lúcia Zaher, Médica do Trabalho e pesquisadora da Universidade de São Paulo — USP-SP — indicou, durante o 14º Congresso da ANAMT, realizado em 2010, na cidade de Gramado, RS, que "Trabalhadores acometidos de Transtornos Mentais Leves se beneficiam na recuperação quando mantidos no trabalho".

Desse modo, as incapacidades, nestes casos, geralmente ocorrem nos primeiros 10 dias pós-surto agudo, nas crises de reocorrência quando em tratamento medicamentoso de até 5 dias, ou de 1 a 3 dias nos ajustes terapêuticos. Aqui, o Perito Médico deve agir em favor do que preconiza a terapêutica, que é a rápida ressocialização, para se evitar dificuldades terapêuticas comportamentais, conflitos, ganhos secundários, perpetuação do quadro etc.

Considerações especiais: os profissionais que lidam com a doença mental sabem o quanto é difícil se estabelecer critérios rígidos e objetivos na avaliação dos casos psiquiátricos que chegam para exame pericial médico, seja na hora de estabelecer um prazo de licença ou definir uma aposentadoria, as dificuldades são enormes. Porém, é importante aprimorarmos cada vez mais esses critérios, de tal forma que nossas decisões sejam embasadas em limites técnico-científicos, evitando o "subjetivismo" nas decisões periciais médicas. Nos casos das neuroses, devem ser evitadas as licenças prolongadas, que não trazem qualquer benefício clínico para o paciente. Ao indivíduo acometido com um quadro clínico neurótico deve ser sugerido um tratamento psicoterápico e/ou medicamentoso, sem que abandone suas atividades laborativas. Nunca é demais lembrar que a neurose só tende a cristalizar-se quando o indivíduo aufere ganhos com sua doença. Por exemplo, se estamos analisando uma licença para tratamento de saúde, nos casos de neuroses, o comportamento paternalista, ou melhor, "maternalista", por parte do Perito Médico, em vez de ajudar, poderá prejudicar a saúde do Municiando, por excluí-lo do convívio social, pois, via de regra, trabalho não é causa de doença neurótica nem aumenta a neurose de ninguém. Não é incomum os sintomas neuróticos tenderem a "aumentar" quando o Municiando é contemplado com licenças longas e desnecessárias, beneficiando-se, assim, da sua doença.

> • Quadros passíveis de enquadramento: além dos mencionados, são passíveis de enquadramento os casos graves de epilepsia (nos quais predominam sintomas de demenciação) e as demências de uma maneira geral (arteriosclerótica, Alzheimer, Pick etc.). A doença de Parkinson é enquadrável, porém, somente quando em fase adiantada, com o surgimento de sinais de demenciação. No caso da epilepsia, havendo estabilidade, mesmo diante de crises isoladas, preconiza-se a reintegração total do portador, mantendo-o com adaptações, trabalho restrito e monitorização continuada, desenvolvendo suas atividades de trabalho.
>
> • Quadros não passíveis de enquadramento: os déficits qualitativos da personalidade (personalidades sociopáticas) ou transtornos constitucionais da personalidade (esquizoides, paranoides etc.) não são suficientes para um enquadramento de alienação mental. Os casos neuróticos (mesmo os mais graves) não devem assim ser enquadrados. Nesses casos, deve-se preferir a "procuração" quando os indivíduos se mostrarem incapazes para a prática dos atos da vida civil, evidentemente para as situações em que tal expediente se aplica.

Melhores orientações para Retorno ao Trabalho segundo *Official Disability Guidelines*, Special Edition. 20. ed., 2012, p. 50:

— Descartando Transtorno do Humor/Personalidade prejudicadas = 0 dias;

— Terapia ambulatorial, sem sintomas que afetam questões de trabalho ou outras relações com o trabalho: 0-7 dias;

— Terapia ambulatorial, com graves sintomas que interferem no trabalho: 28 a 42 dias;

— Com hospitalização, sem modificação no tratamento cognitivo: 28 dias;

— Com hospitalização, com modificação no trabalho cognitivo: 42-56 dias.

Desse modo, indicações por "período indeterminado", 90 ou 180 dias de incapacidade laboral são empíricas e sem qualquer base científica para sustentá-las como plausíveis.

19.2. CEGUEIRA

Para fins de enquadramento, existem casos de acentuada diminuição da acuidade visual após correção que são equiparadas à cegueira.

Consideram-se esses limites:

• "0,05" em cada um dos olhos; ou

• "0" em um olho e até "0,20" no outro.

Os casos de perda de visão transitória não poderão ser considerados para esse critério, que só será estabelecido quando de deficiência visual por afecção crônica, progressiva e irreversível e que venha a ocasionar cegueira total ou lesão equiparada à cegueira. É necessário ter muita atenção com a acuidade visual, pois as graves deficiências visuais — cegos de um olho que não foi previamente avaliado —, fato que nem sempre se deu pelo agravamento, vir a pleitear aposentadorias e/ou outros benefícios. No caso trabalhista, deve-se reportar ao exame de admissão para se ter um parâmetro de avaliação com a condição atual. Há entendimentos de que basta surgir perda visual de um único olho, mesmo com visão residual no outro — visão monocular — para se perceber benefícios, por exemplo, em cotas de concursos.

Não podemos deixar de considerar a questão da Eficiência Visual nestes casos, pois embora se tenha um Dano Físico ou Sensitivo (Perda do Olho ou Perda da Visão, respectivamente conforme o caso), é órgão duplo que deve ser ponderado na eficiência conjunta. Para cálculos, utilizamos a Fórmula da Associação Médica Americana (A.M.A.).

EV (Eficiência Visual) BINOCULAR — Fórmula da A.M.A.:

EV = 3 X (% AV do melhor olho) + % AV do pior olho

4

Não obstante para alguns restar suficiente acuidade visual, outros aspectos devem ser ponderados. Vejamos:

Implicações da Visão Monocular Adquirida (perda de um olho)

A visão monocular afeta a visão e o indivíduo em diversas maneiras. Há duas conclusões principais que são dirigidas uniformemente e predominantemente pela literatura publicada e pelas autoridades. Os dois déficits preliminares são: perda da visão binocular estereóptica e redução do campo de visão periférico. A maioria dos sintomas da visão monocular é um resultado dessas duas deficiências.

1. Literatura

De acordo com Borrish, a visão monocular em comparação com os resultados binoculares revela uma diminuição de aproximadamente 25% no tamanho do campo de visão. A monocularização também causa uma ausência da estereopsia que deriva da falta da comparação, ou seja, da desigualdade retinal presente em indivíduos binoculares. Os indivíduos monoculares terão diminuída a acuidade visual (comparado a suas contrapartes binoculares) por causa de sua falta da soma binocular. A soma binocular é o fenômeno por que os seres vêem mais e melhor com ambos os olhos juntos do que por um olho sozinho. As pessoas monoculares têm uma diminuição em sua orientação (de espaço) que resulta de uma falta das sugestões cinestésicas que se extraem da convergência ("visão binocular que aponta") e da acomodação (focalizar).

Gunter von Noorden escreve que a visão monocular dá pistas — do paralaxe do movimento, da perspectiva linear, da folha de prova dos contornos, da distribuição dos destaques e das sombras, do tamanho de objetos sabidos e da perspectiva aérea — que podem ser usadas para a orientação espacial. Indica, "a natureza de indícios não estereoscópicos são experimentais e podem ser significativas quando são capazes de ser relacionados a experiências passadas."

De acordo com Von Noorden, as vantagens da visão binocular (e inversamente a desvantagem da visão monocular) consistem em habilidades motor-visuais, no sentido de melhorar a forma e a cor, e na apreciação melhor do relacionamento dinâmico do corpo ao ambiente, desse modo facilitando o controle da movimentação, da distância e do equilíbrio.

Brady escreve que o problema principal na visão monocular é primeiramente atribuído a uma perda da estereopsia e a uma redução do campo de visão periférico. De acordo com Brady, a perda da visão periférica está entre dez e vinte por cento. Diz o autor que esses problemas se manifestarão como dificuldades que comprometem a coordenação — falta de jeito — gerando a colisão em objetos e/ou pessoas, dificuldade para subir e descer escadas e meios-fios, cruzar ruas, dirigir, praticar os vários esportes e as atividades da vida diária que requerem a estereopsia e a visão periférica. Brady acredita que as pessoas podem desenvolver uma consciência por causa da condição monocular, gerando um prognóstico melhor se ela ocorrer em uma idade mais nova.

Brady expõe interesses e cuidados adicionais para indivíduos monoculares. Um, a necessidade de proteger o olho bom. Dois, a necessidade ter prescrições alternativas na mão. Três, a necessidade de dirigir empregando o DAE (dispositivo automático de entrada) e técnicas tais como espelhos especiais, fazendo a varredura com a cabeça e os olhos, e realçar a atenção. Quatro, as implicações da restauração da estética. E cinco, os interesses para um dispositivo protético.

Schein escreve, "os indivíduos limitados pela perda da visão em um olho têm dificuldades na percepção de profundidade." "Determinar a distância dentro de um metro do olho é extremamente difícil e altamente enganosa." "Além de um metro, outras sugestões de distância podem substituir a perda da desigualdade binocular, desde que os indivíduos monoculares estejam livres para mover suas cabeças, o que permite que obtenham a informação sobre distâncias relativas fazendo exame de mais tempo do que quando as imagens visuais de ambos os olhos podem ser sobrepostas binocularmente." "Contratempos podem ocorrer quando as pessoas monoculares estão no trânsito pesado, exceto se a cabeça estiver movendo-se constantemente de um lado ao outro para o aumento do campo visual". Acredita que a reabilitação é mais fácil quanto mais jovem, que uma perda gradual da visão em um olho permite ajustes melhores às circunstâncias do que a perda repentina, e que a reabilitação é mais complicada com uma perda total do que com uma perda parcial da visão. A respeito de dirigir com segurança, Schein cita um estudo por Keeney, e outros, que indica que, "por todo o país, os indivíduos monoculares têm sete vezes mais acidentes do que a população geral com que foram comparados." Declara Schein, as "atividades mais afetadas são aquelas que requerem o trabalho a uma curta distância dos olhos (por exemplo, barbeiro, esteticista, barman, mecânico, trabalhador da agulha, cirurgião); aquelas que envolvem a operação do veículo (por exemplo, piloto da linha aérea, motorista de ônibus, maquinista); e algum trabalho que exige a vigilância visual prolongada (por exemplo, controlador de tráfego aéreo)."

De acordo com Linberg, "recuperação depois que a perda de um olho requer um ajuste à visão monocular e a definição de um trauma emocional significativamente sério." Linberg, Tillman e Allara examinaram 125 pacientes monoculares através de questionários a respeito da recuperação que segue a perda da visão de um olho. Seus resultados mostraram: 85 dos 125 entrevistados relataram que a perda não tinha mudado sua vida em nenhuma maneira; 7 relataram problemas visuais persistentes; 12 relataram problemas no emprego; e 21 relataram a ansiedade ou a baixa autoestima. Entre 49 com perda repentina, 50% relatou menos de um mês de período de ajuste para dirigir, trabalhar, recreação, atividades caseiras, ou andar. Noventa e três por cento das pessoas questionadas relataram que seus ajustes foram terminados em 1 ano. Os autores concluíram que "a maioria de pacientes podia recomeçar atividades diárias após um curto período de ajuste. Os problemas com o emprego e a autoestima eram frequentes, mas os problemas visuais eram incomuns".

Nicholas, Heywood e Cowey avaliaram a sensibilidade do contraste no que diz respeito a um único olho. Investigaram os efeitos do "enucleation" monocular na concordância do desenvolvimento da sensibilidade do contraste no olho restante. A conclusão foi de que o olho restante teve um contraste realçado em relação aos outros pacientes. E que quando o olho foi removido mais cedo o contraste da sensibilidade foi realçado.

Marotta, Perrot, Nicolle, Servos e Goodale investigaram a incidência dos movimentos principais nos pacientes com um olho *enucleated* (indivíduos monoculares) comparado aos indivíduos binoculares com um olho coberto durante o desempenho visualmente guiado para captar o movimento. Concluíram que pacientes monoculares geraram mais movimentos para utilizar mais sugestões retinais a fim de ajudar o ponto de visão manualmente.

Goltz, Steinbach e Gallie investigaram a incidência e a magnitude do giro da cabeça nos pacientes "*enucleated*" unilateralmente em uma idade adiantada (indivíduos monoculares) comparada aos indivíduos normais que tiveram um olho vendado. Concluíram, "a direção do giro da cabeça são adaptáveis porque a oclusão pelo nariz no campo contralateral é reduzida".

Para sumariar estes autores, a visão monocular em comparação à visão binocular impactará o indivíduo afetado em diversas maneiras. São primeiramente a perda da estereopsia e a redução da visão periférica. Tais sintomas causarão problemas na habilidade do uso do olho, nos julgamentos da profundidade, na orientação, na mobilidade, e em algumas atividades da vida diária tais como jogar esportes, subir escadas, dirigir, escalar, atravessar cruzamentos, enfiar uma linha na agulha etc. A maioria das pessoas que tiveram perda da visão de um olho acredita que se adaptaram a sua condição em um ano e muitos relatam que a perda não tinha mudado sua vida em nenhuma forma permanentemente. Os problemas são relatados frequentemente com consideração ao emprego e à autoestima. Virar a cabeça para o lado que se perdeu a visão é uma adaptação prevista e serve para que se maximize o campo de visão restante. A sensibilidade do contraste no olho restante pode ser realçada depois da perda monocular "desempenho supernormal" da visão. Os indivíduos monoculares podem demonstrar mais movimentos da cabeça como uma maneira de ter a percepção de profundidade para realçar a habilidade do olho na coordenação das tarefas.

2. Interesses Ocupacionais

Como relatado por Schein, as ocupações mais afetadas pela perda monocular da visão são aquelas que requerem o trabalho a uma curta distância do olho, a operação de veículos e o trabalho que exige vigilância visual prolongada. O trabalho próximo é considerado geralmente como tarefas visuais dentro de aproximadamente um metro dos olhos. Além desta distância as demandas na quantidade de acomodação (focalizar) e a convergência (alinhamento ocular) são mínimas, e as sugestões monoculares à percepção de profundidade estão aumentando quando as sugestões (binoculares) estereópticas estão diminuindo. Em vários aspectos o trabalho próximo afetará o indivíduo na realização das demandas visuais impostas pela tarefa. Entre as características a serem consideradas incluem-se: demandas da acuidade visual, exigências do campo visual, contraste, iluminação direta da área e do fundo, brilho, posição da tarefa dentro do campo visual, distância específica do visor à tarefa, grau de discernimento da figura requerido, grau de estereopsia requerido, variar a distância e a posição relativas à tarefa da consideração, e a ergonomia da tarefa.

A visão monocular contra a visão binocular, no que diz respeito aos aspectos da observação do trabalho próximo aos olhos, é comparada na seguinte forma: Se não houver nenhuma diferença do desempenho entre o monocular e o binocular é "igual". Se houver uma desvantagem entre o monocular e binocular, está avaliado com a "desvantagem" sob a coluna apropriada. Se houver um qualificador, por exemplo, suave, médio, ou significativo, então o termo estará colocado junto com a desvantagem na coluna apropriada.

Monocular Binocular

Acuidade visual suave a nenhuma desvantagem

Campo visual desvantagem média

Contraste igual igual

Iluminação x x

Área direta igual igual

Fundo igual igual

Brilho igual igual

Posição da tarefa suave a nenhuma desvantagem

Distância da tarefa suave a nenhuma desvantagem

Figura igual igual

Estereopsia requerida desvantagem significativa

Distância Não-variável desvantagem suave

Posição Não-variável desvantagem moderada

Ergonomia fixa suave para moderada desvantagem

A vigilância pode ser considerada como o grau de exigência visual requerido por uma tarefa particular. Como o grau de atenção visual requerido para inspeção detalhada das demandas aumenta com a visão próxima da tarefa, é assim que se apura a demanda em cima do sistema visual. As habilidades visuais requeridas para tais tarefas diferem em indivíduos monocular contra indivíduos binoculares e variam dependendo da natureza da tarefa. Para indivíduos monoculares, as habilidades visuais requeridas são: acuidade visual, acomodação, campo visual e atenção visual. Dependendo da natureza da tarefa, podem também incluir: percepção de profundidade, memória visual e habilidades de percepção visual. Para indivíduos binoculares, as habilidades visuais requeridas são: acuidade visual, acomodação, convergência, "phorias", amplitudes e escalas, campo visual e atenção visual. Dependendo da natureza da tarefa, podem também incluir: percepção de profundidade, memória visual e habilidades de percepção visuais.

Há pouca a nenhuma diferença nas habilidades visuais requeridas entre indivíduos monocular e binocular para: acuidade visual, acomodação, atenção visual, memória visual e habilidades de percepção visual.

Os indivíduos monoculares são prejudicados consideravelmente no campo visual e, caso a tarefa requeira, à percepção de profundidade estereóptica. Indivíduos binoculares são prejudicados talvez com consideração ao "phoria", a convergência e as amplitudes e as escalas de fusão.

3. Segurança e proteção de olho

Os interesses e as precauções de segurança devem ser dirigidos para proteger o olho restante nos indivíduos com perda monocular da visão. Mesmo se tais indivíduos não necessitarem de nenhuma prescrição de lente para a acuidade visual, devem usar diariamente protetor com as lentes feitas de policarbonato. O policarbonato é um padrão da indústria para a segurança e a proteção de olho. O indivíduo requererá o par múltiplo do tipo óculos de segurança com as lentes do policarbonato para as seguintes razões e finalidades. É recomendado no mínimo dois pares para o caso de um ser perdido, quebrado ou de outra maneira não estar disponível. Dessa forma o indivíduo terá reserva para usar de modo a não ficar sem a proteção. A prescrição bifocal pode ser necessária para a escolha de lentes dependendo da idade, da acomodação, e das necessidades específicas, da ocupação e da profissão do indivíduo monocular. Os "sunglasses" são recomendados para a fotofobia. Vidros para a noite, especialmente para dirigir a noite com revestimento anti-reflexivo para realçar a acuidade, diminuição da reflexão e diminuição da tensão potencial do olho e do brilho são recomendados. A proteção especial de segurança para esportes é recomendada se o indivíduo praticar esportes. A proteção de segurança para o lugar de trabalho pode ser requerida mesmo que o indivíduo não esteja em ambientes potencialmente perigosos. Para quem não trabalha nesses ambientes, a estrutura dos óculos seria recomendado ser fabricado fora dos materiais oftalmológicos resistentes e embora não requerido pela lei, encontrando-se com, possivelmente, padrões de segurança do ANSI.

4. Dirigir

Desafios aumentados terão os indivíduos monoculares para dirigir. Tais dificuldades relacionam-se especificamente à percepção de profundidade e à visão periférica.

Keeney, entre outros, afirma, "por todo o país, indivíduos danificados monocularmente têm sete vezes mais acidentes do que a população geral com que foi comparado." Recomenda que para monoculares seja negado licenças da classe 1, (licença de dirigir comercialmente no transporte de pessoas), e isso seja advertido pelos doutores a respeito do risco aumentado de acidentes.

As exigências visuais para dirigir variam nos estados, mas a maioria permite aos monoculares dirigir e requerem o mesmo nos termos da acuidade visual.

Os DAE (dispositivo automático de entrada) óticos, tais como espelhos com campos largos e espelhos em ambos os lados do veículo, são recomendados para o motorista monocular. Treinar o incentivo de movimentos da cabeça e do olho para a exploração aumentada e a consciência periférica da visão é recomendado. Submeter-se a uma avaliação da habilidade e da segurança dos motoristas por um especialista é recomendado. Se houver um problema, tais especialistas estão treinados para fornecer o treinamento ao indivíduo para assegurar uma direção segura.

Dependendo do indivíduo e da avaliação pelo especialista em direção, determinadas limitações por uma quantidade de tempo especificada ou permanente podem ser indicadas. Tais limitações podem incluir: equipamento adaptável especial (por exemplo, espelhos, transmissão automática), dirigir somente na luz do dia, limitações da velocidade, dentro de determinadas distâncias, limitação do tempo e/ou de não dirigir em estradas. A pessoa pode ser requerida a ter sua licença de motorista renovada mais frequentemente do que de outra maneira.

5. Atividades Diárias

As atividades da vida diária (ADL's) representam as atividades que os indivíduos encontram na vida diária regular. Tais atividades incluem: mobilidade, andar, cozinhar, limpeza da casa, manutenção da casa, limpeza do carro, manutenção do carro, leitura, trabalho do computador, shopping, cuidar-se, higiene, e roupa que se lava e passa. De preceder: o trabalho da mobilidade, do passeio, da manutenção, da leitura e do computador afeta o indivíduo monocular.

A respeito da mobilidade e da movimentação, o indivíduo monocular, especialmente durante seu período de adaptação, pode ter dificuldades. Seja em consequência da percepção de profundidade, que afeta o equilíbrio, seja em consequência da diminuição do campo de visão periférico, que causa o aumento do risco de colidir em objetos. Ambos podem se esperar melhoras com o tempo e com reabilitação. De acordo com Linberg, e outros, a maioria das pessoas consegue recomeçar as atividades diárias após um período curto do ajuste.

A respeito do carro e da manutenção da casa, essas atividades podem ser afetadas pela visão monocular quando a tarefa requerer níveis finos de habilidade do olho para coordenação e estereopsia. Nas tarefas que requerem estas habilidades, recomenda-se que para aquelas que são potencial perigosas seja empreendida com cuidado, ou feita por alguma outra pessoa.

A respeito do trabalho da leitura e do computador, o indivíduo monocular pode ter interesses especiais para estas atividades.

A respeito do restante dos ADL's, nenhum deles poder-se-ia esperar qualquer grau significativo de desvantagem do indivíduo monocular em relação a um indivíduo binocular.

6. Risco Futuro

Pelo fato de os indivíduos monoculares terem perdido seus "sobressalentes visuais", têm um risco maior de cegueira futura. Devem ser educados na prevenção, no cuidado e na manutenção de sua visão. A necessidade de proteção de olho foi comentada acima. Recomenda-se que a segurança do olho seja ensinada por um especialista da visão apropriado. Recomenda-se que instruções e conselhos sejam fornecidos ao indivíduo monocular a respeito da prevenção, do cuidado e da gerência de infecções do olho, de doenças e de ferimentos. O indivíduo monocular, em relação ao binocular, não tem um risco maior de doenças de olho ou uma infecção (à exceção do *ophthalmia sympathetic*).

7. Passatempos

A visão monocular pode afetar o desempenho e consequentemente a apreciação de alguns passatempos. Há somente determinados poucos passatempos que não seriam recomendados e são advertidos de encontro ao indivíduo monocular adquirido da visão (por exemplo, dirigir carro de corrida). A maioria dos passatempos pode ser executada e apreciada. Entre os passatempos que requereriam o ajuste da visão binocular à visão monocular estão: golf, pesca, *baseball*, *basketball*, *football*, *soccer*, *hockey*, equitação da bicicleta, *skiing*, escalar da montanha, trabalho da agulha e esculpir. Entre os passatempos onde mínimo a nenhum ajuste espera-se da visão binocular à visão monocular estão: disparar, sinuca e *billiards* do rifle, instrumentos musicais, fotografia, *archery*, selo (arte, moeda etc..) coleta, astronomia, corredor, *hiking*, pintar, nadar e escrever.

8. Perda e comprometimento

De acordo com o PDR da oftalmologia, a perda total da visão de um olho constitui uma perda de 25% do sistema visual e um comprometimento de 24% para o homem como um todo.

9. Assuntos "*Cosmetic*"

Quando o indivíduo com perda monocular da visão apresenta uma desfiguração do olho danificado há algumas opções disponíveis. Entre elas: uma lente de contato macia *cosmetic*, uma lente de contato permeável do gás rígido *cosmetic*, uma lente de contato *cosmetic* esclerótica, e *enucleation* do olho e do encaixe de uma prótese.

10. Reabilitação

A ausência da estereopsia não significa que o indivíduo não terá nenhuma percepção de profundidade. Como Gunter von Noorden citou, a visão monocular fornece pistas sobre a profundidade que podem ser aprendidas com a experiência. Os problemas com percepção de profundidade podem ser discutidos no treinamento visual da reabilitação para a coordenação da habilidade do olho, o julgamento relativo da profundidade e a orientação espacial.

Muitas pessoas além dos indivíduos monoculares tiveram restringida sua visão periférica (por exemplo, derrame ou glaucoma). As técnicas utilizadas com aqueles pacientes em sua reabilitação visual seriam extremamente benéficas de ser ensinadas aos indivíduos monoculares, como forma de elevar sua consciência para impedir problemas, evitando determinadas situações (por exemplo, dirigir à noite).

Sinceramente,

Thomas Politzer, O.D., FCOVD, F.A.A.O

Fonte: disponível em: <https://noravisionrehab.com/-implications-of-acquired-monocular-vision>.

* Estereopsia: Poder de reconhecimento tridimensional do espaço. Permite a observação simultânea, através da visão binocular de duas imagens de um objeto, obtidas com ângulos ligeiramente diferentes, o reconhecimento de terceira dimensão, produzindo a sensação de relevo.

19.3. DOENÇAS ÓSSEAS — OSTEÍTE DEFORMANTE

A osteíte deformante evolui de modo crônico progressivo em duas fases:

1. Fase ativa ou osteoporótica, caracterizada por formação de tecido ósseo ricamente vascularizado;

2. Fase de relativa inatividade, na qual há formação de tecido ósseo denso e menos vascularizado (Stephen N Krane).

Conceituam-se como formas avançadas da doença de Paget:

• Formas com lesões ósseas generalizadas, fraturas espontâneas e manifestações dolorosas múltiplas;

• Formas acompanhadas de insuficiência cardíaca com débito elevado.

Do mesmo modo que essas formas avançadas, beneficiam-se também das vantagens da Lei as formas complicadas de transformações sarcomatosas. As formas localizadas e assintomáticas não se incluem entre as amparadas em lei por não serem invalidantes.

19.4. PARALISIAS IRREVERSÍVEIS INCAPACITANTES

A paralisia de um músculo ou grupo de músculos não representa motivo para concessão das vantagens da lei e, muitas vezes, não leva à incapacidade. É preciso que, diagnosticada, seja considerada irreversível, esgotadas todas as medidas terapêuticas disponíveis e esteja localizada de modo a impedir uma atividade específica.

19.5. NEOPLASIAS MALIGNAS

Na maioria das vezes, o exame pericial médico terá por objetivo a verificação:

• do diagnóstico da neoplasia por meio de exame histopalógico ou citológico;

• da extensão da doença (se localizada) e/ou presença de metástases;

• da tratabilidade cirúrgica, quimioterápica ou radioterápica;

• do prognóstico da evolução da doença;

• do grau de incapacidade, se parcial ou permanente;

• da correlação da incapacidade com alguma condição — nexo causal ou concausal;

• estadiamento atual da condição neoplásica — enquadramento para benefícios.

As neoplasias, como todas as outras patologias que após o tratamento propiciarem um período assintomático e de boa recuperação, permitem, por exemplo, o retorno ao trabalho mesmo sem a sua cura completa.

A *American Joint Committee on Cancer* (AJCC) e a União Internacional de Controle do Câncer (UICC) utilizam o sistema de classificação TNM como método para auxiliar no estadiamento do acometimento pelo câncer com base em determinadas normas.

No sistema TNM, temos a letra T para identificar tumor, N os linfonodos e M se presentes as metástases, notemos:

T — se tumor primário.

N — se o câncer se espalhou para os linfonodos próximos.

M — se o câncer se espalhou para partes distantes do organismo.

*Classificação **T***

A classificação T fornece informações sobre aspectos do tumor primário, como seu tamanho, quão profundamente se desenvolveu no órgão em que se originou e o quanto invadiu os tecidos adjacentes:

TX — significa que o tumor não pode ser avaliado.

T0 — significa que não existe evidência de tumor primário (não pode ser encontrado).

Tis — significa que as células cancerosas estão se desenvolvendo apenas na camada mais superficial do tecido, sem invadir tecidos mais profundos. Também pode ser chamado de câncer *in situ* ou pré-câncer.

Os números que aparecem após o T (tais como T1, T2, T3 e T4) podem descrever o tamanho do tumor e/ou a disseminação da doença nas proximidades. Quanto maior o número de T, maior o tumor e/ou mais se disseminou pelos tecidos próximos. Geralmente, são incapacitantes, se a partir de T3.

*Classificação **N***

A classificação N descreve se o câncer se espalhou para os linfonodos vizinhos:

NX — significa que os linfonodos não podem ser avaliados.

N0 — significa que os linfonodos vizinhos não contêm câncer.

Os números que aparecem após o N (por exemplo, N1, N2 e N3) podem descrever o tamanho, localização e/ou o número dos linfonodos com doença. Quanto maior o número, mais o câncer se espalhou para os linfonodos. Geralmente, são incapacitantes, se a partir de N1.

*Classificação **M***

A categoria M descreve se o câncer se espalhou (metástases) para locais distantes do corpo:

M0 — significa que nenhuma disseminação foi encontrada.

M1 — significa que o câncer se espalhou para tecidos e órgãos distantes (metástases à distância foram encontradas). Geralmente, são incapacitantes, se a partir de M1.

De modo geral e simplificado, quando utilizamos os parâmetros da AJCC e UICC, para considerar se a condição é incapacitante — equivalente a doença grave vigente — devemos ponderar se, após o tratamento, ainda a classificação apresenta POSITIVIDADE nas classificações (TNM), por ocasião da emissão do laudo — estadiamento atual da condição neoplásica.

Importante: Nas Leucemias não se aplica a classificação TNM, sendo também pouco prática para os Linfomas, porém, para esses casos, na ausência de outras formas de classificar, seja nos Linfomas HODGKIN e NÃO HODGKIN, ajusta-se a classificação de Ann Arbor.

Disponível em: <http://bvsms.saude.gov.br/bvs/publicacoes/inca/tnm2.pdf>.

19.6. ESPONDILOARTROSE ANQUILOSANTE

Conceitua-se como anquilose a rigidez ou fixação verdadeira completa de ossos. A doença articular da coluna vertebral que leva à imobilidade completa é uma entidade patológica conhecida como espondilite reumatoide ou espondilite anquilosante, de etiologia desconhecida, de natureza inflamatória e progressiva. Nas formas iniciais de apresentação, requer ponderar que não traz incapacidade, podendo evoluir gradativamente. Nestes casos, pode-se indicar adaptações e restrições específicas, sem obrigatória necessidade de afastamento das atividades habituais, incluindo o trabalho.

19.7. NEFROPATIA GRAVE

Na avaliação da gravidade de nefropatia e do grau de incapacidade que pode acarretar, devem ser levados em consideração os sintomas clínicos e as alterações bioquímicas.

Nota: será considerada nefropatia grave a enfermidade de evolução aguda ou crônica que, em caráter transitório ou permanente, acometer por tal forma o rim, a ponto de ocasionar grave insuficiência renal e/ou acarretar risco de morte ao indivíduo. Para a avaliação da insuficiência renal pelas alterações bioquímicas, adota-se a classificação da American Heart Association (1971), baseada na gravidade da perturbação funcional do rim, medida pelo *clearance* de creatinina ou dosagem de creatinina no soro. O critério primário da medida de taxa da filtração glomerular por meio de *clearance* é o mais preciso, mas, em sua impossibilidade, deve-se usar o critério secundário da creatinina sérica.

Quadro 12.7 — Classificação das Nefropatias pela AHA (1971)

Classe	Causa — Taxa de filtração	Creatinina sérica
A	Primária ou Secundária Normal	Normal
B	Primária ou Secundária **Reduzida a 50%**	Normal a 2,4 mg%
C	Primária ou Secundária **Reduzida entre 20 e 50%**	Entre 2,5 mg e 4,9 mg%
D	Primária ou Secundária **Reduzida entre 10 e 20%**	Entre 5,0 mg e 7,9 mg%
E	Primária ou Secundária **Menor que 10%**	Entre 8 mg e 12 mg%
F	Primária ou Secundária **Inferior a 5%**	Superior a 12 mg%

Obs.: são consideradas nefropatias graves: (a) as nefropatias incluídas nas classes C a F da classificação de AHA, independente dos sintomas clínicos; (b) as nefropatias incluídas na classe B, sempre que acompanhadas de sintomas considerados graves.

19.8. DOENÇA DE PARKINSON

Doença decorrente de um comprometimento do sistema nervoso extrapiramidal, identificável por uma tríade de manifestações: tremor, rigidez muscular e perda dos reflexos posturais, não sendo possível, todavia, na maioria dos casos, conhecer sua etiologia, é, então, denominada parkinsonismo primário ou doença de Parkinson propriamente dita.

Quando identificada a causa (pós-encefalite, arteriosclerótica etc.), a doença é conhecida por Síndrome de Parkinson ou parkinsonismo secundário.

Nas duas situações, poderá se mostrar em grau com LEVE INCAPACIDADE, MODERADA INCAPACIDADE E INTENSA INCAPACIDADE, sendo melhor avaliada sempre com a associação dos achados objetivos dos exames físico e mental, com o tipo de evolução do quadro, o grau de resposta terapêutica e o tipo de atividade realizada.

19.9. TUBERCULOSE ATIVA

Considerando, na atualidade, a grande possibilidade de cura dos processos tuberculosos quando diagnosticados em fase precoce e, habitualmente, o bom potencial evolutivo de suas lesões se corretamente tratadas, torna-se fundamental a avaliação da fase evolutiva da doença ou condição de "atividade" destas lesões, pois saber sobre tais fatos nos permite estabelecer a noção de cura ou se há boa resposta ao tratamento.

O reconhecimento do quadro como indicamos é absolutamente necessário para os objetivos sociais, administrativos, humanos e, particularmente, periciais que envolvem essa doença, já que a incapacidade por ela causada pode ser temporária ou permanente.

Novamente, a presença da doença, por si só, não significa a existência de incapacidade, o que importa é a sua repercussão geral no indivíduo e na sua capacidade de desempenho das suas atividades, considerando também o portador, quando o caso de ser classificada como "tuberculose ativa", como fonte infectante.

As lesões tuberculosas podem ser classificadas da seguinte maneira:

• Ativas: progressivas, regressivas ou crônicas;

• Inativas: com atividade indeterminada ou de potencial evolutivo incerto.

19.9.1. Tuberculose pulmonar

A expressão "tuberculose pulmonar ativa" não traduz, necessariamente, uma evolução desfavorável da doença; significa, antes de tudo, o estado dinâmico ou instável do processo, com possibilidade de progredir, regredir ou permanecer estacionário (cronificado) em certo período de tempo.

Para a avaliação do potencial de atividade das lesões tuberculosas, consideramos como lesões ativas aquelas que preencheram, principalmente do ponto de vista bacteriológico e radiológico, as seguintes exigências:

• Bacteriológico: presença, no exame direto ou na cultura, de qualquer secreção ou material de biópsia, do *M. Tuberculosis*. O diagnóstico bacteriológico é realizado na rotina médica por meio de baciloscopia e cultura, para resultados mais fidedignos é recomendada a execução de pelo menos 3 exames em amostras diferentes ou o exame de material colhido durante 24 horas. Caso não haja expectoração, outras técnicas devem ser empregadas — exame direto e cultura do material da biópsia ou do lavado bronquíolo-alveolar. A inoculação nas cobaias fica reservada a casos muito especiais, em que possam haver dúvidas na identificação do bacilo.

• Radiológico: deverá ser valorizado o caráter infiltrativo — inflamatório — das lesões, traduzido pela presença de reação perifocal, instabilidade dessas demonstradas nas radiografias em série, presença de cavidades com paredes espessas, com ou sem líquido no interior, importante reação inflamatória perifocal, presença de derrame pleural associado, ou não, a complexo gânglio-pulmonar recente.

• Clínico: em algumas situações podemos considerar uma lesão como ativa mesmo na ausência de comprovação bacteriológica, isso se dá nos casos de "lesões mínimas" ou nas formas miliares, geralmente paucibacilares. Aqui, devemos valorizar mais os sinais e sintomas sindrômicos, o aspecto e a localização radiológica das lesões, o conhecimento do contágio conhecido e a prova tuberculínica com viragem recente (PPD — reator-forte). Mesmo considerando a inespecificidade dos sintomas da doença. Cabe chamar a atenção para que em certos pacientes incorretamente tratados apresentando lesões suspeitas de atividade e prova tuberculínica positiva, pode ser muito difícil o achado do bacilo no exame direto das secreções pleuropulmonares. Assim, somente nos casos em que, ao final de vários testes terapêuticos, comprove-se resistência bacilar aos esquemas usados ou nos casos em que, por consequência da resolução fibrocicatricial de cura, tenha ocorrido importante limitação funcional respiratória (superior a 55% do volume corrente ou da capacidade pulmonar total), que, portanto, imponham importante limitação física ou profilática sanitária ao indivíduo, se cogitará sobre a aposentadoria por Tuberculose Pulmonar (TP).

19.9.2. Tuberculose ganglionar

As localizações mais frequentes são as mediastínicas e nos gânglios periféricos cervicais.

Os gânglios cervicais que aumentam de volume inicialmente apresentam-se duros, posteriormente, com tendência ao amolecimento, castificando-se geralmente drenam para o exterior; o seu diagnóstico é feito pela biópsia complementada por exame histopatológico e bacteriológico desse material. Essa forma de apresentação da doença é relativamente rara e dificilmente causará incapacidade permanente.

19.9.3. Tuberculose renal

O diagnóstico etimológico da atividade e da cura do comprometimento renal pela tuberculose é realizado pelos seguintes exames:

• Bacteriológico: comprovada por meio de baciloscopia direta, cultura ou inoculação em animais sensíveis, da urina ou de material colhido por endoscopia ou punção, a presença do *M. Tuberculosis*. A urina deve ser a primeira da manhã e os exames repetidos em 6 amostras independentes. A comprovação bacteriológica é a única que pode afirmar o diagnóstico e a atividade das lesões, mas, nesses casos, só é positiva em 50% dos examinados.

• Radiológico: quando revela alterações renais, com lesão dos cálices dos bacinetes e/ou ureteres.

A possibilidade dessa forma de tuberculose levar à incapacidade está diretamente relacionada ao grau de comprometimento da função excretora renal (insuficiência renal) e deve assim ser considerada.

19.9.4. Tuberculose óssea

As localizações mais frequentes são: vertebral e depois coxofemoral. No mal de Pott, além dos sinais clínicos de dor e infecção geral, há, na radiografia, o aparecimento de lesões destrutivas de aspecto cuneiforme, estreitamento do espaço discal e fusão dos corpos vertebrais. Para a confirmação do diagnóstico, devemos usar como auxiliares: radiografias, biópsias ganglionares e punção dos abscessos, sempre tentando a confirmação bacteriológica das lesões.

19.10. HANSENÍASE

Define-se um caso de hanseníase quando uma pessoa apresenta sinais clínicos da doença com ou sem confirmação bacteriológica do diagnóstico.

São consideradas 4 (quatro) formas clínicas:

1. Indeterminada;

2. Tuberculoide;

3. Dimorfa;

4. Virchowiana.

Atualmente, o diagnóstico de hanseníase baseia-se fundamentalmente no exame clínico e na baciloscopia, que nos fornece o Índice Baciloscópico (IB), levando a classificar os pacientes em paucibacilares e multibacilares.

De acordo com esse critério, será instituído o seguinte tratamento: 6 (seis) meses para os paucibacilares e 24 (vinte e quatro) meses para os multibacilares.

a) Paucibacilares:

• Critérios clínicos: pacientes classificados como indeterminados e tuberculoides, segundo a classificação de Madri.

• Critérios baciloscópicos: pacientes com todos os esfregaços negativos (Índice Baciloscópico igual a 0 — IB = 0), ou baciloscopia negativa.

b) Multibacilares:

• Critérios clínicos: pacientes classificados como virchowianos, dimorfos ou não classificados.

• Critérios baciloscópicos: pacientes com baciloscopia positiva: (+, + +, +++) com qualquer esfregaço examinado, ou seja, qualquer resultado, diferente do negativo.

A doença, por si só, não leva a pessoa a ser afastada de suas atividades laborativas. Uma vez que ao iniciar a terapia específica (poliquimioterapia), o portador bacilífero torna-se não contagiante logo na terceira semana de tratamento. Em algumas avaliações por especialistas, os casos multibacilares poderão ser afastados de suas atividades por período de 3 (três) semanas.

O que pode levar à incapacidade são os casos de episódios reacionais (Reação tipo I e II), com sintomas gerais: febre, mal-estar geral, neurites agudas ou subagudas, levando a dor, alteração da sensibilidade (parestesias e hipoestesias) e diminuição da força muscular e/ou da precisão de movimentos, o que leva à incapacidade temporária ou definitiva, podendo ser avaliadas por especialistas como dermatologistas, neurologistas, terapeutas ocupacionais, fisioterapeutas e outros.

• Avaliação dos graus de incapacidade: todos os doentes de hanseníase, independente da forma clínica, deverão ser avaliados no momento do diagnóstico e, no mínimo, uma vez ao ano, classificados quanto ao grau de incapacidade física que apresentem. Toda a atenção deve ser dada ao comprometimento neural e, para tanto, os profissionais de saúde e pacientes devem ser orientados para uma atitude de vigilância do potencial incapacitante da hanseníase. Vejamos os quadros de apuração:

— Olho: grau de perda da sensibilidade da córnea, lagoftalmo e/ou ectrópico, triquíase, opacidade corneana, acuidade visual menor que 0,1, ou não conta dedos a 6 metros;

— Mão: grau de perda da sensibilidade — anestesia, úlceras e lesões traumáticas, garra móvel da mão, mão caída, grau de reabsorção, articulação anquilosada;

— Pé: garra dos antelhos, pé caído, grau de reabsorção, articulação anquilosada.

Obs.: pontos: Variando de 0, 1, 2 e 3. Pontos máximos: por membro = 9 pontos; por acometimento simétrico = 18 pontos; por acometimento geral = 54 pontos.

19.11. SÍNDROME DA IMUNODEFICIÊNCIA ADQUIRIDA (SIDA/AIDS)

A SIDA/AIDS é a Síndrome de Imunodeficiência Adquirida causada pelo vírus da Imunodeficiência Humana (HIV), podendo acometer qualquer indivíduo, mormente os que apresentam um comportamento considerado de risco, resultando em infecções oportunistas, doenças malignas e lesões neurológicas.

Classificação:

A infecção pelo HIV pode ser classificada de acordo com as manifestações clínicas e pela contagem de linfócitos T-CD4+.

Quanto às manifestações clínicas, os pacientes podem ser classificados nas seguintes categorias:

1. Categoria A — indivíduos com sorologia positiva para o HIV, sem apresentar sintomas clínicos:

1.1. Infecção assintomática pelo HIV;

1.2. Linfadenopatia generalizada persistente — Linfadenomegalia, envolvendo duas ou mais regiões extrainguinais, com duração de pelo menos 3 (três) meses, associada à sorologia positiva para o HIV;

1.3. Infecção aguda (primária) pelo HIV — Síndrome de mononucleose, caracterizada por febre, linfadenomegalia e esplenomegalia.

A sorologia para o HIV é negativa, tornando-se positiva geralmente duas ou três semanas após o início do quadro clínico.

2. Categoria B — indivíduos com sorologia positiva para o HIV, sintomáticos, que não estejam incluídos na Categoria C, mas que apresentem infecções oportunistas e neoplasias:

2.1. Angiomatose bacilar;

2.2. Candidíase vulvovaginal persistente de mais de um mês, que não corresponde ao tratamento específico;

2.3. Candidíase orofaringeana;

2.4. Sintomas constitucionais (febre acima de 38,5°C ou diarreia com mais de um mês de duração; displasia cervical (moderada ou grave)/carcinoma cervical *in situ*; leucoplaquia pilosa oral; herpes zoster envolvendo pelo menos dois episódios independentes ou mais de um; dermátomo púrpura trombocitopênica idiopática; listeriose; doença inflamatória tubovariano.

2.5. Neuropatia periférica.

3. Categoria C — indivíduos soropositivos e sintomáticos, que apresentam infecções oportunistas ou neoplasias (doenças que definem a SIDA/AIDS):

3.1. Candidíase esofágica, traqueal brônquica ou pulmonar;

3.2. Coccidioidomicose, disseminada ou extrapulmonar;

3.3. Criptococose extrapulmonar;

3.4. Câncer cervical intensivo;

3.5. Rinite, esplenite ou hepatite por citomegalovírus;

3.6. Herpes simples mucocutâneo com mais de um mês de evolução;

3.7. Histoplasmose disseminada;

3.8. Isosporíase intestinal crônica (mais de 1 mês de duração);

3.9. Micobacteriose atípica;

3.10. Tuberculose pulmonar ou extrapulmonar;

3.11. Pneumonia por *Pneumocystis carinii*;

3.12. Pneumonia recorrente com mais de dois episódios em um ano;

3.13. Bacteremia recorrente por salmonela;

3.14. Toxoplasmose cerebral;

3.15. Leucoencefalopatia multifocal progressiva;

3.16. Criptosporidiose intestinal crônica;

3.17. Sarcoma de Kaposi;

3.18. Linfoma de Burkit imunoblástico ou primário de cérebro;

3.19. Encefalopatia pelo HIV;

3.20. Síndrome consumptiva pelo HIV;

3.21. Doença por citomegalovírus (à exceção do fígado, baço ou gânglios linfáticos), rinite por citomegalovírus (com perda de visão).

Quanto à contagem dos linfócitos T-CD4 +, os pacientes podem ser classificados nos seguintes grupos:

Grupo 1 — indivíduos com número absoluto de linfócitos T auxiliares (CD4) igual ou acima de 500/mm^3;

Grupo 2 — indivíduos com número absoluto de linfócitos T auxiliares (CD4) entre 200 e 499/mm^3;

Grupo 3 — indivíduos com número absoluto de linfócitos T auxiliares (CD4) menor que 200/mm^3.

Categorias clínicas

Grupo	T-CD4	A	B	C
1	>/= 500/mm^3	A1	B1	**C1**
2	200-499/mm^3	A2	B2	**C2**
3	**< 200/mm^3**	**A3**	**B3**	**C3**

Obs.: **A3, B3, C2 e C3 são consideradas SIDA/AIDS**. As demais são consideradas portadoras do vírus HIV.

Critérios para enquadramento:

1. Serão considerados **incapazes definitivamente para o trabalho** os examinados e classificados nas categorias **A3, B3 e C (todos)**.

2. Serão considerados **incapazes temporariamente para o serviço** os examinados classificados nas categorias **A1, A2, B1 e B2 na presença das manifestações clínicas** incapacitantes. Deverão ser mantidos em licença para tratamento de saúde por até dois anos, com controle trimestral. Após os dois anos de licença médica, caso permaneçam com sorologia positiva e incapacitados para retorno ao trabalho, mesmo que readaptados em outra função, recomenda-se que sejam aposentados. A revisão da aposentadoria, em qualquer situação, será feita por meio de nova inspeção médica.

19.12. DOENÇA PULMONAR — CLASSIFICAÇÃO DE GRAVIDADE

A classificação de gravidade da doença pulmonar poderá ser avaliada levando-se em consideração a análise dos dados apresentados na tabela a seguir. Alguns dos critérios apresentados são utilizados no estabelecimento do risco de ocorrência de complicações pulmonares no pós-operatório de cirurgia geral, propostos por Torrington e Henderson, na *Revista da Associação Médica Brasileira* (2000) — Aplicabilidade da Escala de Torrington e Henderson, a qual adaptamos para servir de parâmetro na análise pericial, e que até o momento vem se mostrando razoável, adequada e satisfatória:

Gravidade da doença pulmonar	
Fatores Clínicos	**Pontos**
Idade superior a 65 anos	01
Obesidade superior a 150% do peso ideal	01
Doença associada: — Cardíaca	02
Doença associada: — Metabólica	02
Doença associada: — Outras	01
Fumante Atual	01
Tosse ou Expectoração	01
Doença Pulmonar	01
Espirometria: CVF < 50% do previsto	01
Espirometria: VEF1/CVF: 65 a 74,9%	01
Espirometria: VEF1/CVF: 50 a 64,9%	02
Espirometria: VEF1/CVF: < 50%	03

Análise da somatória dos pontos:

· De 0 a 4 pontos = Comprometimento leve;

· De 5 a 8 pontos = Comprometimento moderado;

· De 9 a 14 pontos = Comprometimento grave.

19.13. DANO ESTÉTICO

A avaliação de dano estético é peculiar e subjetiva do examinador, porém deve considerar idade, sexo e local da lesão, se causa vexame, humilhação, repugnância, e/ou se causa mal-estar e desgosto a quem olha.

A avaliação de dano estético pode ser classificada quanto ao grau, observando-se:

• Grau 0 (zero) equivale à Incapacidade Física (IF) de 0% até 3,9% — com nenhum e/ou **DISCRETO** significado estético;

- Grau 1 equivale de 4% a 9,9% de IF, em área corporal coberta, sendo considerado **DANO DISCRETO, MAS EM ÁREA EXPOSTA**;

- Grau 2 equivale de 10 a 29,9% de IF, em área exposta e que pode ser modificado, é **DANO LEVE**;

- Grau 3 equivale de 30% a 59,9% de IF, é **DANO LEVE/MODERADO**;

- Grau 4 equivale de 60% a 69,9 % de IF, e é considerado **DANO MODERADO QUE PODE SER MODIFICADO — COSMÉTICA**;

- Grau 5 equivale de 70% a 79,9 % de IF, sendo considerado **DANO MODERADO/INTENSO, MAS QUE NÃO PODE SER MODIFICADO E É APARENTE**;

- Grau 6 equivale de 80% a 89,9% de IF, é **DANO INTENSO, MAS SEM DEFORMIDADE FUNCIONAL**;

- Grau 7 (grau máximo) equivale à IF maior que 90%, e é considerado **DANO MUITO INTENSO, POIS ACOMPANHA DEFORMIDADE FUNCIONAL**.

19.14. CARDIOPATIAS

Classificação das cardiopatias de acordo com a capacidade funcional do coração — *New York Heart Association* (NYHA).

CLASSE I — Pacientes com doença cardíaca, porém sem limitação da atividade física. A atividade física ordinária não provoca fadiga acentuada, palpitação, dispneia.
CLASSE II — Pacientes portadores de doença cardíaca que acarreta leve limitação à atividade física. Esses pacientes sentem-se bem em repouso, mas a atividade física comum provoca fadiga, palpitação, dispneia ou angina de peito.
CLASSE III — Pacientes portadores de doença cardíaca que acarreta acentuada limitação da atividade física. Esses sentem-se bem em repouso, porém, pequenos esforços provocam fadiga, palpitação, dispneia ou angina de peito.
CLASSE IV — Paciente com doença cardíaca que acarreta incapacidade para exercer qualquer atividade física. Os sintomas de fadiga, palpitação, dispneia ou angina no peito existem mesmo em repouso e se acentuam com qualquer atividade.

As cardiopatias agudas, habitualmente rápidas em sua evolução, podem se tornar crônicas, passando ou não a caracterizar uma cardiopatia crônica grave, ou evoluir para o óbito, situação que, desde logo, deve ser considerada como cardiopatia grave, com todas as injunções legais.

Ficou estabelecido que a cardiopatia crônica é grave quando limita, progressivamente, a capacidade funcional e profissional, não obstante tratamento clínico e/ou cirúrgico adequado, ou quando pode induzir à morte prematura.

A limitação de que trata o conceito é definida habitualmente pela presença de uma ou mais das seguintes síndromes: insuficiência cardíaca, insuficiência coronária, arritmias complexas, bem como hipoxemia e manifestações de baixo débito cerebral secundárias a uma cardiopatia. Para insuficiência cardíaca e/ou coronária, classificam-se **como graves as enquadradas nas Classes III e IV da classificação da NYHA e, eventualmente, as da Classe II**, na dependência da idade, da atividade profissional e da incapacidade de reabilitação.

Sob o aspecto estritamente médico, cardiopatia grave implica tão somente prognóstico reservado em relação à morbidade, à história natural da cardiopatia, à qualidade de vida e à mortalidade. Do ponto de vista socioeconômico e legal, implica a impossibilidade de o paciente desempenhar uma atividade profissional em sua plenitude, comprometendo o seu padrão de vida e o de sua família, podendo levá-la a desamparo, na eventualidade de morte prematura.

Conceitua-se como cardiopatia grave toda aquela que, em caráter permanente, reduz a capacidade funcional do coração e, consequentemente, as capacidades físicas, incluindo as profissionais do indivíduo, a ponto de acarretar alto risco de morte prematura, não obstante tratamento médico e/ou cirúrgico em curso.

O critério adotado pelo Perito Médico para a avaliação do coração na nossa proposta está se baseando no consenso nacional sobre cardiopatia grave, promulgado pela *Sociedade Brasileira de Cardiologia* (SBC) em consonância com a classificação funcional cardíaca adotada pela *New York Heart Association* (NYHA).

Dessa forma, a limitação funcional cardíaca será definida pela análise criteriosa do conjunto de métodos propedêuticos, a saber:

— Para a insuficiência cardíaca e/ou coronariana, classificam-se como graves as enquadradas nas Classes III e IV da NYHA, e, eventualmente, as da Classe II, na dependência da idade, atividade profissional, das características funcionais do cargo, da coexistência de outras patologias e da incapacidade de reabilitação, apesar de tratamento médico em curso.

— Para arritmias graves, serão consideradas complexas aquelas com alto grau de instabilidade elétrica do miocárdio, advindo daí manifestações sistêmicas e frequentes por fenômenos tromboembólicos e/ou sinais e sintomas de baixo débito circulatório, que não controláveis por drogas e/ou marcapasso artificial, por isso com alto risco de morte súbita.

De modo geral, podemos considerar como **CARDIOPATIA GRAVE**:

• Síndrome de **insuficiência cardíaca** de qualquer etiologia que curse com **importante disfunção ventricular (Classes III e IV da NYHA)**;

• Síndrome de **insuficiência coronariana refratária à terapêutica** sem indicação cirúrgica (**Classes III e IV da NYHA**);

• **Arritmias por bloqueios atrioventriculares de 2º e 3º graus, extrassistolias e/ou taquicardias ventriculares, síndromes braditaquicárdicas**;

• Cardiopatias congênitas nas **Classes III e IV da NYHA**, ou com importantes manifestações sistêmicas de hipoxemia;

• **Cardiopatias várias**, tratadas cirurgicamente (revascularização do miocárdio, próteses valvulares, implante de marcapasso, aneurismectomias, correções cirúrgicas de anomalias congênitas), quando após reavaliadas funcionalmente forem consideradas pertencentes às **Classes III e IV**, ou a critério, Classe II da NYHA.

A avaliação conjunta dos dados de exame clínico e dos complementares, na maioria dos casos, é que poderá levar a uma classificação correta.

Portanto, a anamnese e o exame físico detalhado do aparelho cardiovascular são imperiosos, podendo incluir, conforme o caso, os exames laboratoriais subsidiários (sangue-hematologia, bioquímica, hormônios séricos, reações sorológicas, urina, fezes etc.) e outros:

• Radiografias do tórax em AP e PE;

• Eletrocardiograma de repouso;

• Eletrocardiograma de esforço;

• Eletrocardiografia dinâmica — Holter;

• Mapeamento ambulatorial da pressão arterial;

• Ecocardiografia bidimensional com doppler de fluxos valvulares;

• Cintigrafia miocárdica;

• Estudo hemodinâmico por cateterismo cardíaco;

• Estudo cineangiocoronariográfico por cateterismo cardíaco.

De acordo com a avaliação dos parâmetros apresentados, indicados para o estudo pericial, a conceituação final de cardiopatia grave será definida em função da presença de uma ou mais das seguintes síndromes:

• Síndrome de insuficiência cardíaca congestiva;

• Síndrome de insuficiência coronariana;

- Síndrome de hipoxemia e/ou baixo débito sistêmico/cerebral, secundários a uma cardiopatia;

- Arritmias complexas e graves.

Dentro do perfil sindrômico exposto, avaliar-se-ão como cardiopatia grave as seguintes entidades nosológicas:

- Cardiopatias isquêmicas;

- Cardiopatias hipertensivas;

- Cardiomiopatias primárias ou secundárias;

- Cardiopatias valvulares;

- Cardiopatias congênitas;

- Cor pulmonale crônico;

- Arritmias complexas e graves;

- Hipertensão arterial sistêmica em cifras altas e complicadas, com lesões irreversíveis em órgãos-alvos: cérebro, rins, olhos e vasos arteriais.

19.14.1. Cardiopatia Isquêmica

Quadro Clínico:

— Angina, Classes III e IV da NYHA e da **Canadian Cardiovascular Society**, apesar da terapêutica;

— Manifestações clínicas de insuficiência cardíaca;

— Arritmias (associar com os dados do ECG e Holter).

Eletrocardiograma (repouso):

— Zona elétrica inativa (localização e magnitude); alterações isquêmicas de ST-T; distúrbios da condução atrioventricular e intraventricular; hipertrofia ventricular esquerda; fibrilação atrial crônica; arritmias ventriculares complexas (associar com dados do Holter).

Radiografia do Tórax:

— Cardiomegalia; Congestão venocapilar pulmonar.

Teste ergométrico:

— Limitação da capacidade funcional (< 5 MET);

— Angina em carga baixa (< 5 MET);

— Infradesnivelamento do segmento ST-precoce (carga baixa) acentuado (> ou = 3 mm); morfologia horizontal ou descendente; múltiplas derivações; duração prolongada (> 6 min no período de recuperação);

— Supradesnivelamento de ST, sobretudo em área não relacionada a infarto prévio: comportamento anormal da pressão arterial diastólica (variação de PD > ou = 30 mm de HG); insuficiência cronotrópica (elevação inadequada da frequência cardíaca); sinais de disfunção ventricular esquerda associada ao esforço; arritmias ventriculares, desde que associadas a outros sinais de resposta isquêmica.

Cintigrafia miocárdica associada a teste ergométrico (Tálio, M1B1, Tecnésio):

— Defeitos de perfusão múltiplos ou áreas extensas (áreas hipocaptantes definitivas ou transitórias);

— Dilatação da cavidade ventricular esquerda ao esforço;

— Hipercaptação pulmonar;

— Fração de ejeção (FE) em repouso < ou = 0,35 (valor específico para o método);

— Comportamento anormal da FE ao exercício (variação da FE < 5%); motilidade parietal regional ou global anormal.

Cintigrafia miocárdica associada a dipiridamol e outros fármacos:

— Interpretação semelhante e definida para a cintigrafia com teste ergométrico.

Ecocardiograma (em repouso):

— Fração de ejeção < ou = 0,40 (valor específico para o método);

— Alterações segmentares da contratilidade ventricular;

— Dilatação das câmaras esquerdas, especialmente se associada à hipertrofia mitral, comunicação interventricular, pseudoaneurismas, aneurismas, trombos intracavitários.

Ecocardiograma associado a esforço ou procedimentos farmacológicos:

— Aparecimento de alterações de contratilidade preexistentes;

— Comportamento anormal da FE ao exercício (variação da FE < 5%).

Eletrocardiografia dinâmica (Holter):

— Alterações isquêmicas (ST-T) associadas à dor anginosa ou a sintomas de disfunção ventricular esquerda;

— Isquemia miocárdica silenciosa (magnitude e duração); arritmias ventriculares complexas;

— Fibrilação atrial associada à isquemia;

— Distúrbios de condução atrioventricular e intraventricular relacionados à isquemia.

Cinecoronarioventriculografia:

— Lesão de tronco de coronária esquerda > ou = 50%;

— Lesões triarteriais moderadas a importantes (> ou = 70% do terço proximal ou médio), e eventualmente do leito distal, dependendo da massa miocárdica envolvida. Lesões bi ou uniarteriais > ou = 70%, com grande massa miocárdica em risco. Lesões ateromatosas extensas e difusas;

— Fração de ejeção < ou = 0,40;

— Hipertrofia e dilatação ventricular esquerda;

— Áreas significantes de acinesia, hipocinesia e discinesia; Aneurisma de ventrículo esquerdo;

— Complicações mecânicas: insuficiência mitral, comunicação interventricular.

Fatores de risco e condições associadas:

— Idade > 70 anos, hipertensão, diabetes, hipercolesterolemia familiar;

— Vasculopatias ateroscleróticas importantes em outros territórios (central, periférica).

Pós-infarto do miocárdio:

— Disfunção ventricular esquerda (áreas de acinesia, hipocinesia e discinesia); isquemia à distância (em outra área que não a do infarto);

— Arritmias ventriculares complexas; idade avançada; condições associadas.

19.14.2. Cardiopatias Hipertensivas

Do ponto de vista exclusivamente de cifras, é considerada grave a hipertensão arterial > ou = 200/115 mm de Hg, não obstante tratamento adequado. Se a pressão diastólica é menor do que 110 mm de Hg e acompanhada de danos a órgão(s)-alvo, é definida como cifra baixa complicada. Se a pressão diastólica é >

ou = 110 mm de Hg e acompanhada de dano a órgão(s)-alvo, é definida como cifra alta complicada. O(s) órgão(s)-alvo que podem ser comprometidos por uma cifra baixa durante longo tempo, ou por cifras altas durante curto tempo, são o coração, o cérebro, os rins, as artérias periféricas e a retina.

O comprometimento do coração na hipertensão arterial identifica a cardiopatia hipertensiva. Quando isso ocorre, os demais órgãos-alvos frequentemente também estão comprometidos. De outra parte, em alguns casos, um ou mais dos órgãos-alvo podem estar envolvidos, sem que o coração o esteja. Nesses casos, não se trata de cardiopatia hipertensiva, e sim de hipertensão arterial complicada.

Na cardiopatia hipertensiva, a gravidade é caracterizada pela presença das seguintes condições:

— hipertrofia ventricular esquerda detectada pelo ECG ou ecocardiograma, que não regride com o tratamento; disfunção ventricular esquerda sistólica, com fração de ejeção < ou = 0,40;

— arritmias supraventriculares e ventriculares relacionadas à hipertensão arterial;

— cardiopatia isquêmica associada.

A cardiopatia hipertensiva é agravada, ainda, pelo comprometimento de outro(s) órgão(s)-alvo, como abaixo discriminado:

— Em relação ao cérebro: isquemia cerebral transitória, acidente vascular cerebral isquêmico ou hemorrágico;

— Em relação aos rins: creatinina > 3,0 mg/dl;

— Em relação às artérias periféricas: aneurisma e/ou dissecção da aorta, trombose arterial periférica, estenose de carótida > ou = 70%;

— Em relação à retina: hemorragias, exsudato e papiledema, especialmente quando não regridem com tratamento adequado.

19.14.3. Miocardiopatias

a) Miocardiopatias hipertróficas estão associadas a:

— História familiar de morte súbita;

— Paciente sintomático, especialmente história de síncope, angina, insuficiência cardíaca e embolia sistêmica;

— Diagnóstico de infância (baixa idade);

— Hipertrofia moderada ou severa, com alterações isquêmicas de ST-T;

— Cardiomegalia;

— Disfunção ventricular esquerda sistólica;

— Fibrilação atrial;

— Síndrome de Wolff Parkinson-White;

— Arritmias ventriculares complexas;

— Regurgitação mitral;

— Importante doença arterial coronária associada;

— Forma obstrutiva com gradiente de via de saída > ou = 50 mm de Hg.

b) Miocardiopatias dilatadas estão associadas a:

— História de fenômenos tromboembólicos;

— Cardiomegalia importante;

— Ritmo de galope (B3);

— Insuficiência cardíaca, classe funcional III e IV fração de ejeção < ou = 0,30.

— Fibrilação atrial;

— Arritmias ventriculares complexas;

— Distúrbios da condução intraventricular.

c) Miocardiopatias restritivas (endomiocardiofibrose, fibroelastose) estão associadas a:

— História de fenômenos tromboembólicos;

— Cardiomegalia;

— Insuficiência cardíaca, classe funcional III e IV;

— Fibrose acentuada;

— Regurgitação mitral e/ou tricúspide importante.

d) Cardiopatia chagásica crônica está associada a:

— História de síncope e/ou fenômenos tromboembólicos;

— Cardiomegalia acentuada;

— Insuficiência cardíaca, classe funcional III e IV; fibrilação atrial;

— Arritmias ventriculares complexas; bloqueio bi ou trifascicular sintomático; bloqueio atrioventricular de grau avançado.

19.14.4. Valvopatias

Insuficiência Mitral

Quadro clínico:

— Insuficiência cardíaca, classe funcional III e IV; frêmito sistólico palpável na região da ponta;

— Primeira bulha inaudível ou acentuadamente hipofonética no foco mitral;

— Sopro holossistólico no foco mitral, de intensidade > 3/6, com irradiado em foco aórtico;

— Segunda bulha hiperfonética no foco pulmonar; desdobramento amplo e constante da segunda bulha no foco pulmonar.

Eletrocardiograma:

— Sinais progressivos de sobrecarga atrial e ventricular esquerda;

— Fibrilação atrial.

Estudo radiológico:

— Aumento acentuado da área cardíaca, com predominância das cavidades esquerdas;

— Sinais de congestão venocapilar pulmonar; sinais de hipertensão pulmonar.

Ecocardiograma:

— Presença de jato regurgitante de grande magnitude; comprometimento progressivo da função ventricular sistólica; aumento significativo do diâmetro sistólico do ventrículo esquerdo;

— Inversão do fluxo sistólico em veia pulmonar; sinais de hipertensão pulmonar.

Hemodinâmica e angiografia:

— Onda "V" com valor > ou = 3 vezes, em relação à média do capilar pulmonar;

— Opacificação do átrio esquerdo, igual ou maior à do ventrículo esquerdo: graus III e IV da classificação de Sellers;

— Fração de regurgitação > ou = 60% (FR = volume de regurgitação/volume sistólico total).

19.14.4.1. Estenose mitral

Quadro Clínico:

— História de comissurotomia mitral prévia;

— Fenômenos tromboembólicos;

— Insuficiência cardíaca, classe funcional III e IV;

— Episódios de edema pulmonar agudo;

— Escarros hemoptoicos;

— Fibrilação atrial;

— Estalido de abertura da valva mitral precoce;

— Impulsão sistólica de ventrículo direito;

— Segunda bulha hiperfonética no foco pulmonar;

— Sinais de insuficiência tricúspide.

Eletrocardiograma:

— Fibrilação atrial;

— Sinais de sobrecarga de câmaras diretas.

Estudo radiográfico:

— Inversão do padrão vascular pulmonar;

— Sinais de hipertensão venocapilar pulmonar;

— Sinais de hipertensão arteriolar pulmonar.

Ecocardiograma:

— Área valvar < 1,0 cm^2;

— Tempo de Y2 pressão > 200 ms;

— Gradiente transvalvar mitral médio > 15 mm de Hg;

— Sinais de hipertensão pulmonar (pressão sistólica da artéria pulmonar > 50 mm de Hg);

— Presença de trombo no átrio esquerdo.

Hemodinâmica

— Área valvar < 1,0 cm^2;

— Gradiente diastólico mural médio > 15 mm de Hg;

— Pressão média de capilar pulmonar ou de átrio esquerdo > 20 mm de Hg;

— Pressão sistólica da artéria pulmonar > 50 mm de Hg.

19.14.4.2. Insuficiência aórtica

Quadro clínico:

— Insuficiência cardíaca, classe funcional III e IV;

— Manifestação de baixo débito cerebral (tontura, lipotimia, síncope);

— Síndrome de Marfan associada;

— Presença de galope ventricular (B3);

— Sopro de Austin-Flint na ponta;

— Ictus hipercinético, deslocado externamente;

— Pressão diastólica próxima a zero;

— Queda progressiva da pressão sistólica.

Eletrocardiograma:

— Sinais de sobrecarga ventricular esquerda com onda T negativa em precordiais esquerdas;

— Sinais de sobrecarga atrial esquerda;

— Fibrilação atrial.

Estudo radiográfico:

— Aumento importante da área cardíaca com franco predomínio de ventrículo esquerdo (aspecto em "bota");

— Dilatação do átrio esquerdo.

Ecocardiograma:

— Jato regurgitante AO/VE largo e extenso;

— Fluxo reverso holodiastólico da aorta descendente;

— Abertura valvar mitral ocorrendo somente com a sístole atrial;

— Piora progressiva dos parâmetros da função ventricular esquerda;

— Queda da fração de ejeção ao ecocardiograma de esforço.

Medicina nuclear associada a teste ergométrico:

— Comportamento anormal da fração de ejeção.

Hemodinâmica e angiografia:

— Baixa pressão diastólica da aorta, tendendo à equalização das pressões diastólicas aortoventriculares;

— Pressão diastólica final do Ventrículo Esquerdo (Pd/VE) elevada (> ou = 20 mm de HG);

— Opacificação igual ou mais densa do ventrículo esquerdo em comparação com a aorta, durante aortografia (graus III e IV de Sellers);

— Fração de regurgitação > ou = 60 mm de Hg.

19.14.4.3. Estenose aórtica

Quadro clínico:

— Sintomas de baixo débito cerebral (tontura, lipotímia, síncope);

— Angina no peito;

— Presença de terceira bulha;

— Insuficiência cardíaca;

— Pressão arterial diferencial reduzida;

— Pico tardio de intensidade máxima do sopro;

— Desdobramento paradoxal da segunda bulha;

— Fibrilação atrial.

Eletrocardiograma:

— Sinais de sobrecarga ventricular esquerda importante, com infradesnivelamento de ST e onda T negativa em precordiais esquerdas;

— Sobrecarga atrial esquerda;

— Fibrilação atrial;

— Arritmias ventriculares;

— Bloqueio atrioventricular total.

Ecocardiograma:

— Área valvar < ou = 0,75 cm^2;

— Gradiente médio de pressão transvalvar aórtica > ou = 50 mm de HG;

— Gradiente máximo > ou = 70 mm de Hg;

— Sinais de hipocinesia esquerda.

Hemodinâmica:

— Área valvar < ou = 0,75 cm^2;

— Hipocinesia ventricular esquerda;

— Coronariopatia associada.

19.14.4.4. Prolapso valvar mitral

— História familiar de morte súbita;

— História de síncope;

— Fenômenos tromboembólicos;

— Síndrome de Marfan associada;

— Arritmias ventriculares complexas;

— Fibrilação atrial;

— Disfunção ventricular esquerda;

— Regurgitação mitral importante;

— Prolapso valvar tricúspide associado;

— Cardiomegalia (aumento de câmaras esquerdas);

— Rotura de cordoalhas tendíneas.

19.14.5. Cardiopatias Congênitas

Caracterizam-se como graves as cardiopatias congênitas que apresentam:

Do ponto de vista clínico:

— Crises hipoxêmicas;

— Insuficiência cardíaca (Classes III e IV);

— Hemoptises, pela presença de circulação colateral brônquica;

— Arritmias de difícil controle e potencialmente malignas.

Do ponto de vista anatômico:

— Doença arterial pulmonar;

— Necrose miocárdica por doença coronária ou origem anômala das artérias coronárias;

— Drenagem anômala total infracardíaca ou com obstruções severas de conexão das veias pulmonares com as sistêmicas;

— Hipotrofia ventricular direita;

— Agenesias valvares (pulmonar e aórtica);

— Hipoplasia ou atresia de valvas pulmonares, aórticas e mitral;

— Hipoplasia ou atresia do coração esquerdo;

— Estenose mitral;

— Transposição das grandes artérias com hiper-resistência pulmonar ou ausência de comunicações;

— Ventrículos únicos com atresias valvares;

— Ectopias cardíacas com alterações múltiplas;

— Cardiopatias complexas.

Do ponto de vista anatomofuncional:

— Sobrecargas diastólicas ventriculares;

— Hipocontratilidade ventricular acentuada, clínicas;

— Sobrecargas sistólicas desproporcionadas ou clínicas;

— Cardiopatias hipertróficas acentuadas, com manifestações clínicas.

19.14.6. Arritmias Cardíacas

Constituem-se características de maior gravidade:

— Disjunção do nó sinusal sintomática, com comprovada correlação sintomas/arritmias, e especialmente em presença de síndrome braditaquiarritmia.

19.14.6.1. Bradiarritmias:

— Bloqueio atrioventricular (BAV de 1º grau, tipo II, ou BAV avançado);

— Bloqueio atrioventricular total:

— Sintomático:

— com resposta cronotrópica inadequada ao esforço;

— com cardiomegalia progressiva;

— com insuficiência cardíaca;

— Fibrilação atrial com resposta ventricular baixa;

— Bloqueios de ramo (direito ou esquerdo), permanentes ou alternantes, sintomáticos (claudicação cerebral ou insuficiência cardíaca).

19.14.6.2. Taquiarritmias:

— Taquicardias ventriculares sintomáticas (claudicação cerebral e/ou comprometimento hemodinâmico) de qualquer etiologia;

— Taquicardias supraventriculares sintomáticas (claudicação cerebral, comprometimento hemodinâmico) de qualquer etiologia;

— Taquicardias supraventriculares sintomáticas (claudicação cerebral, comprometimento hemodinâmico, taquicardiomiopatia, fenômenos trombo-embólicos) desencadeadas por qualquer mecanismo;

— Síndrome de pré-excitação, com alto risco de morte súbita, determinado por estudos invasivos.

— Portadores de marcapasso cardíaco definitivo (antibradi ou antitaquicardia), cuja capacidade funcional se mantém limitada pela cardiopatia subjacente.

19.14.7. Cor pulmonale Crônico

Quadro clínico:

— Manifestações de hipoxia cerebral e periférica (dedos em vaqueta de tambor);

— Insuficiência cardíaca direita;

— Dores anginosas;

— Crises sincopais;

— Hiperfonese clamorosa da Segunda bulha no foco pulmonar; galope ventricular direito (B3) = $PO_2 < 60$ mm de Hg; PCO_2. 50 mm de Hg.

Eletrocardiograma:

— Sinais de sobrecarga importante de câmaras direitas

Ecocardiografia:

— Hipertrofia ventricular direita com disfunção diastólica e/ou sistólica; grande dilatação do átrio direito;

— Pressão sistólica em artéria pulmonar, calculada a partir das pressões do VD e AD, > ou = 60 mm de Hg;

— Insuficiência tricúspide importante;

— Inversão do fluxo venoso na sístole atrial.

Estudo hemodinâmico:

— Dilatação do tronco da artéria pulmonar;

— Dilatação do ventrículo direito;

— Dilatação do átrio direito;

— Pressão na artéria pulmonar > ou = 60 mm de Hg;

— Pressão no átrio direito > 5 mm de Hg;

— Insuficiência pulmonar;

— Insuficiência tricúspide.

Nota: quando o tratamento adequado — clínico, intervencionista ou cirúrgico — melhorar ou abolir as alterações acima descritas, o conceito de gravidade deve ser reconsiderado e reavaliado.

19.15. DOENÇA HEPÁTICA GRAVE

A SOCIEDADE BRASILEIRA DE HEPATOLOGIA, entendendo a necessidade do estabelecimento de critérios mais equânimes e objetivos, assume posição e recomenda que sejam observados os seguintes passos para que assim se possa classificar a situação: HEPATOPATIA GRAVE.

[...] a única forma segura, passível de auditoria e, portanto, imune a fraudes é a aplicação de qualquer uma dentre as duas classificações de gravidade de doenças hepáticas amplamente conhecidas e utilizadas na medicina hepatológica, citadas abaixo:

1) Modelo matemático MELD...

2) Classificação prognóstica de Child-Pugh [...]"

(fonte: Sociedade Brasileira de Hepatologia)

19.15.1. Cálculo pelo escore MELD

O escore MELD utiliza três parâmetros laboratoriais: Creatinina; Bilirrubina Total e I.N.R.

A fórmula é a seguinte:

$MELD = (9,57 \times log_e\ creatinina\ mg/dL) + (3,78 \times log_e\ bilirrubina\ total\ mg/dL) + (11,20 \times log_e\ INR^{(103)}) + 6,42$

Notas: Uso válido para maiores de 12 anos de idade; o valor máximo de creatinina no caso vai até 4; arredonda-se o resultado para o próximo número inteiro.

Embora possa parecer complicada a aplicação da fórmula ela pode ser calculada rapidamente pela internet, no *link*:

<http://www.mayoclinic.org/gi-rst/mayomodel6.html>

Pelo **MELD**, conceitua-se como **Hepatopatia Grave** quando os valores são **iguais ou superior a 15**.

19.15.2. Cálculo pela CLASSIFICAÇÃO PROGNÓSTICA DE CHILD-PUGH

Neste caso devemos utilizar três variáveis laboratoriais (dado objetivo) e duas variáveis de avaliação clínica (subjetiva).

Das variáveis laboratoriais, obrigatoriamente se deve utilizar a Albumina sérica e Bilirrubina Total sérica. Para completar, escolhemos um destes outros parâmetros: Tempo de Protrombina ou Atividade de Protrombina ou INR.

Os parâmetros clínicos que devem ser observados são a ausência ou presença de Ascite e da Encefalopatia hepática.

---

(103) INR = RNI = razão normalizada internacional.

Com tais dados, faz-se a apuração de pontos conforme as tabelas:

Dados	Pontos		
	1 ponto	2 pontos	3 pontos
Encefalopatia	Ausente	Grau 1 ou 2	Grau 3 ou 4
Ascite	Ausente	Discreta	Moderada mesmo com uso de diuréticos
INR	< 1.7	> = 1,7 e < 2,3	> = 2,3
Albumina g/dL	> = 3,5	> = 2,8 e < 3,5	< 2,8
Bilirrubina Total	< 2,0	> = 2,0 e < 3,0	> = 3,0

ou

Dados	Pontos		
	1 ponto	2 pontos	3 pontos
Encefalopatia	Ausente	Grau 1 ou 2	Grau 3 ou 4
Ascite	Ausente	Discreta	Moderada mesmo com uso de diuréticos
Atividade de Protrombina	> = 50%	> 40% e < 50%	< 40%
Albumina g/dL	> = 3,5	> = 2,8 e < 3,5	< 2,8
Bilirrubina Total	< 2,0	> = 2,0 e < 3,0	> = 3,0

ou

Dados	Pontos		
	1 ponto	2 pontos	3 pontos
Encefalopatia	Ausente	Grau 1 ou 2	Grau 3 ou 4
Ascite	Ausente	Discreta	Moderada mesmo com uso de diuréticos
Tempo de Protrombina	< = 4	> 4 e < 6	> = 6
Albumina g/dL	> = 3,5	> = 2,8 e < 3,5	< 2,8
Bilirrubina Total	< 2,0	> = 2,0 e < 3,0	> = 3,0

Obtido os pontos, faz-se a somatória e teremos:

— Grupo A: Total de pontos entre 5 a 6;

— Grupo B: Total de pontos entre 7 e 9;

— **Grupo C: Total de pontos entre 10 e 15.**

Considera-se como inquestionavelmente graves os pacientes da classe C (maior ou igual a 10 pontos).

Observação Importante: Casos raros, limítrofes, eventualmente poderão ser reavaliados por Junta Médica, sugerindo-se que formada por 3 especialistas em Hepatologia.

19.16. PERDA AUDITIVA SOCIAL — PERDA AUDITIVA SEM REPERCUSSÃO SOCIAL

No Brasil, o Ministério da Saúde considera, para fins de classificação da "Pessoa com Deficiência", no caso a auditiva, a perda da capacidade de ouvir, ou seja, somente se o problema auditivo incidir nas frequências auditivas de 500 Hz, 1.000 Hz e 2.000 Hz. Baremos internacionais indicam que o valor em decibéis deve ser apurado pela média, havendo que superar os níveis mínimos para caracterizar algum déficit, por exemplo, os definidos pela AMA (Associação Médica Americana), condição que ocorre somente quando a perda for maior que 100 dB. Não se considera como déficit auditivo (com dano objetivo) as alterações inferiores a 100 dB!

Portanto, pessoas, inclusive os trabalhadores, com alterações em outras frequências (acima de 3.000 Hz), que não influenciam quantitativamente na capacidade de ouvir, não são classificados como "Pessoa com Deficiência".

Para melhor entendimento, cabe a explicação resumida do **MECANISMO DA AUDIÇÃO**.

O ouvido transforma os sons em sinais elétricos com o que o cérebro será capaz de entender, na seguinte sequência didática:

1) Os sons alcançam o OUVIDO EXTERNO e os OSSOS DO CRÂNIO:

1.1) Passam pela **VIA AÉREA** — CONDUTO AUDITIVO EXTERNO (canal do ouvido), e/ou pela **VIA ÓSSEA** — OSSOS DO CRÂNIO (Vibração), que melhor dizendo, conduzem os sons até o TÍMPANO;

2) Ao atingirem o TÍMPANO (MEBRANA TIMPÂNICA) ele vibra:

2.1) As vibrações do TÍMPANO chegam até **TRÊS PEQUENOS OSSOS DO OUVIDO MÉDIO** (**MARTELO, BIGORNA E ESTRIBO**), que ao vibrarem, **AMPLIFICAM** o som como um sistema de alavancas;

2.2) As vibrações amplificadas são conduzidas aos **LÍQUIDOS DO OUVIDO INTERNO (CÓCLEA)**;

2.3) Em seguida, atingem as **CÉLULAS RECEPTORAS**, que **TRANSFORMAM AS VIBRAÇÕES EM IMPULSOS ELÉTRICOS**;

2.4) Estes **IMPULSOS ELÉTRICOS** caminham através do **NERVO AUDITIVO** até o **CÉREBRO**, que os percebe como sons.

As lesões auditivas decorrentes da exposição contínua a **NÍVEIS ELEVADOS DE PRESSÃO SONORA (RUÍDO)**, quando relacionadas diretamente ao ambiente de trabalho, assumem o caráter do que se convencionou denominar **doença profissional ou ocupacional**, e quando indiretamente **doença relacionada ao trabalho**.

Existem comprovadamente lesões anatomopatológicas no ouvido interno, decorrentes da exposição ao ruído, desenvolvendo, contribuindo ou agravando a **DEGENERAÇÃO DAS CÉLULAS SENSORIAIS, DA ESTRIA VASCULAR E DAS FIBRAS NEURONAIS**. Por rigor, podem ser consideradas doenças degenerativas cujo labor foi causa ou concausa. Estas lesões produzem, contribuem ou agravam uma **PERDA AUDITIVA DE NATUREZA IRREVERSÍVEL**.

Além disso, os efeitos do ruído ocupacional no organismo humano podem ser considerados concausa em outras doenças, devido se constituir em fator de contribuição ou agravos, se associados a doenças latentes ou em fase incipiente, por diversos mecanismos, por exemplo, agravando hipertensão arterial, ansiedade, estresse etc. No ouvido propriamente dito, os efeitos podem ser divididos em três categorias:

• **Trauma Acústico**: reserva-se este termo às perdas auditivas súbitas, decorrentes de uma única exposição a um ruído de grande intensidade, como, por exemplo, explosões. Pode ser uni ou bilateral. **Em geral, não se relaciona com o ambiente de trabalho, exceto se houver tal ocorrência excepcional no ambiente laboral.**

• **Alteração Temporária do Limiar Auditivo**: trata-se de um efeito a curto prazo decorrente de uma exposição a um **ruído intenso por apenas algum tempo**; esta perda auditiva **tem repercussão progressiva após a suspensão do estímulo.**

• **Perda Auditiva Induzida por Ruído Ocupacional**: é a mudança permanente e irreversível do limiar auditivo, **decorrente de um acúmulo de exposições**.

Características da Perda Auditiva Induzida Por Ruído Ocupacional — PAIRO:

São características da PAIRO:

• Ser sempre **neurossensorial**, pois compromete (lesa) as células do **ÓRGÃO DE CÓRTI**;

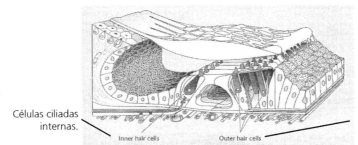

Células que formam o Órgão de Córti.

• Ser **quase sempre bilateral**, porém, não exclusivamente bilateral (ouvidos direito e esquerdo com perdas similares) e, uma vez instalada, **irreversível**;

• **Raramente provoca perdas profundas**, não ultrapassando os 40 dB nas frequências baixas ("Frequência de percepção de **SONS SOCIAIS**") e 75 dB nas frequências altas ("Frequência de percepção de **SONS NÃO SOCIAIS**");

• A perda tem seu início, e **predomina**, nas frequências de **6.000, 4.000** e/ou **3.000 Hz**, progredindo lentamente às frequências de 8.000, 2.000, 1.000, 500 e 250 Hz, **para atingir seu nível máximo**, nas frequências mais altas, nos primeiros **10 a 15 anos** de exposição estável a níveis elevados de pressão sonora;

• **Nos primeiros 5 anos de exposição aproximadamente a ALTERAÇÃO DETECTADA NA AUDIOMETRIA É IMPERCEPTÍVEL NA AUDIÇÃO HUMANA. Mesmo ficando exposto por 10 a 15 anos a ALTERAÇÃO AUDIOMÉTRICA QUE SE PERCEBE NESTE EXAME SUBSIDIÁRIO PODERÁ AINDA SER POUCO PERCEPTÍVEL A EFEITO NA AUDIÇÃO**, deixando a pessoa de perceber apenas alguns sons mais agudos, por exemplo, como algumas notas musicais. *Geralmente, somente após 15 a 20 anos de exposição intensa ao ruído a pessoa passa a ter dificuldades para a conversação normal*, percebendo a sensação de ruído de fundo do tipo "fabril";

• **A redução dos limiares auditivos geralmente não leva à perda da capacidade laboral não incapacitando o empregado para o trabalho, CONTUDO, DESDE OS PRIMEIROS SINAIS ESTE TRABALHADOR DEVE SER AFASTADO DA EXPOSIÇÃO AO RUÍDO**;

• SABENDO QUE HÁ EXCEÇÕES INDIVIDUAIS, como regra geral, **É TOLERADA EXPOSIÇÃO DE NO MÁXIMO 8 (OITO) HORAS DIÁRIAS AO RUÍDO**, contínuo ou intermitente, com média ponderada de tempo de 85 dB pela via aérea, ou uma dose equivalente, **EXCLUINDO OS CAUSADOS PELA VIA ÓSSEA — VIBRATÓRIA**, e os **EFEITOS INDIVIDUAIS NOS SUCEPTÍVEIS**.

Ponderações oportunas:

1. Há uma diferença entre Perda Auditiva (PA) e Perda Auditiva Sem Repercussão Social (PASRS), Deficiência Auditiva (DA) e Alterações nos Exames de Audição (AEA). O ouvido tem capacidade para níveis de frequência sonora que podem ser afetados, diminuídos, **sem que a capacidade auditiva seja afetada**, pois certos níveis de frequência sonora não afetam os sons do **convívio social e do trabalho**. Assim, as **frequências "sociais"** são as de **500 Hz, 1.000 Hz, 2.000 Hz e até 3.000 Hz**. As frequências **"não sociais"** são as acima **de 3.000 Hz, ou seja, as de 4.000 Hz, 6.000 Hz e 8.000 Hz**.

2. Assim, cabe como oportuno considerar que o indivíduo, embora acometido de PAIRO, clinicamente pode não traduzir prejuízo na sua capacidade de audição social — **sem dano na audição. A PAIRO pode ser observada em exames subsidiários (Audiometria) com alterações em níveis de frequência que podem não acarretar perda auditiva perceptível.**

3. Ao avaliarmos as **PERDAS AUDITIVAS OCUPACIONAIS** (ruído como concausa) devemos sempre considerar o chamado **"Conceito de Piora"**, que é atingido quando o indivíduo está exposto a ruídos médios acima de 50 dB, **EM QUALQUER FREQUÊNCIA, E A PERDA AUDITIVA SE IGUALA OU ULTRAPASSA A 15 dB.** Da mesma forma, devemos avaliar a **PERDA MÉDIA ("Conceito de Média")**, observada nas diversas frequências, sabendo que esta **NÃO PODE ATINGIR 10 dB OU MAIS**, pois ao atingir estes níveis, fica caracterizado efeito do nível de exposição, se de fato confirmado que o ruído médio de exposição ultrapassava 50 dB.

4. O CONCEITO DE "PERDA SOCIAL" (DANO NA AUDIÇÃO) SE CONFIRMA QUANDO A MÉDIA CALCULADA NAS FREQUÊNCIAS de 500 HZ, 1.000 HZ, 2.000 HZ E 4.000 HZ PELAS FÓRMULAS DOS BAREMAS INTERNACIONAIS INDICAM PERDAS QUE SE IGUALA OU É MAIOR QUE *100 dB*.

19.17. MISCELÂNEA — PRAZOS PARA CONTROLE DE ABSENTEÍSMO POR FATOR SAÚDE

Estão descritos nos próximos Capítulos.

Capítulo 20

READAPTAÇÃO E/OU REABILITAÇÃO

Para que não surjam dúvidas sobre nomenclaturas, consideramos que a denominação READAPTAÇÃO comumente utilizada nos sistemas de regimes próprios de previdência social, nos trabalhadores ditos "estatutários", tem o mesmo sentido da REABILITAÇÃO adotada pelo regime geral de previdência social brasileiro — INSS.

Objetivo

Os processos de Readaptação/Reabilitação profissional visam atender o ser humano (Trabalhador) com norte no tratado internacional de direitos humanos definido pela *CONVENÇÃO SOBRE DIREITOS DAS PESSOAS COM DEFICIÊNCIA* (CDPD) do qual o Brasil é signatário, que trata a habilitação e reabilitação profissional, especialmente ao que reza o seu artigo 26, quando indica que devem ser tomadas providências para possibilitar que as pessoas (trabalhadores) com deficiência conquistem e conservem o máximo de autonomia e plena capacidade física, mental, social e profissional bem como plena inclusão e participação em todos os aspectos da vida.

Outro objetivo relevante visa a garantia de emprego e trabalho em equidade, já que a CDPD aponta que devem ser organizadas e implementadas medidas para se atingir o objetivo de manter a pessoa que adquiriu uma deficiência o direito de continuar no trabalho (art. 27, item 1).

Em nosso meio, esses processos de Readaptação/Reabilitação deveriam focar nos direitos sociais das pessoas (trabalhadores) que, de modo pragmático, são o "direito de continuar no trabalho" e "direito de retorno ao trabalho", como direito fundamental.

Para tal, isso se inicia atendendo aos encaminhamentos da Perícia Médica e/ou Junta Médica Oficial nos casos em que houver perda da capacidade laboral, todavia, sem invalidez total, com a indicação de readaptação/reabilitação. Certo é que, a imensa maioria das pessoas com invalidez parcial, promovendo-se orientações gerais, treinamento e acompanhamento na reintegração laboral, terão pleno atendimento ao direito fundamental supra suscitado.

O primeiro pilar de sucesso desses processos de Readaptação/Reabilitação está na capacidade de resgatar ao Trabalhador a autoconfiança em sua capacidade de adaptar-se a novas realidades, e, diante delas, desenvolver potencial produtivo etc.

Lógica

Pensamos que esses programas devem ter como lógica (desafios) o seguinte:

— inserção social;

— manutenção do emprego;

— justiça tributária e equilíbrio atuarial nos sistemas de benefícios previdenciários;

— decisão colegiada;

— evitar exclusão profissional: "Considerar a exclusão profissional como fator excepcional, que somente deverá ser considerada após exaustivas avaliações e considerações coletivas, colegiadas e consubstanciadas".

REGRAS GERAIS E BASE PARA PROCEDIMENTOS DOS EXECUTORES DAS ATIVIDADES TÉCNICAS E ADMINISTRATIVAS DO PROGRAMA:

1. Todos os profissionais envolvidos no programa deverão observar os limites dos elementos técnicos das suas áreas específicas quanto às classificações de deficiência física e mental com base no que indica a Classificação Internacional de Funcionalidades (CIF-OMS) e/ou de mobilidade reduzida e/ou da forma de percepção reduzida (visual, auditiva e cognitiva).

2. Em linhas gerais, incluindo as atividades técnicas profissionais, o desenvolvimento deste programa nunca poderá contribuir com qualquer forma, direta ou indireta, por meio dos seus procedimentos, que possibilitem deliberadamente a exclusão social; por exceção, quando houver elementos específicos e consubstanciados obtidos de forma consensual pela equipe técnica profissional, que lhes autorizem indicar a invalidez laboral, sempre ponderando, prévia e exaustivamente, no sentido de que esta indicação não tangencia qualquer possibilidade de exclusão social, quer seja do ponto de vista do trabalhador, quer seja do ponto de vista da sociedade, assim poderão sugerir.

3. Prioritariamente, todas as formas de encaminhamento e procedimento adotadas deverão dar ênfase à inclusão social, considerando que, *a priori*, todo e qualquer indivíduo em estado de equilíbrio baseado na tríade que envolve o bem-estar físico, mental e social tem plena possibilidade de expressão do seu máximo de capacidade e/ou capacitação, que será observada de forma personalista como sendo 100%, apesar das suas limitações físicas ou mentais inerentes, peculiares e/ou individuais, incluindo as adquiridas de forma aguda ou crônica, visando, no caso excepcional da indicação de invalidez laboral, que esta conclusão repercuta minimamente nos aspectos da inserção social deste indivíduo.

4. Conceitualmente, todos os médicos que vierem a compor a equipe de Perícias Médicas e do SESMT (Serviço de Engenharia de Segurança e Medicina do Trabalho) devem ter como ponderação na aplicação da técnica médica geral o fato de que sempre haverá soberania da manifestação clínica e que esta se sobrepõe às outras; na prática diária, devem desenvolver o entendimento de que o indivíduo com expressão clínica, física ou mental estabilizada, desde que SEM QUAISQUER DEPENDÊNCIAS DE TERCEIROS PARA MANIFESTAÇÃO DA SUA AUTONOMIA, não importando em que nível ocorreu esta estabilização, terá plena possibilidade de expressão de seus 100% de Capacidade, mesmo que para isso ainda se faça necessária a sua capacitação.

5. Toda a equipe deve ponderar que todo indivíduo considerado estabilizado do ponto de vista clínico tem CAPACIDADE DE INCLUSÃO SOCIOLABORAL DE 100% e que a expressão desta CAPACIDADE PLENA não é limitação do indivíduo, mas sim daqueles profissionais e/ou postos de trabalho que lhe ofertaram e/ou do que lhe foi disponibilizado para que pudesse expressar a sua plenitude de capacitação.

6. Os técnicos deverão reconhecer que todo indivíduo que detém ou que tenha recebido capacitação deverá ser alocado em posto de trabalho certo e adequado, objetivando o conceito de HOMEM CERTO NO LUGAR CERTO.

7. A MISSÃO de todos será a disponibilização de plenas (completas) possibilidades (probabilidades) na valorização do indivíduo como ser social, com suas peculiaridades (características) inatas ou adquiridas, não importando o grau de suas limitações e/ou restrições de mobilidade, física ou mental, considerando que, se estabilizadas, devem considerá-los como indivíduos socialmente iguais (direitos e deveres) e equivalentes (produtivo e contributivo) como qualquer outro, sem nenhum tipo de discriminação, proteção injustificada e/ou menos valia.

8. Dentro do possível, todos os profissionais envolvidos nas atividades deverão procurar abolir a classificação e/ou uso classificatório do conceito DEFICIÊNCIA, passando preferencialmente a expressar CAPACITAÇÃO (Física e Mental) ATUAL, sendo atribuição de todos a perseverança no encontro da FORMA (formato, feitio, configuração), CONDIÇÃO E LOCAL IDEAL para que o indivíduo possa expressar a plenitude da sua capacidade laborativa, ou seja, os seus 100%, e quando concluído o processo, assim será considerado.

9. A composição do grupo multidisciplinar básica e mínima, que será chefiada pelo Coordenador da Equipe Técnica Profissional, terá a participação de Psicólogos, Assistentes Sociais, Médico do Trabalho

com conhecimentos e treinamento em Fisiatria (sugere-se que a vaga seja ocupada pelo Coordenador do PCMSO) e outros médicos quando for o caso, Pedagogos, Técnico de Segurança do Trabalho, Engenheiro de Segurança do Trabalho (oriundos do SESMT) e Membro Reabilitado/Readaptado.

10. A LÓGICA PRINCIPAL DE TODAS AS ATIVIDADES DA EQUIPE TÉCNICA DEVE SER ALICERÇADA SOBRE OS ASPECTOS DA PSICOLOGIA, MEDICINA E ASSISTÊNCIA SOCIAL, SENDO ESTA SEQUÊNCIA APRESENTADA, RESPECTIVAMENTE, EM ORDEM DE PRIORIDADE.

11. Haverá uma reunião ordinária semanal com obrigatória presença de todos os membros da equipe técnica profissional, comandada pelo Coordenador do Programa, cuja sistemática inicial será a da análise da planilha de casos seguida dos demais procedimentos pertinentes, ficando o Coordenador da Equipe Técnica Profissional responsável por organizar a pauta e informá-la a todos os membros.

12. Ao final de cada módulo, o Coordenador da Equipe Técnica Profissional apresentará um documento para ciência de todos os membros da equipe, indicando que o readaptando (trabalhador) está apto para começar o próximo módulo, que será assinado consensualmente por todos e anexado ao Prontuário do Programa.

Os processos de Readaptação/Reabilitação profissional

Os Serviços que realizarão os processos (Programas) de Readaptação/Reabilitação Profissional devem ser compostos por uma equipe multidisciplinar, mesmo que seja básica, com a participação de profissionais das áreas de Assistência Social, Psicologia, Saúde e Segurança do Trabalho, incluindo os TST (Técnicos de Segurança do Trabalho), Engenheiros e Médicos do Trabalho, equipe que efetivamente promoverá o Programa de Readaptação/Reabilitação Profissional (PRP), podendo (devendo) utilizar-se em apoio de outros profissionais.

Uma característica importante de perfil profissional, de grande relevância, para os que pretendem compor essa equipe, é a de acreditar na capacidade humana de superar barreiras, acreditando que é possível através de estímulos psicológicos e pedagógicos, o despertar de outras qualidades profissionais e reconhecimento pessoal no trabalhador com limitações físicas ou mentais — invalidez parcial, o que se fará por estimulação e aceitação grupal, garantindo espaço para que o trabalhador possa manifestar seu poder ou força de integração coletiva e desempenho profissional.

De modo geral, os PRP's envolverão:

1 — Ação da equipe de trabalho:

A — Missão: servir aos trabalhadores no desenvolvimento do seu potencial físico, psicológico, educacional, profissional e social.

B — Visão: promover a inclusão social e/ou garantir a sua manutenção.

C — Valores principais: ética, humanismo, pluralismo e responsabilidade social.

2 — Objetivos individualizados:

A — Desenvolver ao máximo o potencial funcional do trabalhador;

B — Permitir ao trabalhador atingir uma realização profissional e pessoal;

C — Garantir integração plena e ativa do trabalhador na comunidade interna — relacionada ao local de trabalho — e externa — sociedade civil, à qual pertence por direito e em relação à qual tem responsabilidades e deveres.

Metodologia

As pessoas (Trabalhadores) que iniciarão no PRP devem formalmente ser inscritos e receberão um Boletim de Avaliação, no qual constarão os procedimentos realizados com a finalidade do registro da avaliação e das etapas mínimas que foram cumpridas e as considerações sobre as conclusões ao final de cada módulo.

De modo geral os PRP's podem ser divididos em módulos, geralmente num total de quatro, que subentendem aprovação para passagem de uma para outra fase. Ao final de cada módulo, os profissionais envolvidos deverão emitir parecer conclusivo sobre a continuidade ou não no programa, como aptos ou inaptos. Os casos considerados inaptos serão discutidos em colegiado pela equipe, que emitirá parecer final, encaminhando-o novamente à Perícia e/ou Junta Médica para revisão e proposição da aposentação. Os casos considerados aptos seguirão para o módulo seguinte.

— *Módulo da Avaliação Personalizada e Individual — Módulo API.*

— *Módulo da Motivação Personalizada e Individual — Módulo MPI.*

— *Módulo da Reintegração Coletiva — Módulo RC.*

— *Módulo da Reintegração Localizada — Módulo RL.*

O Módulo API será realizado pelo Assistente Social e pelo Psicólogo por meio de entrevistas individuais; o Módulo MPI também será realizado pelo Assistente Social e Psicólogo, agora com atividades motivacionais que estimulem a reintegração do trabalhador, por meio de dinâmicas como palestras, teatro, filmes etc., constando minimamente de cinco sessões e/ou encontros; o Módulo RC será pautado em ações de Dinâmica de Grupo, por meio de jogos, encenações, atividades de ajuda coletiva, com orientação e avaliação do Psicólogo; o Módulo da RL — Reintegração Localizada — envolverá ações do Pedagogo e do Psicólogo e deve ser realizado no local em que o trabalhador exercerá suas atividades, envolvendo o trabalhador a ser reintegrado, seu chefe imediato, seus colegas de setor, por meio de visita ao seu novo local de trabalho etc.

Nossa experiência indica que, pelo menos, três encontros serão necessários:

— O primeiro encontro será de apresentação, com duração mínima de trinta minutos e máxima de sessenta minutos, preferencialmente no início ou final do expediente de trabalho;

— O segundo encontro será de definição das atribuições *in loco*, com a presença do Técnico do Trabalho do SESMT, com a participação de todos (Pedagogo, Psicólogo, Chefe de Setor, Colegas de Setor e do Trabalhador), com duração mínima de noventa minutos durante o expediente de trabalho;

— O terceiro encontro envolverá o Pedagogo, o trabalhador e os Colegas de Setor, com duração de cento e vinte minutos, durante expediente de trabalho, no desenvolvimento de atribuições inerentes às atividades a serem desenvolvidas. Ao final, novamente, os profissionais envolvidos deverão emitir parecer conclusivo sobre a continuidade ou não no programa, como aptos ou inaptos. Os casos considerados inaptos serão discutidos em colegiado, que emitirão parecer final, encaminhando-o à Perícia e/ou Junta Médica. Os casos aptos serão considerados em fase de readaptação por noventa dias, quando será realizada a avaliação final. **Os aptos são liberados em definitivo e será providenciada a homologação da readaptação/reabilitação.**

Plano de Execução do Programa de Readaptação/Reabilitação

Pré-requisito:

— **Via Perícia Médica**: encaminhamento da Perícia Médica e/ou da Junta Médica Oficial ao Médico do Trabalho Examinador; do Médico do Trabalho Examinador ao Coordenador do PCMSO:

— **Via SESMT**: encaminhamento do Médico do Trabalho ao Coordenador do PCMSO:

— Coordenador do PCMSO à Perícia Médica e/ou Junta Médica, que defere o agendamento para a apresentação do caso ao PRP em reunião ordinária; se aprovada a inclusão no Programa, iniciam-se os procedimentos burocráticos para garantir controle de assiduidade com a respectiva notificação do setor de trabalho — de origem, para o devido encaminhamento do trabalhador — readaptando, para o início do Programa de Readaptação/Reabilitação.

Módulo I:

Primeiro Procedimento:

1. Profissional Responsável:

Assistente Social

2. Tema

"Descobrindo o Processo de Readaptação/Reabilitação"

3. Carga Horária

Duas horas

4. Objetivos

Explicar os procedimentos administrativos e técnicos do processo de readaptação/reabilitação.

5. Atividades

Entrevista com o trabalhador, na qual serão apresentados todos os passos do Processo de Readaptação/ Reabilitação, seguida de uma leitura dos documentos em que constam tais informações. Entregar a agenda das atividades que acontecerão ao longo do processo de readaptação. Providenciar a abertura do Prontuário PRP do trabalhador.

6. Material de Apoio

Sala para entrevista, material de escritório e computador.

Segundo Procedimento:

1. Profissional Responsável:

Médico

1.1. Sob orientação do responsável pelo procedimento, o Técnico de Segurança do Trabalho também realizará intervenções e as apresentará ao seu orientador.

2. Pré-requisito

Encaminhamento da Assistente Social para o Médico da Equipe de Readaptação conjuntamente com o Prontuário PRP do trabalhador. O Médico deverá promover a abertura de um Prontuário Médico específico, notando-se os aspectos do sigilo profissional que não se aplicam ao Prontuário PRP.

3. Tema

"Compreendendo a aparência"

4. Carga Horária

 Uma hora

5. Objetivos

Identificar e reconhecer os dados apresentados em reunião ordinária e encaminhar para os demais profissionais da Equipe as informações que se fizerem necessárias quanto às possíveis incapacidades apresentadas pelo trabalhador.

6. Atividades

Consulta Médica e elaboração de relatório para os demais profissionais da Equipe de Readaptação.

7. Material de Apoio

Sala para consulta, equipamentos médicos específicos, material de escritório e computador.

Terceiro Procedimento:

Profissional Responsável

Psicólogo

Pré-requisito

Relatório do Médico da Equipe de Readaptação.

Tema

"Descobrindo a subjetividade"

4. Carga Horária

Três horas

5. Objetivos

1º) Conhecer o histórico pessoal e profissional do trabalhador;

2º) Levantar crenças, valores, medos, dificuldades, estado motivacional e subjetivo, expectativas, desejos do trabalhador com relação à empresa, à organização do trabalho, ao trabalho, ao processo de readaptação, à perda da capacidade laborativa;

3º) Levantar os principais recursos comportamentais (encobertos ou manifestos) utilizados pelo trabalhador diante de algumas situações de trabalho.

6. Atividades

Entrevista individual semi-estruturada; aplicação de testes psicológicos e contato com familiares.

7. Material de Apoio

Sala para atendimento, testes psicológicos, material de escritório e computador.

Quarto Procedimento:

1. Profissional Responsável

Assistente Social

2. Pré-requisito

Laudo do Médico da Equipe de Readaptação

3. Tema

"Descobrindo um cidadão"

4. Carga Horária

Quatro horas

5. Objetivos

1ª) Compreensão da situação do trabalhador perante a instituição para obter clareza de onde e como estamos. É o conhecimento da situação real vivida pelo trabalhador;

2ª) Definição do que se quer, estabelecendo o alvo pretendido. É a configuração da situação idealizada;

3ª) Estabelecimento da distância entre o real e o desejado, apontando o diagnóstico; isto é, as dificuldades e os obstáculos presentes que devem ser superados no sentido de se alcançar o alvo estabelecido;

4ª) Definição do caminho a seguir, da programação que indicará os objetivos, as etapas, as atividades, os instrumentos para o estabelecimento da distância diagnosticada entre o real e o ideal a ser superado.

6. Atividades

Orientar o trabalhador na identificação de recursos para defender seus direitos; realizar estudos para identificar as demandas e necessidades do trabalhador; realizar visitas técnicas à residência do trabalhador; emitir laudos e pareceres. Elaboração de relatório individual.

7. Material de Apoio

Sala para atendimento, roteiro de entrevista social, material de escritório e computador.

Quinto Procedimento:

1. Profissional Responsável

Pedagoga

2. Pré-requisito

Relatório do Médico da Equipe de Readaptação.

3. Tema

"Descobrindo um aprendiz"

4. Carga Horária

Quatro horas

5. Objetivos

Identificar a existência de competências funcionais necessárias para que um profissional obtenha sucesso em seu ambiente de trabalho. Elas incluem a capacidade de identificar, organizar, planejar e alocar recursos; as habilidades interpessoais, ou seja, a capacidade de trabalhar bem com outras pessoas; de coletar e utilizar toda informação que seja necessária para o desempenho profissional; de entender inter--relacionamentos complexos por meio de sistemas sociais, culturais, de informação etc.; e de trabalhar de modo eficaz e eficiente com uma ampla variedade de tecnologias.

6. Atividades

Entrevistas abertas e com roteiro para que o trabalhador se aperceba e tire proveito das Experiências Acumuladas ao longo de sua vida; propondo problemas, novos conhecimentos e situações sincronizadas com a vida real; justificando a necessidade e utilidade de cada conhecimento; envolvendo o trabalhador no planejamento e na responsabilidade pelo aprendizado; facilitando o acesso, os meios, o tempo e a oportunidade de aprender. Elaboração de relatório individual.

7. Material de Apoio

Sala para atendimento, entrevista fechada, material de escritório e computador.

Sexto Procedimento:

1. Profissional Responsável

Assistente Social

2. Pré-requisito

Relatórios individuais da Psicóloga, da Assistente Social e da Pedagoga.

3. Tema

"Descobrindo um passado"

4. Carga Horária

Duas horas

5. Objetivos

Identificar as potencialidades e as dificuldades apresentadas pelo trabalhador, ao longo do tempo, no ambiente de trabalho anterior ao encaminhamento à readaptação.

6. Atividades

Visita ao antigo local de trabalho, entrevistando a Chefia anterior e demais colegas de trabalho. Elaboração de relatório geral.

7. Material de Apoio

Material de escritório, telefone, veículo e computador.

Sétimo Procedimento:

1. Profissional Responsável

Psicólogo

2. Pré-requisito

Relatórios individuais de todos os participantes do PRP.

3. Tema

"Descrevendo habilidades"

4. Carga Horária

Duas horas

5. Objetivos

Definir as possíveis competências.

6. Atividades

Reunião de exposição técnica. Elaboração de relatório geral.

7. Material de Apoio

Sala de reunião e material de escritório.

Módulo II:

Oitavo Procedimento:

1. Profissional Responsável

Pedagoga

2. Pré-requisito

Relatórios individuais da Psicóloga, da Assistente Social e da Pedagoga.

3. Tema

"Descobrindo uma nova situação"

4. Carga Horária

Duas horas

5. Objetivos

A aceitação da deficiência, com a clareza de que a mesma desenvolve-se gradualmente ao longo dos anos.

6. Atividades

Reunião com o grupo de trabalhadores que participam do processo de readaptação. Elaboração de relatório individual.

7. Material de Apoio

Sala de reunião, *datashow,* telão, material de escritório, telefone e computador.

Nono Procedimento:

1. Profissional Responsável

Assistente Social

2. Pré-requisito

Relatórios individuais da Psicóloga, da Assistente Social e da Pedagoga.

3. Tema

"Conhecendo outras rotinas"

4. Carga Horária

Duas horas

5. Objetivos

Conscientizar que a limitação física não impede o ser humano de realizar seus sonhos.

6. Atividades

Visitar instituições, empresas, residências onde as questões da vida diária possam ser identificadas pelos trabalhadores em readaptação. Elaboração de relatório individual.

7. Material de Apoio

Veículo, material de escritório, telefone e computador.

Décimo Procedimento:

1. Profissional Responsável

Psicólogo

2. Pré-requisito

Relatório Geral dos Procedimentos anteriores.

3. Tema

"Redescobrindo a subjetividade"

4. Carga Horária

Duas horas

5. Objetivos

1º) Possibilitar a reflexão e a elaboração de sentimentos, emoções e pensamentos que o servidor esteja apresentando, especialmente para o contexto profissional;

2º) Incentivar e desenvolver em conjunto com o trabalhador comportamentos que prezam pela segurança e saúde pessoal e ocupacional, sua adaptação em novo local de trabalho e/ou função, projeto de trabalho;

3º) Busca, em conjunto com o trabalhador, o autoconhecimento e monitoramento de seus comportamentos, buscando a ampliação de seu repertório.

6. Atividades

Atendimento personalizado do trabalhador. Elaboração de relatório individual.

7. Material de Apoio

Sala de atendimento, material de escritório, telefone e computador.

Décimo Primeiro Procedimento:

1. Profissional Responsável

Assistente Social

2. Pré-requisito

Relatório Geral da Equipe de Readaptação com propostas de funções.

3. Tema

"Entendendo a estrutura"

4. Carga Horária

Dez dias

5. Objetivos

Encontrar vagas de trabalho dentro da estrutura funcional onde se façam necessárias as habilidades individuais.

6. Atividades

Contatos telefônicos. Elaboração de relatório individual.

7. Material de Apoio

Telefone e material de escritório.

Décimo Segundo Procedimento:

1. Profissional Responsável

Assistente Social

2. Pré-requisito

Relatório indicando possível vaga de trabalho.

3. Tema

"Apresentando o programa"

4. Carga Horária

Uma hora

5. Objetivos

Esclarecer a Chefia do Setor sobre como é realizado o Programa de Readaptação, quais as possíveis atribuições que serão desenvolvidas pelo trabalhador e como deverá ser o período de estágio.

6. Atividades

Reunião com a Chefia no próprio local de trabalho. Elaboração de relatório geral.

7. Material de Apoio

Veículo, telefone, cópia do Programa de Readaptação e material de escritório.

Décimo Terceiro Procedimento:

1. Profissional Responsável

Pedagoga

2. Pré-requisito

Relatório indicando possível vaga de trabalho.

3. Tema

"Apresentando possibilidades"

3. Carga Horária

Uma hora

4. Objetivos

Levar ao conhecimento do trabalhador a proposta do posto de trabalho encontrado e as atribuições que lhe seriam conferidas.

6. Atividades

Reunião com o trabalhador na sede da Equipe de Readaptação. Elaboração de relatório geral.

7. Material de Apoio

Sala de atendimento e telefone.

Módulo III:

Décimo Quarto Procedimento:

1. Profissional Responsável

Técnico de Segurança do Trabalho

2. Pré-requisito

Relatório indicando o local da vaga de trabalho.

3. Tema

"Descobrindo o ambiente"

4. Carga Horária

Uma hora

5. Objetivos

Prevenir possíveis problemas ergonômicos — físicos, organizacionais e cognitivos — no novo posto de trabalho.

6. Atividades

Visita técnica ao local de trabalho. Elaboração de relatório individual.

7. Material de Apoio

Veículo, telefone e material de escritório.

Décimo Quinto Procedimento:

1. Profissional Responsável

Psicólogo

2. Pré-requisito

Relatório das possíveis atribuições do trabalhador.

3. Tema

"Descobrindo o novo"

4. Carga Horária

De duas a oito horas

5. Objetivos

Preparar, orientar e intervir, se necessário, no ambiente de trabalho para receber o trabalhador.

6. Atividades

Reunião com o grupo que acolhe o trabalhador, dinâmicas de grupo. Elaboração de relatório individual.

7. Material de Apoio

Veículo, material de escritório, telefone, material para as dinâmicas e computador.

Décimo Sexto Procedimento:

1. Profissional Responsável

Pedagoga

2. Pré-requisito

Relatório das atribuições do trabalhador e laudo favorável do Técnico de Segurança do Trabalho.

3. Tema

"Realizando o novo"

4. Carga Horária

Trinta dias corridos

5. Objetivos

O objetivo do estágio é oferecer ao trabalhador a experiência do aprender fazendo, no campo profissional, propiciando a complementação dos conhecimentos já adquiridos ao longo de sua vida.

6. Atividades

Ida semanal ao local do estágio e realização das atividades que lhe foram atribuídas com suporte do Chefe do Setor. Elaboração de relatório individual.

7. Material de Apoio

Telefone.

Módulo IV:

Décimo Sétimo Procedimento:

1. Profissional Responsável

Psicólogo

2. Pré-requisito

Realização do Estágio.

3. Tema

"Avaliando as possibilidades — Parte I"

4. Carga Horária

Duas horas

5. Objetivos

Avaliar o estágio realizado, as atribuições e suas coerências com as limitações do trabalhador, as relações pessoais no ambiente de trabalho e identificar as necessidades de alteração.

6. Atividades

Reunião do trabalhador com a Equipe do Programa de Readaptação. Elaboração de relatório geral.

7. Material de Apoio

Sala de atendimento e telefone.

Décimo Oitavo Procedimento:

1. Profissional Responsável

Pedagoga

2. Pré-requisito

Realização do Estágio.

3. Tema

"Avaliando as possibilidades — Parte II"

4. Carga Horária

Duas horas

5. Objetivos

Avaliar o estágio realizado, a forma como as atribuições foram cumpridas, a convivência do trabalhador com o grupo e identificar as necessidades de alteração.

6. Atividades

Reunião do Chefe do Setor com a Equipe de readaptação. Elaboração de relatório geral; avaliação do estágio.

7. Material de Apoio

Veículo e telefone.

Décimo Nono Procedimento:

1. Profissional Responsável

Membro Reabilitado ou outro indicado.

2. Pré-requisito

Finalização do Estágio.

3. Tema

"Avaliando a equipe através da visão do readaptando"

4. Carga Horária

Duas horas

5. Objetivos

Avaliar as atividades realizadas pela equipe do Programa de Readaptação.

6. Atividades

Atendimento individual ao readaptado. Aplicação de questionário elaborado pela Equipe de Readaptação.

7. Material de Apoio

Sala e telefone.

Módulo V:

Vigésimo Procedimento:

1. Profissional Responsável

Coordenador do Programa

2. Pré-requisito

Laudo de Conclusão de Readaptação com ciência do Coordenador Geral.

3. Tema

"Dando conhecimento às autoridades"

4. Carga Horária

Duas horas

5. Objetivos

Homologação da Readaptação.

6. Atividades

Encaminhar todos os documentos para anuência e homologação e posterior publicação no Diário Oficial, se for o caso. Entregar ao concluinte o Certificado de Conclusão da Readaptação.

7. Material de Apoio

Computador, material de escritório, internet.

Vigésimo Primeiro Procedimento:

1. Profissional Responsável

Pedagoga

2. Pré-requisito

Publicação no Diário Oficial, se for o caso ou encaminhar ao INSS, se for pertinente.

3. Tema

"Prosseguindo a jornada"

4. Carga Horária

Duas horas

5. Objetivos

Verificação das tarefas e do ambiente de trabalho decorridos trinta dias.

6. Atividades

Visita ao posto de trabalho

7. Material de Apoio

Computador, material de escritório, internet.

Vigésimo Segundo Procedimento:

1. Profissional Responsável

Coordenador do Programa de Readaptação

2. Pré-requisito

Parecer da Pedagoga.

3. Tema

"Parecer final"

4. Carga Horária

Trinta minutos

5. Objetivos

Verificar eficiência e eficácia do processo de readaptação.

6. Atividades

Manifestação na reunião semanal.

7. Material de Apoio

Relatório e Prontuário PRP.

Fim dos procedimentos.

Capítulo 21

Conclusão

Ao bom Perito Médico — técnico — descabe considerar sobre ideologismos; descabe considerar e decidir por presunção; descabe considerar sobre o ônus da prova.

O Perito Médico, se designado para realizar a prova técnica, o que fará pelo Laudo Pericial Médico, deverá fazê-lo de forma imparcial. Então, o perito não acredita na vítima e não acredita no acusado, apenas faz o *visum et repertum*. Porém, tem obrigação de buscar, ativamente, provas circunstânciais, ponderar sobre a verossimilhança das alegações de ambas as partes, associar a evidência do estado clínico pelo seu conhecimento técnico-científico (*expertise* técnica), para estabelecer Hipótese Diagnóstica, observar a Caracterização do Evento (Súbito, Agudo, Acidentário, Insidioso, Crônico, etc.), e apontar o Nexo Técnico, de causa ou concausa, pelos conceitos cientificamente reconhecidos no mundo todo, baseados na disciplina e dados da **Epidemiologia Médica**, NUNCA POR PRESUNÇÃO, inclusive na Justiça Trabalhista. Utilizará bons Baremas Científicos Internacionais para a classificação do Dano Corporal, Estético ou Laboral.

No aspecto laboral, deverá sempre sopesar de forma positiva, apoiado nos conceitos da multidisciplinaridade e de acessibilidade por Reabilitação Profissional.

Tudo isso feito, irá considerar sobre a Dependência de Terceiros, tanto para os aspectos da DEPENDÊNCIA FÍSICA PARA OS HÁBITOS DA VIDA DIÁRIA, como de DEPENDÊNCIA DE TERCEIROS PARA OBTER PROVENTOS.

Resumindo, o bom Perito Médico apura com imparcialidade e só. Se não for assim, não fez a prova técnica, fez apenas um parecer, e deste modo não pode concluir com a devida isenção e precisão técnica.

Ao bom Perito Médico, desejo *sucesso*!

NOTA DO AUTOR

Com o *feedback* dos leitores de minhas outras publicações, mesmo sendo uma nova obra, em alguns capítulos busquei não perder o sentido das obras anteriores, pois, a minha proposta quando dessa publicação, é que possa ser útil também àquele que já tem experiência na área de perícias médicas como obra de revisão e atualização de conceitos.

REFERÊNCIAS BIBLIOGRÁFICAS

ACEVEDO, César. *Licenças Médicas Fraudulentas ¿Mito o Realidad?* 1. ed. Santiago de Chile: RIL® editores, 2012.

ACHAVAL, A. *Manual de medicina legal.* Prática forense. 4. ed. Buenos Aires: Abeledo-Perrot, 2003.

ALCANTARA, Hermes Rodrigues de. *Perícia médica judicial.* 2. ed. Rio de Janeiro: Guanabara Koogan, 2006.

ALMEIDA, Álvaro Henrique Teixeira de. *O que se espera das perícias judiciais em relação ao direito médico?* Palestra realizada no Fórum Estadual de Direito Médico e de Saúde. Piracicaba, 2010.

ALVARADO, E. V. *Medicina legal.* México: Trillas, 1996.

ARANHA, M. S. F.; Bueno, C. L. R. Ribeiro. *Identificação do mercado de trabalho industrial de Bauru.* Bauru: FINEP, 1981.

ARAÚJO, Giovanni Moraes de. NR-17, ergonomia. In: *Normas Regulamentadoras comentadas.* 3. ed. Rio de Janeiro: Gerenciamento Verde, 2002.

ARBENZ, G. O. *Medicina legal e antropologia forense.* Rio de Janeiro: Atheneu, 1988.

ARGENTINA. *Administración Nacional de la Seguridad Social* (ANSeS). Normas para la evaluación y calificación del grado de invalidez de los trabajadores afiliados al sistema de jubilaciones y pensiones. Baremo Oficial de la Administración Nacional de la Seguridad Social, Resolución DE OS n. 36, 1994.

_____. Administración nacional de la seguridad social. Gerencia de Medicina Social. *Guía de Evaluación Médico,* Previsional, 1992.

_____. Decreto-lei n. 478, 1998, Baremo Argentino. *Normas para la evaluación, calificación y cuantificación del grado de invalidez de los trabajadores afiliados al Sistema Integrado de Jubilaciones y Pensiones.* Es establecer una metodología de evaluación del deterioro psico-físico, con criterio uniforme, que permita determinar el grado de incapacidad laborativa que éste ocasiona.

_____. *Normas para la evaluación, calificación y cuantificación del grado de invalidez de los trabajadores afiliados al sistema integrado de jubilaciones y pensiones.* Decreto n. 1.290, 1994.

ASSUNÇÃO, A. Á. & ALMEIDA, I. M. de. Doenças osteomusculares relacionadas com o trabalho: membro superior e pescoço. In MENDES, R. *Patologia do trabalho.* 2. ed. São Paulo: Atheneu, 2003.

BALLONE; Geraldo José — *Imputabilidade* — in. PsiqWeb, Internet, disponível em: <www.psiqweb.med.br>, revisto em 2005.

BEAUCHAMPS, T. L.; CHILDRESS, J. F. *Principles of biomedical lethics.* New York: Oxford, 1989.

BONNET, E. F. P. *Medicina legal.* Buenos Aires: Lopes, 1980.

BOROBIA, C. *Valoración del dano corporal:* Legislación, metodologia y prueba pericial médica. Barcelona: Masson, 2006.

BRANDIMMILER, Primo A. *Perícia judicial em acidentes e doenças do trabalho.* São Paulo: SENAC-SP, 1996.

BRASIL. Código Civil. São Paulo: Saraiva, 2006.

_____. Código Penal. São Paulo: Saraiva, 2006.

_____. Código de Processo Penal. São Paulo: LTr, 2006.

BRASIL. CONSELHO FEDERAL DE MEDICINA.

_____. Processo-Consulta CFM n. 677/1991. PC/CFM n. 7/1992.

_____. Processo-Consulta CFM n. 1.196/1996. PC/CFM n. 13/1996.

_____. Processo-Consulta CFM n. 1.591/1999. PC/CFM n. 35/1999.

_____. Processo-Consulta CFM n. 1.984/1992. PC/CFM n. 1/1993.

_____. Processo-Consulta CFM n. 2.033/1995. PC/CFM n. 24/1996.

_____. Processo-Consulta CFM n. 2.156/1992. PC/CFM n. 28/1992.

_____. Processo-Consulta CFM n. 2.426/1995. PC/CFM n. 40/1995.

_____. Processo-Consulta CFM n. 4.715/1994 PC/CFM n. 43/1995.

_____. Processo-Consulta CFM n. 7.401-A/1998. PC/CFM n. 19/1999.

_____. Processo-Consulta CFM PARECER SJ n. 163/1997.

_____. Processo-Consulta CFM PARECER SJ n. 23/1997.

_____. Processo-Consulta CFM PARECER SJ n. 278/1997.

BRASIL. Constituição Federal. Brasília, 1988.

BRASIL. Lei n. 8.213, de 24 de julho de 1991.

_____. Lei n. 5.869, de 11 de janeiro de 1973, Código de Processo Civil.

_____. STF. Súmula n. 229, 13 de dezembro de 1963, Súmula da Jurisprudência Predominante do Supremo Tribunal Federal.

BUENO, C. L. R. *A reabilitação profissional e a inserção da pessoa portadora de deficiência no mercado de trabalho.* Brasília (DF). v. 5, 2004.

BUONO NETO, A. Atualização clínica dos distúrbios osteomusculares relacionados ao trabalho, DORT. In: *Perícias judiciais na medicina do trabalho.* São Paulo: LTr, 2004.

CABRAL, G. *Semiologia da função motora* — As bases do diagnóstico clínico. Livraria Atheneu. Livraria Interminas, 1986.

CALABUIG, J. A. G. *Medicina legal y toxicologia.* Barcelona: Masson, 1998.

CAMPOS, C. R. DE. *Perícia médica.* CRM Goiás, 2007.

CARRASCO, Baltazar Guajardo. Aspectos de La Responsabilidad Civil Médica — Doutrina y Jurispridencia. 2. ed. LIBROTECNIA®, Santiago, Chile, 2005

CARVALHO, H. V. *et al. Compêndio de medicina legal.* São Paulo: Saraiva, 1987.

CARVALHO, J. C. M. *Responsabilidade civil médica.* 3. ed. Rio de Janeiro: Destaque, 2002.

CAVALIERI FILHO, S. *Programa de responsabilidade civil.* 5. ed. São Paulo: Malheiros, 2004.

CFM. *Código de Ética Médica.* Brasília: CFM, 2009.

CODO, Wanderley; ALMEIDA, Maria Celeste C. G. de. *LER: diagnóstico, tratamento e prevenção:* uma abordagem interdisciplinar. Petrópolis: Vozes, 1995.

COUTO FILHO, A. F. *Curso de formação de perito judicial.* Rio de Janeiro: Lumen Juris, out. 2001.

_____. *A improcedência no suposto erro médico.* Rio de Janeiro: Lumen Juris, 1999.

_____. *Instituições de direito médico.* Rio de Janeiro: Forense, 2004.

_____. *Medicina legal.* Rio de Janeiro: Guanabara Koogan, 2000.

_____. *Responsabilidade civil médica e hospitalar.* Belo Horizonte: Del Rey, 2001.

COUTO, Hudson de Araújo. Os distúrbios musculoligamentares de membros superiores relacionados ao trabalho: a realidade no mundo e o fenômeno LER no Brasil: os diversos aspectos envolvidos (breve histórico, aspectos médicos, sociais e de relações de trabalho). In: *Como gerenciar a questão das LER/DORT.* Belo Horizonte: Ergo, 1998.

CRIADO DEL RÍO, Maria Teresa. *Valoración médico-legal del daño a la persona.* Civil, penal, laboral e administrativa: responsabilidad profesional del perito médico. Madrid: COLEX, p. 35-705, 1999.

CUARON, A. Q. *Medicina forense.* 8. ed. México: Porrúa, 1996.

CURSO DE AVALIAÇÃO MÉDICO-LEGAL DA INCAPACIDADE, Divisão de Medicina de Reabilitação, HC. São Paulo: FMUSP, nov. 2006.

CURSO DE PÓS-GRADUAÇÃO EM DIREITO MÉDICO pela Escola Paulista de Direito. São Paulo, 2008/2009.

DANTAS, Rosa Amélia Andrade et al. Perícia médica. São Paulo: LTr, 2010.

DEROBERT, L. Medicine légale. Paris: Flammarion, 1974.

DINAMARCO, Cândido Rangel. Instituições de direito processual civil. São Paulo: Malheiros, v. III, 2001.

DORT. In: Perícias judiciais na medicina do trabalho. São Paulo: LTr, 2004.

DORT. Monografia Curso de Perícia Médica. Belo Horizonte: UNIMED, 2005.

EGRI, Débora. LER (DORT). Repetitives train injury. In: Revista Brás Reumatol, São Paulo, v. 39, n. 2, mar./abr. 1999.

ENGELHARDT JR., H. T. The foundations of bioethics. New York: Oxford Univesity, 1996.

FARACO, Sérgio Roberto. Perícias em DORT. São Paulo: LTr, 2010.

FARIA, E. Gramática da língua latina. 2. ed. Brasília: FAE, 1995.

FAVERO, F. Medicina legal. 9. ed. São Paulo: Martins, 1973.

FERNANDES, Francisco Cortes (Especialista em Medicina do Trabalho pela ANAMT/AMB, mestre em Engenharia de Produção pela UFSC; CHEREM, Alfredo Jorge (Especialista em Medicina do Trabalho pela ANAMT/AMB, fisiatra, doutor em Engenharia de Produção pela UFSC). Dano corporal e mensuração da incapacidade — Body damage and impairment measure. Rev. Bras. Med. Trab. Belo Horizonte, v. 3, n. 2, p. 123-34, ago./dez. 2005.

FERREIRA JUNIOR, Mario. Saúde no trabalho: temas básicos para o profissional que cuida da saúde dos trabalhadores. São Paulo: Roca, 2000.

FRANÇA, G. V. de. Infortunística. In: Medicina legal. 7. ed. Rio de Janeiro: Guanabara, 2004.

_____. Direito médico. São Paulo: BYK, 1992.

_____. Direito médico. 6. ed. São Paulo: BYK, 1994.

FRANÇA. Bareme d'incapacité endroit commun dans les pays de la CEE. In: Journal de Médicine Legale, Paris, 1990.

FRANÇA. Bareme officiel français, Decreto n. 62.711/1935, Paris, 1982.

FRÓES, Oswaldo; CRACKEN, R. N. M. Vademecum das ações cíveis. 4. ed. São Paulo: Jurídica Brasileira, 2008.

GAGLI. La Perizia Civile. Parecer SJ n. 163/1997, Protocolo CFM n. 5983/96, p. 10, nota 2. 1997.

GOLDMAM CECIL MEDICINA. 24. ed. Saunders Elsevier Editora Ltda.

GOMES, Arlindo. A responsabilidade de empresas de reduzir e eliminar a nocividade do trabalho: enfoques e experiências. In: MENDES, René. Patologia do trabalho. 2. ed. São Paulo: Atheneu, 2003.

GRECO FILHO, V. Direito processual civil brasileiro. 11. ed. São Paulo: Saraiva, 1996.

GUÉRIN, F. et al. Trabalho, tarefa, atividade. In: Compreender o trabalho para transformá-lo: a prática da ergonomia. São Paulo: Edgard Blücher/Fundação Vanzolini, 2004.

IANULO, W. Código de Processo Civil referenciado. São Paulo: Jurídica Brasileira, 2003.

IBRAMEP. Curso de perito médico judicial, ago. 2003.

JUIZADOS ESPECIAIS da Justiça Estadual. Entrevista com Antônio Guilherme Tanger Jardim. Direito e justiça. Revista da Faculdade de Direito da Pontifícia Universidade Católica do Rio Grande do Sul, Porto Alegre, v. 27, p. 7-11, 2003/1.

KAMATH PS, WIESNER RH, MALINCHOC M, KREMERS W, THERNEAU TM, KOSBERG CL, et al. A model to predict survival in patients with end-stage liver disease. Hepatology 2001; 33(2):464-70. 2001.

KFOURI NETO, M. Culpa médica e ônus da prova. São Paulo: Revista dos Tribunais, 2002.

_____. Culpa médica e ônus da prova. São Paulo: Revista dos Tribunais, 2003.

_____. Responsabilidade civil do médico. 6. ed. São Paulo: Revista dos Tribunais, 2006.

_____. Responsabilidade civil do médico. 5. ed. São Paulo: Revista dos Tribunais, 2003.

KWITKO, Airton. *Coletânea n. 2: audiologia forense*, CAT por perda auditiva...: e outros tópicos sobre audiologia ocupacional. LTr, 2004.

LER/DORT: lesões por esforços repetitivos, distúrbios osteomusculares relacionados ao trabalho. Belo Horizonte: Ergo, 1998.

LIMA, Firmino Alves. A visão e expectativa do magistrado de primeira instância quanto à atuação do perito médico nos processos de acidentes e doenças relacionadas ao trabalho. Palestra em aula inaugural no *curso de pós-graduação em Perícia Médica e Medicina do Trabalho da Universidade Camilo Castelo Branco*. Piracicaba: Santa Casa de Misericórdia de Piracicaba, 2010.

LOPES, Antônio Carlos. *Guia de clínica médica*. Barueri: Manole, 2007.

LOPES, J. B. *A prova no direito processual civil*. 2. ed. São Paulo: Revista dos Tribunais, 2002.

MARQUES, J. F. (2003). *Manual de direito processual civil*. 9. ed. São Paulo: Saraiva, v. 2, 2003.

MENDES, R. Conceito de patologia do trabalho. In: *Patologia do trabalho*. São Paulo: Atheneu. 1999

_____. Conceito de patologia do trabalho. In: *Patologia do trabalho*. 2. ed. São Paulo: Atheneu. 2003.

MORAES, I. N. *Erro médico e a lei*. 4. ed. São Paulo: Lejus, 1998.

MORRONE, Luiz Carlos *et al*. Saúde e segurança no trabalho de servidores públicos estaduais: resultados iniciais de um programa em São Paulo. In: *Rev. Bras. Saúde Ocup*. São Paulo, v. 2, n. 2, p. 94-102, abr./jun. 2004.

MOTTA, R. C. *Crônicas em Perícias Médicas, DORT & Reabilitação Profissional*. São Paulo: LTr, 2011.

_____. *Conceitos Básicos de Perícia Médica*. Campinas: Editora Átomo, 2012.

MOTTA, R. C. *Aulas de pós-graduação em Perícias Médicas Cíveis pela Universidade Camilo Castelo Branco*, São Paulo, 2010, 2011 e 2012.

MOTTA, Rubens Cenci. *Nexo causal do ponto de vista jurídico e/ou técnico médico*. Disponível em: <http://www.proreabilitacao.com.br/img/nexo_casual.pdf>. Publicado em: 3.2.2011.

NEMETZ, L. C.; FRAGA, F. (2005). O valor da prova pericial nas ações de erro médico. *Âmbito Jurídico*, Rio Grande, 24, 31 dez. 2005. Disponível em: <http://www.ambitojuridico.com.br/site/index.php?n_link=revista_artigos_leitura&artigo_id=294>. Acesso em: 01 dez. 2011.

NIGRE, A. L. F. A. *O atuar médico*. Direitos e obrigações. Rio de Janeiro: NOA, 2004.

OLIVEIRA, Chrysóstomo Rocha de. *Manual prático de LER*. Belo Horizonte: Health, 1998.

OLIVEIRA, S. G. de. *Indenizações por acidente do trabalho ou doença ocupacional*. 2. ed. São Paulo: LTr, 2006.

ORGANIZAÇÃO INTERNACIONAL DO TRABALHO (OIT). *Normas internacionales sobre readaptación profesional:* diretrices para su aplicación. Genebra, 1984.

ORGANIZAÇÃO MUNDIAL DA SAÚDE (OMS). *Classificação internacional de funcionalidades*. CIF. 2003.

PANASCO, W. L. *A responsabilidade civil, penal e ética dos médicos*. Rio de Janeiro: Forense, 1979.

PALOMBA, G. A. *Perícia Psiquiátrica Forense*. São Paulo: Editora Saraiva, 2016.

PASTORE, José. *Oportunidades de trabalho para portadores de deficiência*. São Paulo: LTr, 2000.

PEDROTTI, I. (2006). *Acidente do trabalho*. 5. ed. São Paulo: Leud. Disponível em:<http://www.irineupedrotti.com.br/acordaos/modules/news/article.php?storyid=3210>. Dez. 2013.

PEDROTTI, I. *Acidente do trabalho*. 5. ed. São Paulo: Leud, 2006.

PEREZ, R. F. *Elementos básicos de medicina forense*. México: Casa da Cultura, 1998.

PREFEITURA DO MUNICÍPIO DE PIRACICABA (nov. 2005). *Manual de normas e procedimentos de perícias médicas*. 3. ed., Ano 05. 2005.

PUGH RNH, MURRAY-LYON IM, DAWSON JL, *et al*. Transection of the esophagus for bleeding oesophageal varices. Br J Surg 1973;60:646-9. 1973.

REIS, Felipe Rovere Diniz. *A perícia médica como prova de culpa nos processos de indenização civil por LER/DORT*. Monografia Pós-graduação Universidade UNIMED, 2005.

RESOLUÇÃO CFM n. 1.488, de 11 de fevereiro de 1998. Normatiza a perícia médica e a atuação do perito e do assistente técnico. Publicada no DOU Brasília, 6 de março de 1998, Seção I, p. 150. 1998.

RESOLUÇÃO CREMESP n. 122, de 2 de julho de 2005. Dispõe sobre a realização de Perícia Médica e dá outras providências. Conselho Regional de Medicina do Estado de São Paulo. São Paulo: Diário Oficial do Estado; Poder Executivo, 23 de agosto de 2005, seção 1, p. 109. 2005.

RESOLUÇÃO CREMESP n. 126, 31 de outubro de 2005. Dispõe sobre a realização de Perícia Médica e dá outras providências. São Paulo: Diário Oficial do Estado; Poder Executivo, São Paulo, 19 de novembro de 2005, seção 1, p. 172. Alterada pela Resolução CREMESP n. 167, de 25.9.2007.

RESOLUÇÃO CREMESP n. 76, de 2 de julho de 1996. São Paulo: Diário Oficial do Estado; Poder Executivo, São Paulo, n. 134, 16 de julho de 1996, seção 1, p. 48. 1996.

REVISTA SAÚDE, ÉTICA & JUSTIÇA, 2010; 15(2):69-74, publicação oficial do Instituto Oscar Freire da Faculdade de Medicina da USP. 2010.

RIBEIRO, Herval Pina. A ação política para reduzir e eliminar a nocividade do trabalho: uma (re)análise da questão conceitual e sua aplicação para o caso das LER em bancários. In: MENDES, René. *Patologia do trabalho*. 2. ed. São Paulo: Atheneu, 2003.

Robert M. Merion — When Is a Patient Too Well and When Is a Patient Too Sick For a Liver Transplant — Liver Transplantation, 10 (10), Suppl2 (October), 2004: ppS69–S73. 2004.

ROCHA, Lys Esther; FERREIRA JUNIOR, Mario. Distúrbios osteomusculares relacionados ao trabalho. In: Saúde no Trabalho — Temas Básicos para o Profissional que Cuida da Saúde dos Trabalhadores. São Paulo: Roca, 2000.

SCHILLING, R. S. F. (1984) More effective prevention in occupational health practice? *Oxford Journals Occupational Medicine*, London University, v. 34, n. 3, p. 71-9. 1984.

SEGRE, M.; COHEN, C. *Bioética*. São Paulo: EDUSP, 1995.

SILVA & MALACARNE, 1999-a, p. 305; SILVA & MALACARNE, 1999-b, p. 311; SILVA, 2000, p. 17. 1999.

SILVA SILVA, Hernán. Psiquiatría Forense. Editorial Jurídica de Chile. 1. ed., junio, 2012, Santiago, Chile. 2012.

SILVA, José Antônio Ribeiro de Oliveira — O ônus da prova e sua inversão no processo do trabalho — Disponível em: <http://www.nacionaldedireito.com.br/doutrina/592/o-nus-da-prova-e-sua-invers-o-no-processo-do-trabalho-jos-ant-nio-ribeiro-de-oliveira-silva>. Acesso em: dez. 2013.

SILVEIRA, Maria Andreia; DIAS, Elizabeth Costa. A formação do médico do trabalho: residência médica em foco. In: *Revista Brasileira de Medicina do Trabalho*, Belo Horizonte, p. 4-10, jan./mar. 2004.

SIMONIN, C. *Medicina legal judicial*. Barcelona: JMS, 1962.

SIMPÓSIO PAULISTA DE DIREITO MÉDICO. São Paulo: Escola Paulista de Direito. 8, 9 e 10 de maio de 2008.

SUPREMO TRIBUNAL FEDERAL (STF). Súmula n. 229, 13.12.1963. Súmula da Jurisprudência Predominante do Supremo Tribunal Federal. Anexo ao Regimento Interno. Imprensa Nacional, 1964.

THEODORO JÚNIOR, Humberto. *Curso de direito processual civil*. 31. ed. Rio de Janeiro: Forense, 2003. v. III, 2003.

TORRINGTON & HENDERSON. Gravidade da doença pulmonar. Aplicabilidade da escala de Torrington-Henderson. *Revista da Associação Médica Brasileira*, (2): 46, abr./jun. 2000.

TRATADO DE CUANTIFICACIÓN DEL DAÑO RESPONSABILIDADE MÉDICA — Tomo I — Muerte. 1. ed., Mayo, 2012 — Thomson Reuters. Chile. 2012.

TRATADO DE CUANTIFICACIÓN DEL DAÑO RESPONSABILIDADE MÉDICA — Tomo II — Lesiones Incapacidad. 1. ed., Mayo, 2012 — Thomson Reuters. Chile. 2012.

TRIBUNAL REGIONAL DO TRABALHO. Processos da 15ª Região, 2005-2007. Disponível em: <http://www.trt15.jus.gov.br>. dez. 2013.

VASCONCELLOS, Luiz Phillippe Westin Cabral de. *A simulação na perícia médica*. São Paulo: LTr, 2010.

_____. *A simulação na perícia médica* — A arte de investigar a verdade pericial. 2. ed. São Paulo: LTr, 2011.

Referências bibliográficas — Ergonomia Cognitiva

1. ABRAHÃO, J. I.; SILVINO, A. M.; SARMET, M. Ergonomia, cognição e trabalho informatizado. *Psicologia: teoria e pesquisa*. Brasília, v. 21, n. 2, maio/ago. 2005.

2. CORRÊA, Fábio de Paula. *Carga Mental e Ergonomia*. Dissertação (Mestrado em Engenharia de Produção) — Programa de Pós-Graduação em Engenharia de Produção, UFSC, Florianópolis, SC. 2002. 148f.

3. DI NUBILA, H. B.; BUCHALLA, C. M. O papel das classificações da OMS — CID e CIF nas definições de deficiência e incapacidade. *Revista Brasileira de Epidemiologia*, v. 11, n. (2), p. 324-335, 2008.

4. FERREIRA, M.C.; FREIRE, O. Carga de trabalho e rotatividade na função de frentista. *Revista de Administração Contemporânea*, Curitiba, v. 5, n. 2, 2001.

5. HOLLNAGEL, E. Cognitive ergonomics: it is all in the mind. *Ergonomics*, v. 40, n (10), p. 1170-1182, 1997.

6. RIBERTO, M. Core sets da Classificação Internacional de Funcionalidade, Incapacidade e Saúde. *Revista Brasileira de Enfermagem*, Brasília, v. 64, n. 5, set. /out. 2011.

7. SELIGMANN-SILVA, E. *Desgaste mental no trabalho dominado*. São Paulo: Cortez, 1994.

8. WEILL-FASSINA, A. Analyse des aspects cognitifs du travail. In: M. Dadoy, C. Heenry, B. Hilau, G de Tersac. Troussier & Weill- Fassina (orgs.). *Les analyses du travail*. Enjeux et formes. Paris: Cereq, p. 193-198.